Markus Gaulke

Digitale Abgründe

Markus Gaulke

Digitale Abgründe

Was die Computerbranche ihren Kunden verschweigt

verlag moderne industrie

Die Deutsche Bibliothek – CIP-Einheitsaufnahme

Gaulke, Markus:
Digitale Abgründe : was die Computerbranche ihren Kunden verschweigt / Markus Gaulke. - Landsberg : Verl. Moderne Industrie, 1996
ISBN 3-478-91510-4

Umschlag: Hendrik van Gemert, 86925 Fuchstal
Druck: Himmer, 86167 Augsburg
Bindung: Thomas, 86165 Augsburg
Printed in Germany 910510/04963
ISBN 3-478-91510-4

Inhalt

Einleitung

„Der Grad der Abhängigkeit der Gesellschaft von computerbasierten Systemen wird mit ständig zunehmender Größe und Komplexität dieser Systeme exponentiell wachsen. Unsere technischen Systeme werden aufgrund ihrer chronischen Unbegreiflichkeit immer autonomer."

(Joseph Weizenbaum, Professor für Informatik am Massachusetts Institute of Technology in Cambridge/USA, weltweit anerkannter Fachmann und Kritiker der Computertechnologie)

Digitale Computersysteme übernehmen weltweit immer mehr Aufgaben: Wirtschaft und Verwaltung, der militärische Bereich und sogar das private Umfeld sind ohne die elektronischen Helfer nicht mehr vorstellbar. Durch die rasante Entwicklung der Informationstechnik (IT) mit immer billigeren, kleineren und leistungsfähigeren Bausteinen erobert die digitale Technik fast täglich neue Anwendungsbereiche. Die Branche boomt: In Westeuropa wird 1995 nach Branchenschätzungen mit Hardware, Software und IT-Dienstleistungen ein Umsatz von 287 Milliarden Mark erreicht, einschließlich Kommunikationstechnik beträgt das Marktvolumen sogar 585 Milliarden Mark. Allein in Deutschland werden 1995 nach Schätzungen verschiedener Fachverbände mit Informationstechnik fast 80 Milliarden Mark umgesetzt, bis zum Jahr 2000 soll die 100-Milliarden-Mark-Grenze überschritten sein.

Parallel zu dieser Entwicklung steigt die Abhängigkeit unserer Gesellschaft und vieler Unternehmen von der Funktionsfähigkeit und der permanenten Verfügbarkeit der informationsverarbeitenden Systeme. Zahlreiche Dienstleistungen – wie Energieversorgung, Geldverkehr, Handel sowie die Kommunikations- und Verkehrstechnik – sind bereits heute von der korrekten Funktionsweise der digitalen Informationstechnik abhängig. Ausfälle, Fehler oder Manipulationen können die Erfüllung der den IT-Systemen übertragenen gesellschaftlichen Funktionen beeinträchtigen und zu lebensbedrohlichen Situationen führen.

Bei der Risikoeinschätzung des zunehmenden Einsatzes der digitalen Technik klaffen die Ergebnisse der wissenschaftlich fundierten Risikobeurteilung und die der subjektiven Risikobeurteilung des Bürgers oder Unternehmers allerdings weit auseinander. Offensichtlich sind die Gefährdungen durch die Informationstechnik – im Gegensatz zu dramatischen Schadensfällen wie dem Reaktorunglück in Tschernobyl oder dem Erdbeben im japanischen Kobe – an sich zu abstrakt und zu wenig anschaulich. Die Vorteile der Digitalisierung werden den Anwendern dagegen mit Milliardenaufwand durch die Öffentlichkeitsarbeit der Computerindustrie vor Augen geführt. Wie kaum einem anderen Wirtschaftszweig ist es der Computerindustrie gelungen, jegliche Bedenken gegen die digitalen Helfer zu zerstreuen und sich selbst als zukunftsweisende Branche zu präsentieren. Noch Anfang der achtziger Jahre war in unserer Gesellschaft ein tiefes Mißtrauen gegenüber der neuen Datenverarbeitungstechnik vorhanden. Digitalrechner, ursprünglich für die komplizierten ballistischen Berechnungen des Militärs entwikkelt, galten als Arbeitsplatzkiller und wurden mit Rasterfahndung und George Orwells visionärem Roman über den totalitären Staat „1984“ assoziiert. Dieses anfängliche Mißtrauen ist Ende der achtziger Jahre jedoch einem fast blinden Vertrauen gewichen. Die Informations- und Kommunikationsindustrie gilt heute als milliardenschwere Zukunftsbranche: Die neusten Trends heißen Information-Highway, Home-Banking, Internet-Surfen, Multimedia-Datenbanken, Online-Dienste, Tele-Shopping, Tele-Working oder Video-on-Demand. Die Zahl der Personalcomputer in den Privathaushalten mit Zugang zu weltweiten Datennetzen steigt rapide. Umfragen zufolge sollen bereits 25 bis 30 Prozent der deutschen Privathaushalte einen Personalcomputer besitzen, immerhin knapp vier Prozent aller Haushalte sind Mitglied eines Online-Dienstes und besitzen damit Zugang zum Internet. Auch Unternehmen und Behörden rennen wie die Lemminge den aktuellen Errungenschaften der digitalen Entwicklung hinterher. Schlagwörter wie Client-/Server-Anwendungen, digitale Dokumenten- und Sprachverarbeitung, verteilte Datenhaltung, global networking und parallele Systeme gelten als Schlüsseltechnologien im unternehmerischen Wettbewerb. Selbst im militärischen Bereich wird verstärkt auf die digitale Aufrüstung gesetzt: Fortschrittlichste Computertechnik soll zum entscheidenden Faktor bei militärischen Auseinandersetzungen werden. Geködert mit den blumigen Versprechen der rhetorisch geschulten Vertriebsbeauftragten der Hardware- und Softwarehersteller werden immer mehr und komplexere Aufgabenfelder den digitalen Alleskönnern übertragen.

Die Wirtschaftsmacht und der gigantische Werbeaufwand der IT-Anbieter läßt die Warner vor den Nebenwirkungen der Computertechnologie als unverbesserliche Pessimisten erscheinen. Auch das Bedrohungspotential durch die zunehmende Allgegenwärtigkeit der Informationstechnik nimmt die Öffentlichkeit kaum wahr. Die Bedrohungen sind jedoch real: Konstruktionsbedingte Hardwaremängel, die wachsende Abhängigkeit der Unternehmen von wenigen Rechenzentren, Sicherheitslücken in den gängigen Betriebssystemen, Einbrüche von Hackern in Rechnersysteme rund um die Welt, die rapide anwachsende Zahl der Computerviren in den letzten Jahren, verheerende und teure Softwarefehler, gravierende Sicherheitsmängel in Computernetzen und bei Online-Diensten, die stetige Zunahme der Computerkriminalität und viele andere in diesem Buch dargestellte Entwicklungen widerlegen die PR-Darstellungen der IT-Anbieter vom erfolgreichen Einsatz der digitalen Technik in aufwendigen Anzeigekampagnen und Zeitungsbeilagen.

Insbesondere die Einführung neuer Technologien sowie der Vorstoß der digitalen Technik in neue Anwendungsgebiete erzeugt regelmäßig unerwartete Anlaufschwierigkeiten und Sicherheitsprobleme. Die Umsetzung der Schlagwörter verteilte Systeme oder Client/Server und die Übernahme der Vorreiterrolle bei der

Einführung digitaler Dokumenten- oder Sprachverarbeitung gestaltet sich meist schwieriger als erwartet; das Internet entpuppt sich mehr und mehr als überfüllte und unübersichtliche Datenautobahn mit beträchtlichen Sicherheitsrisiken, und computergesteuerte Waffensysteme bergen unvermutete tödliche Abgründe. Die mit der zunehmenden IT-Durchdringung entstehende Abhängigkeit und die beim IT-Einsatz auftretenden Schwierigkeiten werden jedoch sowohl von den Herstellern als auch von den auf ihr Image bedachten Unternehmen und Behörden meist verschwiegen.

Die zahlreichen Schadensbeispiele in diesem Buch belegen jedoch, wie weit die digitale Branche und ihre Kunden davon entfernt sind, einen nebenwirkungsfreien Einsatz der Informationstechnik sicherzustellen. Die Bandbreite der durch obige IT-Bedrohungen verursachten Schäden reicht von Beeinträchtigung der Arbeitsdurchführung bzw. Gesetzesverstößen durch die fehlende Verfügbarkeit von digitalen Informationen über Imageschäden und Fehlentscheidungen durch computerbedingte Handlungsunfähigkeit bis zu Vertrauensschäden durch unerlaubte Datenweitergabe bzw. Finanzschäden durch den Diebstahl geheimer Forschungsdaten oder durch die Manipulation finanzwirksamer Daten. Auch das menschliche Wohlergehen wurde durch fehlerhaft programmierte Computersysteme schon mehrfach gefährdet.

Die IT-Schäden erreichen dabei mittlerweile ungeahnte Dimensionen. Das britische Unterhaus schätzte bereits 1990 den Schaden durch Computermißbrauch, wie Hackerangriffe, Softwarediebstahl und Viren, auf jährlich umgerechnet sechs Milliarden Mark. Das Nachrichtenmagazin „FOCUS“ bezifferte fünf Jahre später allein den weltweiten Schaden durch Hackerangriffe auf fast 25 Milliarden Mark; davon entfielen auf Deutschland immerhin drei Milliarden pro Jahr. Auch die Bundesregierung erkannte in der Begründung zum Errichtungsgesetz des Bundesamtes für Sicherheit in der Informationstechnik (BSI), daß einerseits „nahezu alle Bereiche – Wirtschaft, Wissenschaft, Verwaltung – von dem einwandfreien Funktionieren und der uneingeschränkten Verfügbarkeit der Informationstechnik abhängig sind“ und daß andererseits mit der zunehmenden Ausbreitung der Informationstechnik „auch die ihr innewohnenden Gefahren durch unrichtige, unbefugt gesteuerte, fehlende oder rechtsgutgefährdende Informationen“ steigen.

Entgegen den Lippenbekenntnissen der politisch Verantwortlichen wird den bestehenden IT-Bedrohungen aber immer noch nicht „angemessen begegnet“. Die Sicherheit der Informationstechnik ist ebenfalls noch weit davon entfernt, als „gleichrangiges Ziel neben die allgemeinen Leistungsmerkmale“ zu treten. Sicherheitsargumente werden von den meisten IT-Anbietern bestenfalls als zweitrangig angesehen, als Werbeargumente eignen sich scheinbar eher die Aspekte „besser, schneller, komfortabler“. In den Augen der profitorientierten Entscheidungsträger und kostenbewußten Heimanwender gelten Sicherheitsmaßnahmen meist als unproduktiv und teuer; latent vorhandene Sicherheitsbedenken werden lieber verdrängt. Ohne Druck vom Gesetzgeber oder von den Versicherungen wird häufig nur das Allernötigste getan. Die Beispiele in diesem Buch verdeutlichen jedoch, daß die Sicherheitsaspekte beim Einsatz digitaler Informations- und Kommunikationssysteme nicht vernachlässigt werden dürfen, wenn der IT-Boom nicht in der Sackgasse enden soll.

Aufbau des Buches

Zum besseren Verständnis des Aufbaus dieses Buches ist ein kurzer Ausflug in die Theorie notwendig. In der Literatur werden die *Bedrohungen* der Informationstechnik abstrakt in drei große Bereiche aufgegliedert:

- *Verlust der Verfügbarkeit (engl. availability)*
  Unter Verfügbarkeit des IT-Systems wird dessen Eigenschaft verstanden, bestimmte Dienstleistungen in zugesicherter Form und Qualität innerhalb eines definierten Zeitraumes zu erbringen. Bedrohungen der IT-Verfügbarkeit werden in erster Linie im Kapitel über Hardwaremängel dargestellt.

- *Verlust der Vertraulichkeit (engl. confidentiality)*
  Unter Vertraulichkeit des IT-Systems wird die Eigenschaft verstanden, die in ihm enthaltenen Informationen nur berechtigten Anwendern und Programmen zugänglich zu machen. Insbesondere Hacker, Industriespione und Erpresser stellen eine beträchtliche Gefahr für die Vertraulichkeit der digitalen Daten dar.

- *Verlust der Integrität (engl. integrity)*
  Unter Integrität des IT-Systems wird die Eigenschaft verstanden, an in ihm enthaltenen Informationen nur erlaubte und beabsichtigte Veränderungen zuzulassen. Die Integrität wird auch als Maß für die Unverfälschtheit und Korrektheit von Daten bezeichnet. Vornehmlich bedrohen unsichere Betriebssysteme, fehlerhafte Software und Datenmanipulationen die Integrität von Daten.

Diese drei großen Bedrohungsbereiche werden auch als „IT-Grundbedrohungen“ bezeichnet. Das Ziel aller IT-Sicherheitsmaßnahmen ist, den Begriff „Verlust“ durch „Gewährleistung“ als Eigenschaft sicherer Informationstechnik zu ersetzen. Die Sicherheit von IT-Systemen umfaßt daher alle Maßnahmen gegen die – im Einsatzbereich eines IT-Systems als bedeutend angesehenen – drei Grundbedrohungen, die das Bedrohungsrisiko auf ein tragbares Maß reduzieren.

Im Bereich der offenen Kommunikationssysteme werden diese drei Kriterien um Authentizität- und Verbindlichkeitsaspekte ergänzt. Unter Authentizität wird die Übereinstimmung der behaupteten Identität mit der tatsächlichen verstanden. Authentizität bedeutet also, daß an einer Kommunikationsbeziehung auch tatsächlich die gewünschten Benutzer oder Rechner beteiligt sind. Unter Verbindlichkeit wird die garantierte Ausführung eines Versprechens verstanden. Verbindlichkeit gibt den Kommunikationspartnern die Gewißheit, daß über elektronische Kommunikationswege getätigte Geschäfte rechtlich verbindlich sind. Beispiele zu diesen beiden Bedrohungsaspekten werden in den Kapiteln über digitale Daten und digitale Kriminalität dargestellt.

Als Objekte dieser IT-Bedrohungen ergeben sich vier wesentliche IT-Komponenten:

1. Hardware
2. Betriebssysteme
3. Software
4. Daten/Information, insbesondere im Zusammenhang mit Kommunikation und Datennetzen.

Das vorliegende Buch gliedert sich entsprechend dieser vier IT-Bedrohungsobjekte in Kapitel, die die Bandbreite der möglichen und realen Bedrohungen darstellen und anhand von zahlreichen Beispielen Sicherheitsmängel, Risiken und Gegenmaßnahmen aufzeigen. Das erste Kapitel analysiert einerseits die vielfältigen Bedrohungen, denen die empfindliche Digitaltechnik ausgesetzt ist, andererseits werden auch die von der Informationstechnik ausgehenden Gefahren für die Gesundheit und die Umwelt aufgezeigt. Im zweiten Kapitel werden Sicherheitslücken in bekannten Betriebssystemen dargestellt und die Bedeutung der Virenproblematik für die verschiedenen Betriebssysteme erläutert. Einige Abschnitte in diesem Kapitel gehen zur Erläuterung prinzipieller Schwachstellen bis in die Niederungen der Betriebssystemtechnik. Die EDV-Laien unter den Lesern sollten daher die Abschnitte, die ihnen zu technisch erscheinen, einfach überlesen. Die Komplexität der Softwareerstellung und die Auswirkungen fehlerhafter Software ist das Thema des dritten Kapitels.

Im vierten Kapitel geht es um Daten, Kommunikationssysteme und Hacker. Zusätzlich werden in einem separaten Kapitel über Computerkriminalität die Risiken aus der bewußten Ausnutzung von Sicherheitslücken in komplexen IT-Systemen aufgezeigt. In diesen beiden Kapiteln wird deutlich, daß der digitale Fortschritt den halbkriminellen und kriminellen Tätigkeitsbereich erheblich erweitert. Die Computertechnologie bietet aber nicht nur neuartige Mißbrauchstechniken und eröffnet den Menschen neue Mittel und Wege zu sozialschädlichem Verhalten, sondern sie trägt auch dazu bei, daß traditionelle Mißbrauchshandlungen eine neue Qualität gewinnen können.

1
Hardware: verletzliche und verletzende Rechner

„Die Konfrontation des Menschen mit den Auswirkungen einer seiner Erfindungen erreicht heute eine besondere Schärfe."

(Konrad Zuse, 1910 bis 1995, Erfinder des ersten programmgesteuerten Computers)

Der aus dem Angloamerikanischen übernommene Begriff „Hardware" bezeichnet die materiellen Bestandteile eines Rechnersystems. Gemeint sind also alle physischen Komponenten eines elektronischen Datenverarbeitungssystems (EDV-System), wie

- ❑ Geräte zur Eingabe von Daten (Tastatur, Scanner),
- ❑ Geräte zur Ausgabe von Daten (Bildschirm, Drucker),
- ❑ Geräte zur Speicherung von Daten (Magnetplattenlaufwerke oder Festplatten beim Personalcomputer) sowie
- ❑ alle Bestandteile des eigentlichen Rechners, auch „Zentraleinheit" genannt (Zentralprozessor, Arbeitsspeicher und interne Datenleitungen).

„Software" dagegen ist die Bezeichnung für alle immateriellen Komponenten eines EDV-Systems, also der Sammelbegriff für alle System- und Anwendungsprogramme, die der Steuerung der Hardware dienen und die Anweisungen des Benutzers an den Rechner weitergeben.

Die Verfügbarkeit eines IT-Systems ist eng mit der Verfügbarkeit der Hardware verknüpft. Durch die zunehmende IT-Durchdringung in den meisten Unternehmen und Behörden sind die Anforderungen an die permanente Verfügbarkeit der Hardware enorm hoch. Ein kurzzeitiger Ausfall des IT-Systems kann bereits zu erheblichen finanziellen Schäden und Renommeeverlusten führen. Längere Ausfälle können sogar die Fortführung des Geschäftsbetriebes bedrohen. So schätzen Fachleute die Überlebensfähigkeit einer Großbank im Falle eines Rechnerausfalls auf nur 12 bis 36 Stunden.

Was die Werbeprospekte der meisten IT-Hersteller dem Kunden aber nicht verraten: Die Bedrohungen sind enorm vielfältig und lassen sich nur durch umfangreiche Sicherungsmaßnahmen abfangen. Eine Gewährleistung der Verfügbarkeit muß daher ständig mit hohem Aufwand sichergestellt werden. Bereits das Versagen einer wesentlichen Komponente eines Datenverarbeitungssystems kann zum

Ausfall des gesamten IT-Systems führen. Neben den eher spektakulären Gefährdungen durch vorsätzliche Sabotage und Anschläge wird die Verfügbarkeit der Hardware vor allem durch unbeabsichtigte Einflüsse beeinträchtigt. Dazu zählen Störungen durch

- höhere Gewalt (Brand, Blitzschlag, Erdbeben, Stromausfall, Überschwemmungen),
- Umgebungseinflüsse (elektromagnetische Störungen, Klimaschwankungen),
- technische Hardwaredefekte (Alterung, Ausfälle, Konstruktionsfehler) sowie
- menschliche Bedienungsfehler.

Angesichts der Vielzahl und Mannigfaltigkeit der Störeinflüsse bleibt selbst nach Realisierung aller als sinnvoll erachteten Sicherungsmaßnahmen immer ein gewisses, unbekanntes Restrisiko bestehen, zumal IT-Systeme nur gegen bekannte Bedrohungen abgesichert werden können. Dieses Restrisiko kann meist nur zum Teil und gegen hohe Prämien von Elektronikversicherungen wie Mehrkosten- oder Betriebsunterbrechungsversicherungen abgedeckt werden. Das danach verbleibende Restrisiko muß vom Unternehmen bewußt in Kauf genommen und selbst getragen werden.

Das Märchen von der fehlerfreien Hardware

Die wichtigsten Bestandteile der Hardware sind heutzutage miniaturisierte Halbleiterelemente, auch „Chips" genannt. Ein Chip ist eine winzige Siliziumscheibe, die Tausende von elektronischen Bauelementen für Logik- und Speicherfunktionen enthält. Die Entwicklung von Chips auf Basis der Halbleitertechnologie hat seit dem ersten Personalcomputer (PC) der Firma IBM 1981 eine stürmische Entwicklung erlebt. Das Herz dieses ersten Kleinstrechners von IBM war ein Prozessor vom Typ 8088 der amerikanischen Firma Intel, der bei einer Taktfrequenz von 4,77 Megahertz (MHz) und 29.000 Transistoren die kleinsten digitalen Informationseinheiten (Bits) addierte und subtrahierte. 1982 folgte der Intel-Prozessor 80286, 1985 der 80386, 1989 der 80486 und 1993 der Pentium; gleichzeitig erhöhten sich mit jedem neuen Prozessortyp auch die Taktfrequenzen und die Anzahl der Transistoren.

Die neuste Entwicklung aus dem Hause Intel löst seit dem 2. November 1995 unter dem Namen „Pentium-Pro" das bisherige – ins Gerede gekommene – Spitzenmodell Pentium ab. Der Pentium-Pro besteht aus über fünf Millionen Transistoren, die auf zwei Silizium-Chips untergebracht sind. Die Taktfrequenz der ersten Versionen beträgt 150 MHz und ermöglicht die Bearbeitung von rund 250 Millionen Befehlen in der Sekunde. Allerdings bringt der Pentium-Pro nach internen Untersuchungen eines Fachverlages für PC-Zeitschriften nicht die angekündigte Geschwindigkeitsverdopplung zum Vorgängermodell Pentium. So soll der Pentium-Nachfolger unter der verbreiteten Betriebssystemerweiterung Windows 3.x sogar langsamer sein als sein Vorgänger mit gleicher Taktfrequenz. Selbst unter dem neuen Betriebssystem Windows 95 ergibt sich nur eine Leistungssteigerung von 20 bis 30 Prozent. Der Grund für die Rechenschwäche liegt im modernen Design des Chips. Der Pentium-Pro wurde speziell für sogenannte „32-Bit-Umgebungen" konzipiert, wie sie beispielsweise das Profi-Betriebssystem Windows NT bietet. Während die meisten PC-Programme nur 16 Bits auf einmal verarbeiten können, werden in 32-Bit-Umgebungen doppelt so viele Bits innerhalb eines Arbeitszyklus verarbeitet. Allerdings verdoppelt der Pentium-Pro auch unter diesem echten 32-Bit-Betriebssystem nicht die Rechnerleistung, weil die ersten Exemplare des Chips noch nicht optimal rechnen.

Der Pentium-Pro-Nachfolger P7, der nach Intels kühnen Prognosen 1998 auf den Markt kommen wird, soll mit über 10 Millionen Transistoren rechnen. Schon seit Jahren zweifeln Experten, ob angesichts der erreichten Miniaturisierung der Halbleiter mit der herkömmlichen Chip-Technologie noch weitere substantielle Steigerungen möglich sind. Obwohl die Produktion immer teurer und komplexer wurde, ist es Intel aber bisher immer wieder gelungen, die Fachwelt mit neuen fertigungstechnischen Durchbrüchen zu überraschen. Alle 18 Monate hat der Halbleitergigant die Leistungsfähigkeit seiner Chips verdoppelt und will dieses atemberaubende Tempo auch in Zukunft beibehalten. Nur die technologische Überlegenheit gegenüber Konkurrenten wie AMD oder Cyrix garantiert Intel auf Dauer seine Monopolstellung und Umsatzrenditen von 25 Prozent und mehr. Als Marktführer kann Intel derzeit traumhafte Monopolpreise am Markt erzielen. Um renditemindernde Mengenrabatte für Großkunden oder ähnliche Preiszugeständnisse braucht sich der Monopolist nicht zu kümmern. In der Branche geht daher der Spott um, Intel habe keine Kunden, sondern Geiseln. Um seine Marktmacht zu festigen, investierte Intel in den letzten Jahren rund hundert Millionen Dollar in eine geschickte Marketingkampagne („Intel inside"), die dem Verbraucher suggerieren sollte, daß das wichtigste Kaufkriterium für einen Personalcomputer der Prozessor sei. Weitere dreistellige Millionenbeträge wandte Intel auf, um den Modellnamen Pentium als neuen Markennamen am Markt zu etablieren. Die früheren, eher technisch klingenden Bezeichnungen der Vorgängermodelle, wie 486i oder Intel 80486, wurden damit abgelöst.

Die Chip-Herstellung stößt technisch scheinbar immer wieder an die Grenzen des Machbaren. Der Herstellungsprozeß ist extrem aufwendig und fehleranfällig. In einem komplexen Arbeitsprozeß werden auf einem Chip durch Aufdampfen und Wegätzen kleinste Transistoren, Widerstände und Leitungsverbindungen erzeugt. Der größte Feind während des Produktionsprozesses dieser feinen Chip-Strukturen ist der Staub. Daher werden Chips in Reinräumen mit mehrfach gefilterter Luft gefertigt. Obwohl Reinraumluft rund 50.000mal sauberer ist als normale Zimmerluft, befindet sich selbst in der Reinraumluft noch ein gewisser Prozentsatz von kleinsten Staubpartikeln. Diese kleinsten Staubpartikel können zu Verunreinigungen und damit zu geringen Defekten führen, die auch später beim Testen nur schwer erkannt werden können. Oft wird die Funktion einer Gruppe von Transistoren, die ein sogenanntes „Schaltelement“ oder „Gatter“ bilden, nur verlangsamt und fällt erst lange nach der Fertigung beim Kunden aus. Den gleichen Effekt haben im Mikrochip eingeschlossene geringste Mengen von Feuchtigkeit, deren Korrosionsauswirkungen erst Monate später auftreten.

Noch schlimmer: sporadisch auftretende Fehler oder der gute alte Wackelkontakt im digitalen Zeitalter. Durch ein verzögertes Umschalten des Gatters von einem Zustand in den anderen kann es zu dynamischen Fehlern kommen, die aber nur von Zeit zu Zeit auftreten. Der Anwender wird dabei förmlich in den Wahnsinn getrieben, da er den Fehler überall vermutet, nur nicht im High-Tech-Produkt Halbleiter.

Ein aktuelles Beispiel für die erreichte Komplexität der Chip-Entwicklung liefert der fast drei Jahre lang angekündigte Pentium-Overdrive-Prozessor mit dem Codenamen „P24T“, dessen Auslieferung sich u.a. aufgrund von Fehlern, die bei Tests gefunden wurden, immer wieder verzögerte. Erst im Frühjahr 1995 konnte Intel den lang ersehnten Overdrive ausliefern. Scheinbar bereitete Intel auch die Hitzeentwicklung des Pentium-Nachfolgers Sorgen und verzögerte dessen Auslieferung. Die Chip-Entwicklung hat offensichtlich eine Komplexität erreicht, die mit den Schwierigkeiten gigantischer Softwareprojekte konkurrieren kann.

Intel-Schlappe „Pentium-Bug“

Nach über fünf Millionen ausgelieferten Prozessoren wurde der „Pentium-Bug“ Ende des Jahres 1994 entdeckt: Der mathematische Coprozessor, genauer die Fließkommaeinheit (engl. auch FPU = floating point unit genannt), des bis dahin leistungsfähigsten Mikroprozessors der amerikanischen Intel Corp. enthielt einen Fehler. In einer internen Tabelle zur Berechnung von Divisionen wurden fünf Einträge schlicht vergessen. Der Mathematikprofessor Thomas Nicely, der an der Universität von Virginia in Lynchburg doziert, entdeckte den Fehler bei der Analyse von Primzahlverteilungen. Der standardmäßig integrierte Coprozessor dividierte Primzahlen fehlerhaft, sofern sie mindestens siebenstellig waren.

Über den amerikanischen Online-Dienst CompuServe geriet der Pentium-Fehler an die Öffentlichkeit. Erfolglos versuchte der Halbleiterproduzent aus Santa Clara, dessen Mikroprozessoren in 80 Prozent aller weltweit produzierten Personalcomputer rechnen, die Veröffentlichung noch in letzter Minute zu verhindern. Professor Nicely sollte mit einer Vertraulichkeitsvereinbarung („non disclosure agreement“) zum Schweigen gebracht werden. Wie bei den Vorgängermodellen 80386 und 80486 sollte der – nach Ansicht der Intel-Manager – unbedeutende Fehler stillschweigend mit dem nächsten Prozessor-Release behoben werden. Aber es war bereits zu spät: Der von Prof. Nicely im US-Fachmagazin „Electronic Engineering Times“ am 7. November 1994 veröffentlichte Artikel über den „Pentium-Bug“ hatte die Fachwelt schon in Aufruhr versetzt. So blieb Intel nur, sich um eine Relativierung des Fehlers zu bemühen. Schließlich sei der

Fehler von Intel bereits im Sommer 1994 entdeckt worden und sollte mit der nächsten Chip-Version behoben werden. Darüber hinaus trete der Fehler bei einem durchschnittlichen Anwender statistisch nur alle 27.000 Jahre auf. Aber diesmal halfen die Beschwichtigungen der kalifornischen Chip-Ingenieure nicht. Computerriese IBM konterte, der Fehler trete nach hauseigenen Berechnungen nicht alle Jubeljahre, sondern alle 24 Tage auf, und stoppte medienwirksam den Verkauf von Rechnern mit Pentium-Chips.

Auch die Medien schlachteten die Intel-Schlappe gnadenlos aus. Der Chip-Hersteller erlitt einen herben Imageverlust (Branchenspott: „Intel inside – can't divide."). Forschungsinstitute sollen Pentium-Rechner für wissenschaftliche Berechnungen nicht mehr zugelassen; einige Unternehmen, darunter die amerikanische Raumfahrtbehörde NASA, ihre aktuellen Aufträge für Pentium-Rechner sogar zurückgezogen haben. Auch das renommierte Beratungsunternehmen Gartner Group riet seinen Kunden vorerst vom Kauf dieses Chips ab.

Insbesondere hinter dem harschen Vorgehen von IBM vermuten Branchenkenner aber eher einen taktischen Schachzug als die Sorge um die Korrektheit der Anwenderkalkulationen. Schließlich gilt es, sich aus der wachsenden Abhängigkeit von Intel zu befreien und das eigene Konkurrenzprodukt, den „Power-PC-Chip", zu stärken. Der schwerfällige Computergigant versucht mit diesem Power-PC-Chip, der zusammen mit den Firmen Apple und Motorola entwickelt wurde, ein Versäumnis und verhängnisvollen Fehler aus den achtziger Jahren wieder wettzumachen. Nachdem der Branchenführer jahrelang die Bedeutung des von einer Garagenfirma namens Apple erfundenen Personalcomputers verkannt hatte, entschied sich IBM 1980, von heute auf morgen ebenfalls mit einem Kleinstcomputer am Markt präsent zu sein. Allerdings blieb dem weltgrößten Computerhersteller keine Zeit, die benötigten Bauteile selbst zu entwickeln. IBM kaufte daher ein Betriebssystem mit dem Namen MS-DOS von der damals noch unbekannten Firma Microsoft und einen Prozessor mit der Typenbezeichnung 8088 von der Firma Integrated Electronics Corp. (Intel), die 1968 von den Ingenieuren Gordon Moore, Robert Noyce und Andrew Grove gegründet worden war. Zwar definierte IBM mit seinem Personalcomputer einen weiteren Industriestandard, verlor aber seine technologische Vorherrschaft auf den Gebieten PC-Betriebssysteme und Chip-Technologie. Darüber hinaus verhalf IBM den beiden Jungfirmen zu einem beispiellosen Geschäftserfolg. Microsoft und Intel waren bald unangefochtene Marktführer auf ihren Gebieten und diktieren noch heute mit ihren Entwicklungen die Modellpolitik aller großen PC-Hersteller.

Scheinbar unangreifbar ist Intel heute der größte und ertragreichste Chip-Produzent der Welt. Das Pentium-Debakel konnte die erfolgsverwöhnte Firma unter der geschickten Leitung des Gründers Andrew Grove trotz miserabler Öffentlichkeitsarbeit nicht nachhaltig schädigen. Am 27. November 1994 bot Intel allen Käufern, die viel mit Kalkulationsprogrammen arbeiten, die Möglichkeit eines kostenlosen Chip-Umtausches an. Einen Monat später erklärte sich der Halbleiterhersteller sogar bereit, die fehlerhaften Chips auch ohne Nachweis der häufigen Anwendung von Tabellenkalkulationen umzutauschen (sog. „No-Questions-asked-return-Policy“). Obwohl die in der Computerwelt einmalige Rückrufaktion Intel 1994 fast eine halbe Milliarde Dollar gekostet hatte, wies die 94er-Bilanz des kalifornischen Chip-Herstellers aus Santa Clara immer noch einen satten Gewinn von 2,3 Milliarden Dollar aus.

Wann tritt der Pentium-Fehler auf?

Der sogenannte „Pentium-Bug“ führt bei bestimmten Berechnungen zu drastisch falschen Ergebnissen. Eine berühmte fehlerhafte Rechenoperation, über die sich die Konkurrenz in ganzseitigen Anzeigen in führenden deutschen Tageszeitungen lustig machte („Es gibt Computer mit einem Prozessor, der sich bei dieser einfachen Gleichung verrechnet. Er kommt nicht auf Null. Zum Glück gibt es auch Apple-Computer.“), lautet:

X = 4.195.835
Y = 3.145.726

Formel: $$X - \frac{X}{Y} * Y$$

Selbst der mathematische Laie erkennt: Y kürzt sich raus, übrig bleibt X – X. Das Ergebnis muß Null sein. Mit Hilfe einer Tabellenkalkulation auf einem Pentium-PC gerechnet, kommt als Ergebnis aber die Zahl 256 heraus. Eine nicht so dramatische Abweichung ergibt sich, wenn obige Formel mit folgenden Zahlen gerechnet wird:

X = 1.000.117
Y = 1.000.099

Allerdings hat das Ergebnis fatale Auswirkungen auf alle weiteren Rechenoperationen, da sie auf einem fälschlicherweise negativem Ergebnis basieren.

Der berühmte „Pentium-Bug“ hat viele PC-Anwender desillusioniert. Schwierigkeiten und Fehler bei der Chip-Produktion hat es aber schon und wird es immer geben. So traten bei frühen Versionen des Intel-Chips 80486 unter anderem Fehler bei trigonometrischen Berechnungen auf. Die Firma Compaq entdeckte diverse Fehler bei der Entwicklung ihres Server-Systems „Systempro“ auf Basis dieses Chips und mußte daher die Auslieferung des Rechners mehrmals verschieben.

Ende 1990 wurde ein weiterer Fehler im 80486-Chip entdeckt, der zu Problemen bei der Behandlung von Systemunterbrechungen (Interrupts) führte und vor allem in lokalen Netzwerken auftrat. Schließlich mußte Intel sogar die Herstellung seiner 486-Chips vorübergehend stoppen, da sich die im Juni 1991 vorgestellte 50-MHz-Version schnell überhitzte. Im Sommer 1995 wurde bekannt, daß ein fehlerhafter Controller-Chip („RZ 1000") auf Systemplatinen von Intel unter den Betriebssystemen OS/2 und Linux zu Datenverfälschungen führen kann.

Kurze Zeit später, im September 1995, bestätigte Intel, daß die stromsparende 120-Megahertz-Version des speziell für Notebooks entwickelten Pentium-Prozessors bei niedrigeren Spannungen ausfällt. Motorola gab im gleichen Monat zu, daß es bei der Parallelschaltung von mehr als zwei Prozessoren vom Typ Power-PC 604 zu Datenverlusten im Zwischenspeicher kommen kann. Auch eine Version des 32-bit RISC-Prozessor 29000 der Firma Advanced Micro Devices (AMD) enthielt mehrere Fehler.

Im Gegensatz zum „Pentium-Bug" werden viele Chip-Fehler aber vor der Auslieferung an den Kunden entdeckt. Die Hauptgeschädigten sind in diesen Fällen die PC-Hersteller, deren geplante Produktauslieferungen sich durch solche Pannen meist erheblich verzögern. In einem Interview mit dem manager magazin gestand der Europachef von Intel, Hans Geyer, auch ein, daß jeder Chip Fehler habe (ebenso wie jede Software). Offen fügte er hinzu: „Diese Produkte werden im Laufe ihrer Lebenszeit stets verbessert, sie werden allerdings nie perfekt sein. Nicht nur wir, die ganze Branche und die Benutzer müssen sich immer klarmachen, daß auch Computer nicht perfekt sind, weder ein 3.000-Mark- noch ein Millionen-Mark-Rechner."

Verletzliche Rechner

Unternehmen und Behörden sind in steigendem Maße vom Funktionieren moderner Computer- und Kommunikationssysteme abhängig. Durch die Durchdringung aller Unternehmensbereiche mit Informationsverarbeitung und die hohe Konzentration der installierten Hardware in wenigen Rechenzentren wird die elektronische Datenverarbeitung (EDV) zur Achillesferse der meisten Unternehmen und zum potentiellen Angriffsziel.

Die kaufmännischen Entscheidungsträger sehen die Notwendigkeit von (teuren) Sicherungsmaßnahmen aber meist erst nach spektakulären Vorfällen ein. So überarbeiteten viele englische Clearing-Banken nach dem Absturz eines Verkehrsflugzeuges der Fluggesellschaft East Midlands Airways auf dem M1 Motorway im Januar 1989 – nur einen Kilometer vom Datenverarbeitungszentrum einer großen Clearing-Bank entfernt – ihre Notfallstrategien. Die gleiche Wirkung hatten die verheerenden Stürme im Oktober 1987, im Oktober 1989 und erneut im Februar 1990 in Südengland.

Die folgenden Abschnitte illustrieren die vielfältigen IT-Gefährdungen und helfen damit dem Leser, neben dem grundsätzlichen Bedrohungspotential auch das individuelle Schadenspotential für sein Unternehmen einzuschätzen.

Sabotage und Vandalismus

Unter Sabotage wird die absichtliche (und planmäßige) Beeinträchtigung oder Zerstörung der zur Erreichung eines gesetzten Zieles notwendigen Einrichtungen verstanden. Eine Zerstörung aus Freude am Zerstören und ohne Ziel wird dagegen als Vandalismus bezeichnet.

Die Deliktform Sabotage ist in deutschen Unternehmen an der Tagesordnung. Die amtliche Kriminalstatistik des Bundeskriminalamtes (BKA) wies für 1993 allein 495 Fälle von Zerstörung wichtiger Arbeitsmittel, 137 Fälle von Computersabotage und 24.000 Brandstiftungen aus. Nach Angaben der Versicherungsbranche wird inzwischen jeder vierte Millionenbrand durch Brandstiftung verursacht. Die Größenordnung der Fälle von Brandstiftungen läßt vermuten, daß sich hinter den Zahlen für die Deliktformen Zerstörung wichtiger Arbeitsmittel und Computersabotage eine erhebliche Dunkelziffer verbirgt.

Die in diesem Abschnitt behandelten Fälle von IT-Sabotage richten sich ausschließlich gegen EDV-Anlagen. Sabotagehandlungen gegen Datenbestände oder Programme werden in späteren Kapiteln behandelt. Die Täter sind meist unpolitische Insider, die nur selten geplant arbeiten, sondern häufig auf günstige Gelegenheiten warten, die sich mehr oder weniger zufällig ergeben. Als Tatmotiv wird meist Rache oder Frust genannt. Geheimdienste fremder Länder, Untergrundorganisationen oder politische Extremisten bilden dagegen eine äußerst gefährliche Tätergruppe, da sie von ihren Auftraggebern unterstützt werden und gezielt vorgehen. Im Gegensatz zu den unpolitischen Insidern, deren Sabotageakte meist verdeckt erfolgen, nehmen die Sabotageakte dieser Tätergruppen häufig die Form von gewaltsamen Anschlägen an.

In den siebziger Jahren, in denen die digitale Entwicklung von vielen Bürgern noch mißtrauisch beobachtet wurde, gab die Untergrundliteratur zahlreiche Tips, wie Rechner unbemerkt lahmgelegt werden können. Empfohlen wurde beispielsweise das Einstreuen von Eisenspänen, Büroklammern, Alufolie oder Sand. Als wirkungsvoll sollte sich auch das Entfernen der Datenträger-Etiketten und die Berührung von Datenträgern mit starken Magneten erweisen. Ebenso effektiv war das Besprühen der Leseköpfe von Bandlaufwerken mit Haarspray oder die Beschriftung von Magnetbändern und -scheiben mit wasserfesten Stiften. Langzeitwirkung hatte dagegen das Aussetzen von Mäusen oder Ratten in den Doppelboden des Rechenzentrums.

Eine gezieltere Vorgehensweise wählte ein frustrierter Systemoperator, der den Großrechner der National Farmers Union Corporation in Denver/Colorado innerhalb von zwei Jahren 56mal durch Kurzschlüsse lahmlegte. Anfangs machten die herbeigerufenen Techniker Schwankungen in der Stromversorgung für die Kurzschlüsse verantwortlich. Da die Kurzschlüsse jedoch nur bei diesem Rechner auftraten, vermuteten sie schließlich Sabotage. Die Gesellschaft installierte daraufhin im Rechenzentrum versteckte Fernsehkameras. Die aufgezeichneten Bilder überführten im August 1972 den Täter. Der sabotierende Systemoperator hatte die Kurzschlüsse mit einem Metallstück erzeugt, das er zwischen die Zuleitungen zu den Magnetplatten klemmte. Die angefallenen Reparaturkosten beliefen sich auf einen Betrag von einer halben Million Dollar.

Ebenfalls aus Frust demolierte ein 29jähriger Buchhalter einer Versicherungsgesellschaft in Frankfurt in der Nacht zum 3. Juni 1980 deren Computer mit einem Bürostuhl und legte anschließend einen Brand in den Büroräumen der Gesellschaft. In der Zeit vor dem 3. Juni hatte der Mann aufgrund mehrerer Ausfälle des Firmencomputers bereits nächtelang Überstunden gearbeitet. Am Tag der Tat fiel der Rechner innerhalb weniger Stunden sogar fünfmal hintereinander aus. Die Rechnerausfälle ärgerten den Buchhalter dermaßen, daß er sich betrank und anschließend die verhaßte Kiste zertrümmerte.

Ein anderes Motiv verfolgten streikende französische Elektronikingenieure bei ihren heimlichen Sabotageaktionen: Um ihren Forderungen Nachdruck zu verleihen, verursachten die Ingenieure nach Vermutungen des französischen Transportministeriums im November 1991 vorsätzlich zahlreiche Störungen am Zentralcomputer der Flugsicherung der Pariser Flughäfen Orly und Charles de Gaulle. Die Computerstörungen führten während der Streikwoche zu zahlreichen Flugausfällen und stundenlangen Verspätungen.

Ein aktuelles Beispiel für IT-Sabotage aus Rache liefert ein Techniker am europäischen Zentrum für Elementarteilchenforschung (CERN) in Genf. Neben der Zahlung eines Lösegeldes wollte der seit 27 Jahren angestellte Mitarbeiter die Entlassung seiner ebenfalls am CERN arbeitenden Exfrau erzwingen. Zu diesem Zweck entfernte er über 1.200 elektrische Module von zwei Vorbeschleunigern des „Large Electron-Positron Collider" und durchtrennte außerdem mehrere Kabel. Neben dem reinen Sachwert der Module in Höhe von 1,2 Millionen Mark verzögerte sich durch diese Tat die Wiederinbetriebnahme der Anlage, die seit Dezember 1994 technisch überholt wurde, erheblich. Der unterirdische Teilchenspeicherring mit seinem Durchmesser von acht Kilometern dient Kernphysikern aus allen Ländern der Welt, Positronen mit annähernder Lichtgeschwindigkeit aufeinanderprallen zu lassen. Bei diesen Zusammenstößen entstehen ungeheure Energiemengen.

Das Forschungszentrum CERN widmet sich seit seiner Gründung 1953 der internationalen Forschung zur Physik der Atomkerne und der Elementarteilchen. In den achtziger Jahren hatte das Institut bereits eine unrühmliche Bekanntheit als „Fahrschule" für Hacker erlangt. Die Systemverwalter sahen dem Treiben der jugendlichen Hacker jahrelang tatenlos zu.

Blinde Zerstörungswut kennzeichnet dagegen den folgenden Fall von IT-Vandalismus: Im August 1992 brach ein Unbekannter in das Nürnberger AOK-Gebäude ein und zerstörte über hundert Computermonitore. Der angerichtete Schaden belief sich auf 215.000 Mark. Gefaßt wurde der 23jährige Täter erst zwei Jahre später, im August 1994. Die Polizei konnte dem Mann über hundert weitere Einbrüche und Diebstähle in Computerunternehmen, Ämtern und Schulen nachweisen. Insgesamt war durch diese Delikte ein Schaden von 1,4 Millionen Mark entstanden.

Anschläge

Anschläge sind eine gewaltsame, zielgerichtete Form der Sabotage. Die meist fanatischen Täter verwendeten in der Vergangenheit meist traditionelle Tatwerkzeuge, wie Ziegelsteine, Molotowcocktails, Schußwaffen oder Sprengstoff. Neuartige „Cyber-Bomben" eröffnen dieser gefährlichen Tätergruppe jedoch in Zukunft ungeahnte Möglichkeiten.

Die Geschichte der elektronischen Datenverarbeitung wurde bisher vor allem von politisch motivierten Anschlägen gegen Rechenzentren forschungsintensiver Firmen oder Institutionen begleitet. Sowohl die „Rote Armee Fraktion" (RAF) in Deutschland als auch die amerikanischen Gegner des Vietnamkrieges, die „Brigate Rosse" (Rote Brigade) in Italien und die „Action directe" in Frankreich, alle genannten politischen Terrororganisationen hatten zu der Zeit, in der Computer noch als „Herrschaftsinstrument" der bestehenden Machthaber betrachtet wurden, auch IT-Zentren als Angriffsziele ausgewählt. In jüngster Zeit treten jedoch vermehrt fanatische Einzeltäter als Urheber zerstörerischer Anschläge in Erscheinung.

Die linksextremistische Vereinigung RAF, wegen ihrer führenden Mitglieder auch „Baader-Meinhof-Gruppe" genannt, versuchte seit Anfang der siebziger Jahre mit terroristischen Methoden gegen die bestehende Gesellschaftsordnung der Bundesrepublik Deutschland zu rebellieren. Dazu verübte sie zahlreiche Anschläge gegen den deutschen Staat und führende Wirtschaftsunternehmen. Mitte der siebziger Jahre bereitete die Baader-Meinhof-Gruppe u.a. auch einen Anschlag gegen das zentrale Rechenzentrum des VW-Konzerns vor. Zu diesem Zweck hatte die Gruppe einen Mitarbeiter des Konzerns als Mittelsmann gewonnen, über den sie sich den VW-Generalschlüssel besorgen lassen wollte. Verdachtshinweise, daß der Generalschlüssel des VW-Werkes an eine Terroristengruppe verkauft werden könnte, führten zu Nachforschungen des Werkschutzes und des niedersächsischen Landesamtes für Verfassungsschutz. Die Ermittlungsbehörden identifizierten bald einen Mitarbeiter des werkseigenen Schlüsseldienstes als Verbindungsmann. Bei der Durchsuchung seiner Wohnung wurden neben Lageplänen des werkseigenen Kraftwerks auch der Aufriß des VW-Rechenzentrums gefunden. Die Bande, deren Mitglied der Werksmitarbeiter war, wollte auch den Generalschlüssel vom Olympia-Rechenzentrum in München an eine dort ansässige lokale Anarchistengruppe verkaufen.

Mitte der achtziger Jahre erreichten die Anschläge auf deutsche Rechenzentren ihren Höhepunkt. Direkte Schäden in einstelliger und Folgekosten in zweistelliger Millionenhöhe verursachte am 4. September 1983 die Explosion einer Zehn-Kilo-Bombe am Rechenzentrum der börsennotierten Aktiengesellschaft Maschinenfabrik Augsburg-Nürnberg (MAN) in Ginsheim-Gustavsburg bei Rüsselsheim. Eine Gruppierung namens „Rote Zellen" bekannte sich zu diesem Anschlag auf das angeblich einbruchssichere Rechenzentrum. Sie wollte damit gegen den Bau von Transportfahrzeugen für die geplante Installation von Pershing-II-Raketen protestieren. Weitere Anschläge trafen die Rechenzentren der Landesversicherungsanstalt (LVA) in Hannover, des Bundesverwaltungsamtes, der Allianz-Versicherungs AG in Stuttgart, der Kommunalen Datenverarbeitungszentrale Südniedersachsen in Göttingen und am 25. Dezember 1984 das kommunale Rechenzentrum Reutlingen. Experten schätzen, daß Täter aus dem Umfeld der RAF 1984 über 20 Anschläge auf Rechenzentren verübten, von denen – um Wiederholungstaten zu vermeiden – aber nur wenige überregional publiziert und in ihrem ganzen Ausmaß offengelegt worden sind.

Im darauffolgenden Jahr 1985 registrierte Generalbundesanwalt Kurt Rebmann allein am Wochenende vom 19. auf den 20. Januar drei Anschläge auf Rechenzentren. Zwar verursachte der Brandanschlag auf den Softwareanbieter Sydat in Karlsruhe am 19. Januar 1985 lediglich einen Sachschaden von 400.000 Mark, und durch den Bombenanschlag auf das Gebäude der R+V-Versicherung in Berlin einen Tag später kam sogar nur Glas zu Bruch; dafür zog der verheerende Anschlag auf die Rechenzentrum Bau (RZB) GmbH in Stuttgart-Vaihingen einen Sachschaden von mehreren Millionen Mark nach sich. Bei der Explosion der Bombe wurde außerdem ein Terrorist getötet und seine Komplizin schwer verletzt. Die Polizeibehörden brachten die Anschläge in Zusammenhang mit dem Hungerstreik der Stammheimer Häftlinge, der bereits seit dem 4. Dezember 1984 andauerte.

Ebenfalls einen Schaden in Millionenhöhe verursachte der Bombenanschlag auf das IBM-Forschungsrechenzentrum in Heidelberg am 16. November 1986. Im Laufe des Jahres 1986 wurden darüber hinaus die Rechenzentren von Agfa-Gevaert in Leverkusen, Dornier in Immenstadt, der Fraunhofer Gesellschaft in Aachen, der Softwarefirma mbp in Dortmund sowie von Scientic Control Systems in Hamburg von Anschlägen bedroht.

Seitdem haben sich Anschläge gegen Rechenzentren als eine Form der Computersabotage etabliert, wenn auch auf niedrigerem Niveau als zu Zeiten der RAF. Experten schätzen, daß in Deutschland jährlich rund zwei Sprengstoffanschläge und ein Dutzend Brandstiftungen gegen Rechenzentren verübt werden. Das BKA bewertet die Wahrscheinlichkeit von Brandstiftungen und Sprengstoffanschlägen auf Rechenzentren mit der Note zwei, was – auf einer Skala von null bis drei – eine steigende Gefährdung bedeutet. Das Schadensausmaß wird mit der höchsten Note drei beurteilt, da regelmäßig der Lebensnerv der Unternehmen getroffen wird. In Zeiten internationaler politischer Krisen, wie zum Beispiel während des Golfkrieges 1991, nimmt die Gefährdung durch solche Anschläge gewöhnlich zu. Aktuell steigt in Deutschland, seit dem Verbot der Arbeiterpartei Kurdistans

(PKK) im November 1993 durch Bundesinnenminister Kanther, insbesondere die Zahl der antitürkischen Anschläge dramatisch an.

Im Ausland kamen und kommen Anschläge gegen IT-Einrichtungen zum Teil noch häufiger als in Deutschland vor. In Frankreich verübte beispielsweise die „Action directe“ spektakuläre Anschläge auf das IBM-Rechenzentrum in Toulouse, die Rothschild-Bank in Paris und das Pariser Computerzentrum des französischen Verkehrsministeriums. Eine andere französische Gruppierung namens „CLODO“ (ein französisches Akronym, das ungefähr „Komitee zur Entwendung und Beseitigung von Rechenanlagen“ bedeutet) verübte Anfang der achtziger Jahre zahlreiche Anschläge in der Gegend um die südfranzösische Stadt Toulouse. Betroffen waren Rechenzentren und Geschäftsgebäude der holländischen Firma Philips, der französischen Computerunternehmen Honeywell-Bull und Cap Gemini, der britischen Computerfirma ICL sowie der amerikanischen Sperry Corporation.

In den Vereinigten Staaten stieg insbesondere während des amerikanischen Engagements im Vietnamkrieg die Zahl der Anschläge auf Rechenzentren dramatisch an. Im Dezember 1969 drangen fünf amerikanische Gegner des Vietnamkrieges in das Rechenzentrum der Dow Chemical Corporation in Midland/Michigan ein und zerstörten rund 1.000 Magnetbänder mit Verwaltungsdateien und Aufstellungen zur Arzneimittelforschung. Ziel des Anschlages waren eigentlich Entwicklungsarbeiten des Chemiegiganten für die amerikanische Armee gewesen. Zum Glück hatte das Chemieunternehmen Sicherungskopien der wichtigsten Daten vorsorglich ausgelagert, so daß sich der Schaden in Grenzen hielt. Trotzdem dauerte die Wiederherstellung der verlorenen Dateien über zwei Jahre und kostete fast 100.000 US-Dollar.

Fanatische Vietnam-Kriegsgegner legten knapp ein Jahr später, im August 1970, beim Army Mathematics Research Center der Universität von Wisconsin gleich mehrere Sprengsätze. Hardware im Wert von vier Millionen Mark und unersetzbare Forschungsdaten flogen bei den Explosionen in die Luft.

In Italien drang 1977 eine Gruppe von drei Frauen und einem Mann mit Waffengewalt in den Maschinensaal des Rechenzentrums der Universität von Rom ein. Die beiden für das Rechenzentrum abgestellten Wachleute beteiligten sich zu diesem Zeitpunkt gerade an einem Streik. Die Gruppe war mit Trommelrevolvern und Gewehren mit abgesägten Läufen bewaffnet und befahl den anwesenden Servicetechnikern, sich in einem Nebenraum mit dem Gesicht zum Boden hinzulegen. Anschließend goß ein Terrorist Benzin aus einem mitgebrachten Kanister über die Zentraleinheit vom Typ UNIVAC 1110 und zündete den Rechner an. Der Zentralcomputer und ein Teil der Datenbestände wurden vernichtet. Der Sachschaden belief sich auf umgerechnet fünf Millionen Mark.

In Japan deaktivierte 1985 eine Gruppe linksgerichteter Aktivisten in mehreren Städten, darunter in den Ballungsräumen Tokio und Osaka, die Rechner zur

Überwachung der Pendlerzüge. Die Täter schnitten an verschiedenen Orten 30 Computerkabel der Staatsbahn durch und legten Kerosinbomben, um gegen die bevorstehende Privatisierung zu protestieren. Über zehn Millionen Berufspendler waren von dem überraschendem Ausfall der Pendlerzüge betroffen, viele gelangten an diesem Tag überhaupt nicht zur Arbeit. Geschäfte und Banken blieben mangels Personal geschlossen; selbst der Handel an der Börse von Tokio wurde ausgesetzt.

In den letzten Jahren wurden insbesondere in England und in den USA Anschläge in bisher nicht gekanntem Ausmaß verübt, bei denen nicht nur Rechenzentren, sondern komplette Bürogebäude oder -viertel das Angriffsziel waren. Die Irisch-Republikanische Armee (IRA) hatte die City in London in den Jahren 1992 und 1993 mit zahlreichen Bombenanschlägen in Angst und Schrecken versetzt. Bei dem Bombenanschlag auf St. Mary Axe mitten im Finanzviertel von London am späten Abend des 10. April 1992 wurden auf einen Schlag die Büros von über 35 Firmen zerstört und 12.000 Telefonverbindungen lahmgelegt. Der Anschlag forderte außerdem drei Menschenleben; 90 weitere Personen wurden verletzt. Die Explosion der Autobombe war so gewaltig, daß das Gebäude der „Baltischen Börse“ vollständig und zwanzig weitere Bürogebäude teilweise zerstört wurden. Die Versicherungen schätzten den Schaden auf über fünf Milliarden Mark.

Ein weiterer großer Anschlag auf die Londoner City forderte am 24. April 1993 ebenfalls ein Todesopfer. Die IRA ließ an jenem Samstagmorgen um 10.25 Uhr einen Kipplastwagen, beladen mit einer Tonne Sprengstoff, vor dem 52-schössigen Gebäude der National Westminster Bank explodieren. Bei dem Anschlag wurden über 150 Gebäude beschädigt, wobei die Schäden von erschütterten Fundamenten über eingestürzte Decken bis zu zerborstenen Fensterscheiben reichten. Teile des Bankenviertels mußten mehrere Wochen lang gesperrt werden. Allein der entstandene Sachschaden wurde auf 750 Millionen Mark geschätzt.

Nach längerer Waffenruhe meldete sich die IRA überraschend am 9. Februar 1996 mit einem Bombenanschlag im Ostlondoner Büroviertel Docklands zurück. Bei dem Anschlag wurden zwei Menschen getötet und über 100 verletzt. Die Detonation der 250-Kilogramm-Autobombe zerstörte fünf Bürohäuser.

In Amerika machen vor allem fanatische Einzeltäter mit Anschlägen auf sich aufmerksam. Bei dem Anschlag auf das New Yorker World Trade Center, dem mit 411 Metern zweithöchsten Gebäude der Welt, wurden am 26. Februar 1993 innerhalb weniger Sekunden zehn Prozent der gesamten Bürofläche im Finanzviertel von Manhattan (55.000 Arbeitsplätze) für mehrere Wochen unbrauchbar. Eine 680 Kilogramm schwere Bombe war in einem Lieferwagen in der Tiefgarage der beiden Zwillingstürme während der Mittagszeit explodiert. Die gewaltige Detonation, bei der sechs Menschen getötet wurden, brachte selbst die Betondekke der darunterliegenden U-Bahn zum Einsturz. Büroarbeiter mußten teilweise über 110 Stockwerke durch raucherfüllte Treppenhäuser nach unten gelangen; an die tausend erlitten Rauchvergiftungen. Allein die Reparaturkosten wurden auf 100 Millionen Dollar geschätzt; noch teurer dürfte aber die erzwungene Unterbrechung des Geschäftsbetriebes und die fehlende Verfügbarkeit der IT-Systeme für die Unternehmen gewesen sein. Der riesige Komplex mußte nach dem Anschlag mehrere Wochen lang für Arbeiten an der Infrastruktur und Statik des Gebäudes geschlossen werden.

Die Gefährlichkeit von Sprengstoffanschlägen und eine neue Dimension von Gewaltwillkür wurde der Öffentlichkeit am Mittwoch, den 19. April 1995, durch einen Bombenanschlag auf das Alfred-P.-Murrah-Gebäude in Oklahoma City vor Augen geführt. Die Kraft der Explosion der in einem Fahrzeug versteckten Bombe zerstörte das neun Stockwerke hohe Gebäude nahezu vollständig und tötete 168 Menschen. Ein 27jähriger Waffenfreak, Timothy McVeigh, gilt als Hauptverdächtiger für den Anschlag auf das Bundesgebäude. Er soll den Lastwagen, beladen mit mehr als zwei Tonnen „Anfo-Sprengstoff", einer Mischung aus Kunstdünger und Dieselöl, zum Bundesbehördenhaus gefahren haben.

Außer gegen verheerende Sprengstoffanschläge müssen sich Unternehmen und Behörden in Zukunft auch gegen eine neue Art von digitalen Anschlägen wappnen: Anschläge mit sogenannter „Cyber-Technologie". Mit dieser Technologie können extrem starke elektromagnetische Impulse erzeugt werden, die Programme und Daten ganzer EDV-Zentren in Sekundenbruchteilen zerstören. Bisher wurde diese Technologie, mit der auch heute als gut gesichert geltende Rechenzentren angreifbar sind, nur für militärische Zwecke eingesetzt. Mittlerweile können aber auch „Terroristen der Zukunft" die Komponenten zum Bau solcher Waffen mit geringem finanziellen Aufwand kaufen und Bauanleitungen über Untergrundpublikationen wie „2600 – The Hacker Quarterly" oder diverse „Bulletin-Boards" im Internet beziehen.

Sicherheitsexperten unterscheiden zwei unterschiedliche Waffentypen: „HERF"-Geschütze und „EMPT"-Bomben. Bei „HERF"-Geschützen handelt es sich um Anlagen, die hochenergetische Radiowellen (engl. High Energy Radio Frequency) punktgenau ausstrahlen können. Strahlkörper, die elektromagnetische Energie dagegen ungerichtet emittieren, werden als „EMPT"-Bomben (engl. Electromagnetic Pulse Transformer) bezeichnet. Entdeckt wurde diese Technologie von der amerikanischen Armee, die bereits Ende der achtziger Jahre streng geheime Elektronikwaffen entwickelt und während des Golfkrieges 1991 zur Störung der irakischen Kommunikationssysteme erprobt hatte.

In der zukünftigen amerikanischen Militärstrategie werden die „Cyber-Waffen" vermutlich ein noch stärkeres Gewicht erhalten. Nach den ersten Gehversuchen im Golfkrieg setzt das amerikanische Verteidigungsministerium große Hoffnungen in die offensiven Möglichkeiten der elektronischen Kriegsführung. Als Vorteil der neuen Angriffsstrategie sehen die Militärs, daß beispielsweise gegnerische Kommunikations-zentralen nicht bombardiert werden müssen und dadurch später für eigene Zwecke nutzbar sind. Hoffentlich ist den militärischen IT-

Strategen auch die Verletzlichkeit der landeseigenen Datennetze, Kommunikationsschaltstellen, Verkehrskontrollsysteme und Starkstromnetze bewußt.

Diebstahl

Durch den hohen Wert der kleinen digitalen Bauteile wurden Diebe seit den Frühzeiten der Datenverarbeitung angelockt. In Amerika bauten unbekannte Täter im Juli 1978 aus dem schuleigenen Rechner (IBM 360/40) des Herbert Lehman College in New York über 1.000 Schaltkreistableaus aus. Die gestohlenen Bauelemente hatten einen Wert von rund 200.000 Dollar. 13 Jahre später haben sich die Dimensionen geändert: Die amerikanische Firma Digital Equipment Corp. (DEC) verklagte im Juli 1991 15 Personen, die am Diebstahl von Boards und anderer DEC-Produkte im Wert von über zehn Millionen Dollar beteiligt gewesen sein sollen. Der Trend zum Diebstahl von Personalcomputern und Computerbauteilen läßt sich auch statistisch belegen. 1994 entstand in den Vereinigten Staaten Schätzungen zufolge allein durch PC-Diebstähle ein Schaden von rund einer Milliarde US-Dollar, was eine Vervierfachung gegenüber 1993 bedeutete.

Nachdem der Personalcomputer in die Privathaushalte Einzug hält, werden auch in den deutschen Unternehmen vermehrt PC-Komponenten oder gar ganze Arbeitsplatzrechner gestohlen. In vielen Fällen sind Angestellte oder Mitarbeiter von Fremdfirmen die Täter, die sich aus Fabriken und Büros die benötigten Komponenten für die heimischen Rechner besorgen. Anfang 1994 stellten beispielsweise Mitarbeiter einer deutschen Großbank über Wochen immer wieder morgens fest, daß aus ihren Arbeitsplatzcomputern Speicherbausteine oder ganze Platinen entnommen worden waren. Ein Fremdmitarbeiter, der die angemieteten Bürotrakte der Bank gut kannte, hatte zwei Komplizen mit Schlüsseln versorgt und die Diebstähle in Auftrag gegeben.

Auch der hohe Wert der tragbaren Personalcomputer lockt potentielle Diebe an. Dabei ist der materielle Wert des Gerätes für das betroffenen Unternehmen oftmals der kleinste Schaden. Die Prüfer der Frankfurter Niederlassung einer amerikanischen Wirtschaftsprüfungsgesellschaft ließen sich ihre tragbaren Rechner mit unverschlüsselten Mandantendaten auf der Festplatte aus Autos, im Zug und sogar aus Büroräumen entwenden. Der materiellen Schaden wurde jeweils von der Versicherung ersetzt, den Vertrauensschaden trug die Gesellschaft jedoch allein.

Der boomende PC-Markt eröffnet insbesondere professionellen Dieben ein neues Betätigungsfeld. Darüber hinaus gewinnen die Einbrüche mit zunehmender Verbreitung von EDV-Kenntnissen eine andere Qualität. Noch regelrecht dilettantisch gingen die Einbrecher vor, die im März 1989 aus dem Neubau des Deutschen Krebsforschungszentrums in Heidelberg Hardware im Wert von 90.000 Mark stahlen. Die unbekannten Täter, offenbar keine EDV-Experten, nahmen wahllos alles mit, was nicht niet- und nagelfest war: Terminals, Drucker, Tastaturen und Datenträger. Ein Computercoup gelang dagegen im Oktober 1991 einer

Tätergruppe aus dem Rhein-Main-Gebiet. Die Täter stahlen damals die gigantische Menge von zwei Tonnen Mikrochips im Wert von rund drei Millionen Mark aus einer Frachthalle des Frankfurter Flughafens. Die Beute, die am 8. Oktober 1991 per Luftfracht aus Korea in Frankfurt ankam, war in über 60 Kisten verpackt. Mit einem Lastwagen brachten die Täter das Diebesgut nach Steinbach im Taunus und verkauften von dort nach und nach die gestohlenen Bauteile an Interessenten. Bei einem Einbruch in einer Computerfirma in Darmstadt-Arheiligen im September 1995 stahlen sachkundige Täter hingegen nur die hochwertigsten Rechner und Computerteile. Die unbekannten Räuber gelangten über eine Hintertür in die Produktions- und Büroräume der Firma und bauten aus bereits montierten Rechnern die teuersten Komponenten wieder aus. Der Wert der gestohlenen Hardware betrug 775.000 Mark.

In den USA werden Computerfirmen inzwischen sogar am hellichten Tag überfallen. Anfang 1990 überfielen beispielsweise vier Männer – mit Maschinenpistolen, Sturmgewehr und Revolver bewaffnet – eine Computerfirma in Irvine/ Kalifornien. Ziel des Angriffs war eine wenige Tage zuvor angekündigte Neuentwicklung gewesen. 1993 raubte eine Gruppe von sechs maskierten und bewaffneten Männern das Elektronikunternehmen Wyle Laboratories im kalifornischen Santa Clara aus und erbeutete Halbleiter vom Typ Intel 80486 im Wert von rund 800.000 US-Dollar.

Die Anzahl der Überfälle auf Computer- und Chip-Produktionsstätten hat in den letzten Jahren auf besorgniserregende Weise zugenommen. Allein in der nordkalifornischen High-Tech-Region werden pro Woche ein bis zwei Überfälle auf Computerfirmen registriert. Bei jedem dieser Raubzüge werden im Schnitt IT-Komponenten im Wert von 500.000 Dollar erbeutet. Das amerikanische Bundeskriminalamt FBI vermutet, daß die Überfälle von vietnamesischen Banden durchgeführt werden, die auf Bestellung Chips für dubiose Geschäftsleute im asiatischen Raum besorgen. Dort werden die gestohlenen Computerteile in Rechner eingebaut, die anschließend sogar teilweise wieder auf dem europäischen oder amerikanischen Markt verkauft werden. Auf Druck der Versicherungen haben inzwischen viele Computerfirmen ihre Sicherheitsmaßnahmen drastisch verschärft. Mit Stacheldraht gekrönte elektrische Zäune, strengere Eingangskontrollen, bewaffnetes Sicherheitspersonal und andere Alarm- und Überwachungssysteme lassen beim Anblick einiger Computerfirmen eher an den Hochsicherheitstrakt eines Gefängnisses denken.

Feuer

Bereits 1971 brannten innerhalb weniger Wochen in Deutschland und in Frankreich zwei große Rechenzentren ab. Die wirtschaftlichen Auswirkungen waren enorm: Das Düsseldorfer Unternehmen Mannesmann mußte für vier Monate seine gesamte Produktion einstellen, und beim französischen Unternehmen Sollac fiel wochenlang eine teure Warmwalzstraße aus, da der betreffende Steuerungscomputer verschmort war. Weitere berühmte Beispiele für frühe Rechenzentrumsbrände sind der verheerende Brand des IBM-Dokumentations-Rechenzentrums, bei dem alle wichtigen Dokumente, die auf Datenträgern gespeichert waren, zerstört wurden, der Brand des Bertelsmann-Rechenzentrums und des EuroCard-Rechenzentrums.

Trotz moderner Brandschutzmaßnahmen werden immer noch jedes Jahr weltweit schätzungsweise 100 Rechenzentren durch Feuer zerstört. Neben Brandstiftung sind fahrlässiger Umgang mit offenem Feuer sowie der unsachgemäße Einsatz elektrischer Geräte oder eine ungenügende Elektroinstallation die häufigsten Brandquellen.

Wie bereits erwähnt, gehen jährlich mindestens 12 Rechenzentrumsbrände und viele weitere Feuer in EDV-Bereichen auf Brandstiftung zurück, wobei die Spannweite bei der Durchführung von versehentlich über vorsätzlich bis rücksichtslos reicht. 1977 legte beispielsweise ein nächtlicher Täter, der offenbar Zugang zum Rechenzentrum eines norddeutschen Versicherungsunternehmens hatte, drei Petroleum-Brandherde. Das Feuer zerstörte den 3,5 Millionen Mark teuren Zentralrechner vom Typ Siemens 4004 sowie zahlreiche Datenträger.

Vermutlich versehentlich setzten Stadtstreicher im Januar 1978 das Münchener Büro der Computerfirma Taylorix in Flammen, als sie Verpackungsmaterial anzündeten, um sich aufzuwärmen. An dem Gebäude entstand ein Gesamtschaden von rund acht Millionen Mark. Mitverbrannt sind auch mehrere EDV-Anlagen vom Typ System 9, die kurz vor der Auslieferung an die Kunden standen. Ein aktuelles Beispiel deutet dagegen auf ziemlich rücksichtslose Täter hin. Unbekannte raubten in der Nacht zum 21. Januar 1995 die Frankfurter Filiale des Datenbankherstellers Informix aus und brannten anschließend alles nieder.

Die meisten Rechenzentrumsbrände entstehen aber vermutlich durch Fahrlässigkeit und Gedankenlosigkeit. Eine Kaffeemaschine, die zur Erwärmung des schwarzen Muntermachers womöglich noch ständig angeschaltet ist, gehört offenbar zur Standardausrüstung vieler moderner Rechenzentren und benachbarter Operatorräume. Alltag in vielen Rechenzentren ist auch folgende gefährliche Situation: Neben den eigentlichen Rechnern sind im Rechenzentrum auch die zentralen Drucker und die Datensicherungsschränke untergebracht. Aus Bequemlichkeit wird gleichzeitig der (gesamte) Papiervorrat direkt neben diesen Druckern gelagert, ohne daß dieser Bereich ein eigener Brandabschnitt wäre. Durch die hohe Brandlast, also die Summe aller brennbaren Stoffe, wird somit ein verheerender Brand begünstigt, der neben den gespeicherten Daten fatalerweise auch die Datensicherungen zerstören würde. Ganz abgesehen davon, daß die beim Drucken entstehende Staubbelastung zu Verunreinigungen der empfindlichen IT-Geräte und Datenträger führen kann.

Dazu zwei Beispiele: Durch Gedankenlosigkeit hätte der Deutsche Wetterdienst in Offenbach am 29. Juli 1976 den Wetterbericht beinahe monatelang ohne

Rechnerunterstützung voraussagen müssen. Ein Heißwassergerät fing im Wartungsraum neben dem Rechenzentrum Feuer, und die Flammen griffen sofort auf das benachbarte Rechenzentrum über. Die herbeigerufene Feuerwehr konnte den Brand jedoch binnen 90 Minuten unter Kontrolle bringen, so daß die beiden Hauptrechner vom Typ CDC3400 und CDC3800 24 Stunden später wieder betriebsbereit waren. Grobe Fahrlässigkeit zeichnet dagegen der Fall eines Papierkorbbrandes in einem Büroraum der Continentale Versicherungsgruppe in München aus, bei dem drei Terminals verbrannten. Ein 19jähriger Mitarbeiter hatte am 8. August 1986 vor der Mittagspause den Inhalt seines Aschenbechers in den Papierkorb geschüttet. Während der Mitarbeiter sein Kantinenessen genoß, fand auch die Zigarettenglut neue Nahrung und verwandelte sich in ein loderndes Feuer. Der Sachschaden belief sich auf rund 50.000 Mark.

Eine weitere typische Gefahrenquelle sind Kabelbrände. Insbesondere wenn bei der Kabelauswahl kein flammhemmendes Isolationsmaterial gewählt wurde, kann sich das Feuer ungehindert am Kabel entlang ausbreiten. In dicht gepackten Kabelschächten kann es darüber hinaus zu Schwelbränden kommen, die lange Zeit unentdeckt bleiben können.

Schließlich können auch Brände, die außerhalb der – meist eine eigene Brandzone bildenden – Rechenzentren entstehen, das zentrale IT-Equipment in Mitleidenschaft ziehen. Typische indirekte Schäden sind Löschwasser- und Chlorgasschäden. Löschwasserschäden entstehen häufig bei Bränden in höher gelegenen Stockwerken; Chlorgasschäden entstehen hingegen bei der Verbrennung des synthetischen Kunststoffes Polyvinylchlorid (PVC). Bei der Verbrennung von PVC bildet sich das Gas Chlorwasserstoff, das mit Wasser (Löschwasser oder Luftfeuchtigkeit) eine ätzende chemische Verbindung (Salzsäure) eingeht.

Die Folgen von Chlorgasschäden und Kabelbränden illustrieren die beiden folgenden Fälle: Bei einem Schwelbrand am 18. Januar 1976 in einem Raum neben dem Maschinensaal des zentralen Rechenzentrums der Lekkerland GmbH & Co KG in Köln entwickelten sich Chlorwasserstoffgase, die sich auf den gedruckten Schaltungen der zentralen Rechner niederschlugen. Die Schaltungen konnten zwar durch sofortige Reinigung mit einem chemischen Gegenmittel noch gerettet werden; Spätfolgen waren aber nicht auszuschließen, da die Ablagerungen nicht überall komplett entfernt werden konnten. Bei einem PVC-Schwelbrand in einem Schaltschrank für die Starkstromunterverteilung für die EDV-Anlage im Münchener Institut für Rundfunktechnik am 2. März 1977 wurden ebenfalls durch Chlorgasniederschlag erhebliche Schäden am Rechnersystem HP 3000/II verursacht.

Welche fatale Wirkung ein Rechenzentrumsbrand haben kann, zeigt exemplarisch das Großfeuer im Hindsale Central Office, einem großen Telefonvermittlungsgebäude der amerikanischen Telefongesellschaft Illinois Bell Telephone, das am 8. Mai 1988 für über einen Monat einen Großteil des Telefonnetzes der Millionenstadt Chicago lahmlegte. Aufgrund eines ungenügenden Brandschutzsystems konnte das Feuer erst viel zu spät bekämpft werden, da in dem Gebäude keine automatischen Löschsysteme installiert waren und der von der Brandmeldeanlage ausgelöste Feueralarm wegen eines gerade herrschenden Gewitters anfänglich für eine Gerätestörung gehalten wurde. Die Computer der Vermittlungsstelle betreuten rund 42.000 Orts- und 118.000 Fernleitungen für Sprach- und Datenkommunikation. Allerdings waren nur 25 Prozent der Kommunikationsverbindungen durch Ausweichleitungen abgesichert.

Die Folgeschäden des Brandes waren erheblich: Eine Chicagoer Bank mußte durch den Ausfall des Kommunikationsnetzes Konkurs anmelden, und eine Gruppe betroffener Unternehmen verklagte Illinois Bell auf Zahlung der durch den Leitungsausfall entstandenen Geschäftsverluste in Höhe von einer Milliarde US-Dollar.

Wasser

Wie alle elektrischen Geräte reagiert das digitale Equipment äußerst empfindlich auf Feuchtigkeit. Gewöhnlich ist ein Totalausfall des Systems die Folge, wie im August 1988 in Australien, als in den Steuerrechner der automatischen Einschienenbahn in Sydney Wasser eindrang. Die Passagiere waren teilweise über zwei Stunden lang in den Waggons eingesperrt.

Defekte und Störungen der Wasserver- und entsorgung, der Heizungs-, Klima- und Sprinkleranlagen sowie das bereits im Abschnitt Feuer erwähnte Löschwasser sind prozentual die häufigsten Ursachen für Wasserschäden an IT-Systemen. So verursachte im Juni 1992 das auslaufende Wasser aus einem Heizungsrohrbruch an der Hardware eines Institutes der Universität Hannover einen Schaden von rund 3,5 Millionen Mark. Aufgrund einer gelösten Schlauchschelle an der Wasserzuführung für einen Getränkeautomat, der erst kürzlich im Mitarbeiterrestaurant installiert worden war, drang am 30. April 1994 Wasser in das Rechenzentrum einer deutschen Niederlassung der Firma DEC ein.

Gewitter und heftige Regenfälle sind eine weitere typische Ursache für Wasserschäden. Bei einem Gewitter offenstehende Fenster haben wohl schon manchem Arbeitsplatzcomputer den Garaus gemacht. Ein heftiges Gewitter war nach Schilderungen der Württembergischen Feuerversicherung AG in Stuttgart auch für die Überflutung des Rechenzentrums eines bekannten Industriebetriebes aus dem Bergischen Land verantwortlich. Starke Regenfälle in der Nacht vom 7. auf den 8. August 1981 hatten die Kanalisation an ihre Kapazitätsgrenze gebracht. Das Regenwasser drückte sich aber nicht nur in Hauskeller und Tiefgaragen, sondern auch ins Tiefparterre des betroffenen Unternehmens, wo das Rechenzentrum lag. Die gesamte Hardware mußte nach Ablaufen der Wassermassen verschrottet werden, insbesondere weil der Wasserdruck die elektronischen Bauteile beschädigt hatte und der vom Wasser eingeschleppte Dreck auf und in den IT-Anlagen verkrustete. Bei einem anderen Schadensfall am 18. September 1982 drückte orkanartiker Wind das Regenwasser unter das Flachdach eines Rechenzentrums in Bad Homburg und durchnäßte die dortigen EDV-Anlagen.

Verheerende Wasserschäden an unzähligen elektrischen Einrichtungen verursachte 1992 die sogenannte „Chicago Flood", durch die am 13. April 1992 die Innenstadt von Chicago überschwemmt wurde. Bauarbeiten, bei denen Pfeiler in das Flußbett des Chicago Rivers gerammt wurden, durchlöcherten nicht nur das Flußbett des durch die Stadt fließenden Flusses, sondern auch die Decke eines darunter verlaufenden Tunnelsystems. Dieses Jahrhunderte alte Tunnelsystem diente früher dem Transport von Heizmaterial, Zeitungen und Müll mit Hilfe kleiner Waggons. Seit beinahe 40 Jahren unbenutzt, wurde das fast vergessene Tunnelnetz nur noch als Kabelkanal für die Leitungen zur Stromversorgung und Telekommunikation verwendet, denn der Tunnel verbindet die Tiefgeschosse zahlreicher Bürogebäude, in denen sich üblicherweise auch die Hauselektrik und die Kommunikationseinrichtungen befinden. Durch das eingerammte Loch flutete über eine Milliarde Liter schmutziges Flußwasser in das rund 100 Kilometer lange Tunnelsystem und drang von dort bis in die höhergelegenen Stockwerke zahlreicher Bürohäuser vor. Aus Angst vor Kurzschlüssen wurde der Strom für über 200 Hochhäuser abgestellt und Tausende von Menschen evakuiert. Die betroffenen Firmen aktivierten – soweit vorhanden – ihre Notfallpläne. Die beiden wichtigsten Handelsplätze der Stadt, die Chicagoer Produktenbörsen Chicago Board of Trade (CBT) und Chicago Mercantile Exchange (CME), mußten ebenfalls geschlossen werden. Der entstandene Sachschaden durch die „Chicago Flood" (in Anlehnung an das legendäre „Great Chicago Fire" von 1871) wurde von der Zeitschrift Computer & Security 11/1992 auf rund eine Milliarde US-Dollar geschätzt. Der durch Geschäftsausfälle verursachte Schaden dürfte ähnliche Dimensionen erreicht haben.

Klimaschwankungen

Die meisten digitalen Rechner sind extrem wetterempfindlich und stauballergisch. Die Hersteller geben beispielsweise für ihre IT-Anlagen ein bestimmtes Raumklima mit einem empfohlenen Temperaturbereich vor, dessen Über- oder Unterschreiten Gerätestörungen oder -ausfälle verursachen kann. Aufgrund der produzierten Abwärme der elektronischen Bauelemente in den IT-Systemen und der hohen Gerätedichte in Rechenzentren müssen in diesen Räumen daher spezielle Klimatisierungsanlagen einbaut werden, um eine Überhitzung der empfindlichen Rechnerkomponenten zu verhindern.

Oftmals erfordern die sensiblen Computer auch eine bestimmte Luftfeuchtigkeit, so daß zusätzlich ein Klimagerät für die Be- und Entfeuchtung der Raumluft installiert werden muß. In vielen Rechenzentren filtert die Klimaanlage außerdem die in der normalen Zimmerluft enthaltenen Staubteile heraus, damit sich diese nicht auf den Magnetflächen der Datenträger absetzen, da von der Magnetisierung angezogene Staubteile beim Lesen und Schreiben der Datenträger die

Schreib-Lese-Köpfe oder die Magnetschicht beschädigen können. Um generell das Eindringen von verschmutzter Außenluft zu verhindern, wird von der Klimaanlage darüber hinaus meist auch ein geringer Überdruck im Rechenzentrum erzeugt.

Die Auswirkungen fehlender Klimatisierung reichen von Totalausfällen bis zu dynamischen Fehlern. Einen kompletten Ausfall des IT-Systems hatte die Anweisung eines Bürgermeisters in Australien zur Folge, der eine laute Klimaanlage während einer Ratssitzung abstellen ließ. Er vergaß sie jedoch wieder anstellen zu lassen, so daß ein Rechner schon am nächsten Morgen die Hitze nicht überlebt hatte.

Von dynamischen Fehlern wurde dagegen eine Bonner Behörde geplagt. Dort traten im Sommer unerklärliche Funktionsfehler und sogar zeitweilige Ausfälle des digitalen Sicherheitssystems auf. Die Störungen ließen aber keine Systematik erkennen, und auch die tagelange Fehlersuche blieb erfolglos. Rätselhaft war auch, daß das System bereits den ganzen Winter über störungsfrei lief und scheinbar urplötzlich verrückt spielte. Erst durch Zufall wurde erkannt, daß die sommerlichen Außentemperaturen von über 30 Grad Celsius zu einer Überhitzung der Anlage führten. Die Behörde hatte den Schrank mit der Steuerungs- und Auswertungselektronik der Sicherheitseinrichtung in einem kleinen Abstellraum untergebracht und sowohl die Schranktüren als auch die Raumtür aus Sicherheitsgründen permanent verschlossen gehalten. Nach Installation einer Klimaanlage waren die Störungen beseitigt.

Blitzeinschläge

Blitze entstehen, um elektrische Spannungen innerhalb von Gewittern auszugleichen. Dabei setzen Blitze eine enorme elektrische Energie frei. Innerhalb der extrem kurzen Entladungsdauer von einem Bruchteil einer Sekunde werden Stromstärken von bis zu 200.000 Ampere erreicht. Ein solcher Blitz kann in einem Umkreis von bis zu zwei Kilometern Spannungsspitzen in elektrischen Leitungen verursachen, die zur Beschädigung empfindlicher IT-Geräte führen können. Schlägt ein Blitz direkt in ein Gebäude ein, können neben Überspannungsschäden auch Schäden am Baukörper sowie Brände die Folge sein. Blitzeinwirkung soll für rund ein Fünftel aller Hardwareschäden verantwortlich sein.

Der Gefährdung durch Blitzeinschlag kann nur mit einem durchdachten Blitzschutzkonzept begegnet werden, das alle Gebäudeteile, Strom- und Datenleitungen, Verteiler und Geräte einbezieht. Ansonsten kann es den Unternehmungen wie der bayerischen Niederlassung eines großen deutschen Dienstleisters ergehen, die nur mit einem äußeren Blitzschutz ausgerüstet war, aber über keinen inneren Blitzschutz verfügte. Als 1993 der Blitz bei diesem Unternehmen einschlug, wurden dabei zahlreiche IT-Geräte sowie andere elektrische Verbraucher durch die entstandene Überspannung beschädigt. Aber selbst eine mustergültige

Blitzschutzanlage nutzte einem Großunternehmen in Köln nichts, als am 18. Mai 1983 ein Blitz direkt neben einem Hochhaus in eine Datenleitung im Erdreich einschlug. Die Überspannung zerstörte die Datenfernübertragungseinrichtungen sowie mehrere Rechner und Bildschirme im nahen Goßrechenzentrum. Der Sachschaden belief sich auf rund zwei Millionen Mark.

Stromausfälle und Spannungsspitzen

Am 17. Juli 1995 wurden um 13.47 Uhr durch einen vierminütigen Stromausfall im Frankfurter Bahnhofs- und Bankenviertel auf zahlreichen Arbeitsplatzcomputern alle temporären Daten im Arbeitsspeicher gelöscht. Der Arbeitsausfall ist nur schwer zu quantifizieren, dürfte aber pro betroffenem Arbeitsplatz bei mindestens einer halben Stunde liegen. Selbst die U-Bahn-Linie durchs Bahnhofsviertel blieb an jenem Montag Mittag durch den Ausfall der elektrischen Signale orientierungslos. Verspätungen waren die Folge. Vermutlich hatte eine Gewitterfront zur Abschaltung einer 110.000-Volt-Leitung geführt.

Die Mehrheit aller Datenverluste wird auf solche kurzen Stromausfälle oder Spannungsspitzen (sog. „Spikes") zurückgeführt. Zwar besteht in Deutschland eine relativ hohe Versorgungssicherheit, doch kommen immer wieder mal Netzausfälle oder -störungen vor. Kleinste Netzstörungen wie eine lediglich 5/100stel Sekunden dauernde Überspannung reichen bereits aus, um laufende Anwendungen und die Hardware zu gefährden. Komplettausfälle können die Rechnerleistung eines gesamten Tages vernichten. Je Umspannwerk (110/10kV) rechnen Versicherungen alle 11 Jahre mit einem Ausfall, der im Schnitt ca. zehn Minuten dauert. Bei den häufiger vorkommenden Transformatorstationen wird mit einem Ausfall alle fünf Jahre gerechnet, der durchschnittlich immerhin rund 30 Minuten dauert. Dazu kommen gewollte und ungewollte Unterbrechungen aufgrund von Tiefbauarbeiten, Nagetieren, Stürmen, Anschlägen etc., die häufig mehrere Stunden oder Tage dauern. Die Auswirkungen von Stromausfällen sind natürlich nicht auf Datenverarbeitungsanlagen beschränkt, sondern dehnen sich auf nahezu alle modernen digitalen Infrastruktureinrichtungen aus, vom Verkehrsleitsystem über Haustechniksysteme bis zur Telefonnebenstellenanlage. Einen Überblick über die vielfältigen Unterbrechungsmöglichkeiten der Stromversorgung gibt Tabelle 1.

Insbesondere der Ausfall von ganzen Kraftwerken kann folgenreich für Unternehmungen sein, die keine Vorsorge gegen Stromausfälle getroffen haben. In Kanada beendete ein kurzes Feuer in einem Kraftwerk in Ottawa am Morgen des 7. August 1986 die Stromversorgung eines Großteils der Innenstadt schlagartig für Stunden. Selbst zwei Tage später hatten einige Bezirke immer noch keinen Strom. Dabei waren nicht einmal die Generatoren betroffen, sondern das wegen seiner vermeintlich hohen Zuverlässigkeit nicht redundant ausgelegte Kontrollzentrum des Kraftwerks. Vier Jahre später erlebte der amerikanische Kontinent einen der verheerendsten Stromausfälle in seiner Geschichte. Am Montag, dem

Einrichtung	Auswahl von typischen Ausfallursachen
Kraftwerk	Brand, Bedienungsfehler, Systemfehler
Umspannstation	Brand, Haarrisse in Porzellanisolatoren, herabfallende Eiszapfen, Ausfall einer Sicherung
Verteilerkasten	Autounfall, umgestürzter Baum
Freileitungen	Sturm, Großvogel oder Drachen, der eine leitende Verbindung zwischen Stromleitung und geerdeten Komponenten erzeugt, extreme Eisbildung, umgestürzter Baum, Anschlag
Stromkabel	Bagger, Bauarbeiten, Nagetiere, Sabotageanschlag

Tabelle 1: Unterbrechungsmöglichkeiten der Stromversorgung

13. August 1990, brach in einer Stromverteilstelle der New Yorker Elektrizitätsgesellschaft in Downtown Manhattan ein verheerender Großbrand aus. Wenige Minuten nach 13 Uhr waren rund 180 Rechenzentren in Manhattan ohne Stromversorgung. Der Wertpapierhandel an der größten Börse der Welt, der New York Stock Exchange (NYSE), sowie der Terminhandel mußten ausgesetzt werden. Zwar konnte der Handel am nächsten Tag wieder aufgenommen werden; rund 150 Bürohochhäuser waren aber weiterhin ohne Strom. Selbst am Freitag stand noch mehr als 50 Rechenzentren kein Netzstrom zur Verfügung. Allein fünf Großbanken, darunter die staatliche Federal Reserve Bank, mußten auf Dieselaggregate oder ihre Ausweichrechenzentren für zum Teil länger als eine Woche zurückgreifen.

Aus Amerika sind auch zahlreiche Fälle bekannt, in denen Biber, Eichhörnchen oder Waschbären die Stromversorgung von größeren Einrichtungen oder ganzen Städten lahmlegten. An der Universität von Utah führte beispielsweise die Knabberei eines Waschbären an einer Stromleitung zu einem Stromausfall, der zu erheblichen Datenverlusten bei den Forschungsrechnern führte. Die betroffenen Rechner wurden u.a. von den beiden berühmten Elektrochemikern Martin Fleischmann und Stanley Pons genutzt, um ihre sensationellen Experimente der kalten Kernfusion zu verifizieren. Waschbären labten sich in der Vergangenheit ebenfalls an den Stromversorgungsleitungen des östlich von Los Angeles liegendem Forschungsinstituts Jet Propulsion Laboratory. In Providence im US-Bundesstaat Rhode Island wurden dagegen zahlreiche Rechner am 29. Oktober 1986 durch einen Spannungsstoß beschädigt. Diesmal hatte ein Eichhörnchen einen Kurzschluß in einem Umspannungswerk verursacht. 1988 fiel für 82 Minuten das Computersystem für den außerbörslichen Wertpapierhandel NASDAQ (National Association of Securities Dealers Automated Quotation System) der Börse von New York aus, weil ein Eichhörnchen das Hauptstromkabel zerbissen hatte. Zwei Jahre später legte hingegen ein Biberbiß den Flughafen von Kansas für vier Stunden lahm.

In Europa hat in jüngster Vergangenheit vor allem die Häufigkeit von Anschlägen auf die meist ungeschützten Strommasten wieder zugenommen. Im Kreis Potsdam-Mittelmark wurde am 13. April 1995 ein Strommast der 380-Kilovolt-Freileitung Wolmirstedt-Berlin so stark beschädigt, daß dieser umstürzte und dabei drei weitere Strommasten mitriß. Der entstandene Sachschaden betrug allein zwei Millionen Mark; die indirekten Schäden durch den herbeigeführten Stromausfall können nur geschätzt werden. Der Anschlag stand im Zusammenhang mit einem geplanten Transport radioaktiver Brennelemente nach Gorleben. In Österreich wurden im gleichen Monat zwei Männer beim Versuch, einen Stahlmast einer Starkstromleitung mit einer selbstangefertigten 50-Kilogramm-Bombe zu sprengen, getötet. Tatmotiv sollen Umweltbedenken gegen die europäische Stromverbundleitung vom ungarischen Györ über Wien nach Bayern gewesen sein.

Extreme Eisbildung an Freileitungen führte hingegen am 19. Januar 1996 zu einem Stromausfall in weiten Teilen des Rheingau-Taunus-Kreises. Bei frostiger Witterung bildeten sich zwischen den Strommasten der Freileitung von Niedernhausen nach Taunusstein-Bleidenstadt tonnenschwere Eislasten, die beim Abplatzen die Leitung hochschnellen ließen und dadurch andere Leitungen berührten. Durch den so ausgelösten Kurzschluß fiel am Abend des 19. Januars für 20 Minuten der Strom in diesem Gebiet aus.

Neben den dargestellten Stromausfallrisiken existieren auch zahlreiche Ursachen für kleinere Netzstörungen, die sich teilweise ebenso verhängnisvoll auf IT-Systeme auswirken. Netzstörungen werden insbesondere durch Gewittertätigkeit, Stürme, störende oder große Verbraucher, Umschaltvorgänge sowie Isolationsfehler hervorgerufen. Bei starken Gewittern können beispielsweise Blitzstromwanderwellen oder Überspannungen auftreten. Starker Wind kann Hochspannungsleitungen zum Aufschaukeln bringen, so daß Lichtbogenüberschläge entstehen. Solche Lichtbogenüberschläge lösen die Netzschutzeinrichtungen in den Freileitungen aus, wodurch die betroffenen Leitungen für Sekundenbruchteile abgeschaltet werden. Typische Großverbraucher, wie Schweißanlagen oder Aufzüge, können beim Ein- und Ausschalten Netzstörungen erzeugen. In der Fachzeitschrift KES 2/92 wird ein Fall aus Frankfurt geschildert, bei dem in einem 1989 fertiggestellten Bürohochhaus die Computer ungewöhnlich häufig ausfielen. Die daraufhin eingeleiteten Untersuchungen ergaben, daß der Aufzug für die Ausfälle der EDV-Anlagen verantwortlich war, da beim Anfahren und Abbremsen des Aufzuges Spikes von 500 - 800 Volt erzeugt wurden. Da die Stromversorgungsleitungen neben dem Aufzugschacht entlang liefen, wurden die Überspannungen auf die Stromversorgung induziert und zu den digitalen Verbrauchern weitergeleitet. Im Laufe der Jahre zerstörten die permanenten Überspannungen die Halbleiterbausteine in den Rechnern und führten zu deren massenhaftem Ausfall. Erst nach einem Austausch des Aufzugsantriebes und der Aufzugsteuerung sowie der Installation von Schutzbausteinen in die Rechner normalisierte sich die Computerausfallquote.

Elektromagnetische Störungen

Hardware ist nicht nur eine Quelle von elektromagnetischen Wellen, die sich leicht abhören lassen, sondern auch Empfänger solcher Einstrahlungen oder Immissionen. Elektromagnetische Störeffekte haben auf digitale Rechner aber teilweise erhebliche Auswirkungen. Durch intermittierende Störungen elektrischer Haushaltsgeräte oder Transportmittel kann beispielsweise die Rechnerelektronik gestört werden. Einstrahlungen im hochfrequenten Bereich, wie sie zum Beispiel durch Sendeanlagen (Radio- oder Fernsehtürme, Radaranlagen auf Flughäfen und Antennen für Mobilfunknetze) entstehen, können sogar zu Datenverstümmelungen führen, insbesondere wenn die digitalen Daten mit einer Leitungsgeschwindigkeit von 0,5 bis drei Megabit pro Sekunde transportiert werden.

Da immer mehr Produkte mit elektronischen Bauelementen bestückt werden, nimmt die Elektronikdichte unseres Alltags ständig zu. Rückständig waren bis vor kurzem dagegen die Normen, die verhindern sollen, daß Bohrmaschinen, Rasierer, Haarföne oder gar Handys Rundfunkempfänger, Einspritzanlagen, fernbedienbare Garagentore, Herzschrittmacher oder die Bordelektronik moderner Flugzeuge beeinflussen. In einem Versicherungsfall konnte definitiv nachgewiesen werden, daß eine CO_2-Löschanlage durch ein eingeschaltetes Handy ausgelöst wurde. Der Verband der Schadensversicherer (VdS) warnt daher insbesondere vor dem Einsatz von Funktelefonen in elektronisch überwachten Bereichen. Zwar hat die Europäische Union (EU) bereits 1989 eine EMV-Richtlinie (EMV = Elektromagnetische Verträglichkeit) erlassen, diese wurde in Deutschland aber erst 1992 mit dem EMV-Gesetz in nationales Recht transformiert und gewährte den Herstellern eine Schonfrist von vier Jahren. Danach müssen alle Elektrogeräte seit dem 1. Januar 1996 den harmonisierten EU-Normen genügen und dürfen andere Elektrogeräte nachweislich nicht mehr stören.

Neben diesen sogenannten „gestrahlten Störeinkopplungen" können auch „leitungsgeführte Störeinkopplungen" IT-Systeme beeinflussen. Leitungsgeführte Störeinkopplungen können in galvanische, induktive und kapazitive Einkopplungen unterschieden werden. Hinter diesen Begriffen verbergen sich Störungen durch Berührungselektrizität, durch Induktionsstrom erzeugte Magnetfelder im Bereich von Starkstromtrassen oder großer Motoren sowie elektrische Felder, die durch unzureichende Abschirmung der Elektroinstallation verursacht werden. Aufgrund der hohen Sicherheitsstandards bei der Herstellung und Installation von Hardware und Übertragungssystemen in Deutschland sind die leitungsgeführten Störeinkopplungen hierzulande allerdings nur von geringer praktischer Bedeutung. Die Beispiele in diesem Abschnitt beschränken sich daher auf bekannte Fälle von gestrahlten Störeinkopplungen.

Einstrahlungen im hochfrequenten Bereich blockierten im April 1986 beispielsweise die Fernsteuerungen von zahlreichen elektrischen Garagentoröffnern im amerikanischen San Bernardino. Kurz zuvor war die Präsidentenmaschine von Ronald Reagan auf der March Air Force Base gelandet. Durch die Funksendungen der umgebauten Boeing 747 blieben Tausende Autos vor oder in ihrer Garage stehen. Störungen von elektrischen Garagentoröffnern durch militärische Anlagen sind in den Vereinigten Staaten ebenso an der Tagesordnung wie elektromagnetische Störungen durch private Funkstationen. Die meist leistungsstarken Funkanlagen sollen insbesondere für Probleme mit prozessorgestützten Steuerungssystemen in Autos verantwortlich sein. So berichteten in der Vergangenheit mehrere Autofahrer von unerklärlichen Steigerungen der Geschwindigkeit beim Einsatz des Tempomats.

Die deutlich schwächeren elektromagnetischen Störeinflüsse eines Zweikanal-Handfunksprechgerätes führten im April 1989 sogar zur Abschaltung des 1080-Megawatt-Kernkraftwerkes Nine Mile Point 2 in der Nähe von Oswego im US-Bundesstaat New York. Ein Angestellter des Kontrollzentrums hatte sein Handfunksprechgerät zufällig in die Nähe der elektronischen Steuerleitungen des Überwachungssystems für die Turbinengeneratoren befestigt. Die elektromagnetische Ausstrahlung des Handfunksprechgeräts verursachte den Ausfall des Überwachungssystems, was wiederum den Ausfall des gesamten Kraftwerkes zur Folge hatte. In einem anderen amerikanischen Kernkraftwerk in Palo im Bundesstaat Iowa trat ein ähnlicher Fall vier Jahre später auf.

Die Luft- und Raumfahrt kämpft hingegen nicht nur mit irdischen elektromagnetischen Störeffekten, sondern auch mit zahlreichen ungeklärten Störungen durch umherschweifende oder kosmische Strahlungen. Insbesondere im Zusammenhang mit Sonnenflecken registrieren Wissenschaftler regelmäßig heftige Korpuskularstrahlen (Alphateilchen und Elektronen), die bis tief in die Erdatmosphäre eindringen.

Kosmische Strahlung oder Höhenstrahlung kann jedoch digitale Schaltelemente beeinflussen und sogenannte „Soft Failures“ verursachen. Soft Failures sind sporadische Störungen, die durch spontane Bit-Umkehrungen ausgelöst werden. Die Folge können Löschungen und Änderungen von Speicherinhalten, Ausfälle von Rechnern sowie Funkstörungen sein. Treten solche Soft Failures in Höhe des Meeresspiegels je nach digitalem Bauelement im Schnitt vielleicht sechsmal bei einer Millionen Betriebsstunden auf, so erhöht sich die Fehlerquote in 10.000 Metern Höhe beträchtlich, da die Höhenstrahlung dort noch viel intensiver ist.

Insbesondere aus dem militärischen Bereich sind daher auch zahlreiche Fälle bekanntgeworden, bei denen Experten vermuten, daß elektronische Steuerungssysteme durch umherschweifende oder kosmische Strahlungen beeinflußt wurden. So scheiterte am 2. August 1986 der bis zu diesem Zeitpunkt reibungslose Start einer Tomahawk-Rakete, weil durch unerklärliche Bit-Verluste der Abbruchbefehl aktiviert wurde. Kosmische Strahlung wurde als eine mögliche Ursache angenommen. Der ungeplante Abwurf einer F-16 Bombe über West Georgia am 4. Mai 1988 soll ebenfalls durch umherschweifende elektromagnetische Signale ausgelöst worden sein.

Fünf ungeklärte Abstürze von Hubschraubern des Typs Black Hawk, bei denen insgesamt 22 Menschen starben, werden dagegen auf Radiowellen zurückgeführt. In Tests konnten durch Radiowellen falsche elektronische Kommandos erzeugt werden, die zum Ausfall des hydraulischen Systems der Black-Hawk-Hubschrauber führten. Black-Hawk-Hubschrauber durften daraufhin nicht mehr in der Nähe von starken Radiosendern eingesetzt werden, zusätzlich wurde das elektronische System besser gegen elektromagnetische Störeinflüsse geschützt.

Elektromagnetische Störungen stellen in den Augen des Militärs aber nicht nur eine Bedrohung dar, sondern können auch gezielt eingesetzt werden. Bereits 1962 wurde bei der Explosion einer US-amerikanischen Wasserstoffbombe über dem Johnson-Archipel im Mittleren Pazifik der nukleare elektromagnetische Impuls (Nuclear Electro Magnetic Pulse = NEMP) entdeckt, als in Hawaii mit der Zündung der Bombe am 8. Juli nicht nur die Rundfunksysteme, sondern auch die Stromversorgung und alle Computersysteme zusammenbrachen. Die starken Gammastrahlen, die bei Atombombenexplosionen entstehen, verursachen einen elektromagnetischen Impuls, der innerhalb von wenigen Nanosekunden seinen Höhepunkt erreicht und danach sofort abflacht. Durch die Explosion in großer Höhe werden im weiten Umkreis alle bestehenden Magnetfelder zerstört. Dieser NEMP-Effekt betrifft alle Netzleitungssysteme und angeschlossenen elektronischen Endgeräte. Seitdem entwickeln Wissenschaftler im Auftrag der Armee weltweit Möglichkeiten, um die elektromagnetische Störungen einerseits für die moderne Kriegsführung nutzbar zu machen und um sich andererseits selbst gegen diese Störeinflüsse zu schützen. Im Golfkrieg 1991 erreichte der Einsatz dieser unsichtbaren Störungen bereits eine hohe Perfektion. Beim amerikanischen Luftangriff 1986 auf Libyen blockierten die Störsignale dagegen nicht nur die libyschen Luftverteidigungssysteme, sondern auch die amerikanischen Funksender. Dieser unerwünschte Effekt führte vermutlich dazu, daß ein amerikanisches Flugzeug abstürzte und mehrere ihr Ziel verfehlten.

Abhilfe gegen elektromagnetische Störungen versprachen sich Experten jahrelang von optischen Komponenten unter der Verwendung von Glasfaserkabeln sowie Schalt- und Speicherkomponenten, die mit Laserlicht arbeiten. Allerdings stellte das Georgia Tech Research Institute in Atlanta 1993 fest, daß auch „mit Lichtphotonen betriebene magnetooptische Instrumente“ durch Radio- oder Radarwellen gestört werden können, da Licht ebenfalls ein Teil des elektromagnetischen Spektrums ist.

Technisches Versagen

Auch moderne IT-Systeme sind nicht so zuverlässig, wie die Hersteller dies den Anwendern gern suggerieren. Da versagen Plattenspeicher oder Festplatten schon mal von einer Minute auf die andere (der berühmte „Headcrash“, bei dem die Schreib-Lese-Köpfe der Festplatte mit der Magnetoberfläche in Berührung kommen und die Magnetschicht abschaben), da geben Speicherchips urplötzlich ihren

Dienst auf, oder da leiten Netzteile den Strom einfach nicht mehr weiter. Magnetbänder und -kassetten werden durch Staub oder mechanische Einwirkungen beschädigt, CD-ROMs durch Kratzer und Disketten gelten sowieso als besonders ausfallträchtig.

Die Zuverlässigkeit eines Rechnersystems läßt sich theoretisch mit Hilfe entsprechender Kennziffern berechnen. Eine bekannte Kenngröße ist der mittlere Abstand zwischen zwei Ereignissen, auch als mittlerer Fehlerabstand oder MTBF (Mean Time Between Failure) bezeichnet. Der mittlere Fehlerabstand ergibt sich aus dem Verhältnis der Laufzeit des Systems zur Anzahl der aufgetretenen Fehler.

$$\text{MTBF} = \frac{\text{Laufzeit des Systems}}{\text{Anzahl der aufgetretenen Fehler}}$$

Eine andere aussagekräftige Kennziffer für die Stabilität des Systems ist die IPL-Rate oder MTBI (Mean Time Between Initial Program Loading). Als IPL (Initial Program Load) wird das Festprogramm zum Initialisieren des Rechners bezeichnet. Die IPL-Rate gibt die Anzahl der nicht planmäßig durchgeführten IPLs innerhalb eines Bezugszeitraumes an.

$$\text{MTBI} = \frac{\text{Laufzeit des Systems}}{\text{Anzahl der nicht geplanten IPL}}$$

Diese Kennziffern sind aber eher theoretischer Natur, da deren aussagekräftige Ermittlung sehr aufwendig ist. Die praktische Tatsache ist, daß Rechnerkomponenten durch technisches Versagen ausfallen können und dies auch – meist völlig unerwartet – häufiger als erwartet geschieht. Die nachfolgenden Beispiele zeigen aber auch die Vielfalt der Störungsursachen auf, die von defekten Speicher- und Prozessorchips über Plattenfehler und Kurzschlüsse bis zu fehlerhaften Sensoren reichen.

So führte ein fehlerhafter Speicherchip, der gelegentlich kleinste Informationseinheiten verlor, bei einem amerikanischen Zementwerk zum Ausfall des zweiten von drei hintereinander liegenden Förderbändern, in dessen Folge sich ein riesiger Haufen Felsblöcke hinter dem ersten Förderband bildete. Die nach einiger Zeit herunterrollenden Steine beschädigten mehrere Autos und ein Gebäude.

Demgegenüber gefährdete das technische Versagen eines Prozessors am 7. Mai 1989 sogar das Leben der Astronauten während ihrer Weltraummission. Der Hauptrechner der Raumfähre „Atlantis“ fiel durch einen Prozessorfehler aus. Erstmals in der Geschichte der Raumfahrt mußte die Atlantis-Crew einen Computer im Weltraum reparieren. Die Astronauten benötigten über fünf Stunden, um den defekten Prozessor zu ersetzen, da zahlreiche Sicherungen und Schlösser den Rechner physikalisch schützen sollten. Die NASA hielt – ebenso wie viele Anwender – einen technischen Ausfall des Rechners für so unwahrscheinlich, daß sie den Computer für die Astronauten nahezu unzugänglich einbaute.

Die kanadische Börse in Toronto wurde ebenfalls vom Ausfall ihrer redundant ausgelegten Rechner völlig überrascht. Drei unabhängig voneinander auftretende Plattenfehler im Produktiv- und Backup-System der Computer der Firma Tandem ließen an der Toronto Stock Exchange am 16. August 1989 keinen Zugriff auf die gespeicherten Daten mehr zu. Die Börse mußte für drei Stunden geschlossen werden.

Tödlich endeten Isolationsmängel bei zwei unterschiedlichen Stromleitungen der Evergreen Point Floating Bridge in der amerikanischen Hafenstadt Seattle im Bundesstaat Washington. Ein Kurzschluß veranlaßte den Steuerungsrechner, die Zugbrücke während des Berufsverkehrs am 22. Dezember 1989 unvermutet zu öffnen. Zahlreiche Autos rasten in den sich hebenden Brückenbogen hinein. Das Unglück forderte ein Todesopfer und fünf Verletzte. Glimpflicher verlief dagegen der unerwartete Ausfall des Steuerungsrechners für die Zugbrücke in Dover im amerikanischen Bundesstaat Delaware am 29. August 1992. Durch den Ausfall wurden die Absperrgitter blockiert, so daß – trotz heruntergelassener Brükke – der Verkehr für über eine Stunde lahmgelegt war. Die vorgesehenen manuellen Eingriffsmöglichkeiten funktionierten nicht.

Gleichfalls unerwartet fiel eine zentrale Computereinheit im Frankfurter Bereich des Rhein-Main-Verkehrsverbundes am Montag, dem 17. Juli 1995, aus, in dessen Folge der S-Bahn-Verkehr in Frankfurt und Umgebung erheblich beeinträchtigt und zeitweilig komplett zum Erliegen gebracht wurde. Um 5.40 Uhr war die computergesteuerte Zugnummer-Meldeanlage für den Bereich Hauptbahnhof, Mühlberg und Südbahnhof ausgefallen. Die Meldeanlage meldet die Code-Nummer jeder S-Bahn von Stellwerk zu Stellwerk, stellt Weichen und Signale und steuert die automatischen Ankündigungen für die Reisenden. Durch den erstmaligen technischen Ausfall der über 20 Jahre alten Anlage brach der enge und feinabgestimmte S-Bahn-Zeitplan zusammen, da die für den jeweiligen Tunnelabschnitt zuständigen Fahrdienstleiter, die bisher den Betrieb des vollautomatischen Systems lediglich überwacht hatten, jeden Zug manuell abfertigen mußten. Tausende von Berufspendlern kamen im Durchschnitt zu spät zur Arbeit. Trotz fieberhafter Suche konnte der Fehler von den Technikern erst gegen 11 Uhr behoben werden; die Einhaltung des Fahrplans gelang erst wieder am Nachmittag. Von den Verspätungen waren 211 S-Bahnen betroffen; 32 S-Bahnen wurden gestrichen und 22 mußten frühzeitig ihre Fahrt außerhalb Frankfurts beenden.

Selbst einfache Marken-PC können wenige Jahre vor der Jahrtausendwende noch ungeahnte technische Probleme in sich bergen. Nach einem Bericht der Computerwoche bekam der Bauer-Verlag in Hamburg Ende Dezember 1994 vom texanischen Hersteller Compaq 65 Personalcomputer vom Typ „Deskpro" geliefert. Statt die Produktivität der Mitarbeiter zu erhöhen, fielen die Rechner aber innerhalb weniger Tagen nach Lieferung wegen schadhafter SIMM-Bausteine, defekter Monitore und anderer Probleme aus. Noch ärgerlicher für den Bauer-Verlag: Die Compaq-Hotline war völlig überfordert und zu keiner schnellen Hilfe bereit. Nach langwierigen Testreihen wurden schließlich die Systemplatinen als Ursache für die Systemausfälle ausgemacht. Der Austausch der Motherboards zog sich bis zum Juni 1995 hin.

Auch die Notebook-Technologie wird von den IT-Herstellern offenbar nur unvollkommen beherrscht. Da warnt IBM vor elektrischen Schlägen seiner Netzteile aus der „Thinkpad“-Serie, da berichtet Compaq über Probleme mit der PCMCIA-Steckkarte und dem BIOS bei seinem Modell „Elite“, und Dell mußte sogar 17.000 Notebooks vom Typ „325SLi“ zurückrufen, weil fehlerhafte Kondensatoren sich überhitzten und drohten, die Hauptplatine zu beschädigen. Aber auch andere Innovationen, wie der Druckerfaxkopierer „Officejet“ von Hewlett-Packard (HP), werden unausgereift auf den Markt gebracht. Rund 10.000 Stück holte HP wieder zurück, um die Netzteile auszutauschen. In seltenen Fällen wird das technische Versagen vom Hersteller auch gefördert. So sollen die Gummiteile des kleinen roten Mausführers der IBM-Notebooks „Thinkpad 750“ Schwefel absondern, der die darunterliegende Elektronik korrodieren läßt.

Aber nicht nur das Versagen von Rechnern und rechnernahen Komponenten bedroht die Funktionsfähigkeit von IT-Systemen, sondern auch der Ausfall von Sensoren kann verheerende Folgen haben. Insbesondere komplexe digitale Steuerungs- und Verkehrsleitsysteme benötigen Daten aus verschiedenen Quellen, die meist von Sensoren erfaßt und zum Steuerrechner weitergeleitet werden. Aufgrund defekter Sensoren rammte beispielsweise am 31. März 1990 im Vergnügungspark World of Fun in Kansas City/Missouri der hintere Zug der computergesteuerten Achterbahn „Timber Wolf“ den vorderen. 28 Besucher wurden verletzt. Nach dem Unglück wurden zusätzliche Sensoren und redundante Kontrollen eingerichtet.

Ein ähnliches Unglück, bei dem 14 Passagiere verletzt wurden, ereignete sich am 18. Juli 1993 im Vergnügungszentrum Dorney Park bei Pennsylvania. Ein vollbesetzter Wagen der dortigen Achterbahn „Hercules“ rammte den immer noch vor der Einstiegsplattform stehenden vorhergehenden (leeren) Wagen. Ursache war ein fehlerhafter Sensor, der nicht registrierte, das der vollbesetzte Wagen die Einstiegsplattform verlassen hatte. Daher gab das Computersystem auch nicht den vorhergehenden (leeren) Wagen vor der Einstiegsplattform frei, damit dieser in die Einstiegszone vorfahren konnte. Da die Achterbahnwagen nicht mit Bremsen ausgerüstet waren, konnte das Personal der Achterbahn das Unglück nicht mehr verhindern.

Fehlerhafte Sensoren führten bei der Muni Metro in San Francisco jahrelang zu Problemen mit Geisterzügen. Am 23. Mai 1983 und am 9. Dezember 1986 zeigte beispielsweise das Signalsystem einen Zug außerhalb der Embarcadero Station an, der die Weiche blockierte. Einen solchen Zug gab es aber nicht. Der Zugverkehr mußte manuell gesteuert werden, bis der Zug nach rund zwei Stunden ebenso mysteriös verschwand, wie er gekommen war. Menschliches Fehlverhalten führte dagegen bei den Verkehrsbetrieben in San Francisco am 6. April 1993 zu einem Auffahrunglück im Twin Peaks Tunnel, bei dem 15 Passagiere verletzt wurden. Der Zugführer hatte die elektronischen Sicherheitskontrollen ausgeschaltet, um schneller fahren zu können.

Menschliches Fehlverhalten

In letzter Konsequenz sind nahezu alle Ausfälle, Verzögerungen und Schäden durch die IT-Technologie indirekt auf menschliches Fehlverhalten auf dem verzweigten Weg von der komplexen Entwicklung bis zur oftmals ebenso komplizierten Anwendung zurückzuführen. An dieser Stelle sollen aber vor allem die direkten Auswirkungen menschlichen Fehlverhaltens dargestellt werden.

Menschliches Fehlverhalten in diesem Sinne ist beispielsweise Nachlässigkeit oder die mangelhafte Wartung von IT-Betriebsmitteln. So kann bereits eine verspätete Bestellung für Druckerpapier zu erheblichen Beeinträchtigungen des Betriebsablaufes führen. Mit einem alten, nicht mehr über ausreichend Druck verfügenden Feuerlöscher läßt sich ein möglicher Brand nicht mehr effektiv bekämpfen. Eine ungewartete Batterie einer Anlage zur Überbrückung von Stromausfällen, deren Kapazität durch einen unzureichenden Säuregehalt deutlich vermindert ist, überbrückt den nächsten Stromausfall eventuell nicht mehr lang genug. Ein nicht gereinigtes Lüftungsgitter eines Druckers kann zu einer Überhitzung und damit zum Ausfall des Gerätes führen.

Schlecht gewartete Drucker führten beim Voyager-1-Raumfahrtprogramm sogar zu einem Datenverlust. Ein unbedingter Ausdruck von wichtigen Daten konnte nicht erfolgen, da alle fünf zur Verfügung stehenden Drucker nicht einsatzbereit waren. Vier Drucker waren falsch konfiguriert (also z.B. Offline statt Online), beim fünften Drucker lag ein Papierstau vor.

Auch die typisch menschliche Bequemlichkeit bedroht immer wieder die Verfügbarkeit von wichtigen IT-Systemen, etwa wenn eine als Ein- und Ausgang genutzte Fluchttür ein Zutrittskontrollsystem im Rechenzentrumsbereich ad absurdum führt oder durch die unprotokollierte Entnahme bzw. fehlerhafte Kennzeichnung oder Ablage von Datensicherungsbändern das Datensicherungskonzept kompromittiert wird. Auch eine vergessene oder fehlerhaft eingespielte Datensicherung kann die Arbeit mehrerer Tage gefährden bzw. vernichten.

Die mangelnde Ergonomie des IT-Arbeitsplatzes, wie Streß, Lärm oder eine ungünstige Beleuchtung, kann Konzentrationsschwächen und damit verbunden Eingabefehler verursachen. Die fehlerhafte Eingabe eines Systemkommandos kann aber katastrophale Folgeschäden verursachen. Aufgrund einer einzigen falschen Tastatureingabe mußte beispielsweise im August 1991 eine vom Kurs abgekommene Canaveral-Rakete zerstört werden. Das menügesteuerte Installationsprogramm sah verschiedene Installationsoptionen vor, die per Tastendruck angewählt werden konnten. Ein Techniker hatte beim Einspielen der Raketensteuerungsprogramme versehentlich die Testversion installiert.

Grobe Fahrlässigkeit muß Mitarbeitern vorgeworfen werden, die durch den Rauch einer im Rechenzentrum angezündeten Zigarette die Sprinkleranlage in Gang setzen oder durch die Verwendung privater Disketten Computerviren in betriebliche IT-Systeme einschleusen. Auch eine versehentlich umgestoßene Tasse Kaffee oder die im vorherigen Abschnitt dargestellte Aushebelung vorhandener Kontrollsysteme fällt in diese Kategorie.

Die Beispiele ließen sich fast beliebig fortsetzen. Selbst der Einsatz falscher Pflegemittel durch das Reinigungspersonal kann die Funktionsfähigkeit eines IT-Gerätes gefährden. Letztendlich läßt sich menschliches Fehlverhalten – ebenso wie technisches Versagen – nicht völlig ausschließen. Allerdings liegen die Ursachen der meisten Schadensfälle in einem Schulungs- oder Regelungsdefizit begründet.

Aufgabenbeschreibungen und regelmäßige Mitarbeiterunterweisungen können das Risiko menschlichen Fehlverhaltens deutlich vermindern.

Kurioses

Insekten wie Ameisen, Käfer, Kakerlaken, Motten oder Spinnen, aber auch Nagetiere wie Biber, Eichhörnchen, Mäuse oder Ratten, fühlen sich von der dunklen Geborgenheit und Wärme moderner High-Tech-Hardware magisch angezogen. Über Lüftungsschlitze gelangen Insekten in das Rechnerinnere, Nagetiere bevorzugen Doppelböden, Kabelschächte und andere breite Zugänge.

So legte eine Mäusefamilie in den achtziger Jahren den Steuerungsrechner der Fertigungsstraße einer deutschen Möbelfabrik lahm. Der Produktionsausfall verursachte einen Schaden von rund 50.000 Mark. Die Tiere bahnten sich durch die Lüftungsschlitze ihren Weg ins warme Gehäuse des Rechners und labten sich an der PVC-Isolierung, bis sie auf Metall bissen und verschmorten. Herbeigerufene Techniker entdeckten im Februar 1992 ein Mäusenest in einem Rechner der Firma Nixdorf vom Typ 8870. Zuvor war der Computer, der in einem Autohaus in Meckenheim seinen Dienst verrichtete, wiederholt abgestürzt. Durch einen Schlitz unter der Rechnertür waren die Vierbeiner eingedrungen.

Völlig unerwartet waren am 13. März 1993 über 5.000 Geldausgabeautomaten ohne Verbindung zu ihrem Bankrechner und gingen außer Betrieb, als das Dach eines Rechenzentrums in Clifton im US-Bundesstaat New Jersey unter der Last des zuvor gefallenen Schnees zusammenbrach. Ein Unglück kommt selten allein: Das geplante Backup-Rechenzentrum konnte nicht genutzt werden, da alle IT-Kapazitäten bereits von anderen Firmen belegt wurden, deren IT-Systeme durch den Anschlag auf das World Trade Center am 26. Februar 1993 funktionsunfähig waren.

Verletzende Rechner

Von der innovativen Branche gerne verschwiegen werden die mit dem Einsatz von Hardware verbundenen gesundheitsgefährdenen Nebenwirkungen wie Lärm, einseitige Beanspruchung der Augen und des Schulter-Nacken-Bereiches sowie die unerforschte Wirkung elektromagnetischer Felder. Mit halbherzigen Lösungen oder verspätet reagiert die saubere Branche auch auf die Gefährdungen der Umwelt durch die immer schnelleren IT-Entwicklungszyklen und auf den mit der zunehmenden PC-Verbreitung verbundenen enormen Ressourcenverbrauch.

Gesundheit

Durch die Konzentration der IT-Hersteller auf technische Höchstleistungen, die in Anzeigenserien und Prospekten reißerisch vermarktet werden, geraten ergonomische Aspekte der digitalen Rechner immer wieder in den Hintergrund. Unerklärlich ist, warum moderne Festplatten und Ventilatoren zur Kühlung der Zentraleinheit von Arbeitsplatzcomputern immer noch einen die Konzentration störenden Lärmpegel erzeugen, warum Anschlüsse für Eingabegeräte, wie Tastatur oder Maus, an der meist schwer zugänglichen Geräterückwand liegen etc.

In Deutschland arbeitet mindestens jeder dritte Arbeitnehmer im Büro mit einem Bildschirm. Mitarbeiter an Bildschirmarbeitsplätzen klagen häufig über Schmerzen im Schulter-Nacken-Bereich, Verspannungen der Körpermuskulatur, Augenbrennen sowie Kopf- oder Rückenbeschwerden. Führen beispielsweise die Verspannungen, die durch wiederholte und einseitige Belastung an Arbeitsplätzen hervorgerufen werden, zu Entzündungen, so sprechen die Mediziner von „Repetitive Strain Injuries“ (RSI).

Insbesondere Datentypistinnen leiden unter überanstrengten Händen und Armen. Schließlich schlägt allein der rechte Daumen einer Datenerfassungskraft täglich bis zu 10.000mal auf die Leertaste. Die gesundheitlichen Beschwerden reichen von vorübergehenden Schwellungen bis zu Taubheitsgefühlen und Kribbeln in den Handgelenken. Sehnenscheiden- oder Schleimbeutelentzündungen sind die Folge. So wundert es kaum, daß sich RSI zur Berufskrankheit Nummer eins in den Vereinigten Staaten entwickelt hat. In nur sieben Jahren, zwischen 1982 und 1989, hatte sich die Zahl der RSI-Fälle verzehnfacht.

Das beschriebene RSI-Syndrom entsteht einerseits durch die unergonomischen Computertastaturen, die den Benutzer zwingen, seine Unterarme nach außen abzuwinkeln, andererseits durch fehlende Pausen, die notwendig sind, um Hände und Arme entspannen zu können. Immerhin bieten einige Hersteller inzwischen zweigeteilte Tastaturen an, bei deren Bedienung Hand und Unterarm eine Linie bilden können.

Der EG-Rat hat den digitalen Veränderungen in der Arbeitswelt am 29. Mai 1990 mit der Veröffentlichung einer Einzelrichtlinie als europaweit einheitliche „Mindestvorschrift bezüglich der Sicherheit und des Gesundheitsschutzes bei der Arbeit an Bildschirmgeräten" Rechnung getragen. Die Euronorm 90/270 EU, auch als „EU-Richtlinie für Bildschirmarbeitsplätze" bekannt, begründet für Arbeitnehmer einen Rechtsanspruch auf Einhaltung festgelegter Mindestvorschriften. Allerdings ist die Richtlinie bisher noch nicht in deutsches Recht transformiert worden, obwohl der 31. Dezember 1992 als Umsetzungstermin von der Europäischen Union vorgegeben war. Gleichwohl liegt bereits der Entwurf für eine Bildschirmarbeit-Verordnung (BildschArbV) auf Grundlage des Arbeitsschutzrahmengesetzes (ArbSchRG) vor, der die EU-Richtlinie in nationales Recht umsetzen soll.

Nach diesem Entwurf wird dem Arbeitgeber eine weitreichende Fürsorgepflicht auferlegt: Er hat „die Arbeitsbedingungen der Beschäftigten am Bildschirmarbeitsplatz zu ermitteln und hinsichtlich einer möglichen Gefährdung des Sehvemögens sowie körperlicher und physischer Gefährdungen zu beurteilen", „die Tätigkeit der Beschäftigten am Bildschirmgerät so zu gestalten, daß sie durch andere Tätigkeiten oder durch bezahlte Kurzpausen von angemessener Dauer und in angemessenem Abstand unterbrochen wird", „eine angemessene Untersuchung der Augen und des Sehvermögens durch einen fachkundigen Arzt anzubieten" und eine Schulungspflicht über „die Sicherheit und Gesundheit am Arbeitsplatz betreffenden Fragen".

Auch der durch die IT-Gerätekonzentration im Büro ausgelöste Elektrosmog ist sehr umstritten. Alle elektrischen Geräte geben während ihres Betriebs elektrische und magnetische Wechselfelder ab. Erste Untersuchungen, die einen Zusammenhang zwischen elektromagnetischen Feldern und erhöhtem Krebsrisiko feststellten, stammen von N. Wertheimer und E. Leeper aus dem Jahr 1979. Weitere Studien belegten den Zusammenhang, andere kamen jedoch zu widersprüchlichen Ergebnissen. Ende der achtziger Jahre erregten die Studien amerikanischer Mediziner und Journalisten über die Gesundheitsgefährdungen durch Elektrosmog erneut großes Aufsehen. Auch einige deutsche Baubiologen vermuten, daß die Gefährdung durch Krebs, Erbgutschäden und Mißbildungen in elektroverseuchten Büros und Wohnräumen steigt.

Der Beweis dieser Behauptungen ist aber schwer zu erbringen, da die Nebenwirkungen erst langfristig feststellbar sind. So führte beispielsweise ein kanadisches Forscherteam eine erhöhte Zahl von Mißbildungen in Tierversuchen auf die schädliche Wirkung von Computerbildschirmen zurück, allerdings war die Schlußfolgerung statistisch nicht haltbar. Gleichwohl sieht selbst das Office of Technology Assessment (OTA) – eine amerikanische Institution, die versucht, die Folgen neuer Technologien abzuschätzen – begründeten Verdacht, daß die zunehmende elektronische Umweltverschmutzung beträchtliche Nebenwirkungen haben kann. Insbesondere Krankheiten wie grüner Star oder Leukämie könnten durch sogenannte „ELF-Felder" (extrem low frequency) ausgelöst werden, die im untersten Frequenzbereich zwischen eins und 100 Hertz liegen. Diese niederfrequente Strahlung beeinflußt die Struktur und Leitfähigkeit von Körperzellen. Die Ausstrahlung der Computermonitore, die durch den Bild- und Zeilenwechsel entsteht, liegt genau in diesem Bereich. Die Folgen dieser relativ schwachen Monitorstrahlungen sind jedoch ebenfalls noch nicht ausreichend geklärt. Einige Versuchsergebnisse geben zumindest zum Nachdenken Anlaß. Affen, die in Versuchen über längere Zeit solchen Niedrigstfrequenzen ausgesetzt waren, schütteten vermehrt Streßhormone aus. Bei Ratten förderten starke elektromagnetische Felder eindeutig das Tumorwachstum. Hühnerembryonen, die vor eingeschalteten Fernsehapparaten ausgebrütet worden sind, wiesen eine erhöhte Anzahl von Mißbildungen auf. Aktuelle amerikanische Untersuchungen lassen ein erhöhtes Brustkrebsrisiko bei Frauen vermuten, die beruflich elektromagnetischen Feldern ausgesetzt sind. Wissenschaftlich erwiesen ist, daß selbst schwache elektromagnetische Felder beim Menschen die Ausschüttung des Zirbeldrüsenhormons Melatonin reduzieren, das neben seiner krebshemmenden Wirkung vor allem das Schlafbedürfnis, die Fortpflanzungsfähigkeit, das Wachstum und die Immunabwehr beeinflußt.

Ebenso umstritten sind die gesundheitlichen Gefährdungen durch hochfrequente Strahlungen wie die von Mobilfunkfrequenzen. Zwar sind die emittierten Strahlungen eines Mobilfunktelefones zu gering, um die menschlichen Zellen meßbar zu beschädigen. Jedoch können die hohen Frequenzen den Fluß der Kalziumionen durch die Zellmembran beeinflussen, die Produktion bestimmter Hormone bremsen oder die Geschwindigkeit chemischer Reaktionen im Körper verändern. Nach neuesten Untersuchungen der Universität Mainz wird durch sendende Mobilfunktelefone auch das Schlafverhalten beeinflußt, u.a. werden die traumintensiven REM-Phasen verkürzt.

Das Forscherlager ist jedoch gespalten: Während die einen von Stromparanoia reden, warnen andere vor der langfristigen Wirkung dieser Einflüsse und vor dem Zusammenspiel mit anderen schädlichen Umwelteinflüssen. Schließlich kommt zu der Elektrosmog- und Lärmbelastung in vielen Büros häufig auch eine erhöhte Ozonkonzentration durch Laserdrucker oder Faxgeräte.

Umwelt

Neben den gesundheitlichen Aspekten werden auch Umweltaspekte von den Herstellern eher stiefmütterlich behandelt. Jährlich landen allein in Deutschland über 1,5 Millionen Tonnen Elektronikschrott auf dem Müll; in Westeuropa geht die Bundesregierung von einer Menge zwischen acht bis zehn Millionen Tonnen aus. Durch die Innovationsfreude der Computerbranche wird diese Menge jedes Jahr mindestens noch um zehn Prozent steigen. Personalcomputer sind mittlerweile nach nur drei Jahren hoffnungslos veraltet. Die IT-Hersteller, die beim Produktionsprozeß noch unter Reinraumbedingungen arbeiten, interessierten die ausgemusterten Geräte bisher herzlich wenig. Erst als das Bundesumweltministerium den Anbietern mit einer Elektronikschrott-Verordnung drohte, wurden die ersten Unternehmen aktiv und boten – scheinbar selbstlos – die (gebührenpflichtige) Rücknahme alter Rechner an. Rücknahme ist aber noch lange nicht mit Recycling gleichzusetzen. Als kommerziell lohnend erweist sich lediglich das Ausschlachten von Leiterplatten und Monitorchassis, weil dabei – neben billigem Kupfer – auch teure Edelmetalle wie Gold, Silber und Platin anfallen. Die schwermetallhaltigen Bildröhren (Blei oder Barium), die mit dem Umweltgift Cadmium beschichteten Bildschirme, die mit PCB (PolyChlorierte Biphenyle) versetzten Kondensatoren sowie die zahlreichen Kunststoffarten, die häufig mit umweltschädlichen Flammschutzmitteln behandelt worden sind, werden dagegen aus Kostengründen am liebsten verbrannt oder in Drittländer exportiert. So verwendet der Computerhersteller IBM nach einem Bericht der Fachzeitschrift Computerwoche immer noch den Kunststoff PVC für die Gehäuse seiner Computermonitore. PVC (Polyvinylchlorid) gilt als bedenkliches Material, da es bei Erwärmung Chlor abscheidet und bei der Verbrennung die aggressive gasförmige Salzsäure Chlorwasserstoff bildet.

Eine Untersuchung des Magazins „Öko-Test“ vom September 1995 zeigte, daß viele Hersteller bei der Produktion von PC-Monitoren immer noch sogenannte „halogenierte“ (bromhaltige) Flammschutzmittel und Antimontrioxid, das die Wirkung des Flammschutzmittels verstärken soll, verwenden. Bei der Verbrennung von bromhaltigen Flammschutzmitteln können Dioxine und Furane entstehen (in Einzelfällen können die Dioxine und Furane durch die Erwärmung des Monitors sogar in die Raumluft abgegeben werden). Antimontrioxidstäube gelten als krebserregend. Alternative Flammhemmer, beispielsweise auf Phosphorbasis, stehen zur Verfügung, werden jedoch von den Herstellern aus Kostengründen nicht eingesetzt.

Auch beim Ernergieverbrauch reagierten die Hersteller erst auf Druck der US-Regierung. Um den enormen Stromverbrauch der meist ständig laufenden Arbeitsplatzcomputer zu reduzieren, vergibt die amerikanische Umweltbehörde Environmental Protection Agency (EPA) seit Mitte 1992 eine Art Gütesiegel („Energy Star“) für Computer und Computerperipherie, die bestimmten Stromsparspezifikationen entsprechen. Nach Berechnungen der EPA hatten die Arbeitsplatzrechner im Amerika damals einen Anteil von rund fünf Prozent am gesamten kommerziellen Stromverbrauch. Bis zum Jahr 2000 erwartete die Behörde, daß der Anteil sogar auf zehn Prozent ansteigen würde. Durch die Einführung des Gütesiegels Energy Star, der gleichzeitig Voraussetzung für Lieferungen an Behörden wurde, sollte diese Entwicklung gestoppt werden. Die verkaufsfördernde Auszeichnung darf nur für Computer in Anspruch genommen werden, die über eine automatische Abschaltfunktion verfügen und deren Energieverbrauch im Ruhezustand, also bei längerer Abwesenheit des Benutzers, 30 Watt nicht übersteigt. Die ersten umweltbewußten Käufer mußten für einen stromsparenden Rechner noch erhebliche Aufpreise bezahlen, mittlerweile sollte das EPA-Siegel bei namhaften Herstellern aber selbstverständlich sein.

Übersicht der wichtigsten Hardwaresicherheitsmaßnahmen

Hardware läßt sich gegen die Mehrzahl der beschriebenen Bedrohungen weitestgehend schützen. Einen ersten Anhaltspunkt bieten die klassisch-materiellen Raum- und Gebäudeabsicherungsmaßnahmen für Objekte oder Funktionsbereiche mit erhöhten Sicherheitsrisiken, zu denen auch Rechenzentren gehören. Beispiele für solche Sicherungsmaßnahmen sind:

- eine geeignete Standortwahl,
- eine von außen nicht erkennbare Raumnutzung,
- eine umfassende Brandschutzvorsorge (Aufstellung geeigneter Handfeuerlöscher, automatische Brandmeldeanlage, Verwendung von feuerhemmenden Türen, Not-Aus-Schalter etc.),
- die Vermeidung von wasserführenden Leitungen,
- eine gesicherte Klimatisierung (Berücksichtigung der Sonneneinstrahlung und Gerätedichte),
- Einbruchschutz (Verwendung von Sicherheitstüren, gesicherte Fenster und Nebeneingänge, Kameras, Glasbruch- und Bewegungsmelder) sowie
- der Closed-Shop-Betrieb (Zugangs- und Abgangskontrolle durch Pförtnerdienst oder Vereinzelungsschleusen, Sicherheitsschlösser, Besucherausweise).

Neben diesen klassisch-materiellen Raum- und Gebäudeabsicherungsmaßnahmen sollten insbesondere die folgenden – häufig vernachlässigten – Aspekte überprüft werden.

Gesicherte Stromversorgung

Aufgrund der Abhängigkeit der IT-Systeme von einer konstanten Stromversorgung sind Sicherungsmaßnahmen in diesem Bereich unerläßlich. Die Sicherungsmaßnahmen beginnen bei der Absicherung und Auslegung der Stromkreise entsprechend den aktuellen Bedürfnissen über Blitzschutzeinrichtungen bis zur Installation von unterbrechungsfreien Stromversorgungen und Netzersatzanlagen (Dieselaggregate oder Gasturbinen).

Einen wirksamen Schutz gegen Daten- und Verfügbarkeitsverluste bei Netzausfällen und -schwankungen bietet eine unterbrechungsfreie Stromversorgung (USV). Die Speicherbatterien der USV-Anlage speisen die angeschlossenen IT-Systeme und -Komponenten bei Versorgungsstörungen für eine begrenzte Zeit (meist im Minutenbereich) mit netzunabhängiger Energie und können dadurch einen kurzzeitigen Stomausfall überbrücken bzw. die Stromversorgung solange aufrechterhalten, bis die angeschlossenen Rechner geordnet runtergefahren sind oder ein eigener Stromerzeuger (Notstromaggregat) angelaufen ist.

Es werden zwei Arten der USV unterschieden: Bei der sogenannten „Offline-USV“ sind die Verbraucher direkt an das Stromversorgungsnetz angeschlossen. Erst wenn das Versorgungsnetz ausfällt, schaltet sich die USV nach einer kurzen Unterbrechungszeit von wenigen (heutzutage unter vier) Millisekunden zu und übernimmt die Versorgung der Verbraucher. Für Personalcomputer ist ein solches Gerät für wenige hundert Mark erhältlich und völlig ausreichend. Offline-USV-Anlagen reagieren jedoch auf viele kurze Netzausfälle und Netzspannungseinbrüche wegen der langsamen Umschaltzeiten überhaupt nicht. Die meisten Netzeinbrüche treten aber gerade für eine Zeitspanne kleiner als 100 Millisekunden auf.

Eine sogenannte „Online-USV“ ist dagegen ständig zwischen dem öffentlichen Versorgungsnetz und den Verbrauchern geschaltet. Eine Umschaltzeit auf Notbetrieb entfällt. Für den professionellen IT-Bereich eignet sich in der Regel nur ein solches Online-Gerät, das die IT-Systeme ständig durch die eingebauten Batterien speist. Der Wechselstrom aus dem Versorgungsnetz wird dabei von Gleichrichtern in Gleichstrom umgewandelt, der die Batterien lädt, und der Batteriestrom wird wiederum durch Wechselrichter in Wechselstrom zurückgewandelt, der die angeschlossenen Verbraucher versorgt. Durch dieses System wird der Netzstrom permanent gefiltert und jegliche Stromschwankungen ausgeglichen.

Für einfache Rechnersysteme sind solche Anlagen zwar kostengünstig und schnell installiert, bei zentralen USV-Systemen für Rechenzentren oder für größere Computernetze müssen die technischen Anforderungen jedoch vorher genau untersucht werden, damit die vermeintliche Schutzmaßnahme auch den erhofften Schutz bietet. So berichtet ein Praxisbeispiel aus der Fachzeitschrift KES von einem Unternehmen, das sein Netzwerk, bestehend aus einem zentralem Rechner (Server) und 12 Arbeitsstationen, mit einer USV-Anlage abgesichert hatte, die den Server und drei Arbeitsstationen einbezog. Als der Strom eines Tages tatsächlich ausfiel, versorgte die USV, wie geplant, die vier IT-Geräte mit Strom. Als der Strom jedoch nach fünf Minuten wieder zur Verfügung stand, passierte etwas Unerwartetes: Die vier abgesicherten Geräte fielen aus und damit, da der Server ebenfalls zur geschützten Hardware gehörte, das gesamte Netzwerk.

Fazit: Die gutgemeinte Maßnahme war nicht durchdacht gewesen. In dem Moment, in dem der Strom wiederkam, gab es zwischen den USV-versorgten IT-Geräten und den unversorgten IT-Geräten für rund ein bis zwei Millisekunden einen Potential-unterschied von ca. 100 Volt. Dabei kam es über die Datenleitung zu einem Potentialausgleich, der die Netzwerkkarten zerstörte. Somit richtete die USV-Anlage sogar mehr Schaden an, als ohne ihre Installation entstanden wäre.

Überspannungsschutz

Durch Induktion sowie bei Gewitter oder Blitzeinschlag können Spannungsspitzen (Spikes) im Stromnetz entstehen. Die USV schützt nur die Netzseite, so daß

Spikes trotz USV-Absicherung zu Datenschäden führen können, wenn kein systematischer Überspannungschutz (sog. „innerer Blitzschutz") vorhanden ist. Ein systematischer Überspannungschutz besteht aus einem Grobschutz in der Gebäudeeinspeisung, einem Mittelschutz in der Etagenverteilung und einem Feinschutz an den Steckdosen und Steckverbindungen.

Ein komplettes Überspannungskonzept ist daher recht aufwendig, insbesondere weil die Schutzwirkung jeder Stufe auf der vorherigen aufbaut. Daher werden in der Praxis häufig kleinere Schutzzonen gebildet, die durch sogenannte „Optokoppler" oder Überspannungsableiter gegeneinander abgrenzt sind.

Datensicherungskonzept

Ein zuverlässiges Datensicherungskonzept gehört zu den fundamentalen IT-Sicherungsmaßnahmen. Nach Schätzungen der Versicherungswirtschaft muß pro Megabyte verlorene Daten mit Wiederherstellungskosten von rund 10.000 Mark gerechnet werden. Wie dargestellt können durch (höhere) Gewalt, elektromagnetische Störungen sowie technisches oder menschliches Versagen gespeicherte Daten leicht korrumpiert werden.

Um die kostspielige Wiederbeschaffung zu vermeiden, sollte eine geeignete Datensicherung vorhanden sein, auf die in diesen Fällen zurückgegriffen werden kann. Zu einem umfassenden Datensicherungskonzept gehört nicht nur die Anfertigung von Datensicherungen, sondern auch eine aktuelle Dokumentation und sichere Aufbewahrung der Backup-Datenträger sowie der Test der Wiederherstellung der Daten mit Hilfe der angefertigten Datensicherungen.

Bei der Lagerung der Datensicherungen sollte auch an die Empfindlichkeit magnetischer Datenträger vor Temperaturschwankungen, Luftfeuchtigkeit, Staub und störender Magnetfelder gedacht werden. Diesen Gefahrenquellen kann durch geeignete Gegenmaßnahmen begegnet werden. So sollte für alle im Umfeld der magnetischen Datenträger betriebenen elektrischen Anlagen der Nachweis der elektromagnetischen Verträglichkeit (EMV) erbracht werden, die vom Hersteller vorgegebenen klimatischen Bedingungen eingehalten und der Raum möglichst staubfrei gehalten werden.

Bereits eine minimale Staubschicht auf der Oberfläche eines magnetischen Datenträgers von nur 1/100 Millimeter kann zu einer Halbierung der Signalstärke führen. Als besonders gefährlich gilt rosthaltiger Staub, der häufig von älteren Klimaanlagen abgegeben wird. Datensicherungen auf Magnetbändern sollen außerdem nach einer längeren ununterbrochenen Lagerung aufgrund der nachlassenden Stärke der Magnetisierung wieder auf ein neues Magnetband kopiert werden.

Notfallvorsorge

Die Notfallvorsorge umfaßt die Planung und Vorbereitung von Maßnahmen, die im Falle eines Ausfalls der Rechenanlage die Fortsetzung des Betriebes alternativ garantieren sollen. Ein ausgereifter Notfallplan steht am Ende einer systematischen Risikoanalyse und ist Bestandteil eines integrierten IT-Sicherheitskonzeptes. Das Notfallkonzept sollte für verschiedene Katastrophenfälle die Bereitstellung der notwendigen Hardware, Software, Daten, Kommunikationsinfrastruktur und Raumkapazitäten vorsehen. Wie bei der Datensicherung ist ein Test der geplanten Maßnahmen unerläßlich.

In Abhängigkeit von der maximal akzeptierten Überlebenszeit im Falle eines längeren Rechnerausfalls sind Anforderungen zu definieren, wie ein Notfallbetrieb zu organisieren ist. Dabei wird zwischen drei verschiedenen Konzepten unterschieden:

- heißes Notfallkonzept (hot backup),
- warmes Notfallkonzept (warm backup) und
- kaltes Notfallkonzept (cold backup).

Bei einem heißen Notfallkonzept arbeitet ein Reserverechner parallel mit und kann innerhalb von wenigen Sekunden bis Minuten die Aufgaben des Hauptrechners übernehmen. Da diese Lösung extrem aufwendig und teuer ist, wird sie nur bei besonders kritischen Anwendungen verwendet. Verbreiteter – insbesondere bei Banken, Versicherungen und großen Industrieunternehmen – ist dagegen das Konzept des warmen Notfallrechenzentrums. Die Daten und Programme eines ausgefallenen Rechners können dabei innerhalb von rund 24 Stunden auf einen Ersatzrechner übertragen werden. Häufig werden Entwicklungsrechner als Reserverechner verwendet oder bei EDV-Dienstleistern Notfallrechenzentren angemietet. Liegt die Überlebenszeit eines Unternehmens im Falle eines IT-Ausfalls zwischen drei und fünf Tagen, so kann auch auf eine preiswerte Containerlösung zurückgegriffen werden, bei der die Rechner im Container fertig installiert sind und nur noch an den Ort des Notfallbetriebes transportiert werden müssen. Bei einer Überlebenszeit von 10 bis 14 Tagen ist ein kaltes Notfallkonzept ausreichend. Ein solches Konzept kann zum Beispiel in Form einer Hallenlösung bestehen, bei welcher auf einer vorher festgelegten Fläche im Katastrophenfall eine Computerhalle aufgebaut und anschließend mit den benötigten IT-Geräten ausgestattet wird.

Daß es sich lohnt, für einen Notfall gerüstet zu sein, zeigt das folgende Beispiel aus den Niederlanden: 1993 brannte in der Nacht von Freitag auf Samstag das Rechenzentrum, das Lager und die Büros zweier niederländischer Töchter des amerikanischen Konzerns Walsh International, Walsh Nederland und Bugamor International in Almere bei Amsterdam ab. Der Rechner vom Typ IBM System /38 war für beide Firmen betriebsnotwendig, da Walsh Nederland eine Datenbank mit medizinischen Informationen betreibt und Bugamor International Medizinjournale verlegt. Beide Firmen hatten für einen solchen Notfall daher einen Notfallplan ausgearbeitet, der die Aufnahme des EDV-Betriebes in einem Ausweichrechenzentrum vorsah. Aufgrund dieser guten Vorbereitung konnte innerhalb eines Wochenendes die Funktionsbereitschaft der EDV wiederhergestellt werden.

Personelle Maßnahmen

Die fachmännische Überwachung und vorbeugende Wartung sind wichtige Aufgaben des für die IT-Systeme zuständigen Personals, um die Verfügbarkeit der Rechner zu gewährleisten. Damit der IT-Betrieb durch unvorhersehbare Personalausfälle wie Krankheit, Unfall, Tod oder Kündigung von Arbeitnehmern nicht gestört wird, dürfen einzelne Personen keine Schlüsselstellungen innehalten. Darüber hinaus müssen die Mitarbeiter mit den vorhandenen organisatorischen Regelungen vertraut sein und die ihnen zugewiesenen Verantwortlichkeiten kennen. Alarmsignale oder ungewöhnliches Betriebsverhalten sollten von dem ausreichend geschulten IT-Personal rechtzeitig erkannt werden und nicht zu unüberlegten Handlungen führen.

Welche Folgen unzureichend ausgebildete Mitarbeiter verursachen können, illustriert das folgende Beispiel aus der Schadensfallsammlung einer Versicherung. Danach wurde ein Kleinstbrand in einem Rechenzentrum von den Mitarbeitern frühzeitig entdeckt und mit den vorhandenen Feuerlöschern im Rechenzentrum und aus dem Außenbereich des Rechenzentrums gelöscht. Die Freude über die erfolgreiche Brandbekämpfung hielt jedoch nicht lange an, denn das Pulver aus den Feuerlöschern hinterließ auf allen Geräten im Rechenzentrum einen feinen Film, der nach kurzer Zeit verkrustete. Die Schadenshöhe kletterte durch diese Verunreinigung auf über 100.000 Mark. Dabei hätten zur Erstickung des Brandes Feuerlöscher mit gasförmigen Löschmitteln ausgereicht. Die richtige Ausstattung des Rechenzentrums mit den entsprechenden Löschmitteln sowie eine regelmäßige Schulung der Mitarbeiter hätten den falschen Einsatz der Löschmittel verhindern können und die Schadenshöhe entsprechend niedrig gehalten.

2
Betriebssysteme: Schwachstellen an der Tagesordnung

„Die kritiklose Schwärmerei für mathematische Formulierungen verleitet häufig dazu, hinter der eindrucksvollen Fassade der algebraischen Zeichen eine wenig stichhaltige Beweisführung zu verstecken."

*(Wassily Leontief, *1906, Nobelpreisträger für Wirtschaftswissenschaften 1973, Professor für Nationalökonomie an der amerikanischen Harvard-Universität in Cambridge)*

Unter einem Betriebssystem werden alle Programme subsumiert, die dazu dienen, die vorhandenen IT-Betriebsmittel (Prozessor, Hauptspeicher, Ein- und Ausgabegeräte) den Computerbenutzern zuzuteilen, den Ablauf der Programme zu überwachen sowie die Daten in digitaler Form zu verwalten. Das Betriebssystem interpretiert die Anweisungen des Benutzers und leitet die Befehle in maschinenlesbarer Sprache an die Hardware weiter. Darüber hinaus dient das Betriebssystem auch als Schnittstelle zwischen der Anwendungssoftware und der Hardware. Obwohl die Struktur eines Betriebssystems – ebenso wie die Struktur der Hardware – nicht einheitlich ist, besteht jedes Betriebssystem aus bestimmten Grundkomponenten, die sich in drei Hauptkategorien einordnen lassen.

Sogenannte „Organisationsprogramme" übernehmen die Verwaltung der IT-Betriebsmittel Prozessor, Speicher und anderer Geräte, „Übersetzungsprogramme" wandeln in symbolischen Programmiersprachen (Assembler, BASIC, COBOL, C, PASCAL etc.) geschriebene Primärprogramme in maschinenlesbare und ablauffähige Objektprogramme um und sogenannte „Dienstprogramme" erleichtern dem Anwender das Testen, das Sortieren, die Bibliotheksverwaltung sowie weitere systemnahe Aufgaben.

Das Betriebssystem ist neben der Hardware die wichtigste Voraussetzung für eine effiziente IT-Nutzung. Anwender und Anwendungsprogramme sind erst mit Hilfe des Betriebssystems in der Lage, mit der Hardware komfortabel zu kommunizieren, ohne sich um technische Details kümmern zu müssen. Durch diese zentrale Funktion des Betriebssystems wirken sich Fehler, Sicherheitsmängel und Konzeptionsschwächen unmittelbar auf die IT-Grundbedrohungen Verfügbarkeit, Vertraulichkeit und Integrität von Daten und Verarbeitungsvorgängen aus. Die Beispiele in diesem Kapitel zeigen, daß die Wahl eines unsicheren Betriebssystems zu erheblichen Vertrauens- und Vermögensschäden führen kann.

Schwachstellen in namhaften Betriebssystemen

DEC, VMS und der weltberühmte „NASA-Hack“

Das Betriebssystem VMS (Virtual Memory System) des amerikanischen Rechnerriesen Digital Equipment Corporation (DEC) aus Maynard im Bundesstaat Massachusetts ist das Betriebssystem für die erfolgreiche Rechnerserie VAX. Sicherheitsmängel in diesem Betriebssystem ermöglichten Ende der achtziger Jahre den als „NASA-Hack“ bekanntgewordenen Einbruch in zwei Rechner der amerikanischen Luft- und Raumfahrtbehörde National Aeronautics and Space Administration (NASA).

Die Firma DEC wurde 1957 von den Brüdern Ken und Stan Olsen in einer alten Mühle im Städtchen Maynard bei Boston gegründet. Dreißig Jahre lang erlebte das Unternehmen ein nahezu ungebremstes Wachstum. Träger der permanenten Umsatzsteigerungen waren günstige und leistungsstarke Minicomputer, die DEC in Konkurrenz zum Marktführer IBM anbot. Die DEC-Rechner fanden vor allem im technisch-wissenschaftlichen Bereich viele Anhänger, da sie relativ einfach zu bedienen waren. Mit der Vorstellung der Rechnerfamilie VAX Ende 1977 gelang DEC der Aufstieg zum zweitgrößten Computerkonzern in den Vereinigten Staaten. Der Rechner – bereits mit einem Prozessor und einem Betriebssystem ausgestattet, die 32 Bit gleichzeitig verarbeiten konnten – vereinte in sich die Rechenleistung eines Großrechners und die niedrigen Anschaffungs- und Betriebskosten eines Minicomputers.

Wie die berühmten Computerunternehmer Heinz Nixdorf und An Wang verkannte Ken Olsen jedoch lange Zeit die Bedeutung der günstigen Personalcomputer und leistungsfähigen Workstations sowie den Trend zu offenen Betriebssystemen. Das Unternehmen geriet noch unter Leitung seines Gründers in eine schwere Krise. Seit Herbst 1992 hat der neue Chief Executive Officer Robert Palmer die Aufgabe, das unbeweglich gewordene Unternehmen in einem hart umkämpften Markt wieder erfolgreich zu positionieren.

Das Betriebssystem VMS galt aufgrund seiner Sicherheitsmechanismen als vertrauenswürdiges Betriebssystem. Die VMS-Sicherheitseinrichtungen stellte das DEC-Marketing in Werbebroschüren und Vertriebspräsentationen auch immer wieder heraus. VMS verfügt über einen benutzerdefinierbaren Datei-Zugriffsschutz mit den Benutzerklassen Systembenutzer (system), Eigentümer (owner), Benutzergruppe (group) und Welt (world) sowie den Datei-Zugriffsrechten Lesen (r = read), Schreiben (w = write), Löschen (d = delete) und Ausführen (e = execute). Die geheimen Kennwörter der Benutzer werden wie beim Betriebssystem UNIX einwegchiffriert abgespeichert, d.h. eine Entschlüsselung der Paßwörter ist im Nachhinein nicht mehr möglich. Der Systemverwalter kann sogar die Verwendung von zufälligen Paßwörtern vorschreiben, die durch einen Paßwortgenerator erzeugt werden.

Die leistungsfähigen VMS-Rechner werden häufig an Punkten in Computernetzen eingesetzt, an denen mehrere Leitungen zusammentreffen (sog. „Knoten"). Durch diese exponierte Lage und ihre weite Verbreitung im universitären Bereich stellten DEC-Rechner seit jeher ein beliebtes Angriffsziel für jugendliche Hacker dar. Hackerangriffe waren in der Vergangenheit auch schon mehrmals dafür verantwortlich, daß einzelne Schwachstellen in bestimmten Versionen des Betriebssystems VMS schonungslos aufgedeckt wurden.

Ein Programmfehler in den Versionen 4.4 und 4.5 des Betriebssystems VMS war auch die Ursache für den weltberühmten „NASA-Hack" einiger bundesdeutscher Hacker im Spätsommer 1987. Mit Hilfe eines Tricks konnten Benutzer ohne jegliche Privilegien auf die geschützte Paßwortdatei eines VMS-Systems zugreifen. Die Hacker nutzten diesen Betriebssystemfehler und drangen u.a. in die beiden Computer „Castor" und „Pollux" des Headquarters der zivilen Luft- und Raumfahrtbehörde NASA in Washington ein. Dort gelang es den Hackern, Dokumente über Weltraumprogramme, Raketen und Systemsicherheit zu kopieren.

Vorgehensweise der NASA-Hacker

Ein Benutzer ohne Rechte konnte sich bei vielen wissenschaftlichen Einrichtungen mit einer speziellen Kennung als Gast an einem VMS-System anmelden. Als Gastbenutzer versuchten die Hacker, mit dem Systemaufruf $SETUAI Schreibzugriff auf die geschützte Datei SYSUAF.DAT zu erhalten. Die VMS-Datei SYSUAF.DAT enthält die Einträge für die Zugriffskontrolle (Benutzerkennungen, -paßwörter und -privilegien). Der Systemaufruf des Gastbenutzers wurde zwar abgewiesen, aber das Dienstprogramm SETUAI verzweigte nicht zum Dialogende, sondern gab eine Fehlermeldung aus. Die Angreifer ignorierten diese Fehlermeldung einfach und konnten dann trotzdem auf die Berechtigungsdatei SYSUAF.DAT zugreifen, um alle erforderlichen Änderungen für die Vergabe der höchsten Zugriffsrechte vorzunehmen. Das System war überlistet.

Als nächstes modifizierten die Hacker das VMS-System, um es dauerhaft unerkannt nutzen zu können. Dazu wurden die Systemvariablen so geändert, daß die von ihnen verwendete Benutzerkennung mit dem VMS-Kommando SHOW USERS nicht als Benutzer aufgelistet wurde. Dies gelang den Eindringlingen durch die Änderung des Dienstprogrammes SHOW.EXE. Außerdem manipulierten sie die Aufzeichnungsvorgaben für die interne Benutzerabrechnung (sog. „System Accounting") und für das interne Alarmsystem (sog. „Security Audit"), so daß diese Funktionen nicht mehr alle Systemaktivitäten aufzeichneten. Die Hacker waren damit für andere Benutzer quasi unsichtbar.

Anschließend wollten die Hackern die geheimen Paßwörter der berechtigten Benutzer herausfinden. Die Benutzerkennwörter werden zwar vom Betriebssystem VMS in der Datei SYSUAF.DAT abgelegt, sind aber einwegverschlüsselt abgespeichert und daher nicht entschlüsselbar. Also verwendeten die Hacker eine andere Methode: Sie manipulierten das Dienstprogramm LOGINOUT.EXE, das beim Anmelden am Rechner anhand der eingegebenen Kennung und des Kennwortes die Identität und Berechtigung des Benutzers prüft. Die Änderung bewirkte, daß die Kennungen und Paßwörter direkt bei der Tastatureingabe (noch unverschlüsselt) abgefangen und in eine versteckte Datei kopiert wurden. Durch diesen Trick gelangten die Hacker an Tausende von geheimen Kennwörtern.

Damit nicht genug: Um selbst nach einer möglichen Entdeckung ihrer Systemänderungen noch privilegierten Zugang zum VMS-System zu haben, änderten die Hacker das Programm zur Kennwortüberprüfung, so daß jede Paßworteingabe vor der systemüblichen Prüfung mit einem von den Hackern eingerichteten Generalkennwort verglichen wurde. Erkannte das System den Generalschlüssel PPL$$#, so gewährte es dem Benutzer unbeschränkten Zugriff. Die Hacker hatten zu diesem Zweck erneut das Dienstprogramm LOGINOUT.EXE manipuliert. Vergleicht das Dienstprogramm normalerweise den Namen und das Paßwort des Benutzers mit den gespeicherten Angaben in der Berechtigungsdatei SYSUAF.DAT, verglich die manipulierte Version das eingegebene Paßwort zuerst mit dem versteckt gespeicherten Generalschlüssel.

Nachdem die Hacker auch diese Hintertür in das Programm LOGINOUT.EXE eingebaut hatten, fragten sie sich, wie viele Rechner sich wohl über das riesige Computernetz Space Physics Analysis Network (kurz: SPANet), das in erster Linie von der NASA-Abteilung National Space Science Data Center unterhalten wurde, erreichen ließen. Um weitere Systeme im SPANet zu infizieren, schrieben die Hacker ein Programm, das von einem infizierten Rechner aus weitere Rechner anwählen und wiederum infizieren konnte. Während der über Monate andauernden Experimente gelang es den Hackern, die automatische Verbreitung ihrer manipulierten Programme soweit voranzutreiben, daß diese schließlich auf mehr als hundert VMS-Rechnern unbemerkt im Hintergrund liefen. Die Hacker waren über die Effektivität ihrer eigenen Programme überrascht und später auch besorgt, daß sie die Übersicht über die infizierten Rechner verlieren könnten. Fatal wäre zu diesem Zeitpunkt gewesen, wenn das Generalpaßwort in falsche Hände gelangt wäre.

Aufdeckung des „NASA-Hacks“

Die NASA-Hacker wurden nicht entdeckt, sondern wandten sich aus Angst vor den Auswirkungen ihrer eigenen Taten über den Hamburger Chaos Computer Club an zwei Fernsehjournalisten, Thomas Ammann und Matthias Lehnhardt, die am 15. September 1987 im Fernsehmagazin „Panorama“ über den „NASA-Hack“ berichteten. Im dem rund 1.600 Großrechner umfassenden Computernetzwerk des zur Raumfahrtbehörde NASA gehörenden National Space Science Data Center gelang es den Hackern, rund 135 Rechner zu infizieren. Neben dem NASA-Hauptquartier waren unter anderem namhafte Institute betroffen, wie

- das Massachusetts Institute of Technology (MIT) in Boston,
- das Jet Propulsion Laboratory, ein Forschungsinstitut der NASA im östlich von Los Angeles liegenden Pasadena,
- die Deutsche Forschungs- und Versuchsanstalt für Luft- und Raumfahrt in Oberpfaffenhofen,
- das Max-Planck-Institut für Kernphysik (MPI) in Heidelberg,
- Philips France in Fontenay Sous Bois sowie
- zahlreiche Rechner im Kernforschungszentrum Centre Européen pour la Recherche Nucléaire (CERN) in Meyrin bei Genf

Am Tag nach der Panorama-Sendung lautete die Überschrift auf der ersten Seite der New York Times „German Computer Hobbyists rifle Nasa's Files". Die NASA bestätigte bereits am gleichen Tag das Eindringen der Hacker, betonte jedoch, daß keine geheimen Dokumente kopiert worden seien. Ganz zufällig sind die Hacker auf das $SETUAI-Sicherheitsloch im komplexen VMS-Betriebssystem wohl nicht gestoßen. Nachdem DEC bereits an der Zufälligkeit der verübten Computereinbrüche gezweifelt hatte, bestätigte eine Vertrauensperson der angeblich sechs Hacker im Alter von 18 bis 25 Jahren, daß zwei der sechs DV-Freaks VMS-Experten seien, die VMS-Systeme beruflich administrieren und warten.

Fahrschule für Hacker: CERN

Das riesige Forschungszentrum CERN an der schweiz-französischen Grenze, das damals über den schnellsten Computer der Welt (CRAY-2) verfügte, war bereits Mitte der achtziger Jahre ein beliebtes Angriffsziel für Hacker aus aller Welt. Im Juli 1985 wurden erstmals Hacker in zwei VAX-Rechnern des Institutes entdeckt, im November 1985, im Februar 1986 und im Juli 1986 folgten weitere Einbrüche. Die Hacker benutzten das CERN-Rechenzentrum aber auch als Ausgangsbasis für digitale Angriffe auf Rechnersysteme anderer Firmen und Einrichtungen. Schließlich erstattete CERN am 22. Oktober 1986 Anzeige bei der Staatsanwaltschaft Hamburg wegen unerlaubten Eindringens in seine Rechner. Verdächtigt wurden die Mitglieder des Chaos Computer Clubs, da in der Septemberausgabe der Clubzeitschrift „Datenschleuder" ein Memorandum des CERN-Systemmanagers Dr. Alan Silverman abgedruckt war, das Tips zur Eindämmung der Hackeraktivitäten in den CERN-Rechnern gab und offensichtlich aus dem hauseigenen Netzwerk kopiert wurde. Vier Wochen später, am 20. November 1986, rächten sich die Hacker, indem sie in die CERN-Rechner der Aleph Kollaboration – einem internationalen Projekt aus über 400 Physikern, die nach den kleinsten Teilchen forschen – einbrachen. Betroffen waren drei DEC-Rechner vom Typ

VAX-11/75 unter dem Betriebssystem VMS. Wie beim NASA-Hack schleusten die Hacker dabei auch eigene Programme in die Rechner ein, die ihre Spuren verwischten, Paßwörter stahlen und ihnen höchste Privilegien einräumten. Diese Manipulationsprogramme waren von den Hackern zuvor im CERN-internen, aus 500 VAX-Rechnern bestehenden Computernetz getestet und weiterentwickelt worden, bis sie eine Perfektionsstufe erreichten, die selbst vom Bundesamt für Verfassungsschutz als sehr gefährlich eingestuft wurde. Die Systembetreuer mußten daraufhin die betroffenen Rechner komplett neu installieren.

Neben CERN hatte auch die französische Niederlassung des holländischen Elektronikmultis Philips bereits Anzeige gegen die unbekannten Hacker erstattet. Philips France war besonders beunruhigt, da zum Zeitpunkt der Einbrüche geheime militärische Projekte auf ihren Rechnern bearbeitet worden waren. Nach Einbrüchen bei Kooperationspartnern von Philips, insbesondere dem französischen Rüstungskonzern Thompson S.A. und seiner Tochter Mostek, schalteten die betroffenen Firmen sogar das französische Verteidigungsministerium ein. Offenbar wurden von einem VAX-Computer der betroffenen Grenobler Filiale des Thomson-Konzerns Spezialprogramme zur Entwicklung von Mikrochips gestohlen. Thomson war zu diesem Zeitpunkt u.a. mit der Erforschung einer vielversprechenden Komponente für elektronische Bauteile, der Metallverbindung Gallium-Arsenid, beschäftigt. Frankreich stellte daraufhin am 30. Januar 1987 ein Rechtshilfeersuchen an die bundesdeutschen Behörden mit der Bitte um Unterstützung beim Vorgehen gegen „nicht identifizierte“ Personen beim Chaos Computer Club. Die zuständige Hamburger Justizbehörde reagierte aber aufgrund der unklaren Beweislage zurückhaltend. Erst zwei Wochen nach der Veröffentlichung des „NASA-Hacks“ in der Fernsehsendung „Panorama“ durchsuchte das Bundeskriminalamt zusammen mit der französischen Finanzbrigade am 28. September 1987 die Wohnungen der beiden Vorstandssprecher des Chaos Computer Clubs, Wau Holland und Steffen Wernéry, sowie die Redaktionsräume des Vereins. Da die Durchsuchungen für die Polizei jedoch keine Anhaltspunkte ergaben, nutzten die französischen Behörden am 14. März 1988 die Gelegenheit, Steffen Wernéry auf dem Flughafen „Charles de Gaulle“ selbst festzunehmen. Wernéry war nach Frankreich gereist, um auf einem Datensicherheitskongreß (SECURICOM) einen Vortrag über Computersicherheit zu halten. Allerdings mußten auch die Franzosen Wernéry nach nur zwei Monaten Untersuchungshaft freilassen. Das Verfahren wurde mangels Beweisen eingestellt.

Insgesamt fanden noch rund ein Dutzend weitere Hausdurchsuchungen statt. Die Nachahmertäter ließen sich davon aber nicht beeindrucken. Der deutsche Autohersteller Porsche erstattete beim BKA am 24. Februar 1988 Anzeige gegen Unbekannt: Hacker waren im Entwicklungszentrum Weissach in einen Rechner vom Typ VAX-8650 eingedrungen. Die damals halbstaatliche deutsche Fluggesellschaft Lufthansa schaltete die Ermittlungsbehörden ein, nachdem Hacker in einen VAX-Rechner der Abteilung Treibstoffeinkauf in Hamburg eingebrochen waren.

Telefunken electronic in Heilbronn erstattete ebenfalls Anfang 1988 Anzeige gegen Unbekannt, weil Hacker im Rechnernetz des Halbleiterherstellers entdeckt worden waren. Auch in Amerika wurden in den 15 Monaten zwischen Januar 1988 und April 1989 noch 67 SPANet-Einbrüche von Hackern festgestellt.

DEC nach dem „NASA-Hack"

Die damals noch prosperierende Computerfirma DEC reagierte überaus gelassen auf die Offenlegung der Sicherheitsmängel ihres „sicheren" Betriebssystems VMS. Angabegemäß hatte DEC bereits seit Mitte 1987 das (kostenpflichtige!) Sicherheits-Patch IMPAT.010 zur Verfügung gestellt, um die ausgenutzten Sicherheitslücken in den seit Mai 1986 ausgelieferten Versionen 4.4 und 4.5 des Betriebssystems VMS zu beseitigen. Als „patch" (engl. Flicken) wird ein software-technisches Korrekturverfahren bezeichnet, mit dem Programmfehler beseitigt werden. In der Regel werden dabei in den fehlerhaften Programmen Befehle eingefügt, geändert oder gelöscht.

Vor dem „NASA-Hack" wähnte der Rechnerhersteller DEC sein Betriebssystem VMS als eines der sichersten Betriebssysteme der Welt. Die amerikanische Behörde für Computersicherheit National Computer Security Center (NCSC) testete noch die Version 4.3 im Auftrag der US-Regierung. VMS erhielt dabei höchste Klassifizierungen, u.a. das Zertifikat „C2" (Controlled Access). Den Softwarefehler, der den berühmten „NASA-Hack" ermöglicht hatte, konnten die Prüfer allerdings nicht finden, da er erst in der Version 4.4 auftrat (und mit der Version 4.6 wieder beseitigt war).

Für DEC blieb diese Sicherheitslücke kein Einzelfall. Ende 1990 informierte DEC seine Kunden erneut über eine Sicherheitslücke im Betriebssystem VMS. Jeder Benutzer, der für den Befehl „ANALYZE/PROCESS-DUMP dcl" berechtigt war, konnte sich unberechtigterweise höchste Zugriffsrechte im System sichern. Außerdem konnte ein unberechtigter Benutzer über diesen Befehl die Kontrolle über andere Rechner erlangen, falls standardmäßig vorhandene Benutzerkennungen wie DECNET auf eine bestimmte Weise eingerichtet waren. Die Sicherheitslücke war in allen VMS-Versionen von 4.0 bis 5.4-0 (also auch in der zertifizierten Version!) sowie im Betriebssystem MicroVMS vorhanden.

Sicherheitsmängel traten aber nicht nur beim Betriebssystem VMS auf, sondern auch bei der Benutzeroberfläche DEC-Windows. Ein unprivilegierter Benutzer in der DEC-Windows-Version von 1990 konnte Systemprivilegien erhalten, indem er bei der Konfiguration der Oberfläche ein selbst erstelltes Programm als Window-Manager spezifizierte. Der Window-Manager konnte unter der Benutzerkennung (UIC=User Identification Code) „System" gestartet werden und hatte vollen Zugriff auf das Betriebssystem, ohne dafür berechtigt zu sein. Die Sicherheitslücke trat in der frühen VMS-Version 5.3 auf und wurde von DEC mit einem sogenannten „Mandatory Update" (VMS Version 5.3-1) behoben.

Anfang 1995 warnte DEC seine Kunden erneut vor Sicherheitsmängeln in den Betriebssystem-Produkten Ultrix (Versionen 4.3, 4.3a und 4.4), OSF/1 (Versionen 1.2, 1.3 und 2.0) sowie DECNET 4.2 für Ultrix. Die Auswirkungen der Sicherheitslücken nach Presseverlautbarungen: „Unter bestimmten Umständen kann es vorkommen, daß Zugriffsrechte ungewollt erweitert werden." Kurz danach spürte die berühmte Abteilung MI5 des britischen Geheimdienstes eine weitere Sicherheitslücke in der Netzwerkarchitektur DECNET auf. Durch einen Programmfehler konnten Hacker umfangreiche Administrationsbefugnisse erlangen. Obwohl der Fehler DEC seit September 1994 bekannt war, sagte DEC die Fehlerbehebung durch die neuste Version erst nach der Veröffentlichung der Sicherheitsschwachstelle zu.

VM/CMS-Weihnachtsgruß blockiert Computernetz

Kurz vor Weihnachten 1987 fanden die Anwender im Firmennetz der IBM in ihrer elektronischen Post (E-Mail) ein kleines, 102 Zeilen langes Programm, das auf Wunsch E-Mail-Adressen aus einem bestimmten Verzeichnis des Rechners einlas und jedem Verzeichneten einen Weihnachtsgruß schickte (Abbildung 1). Viele Mitarbeiter fanden dieses Programm offensichtlich sehr originell und folgten der Aufforderung: „Let this exec run and enjoy yourself".

Nach dem Erscheinen des Weihnachtsbaumes auf dem Bildschirm mußten die Anwender einfach die Zeichenfolge „CHRISTMAS" eingeben. Das Programm analysierte daraufhin die Adreßdateien NAMES und NETLOCK und schickte Kopien von sich selbst an alle gefundenen Adressaten. Innerhalb weniger Stunden war das weltumspannende Computernetz der IBM mit annähernd 350.000 angeschlossenen Terminals völlig überlastet, da bei den damaligen Übertragungsraten (9.600 Bit/Sekunde) das Datenvolumen Tausender von Kettenbriefen die Leitungen blockierte.

Das Prinzip des Kettenbriefes führt nämlich sehr schnell zu einem exponentiell steigenden Datenaufkommen. Senden nur zehn Leute an je zehn andere Netzteilnehmer 500 Zeichen und senden diese wiederum an zehn weitere Netzteilnehmer 500 Zeichen, so sind das in der ersten Generation 5.000, in der zweiten 50.000 und in der dritten Generation bereits 500.000 Zeichen, wobei ein Zeichen einem Byte und damit acht Bits entspricht. In der sechsten Generationen werden immerhin schon 500 Millionen Zeichen oder 4 Milliarden Bits erzeugt. Eine Leitung mit einer Übertragungsrate von 9.600 bit/s erlaubt die Übertragung von 1.200 Zeichen bzw. Bytes die Sekunde oder 72.000 Bytes die Minute oder 4,32 Millionen Bytes die Stunde. Um 500 Millionen Zeichen zu übertragen, wäre eine solche Leitung also rund 116 Stunden oder fast fünf Tage lang beschäftigt.

Erstellt wurde das kleine Programm „CHRISTMA.EXEC" von Studenten der Technischen Universität Clausthal-Zellerfeld und wird deshalb auch „Clausthaler Weihnachtsgruß" genannt. Es war in der Kommandosprache REXX des IBM-

Betriebssystems VM/CMS (Virtual Machine/Conversational Monitoring System) geschrieben und lief auf IBM-Großrechnern vom Typ /370, 3080/3090, ES8900 und ES9000. Über Gateways – also Rechner, die unterschiedliche Netzwerke miteinander verbinden – gelangte das Programm am 8. Dezember 1987 vom EARN/BITNET in das Firmennetz der IBM.

```
"SAY '              *            '
 SAY '              *            '
 SAY '             ****          '
 SAY '           ********         '
 SAY '         ************        '
 SAY '       ****************                 A'
 SAY '           ********         '
 SAY '         ************                   VERY'
 SAY '       ****************        '
 SAY '     ********************                HAPPY'
 SAY '          ***********        '
 SAY '        ***************                CHRISTMAS'
 SAY '       *******************      '
 SAY '    ***********************              AND MY'
 SAY '         ***************        '
 SAY '       *******************              BEST WISHES'
 SAY '    ***********************      '
 SAY '   ***************************           FOR THE NEXT'
 SAY '             ******          '
 SAY '             ******                       YEAR'
 SAY '             ******           '
 /*   browsing this file is no fun at all
      just type CHRISTMAS from cms */"
```

Abbildung 1: „Clausthaler Weihnachtsgruß"

RACF-Lücke im IBM-Großrechnerbetriebssystem MVS

Die International Business Machines Corporation (IBM) aus Armonk im US-Bundesstaat New York war lange Zeit das beherrschende Unternehmen auf dem Computermarkt. Durch eine Reihe strategischer Fehlentscheidungen und Überschätzung der eigenen Macht hat IBM aber mittlerweile seine dominierende Marktstellung eingebüßt, obwohl der Konzern mit einem Umsatz von über 60 Milliarden US-Dollar noch immer der größte Computerhersteller der Welt ist. Die Geschichte der IBM begann 1914, als sich der Firmengründer Thomas John Watson an der Computing Tabulating Recording Company beteiligte, die – neben Schreib- und Rechenmaschinen – auch die legendäre Lochkarten-Zählmaschine des Amerikaners Hermann Hollerith vertrieb. 1924 erhielt das Unternehmen seinen heutigen Namen. 1951 baute der Nachfolger des Firmengründers Thomas Watson Jr. den ersten eigenen IBM-Rechner, der noch mit Elektronenröhren und Magnetbändern arbeitete. Der Durchbruch gelang IBM allerdings erst 1964 mit der Ankündigung des Computersystems /360, einem leistungsfähigen Rechner mit modularem Aufbau. Die Rechnerkonzeption ermöglichte dem Kunden erstmals die Übertragung von Programmen auf andere Typen dieser Rechnerlinie. Die IBM-Vertriebsstrategie, die begehrten Rechner lediglich – und meist auch nur zusammen mit IBM-Programmen und Wartung durch IBM-Techniker – zu vermieten, stellte über Jahre die Abhängigkeit der IBM-Kunden von ihrem Lieferanten sicher. Die Rechnerserie /360 legte den Grundstein für den Erfolg der nächsten 20 Jahre, blockierte aber auch grundlegende Innovationen. Big Blue – wie IBM aufgrund seiner Vertriebsbeauftragten, die früher meist in blauen Anzügen beim Kunden auftraten, auch genannt wird – bestimmte mit seiner Geschäftspolitik die Standards auf dem Computermarkt. Allerdings brachte das Geschäftsgebaren der IBM auch viel Kritik ein, so daß sich die amerikanische Regierung 1969 veranlaßt sah, ein Anti-Trust-Verfahren gegen IBM einzuleiten. Während dieses 13 Jahre andauernden Anti-Trust-Verfahrens traten jedoch zunehmend Konkurrenten wie Amdahl, NCR, Fujitsu und Hitachi in den lukrativen Großrechnermarkt ein, so daß das Verfahren 1982 ergebnislos eingestellt wurde. Auf der anderen Seite drangen Ende der siebziger Jahre vermehrt Minicomputer und Personalcomputer von Firmen wie Digital Equipment oder Hewlett Packard in Domänen vor, die bis dahin den IBM-Großrechnern vorbehalten waren. Erst 1981 stieg Big Blue ebenfalls in das Geschäft mit den Personalcomputern ein, hatte aber bereits die Technologieführerschaft in vielen Bereichen verloren. Konkurrenzunternehmen wie Compaq stellten bald billigere und leistungsfähigere Personalcomputer vor.

Scheinbar blind gegenüber den drastischen Veränderungen auf dem Computermarkt träumte Big Blue noch 1985 davon, den Konzernumsatz von 50 Milliarden Dollar in zehn Jahren zu vervierfachen. Der Traum geriet jedoch zum Alptraum. Unter IBM-Chef John Fellow Akers erreichte der Umsatz 1990 gerade mal 69 Milliarden Dollar, ein Jahr später mußte IBM zum ersten Mal in seiner 67jährigen Geschichte einen Milliardenverlust bekanntgeben. Auf dem Höhepunkt der Krise wurde am 1. April 1993 ein Computerneuling, Louis V. Gerstner, der ehemalige Manager des Nahrungsmittelkonzerns RJR Nabisco, Chief Executive Officer (CEO) des weltgrößten Computerkonzerns. Seine Aufgabe ist die zügige Sanierung des schwerfällig gewordenen Unternehmens. Gerstner greift hart durch: Erstmals in der Geschichte der IBM werden betriebsbedingte Kündigungen ausgesprochen; die von Akers eingeleitete Zerschlagung des Konzerns wird rückgängig gemacht und eine teure Umstrukturierung eingeleitet. 1993 erreichten die Verluste eine Rekordhöhe von 8,1 Milliarden US-Dollar, über zehn Prozent des Umsatzes. Obwohl 1994 wieder Gewinne gemacht wurden, sehen Branchenanalysten die Zukunft der IBM skeptisch. Das IBM-Betriebssystem OS/2 kann sich gegen die Microsoft-Konkurrenz ebensowenig behaupten wie der

Power-PC gegenüber der Intel-Vorherrschaft. Immer noch erwirtschaftet IBM über die Hälfte seines Umsatzes im schrumpfenden Großrechnermarkt. Um den Durchbruch auf dem PC-Markt doch noch zu schaffen, kaufte IBM für 3,5 Milliarden Dollar im Juni 1995 das amerikanische Softwarehaus Lotus Development Corp. aus Cambridge/Massachusetts.

Die Ursprünge des Betriebssystems MVS gehen auf die aus IBM-Sicht erfolgreichen sechziger Jahre zurück. Der Name MVS (MVS steht für Multiple Virtual Storage) betont die Konzeption der damals revolutionären Speicherverwaltung, die jedem Auftrag an das Computersystem (Job) einen eigenen Adreßraum zur Verfügung stellt und dadurch ein besonders effizientes Arbeiten ermöglicht. Durch den Einsatz eines sogenannten „virtuellen“ Speicherkonzeptes erscheint der Hauptspeicher wesentlich größer, als er in Wirklichkeit ist, so daß zur gleichen Zeit mehr Daten und größere Programme genutzt werden sowie mehr Anwender im System arbeiten können.

Unter Sicherheitsaspekten ist MVS aber alles andere als revolutionär. IBM garantiert die Systemintegrität von MVS nur in dem Sinne, daß ein nicht autorisiertes Programm die grundlegenden MVS-Systemmechanismen nicht überwinden kann. Daher verfügt MVS nur über rudimentäre Sicherheitseinrichtungen und verlangt beispielsweise vom Benutzer die Eingabe eines Paßwortes, jedoch werden selbst einfachste Standardsicherheitsfunktionen erst von Zugriffsschutzsystemen wie RACF ergänzt. So ermöglicht erst RACF, daß

- der Systembetreuer vom Benutzer die Änderung seines Paßwortes nach einer definierten Zeitspanne verlangen kann,
- Mindestanforderungen bezüglich der Syntax der Paßwörter (Ausschluß trivialer Paßwörter, Mindestpaßwortlänge) definiert werden können,
- Datum und Uhrzeit des letzten Zugriffes dem Benutzer angezeigt werden können, so daß dieser mögliche Sicherheitsverletzungen selbst erkennen kann oder
- der Benutzer- und Terminalzugriff auf bestimmte Tageszeiten und Wochentage beschränkt werden kann.

Die größte Sicherheitsschwäche des Betriebssystems MVS liegt aber im konzeptionellen Bereich. Ohne ein Zusatzprogramm wie RACF kann ein einmal zum System zugelassener Anwender grundsätzlich auf alle Ressourcen zugreifen, es sei den, er wurde ausdrücklich nicht zugelassen (passiver Datenschutz). Standard ist heutzutage aber die umgekehrte Konzeption, die auch als „aktiver Datenschutz“ bezeichnet wird. Aktiver Datenschutz heißt, daß ein Anwender trotz Zugangsberechtigung zu einem DV-System erst einmal nichts darf und für den Zugriff auf Anwendungen oder Daten explizit autorisiert werden muß. Aus diesen Gründen kommt selbst der nur an mittlerer Sicherheit interessierte Kunde um den Kauf eines aufgesetzten Sicherungssystems wie RACF (Resource Access Control Facility) von IBM oder ähnlicher Produkte anderer Hersteller wie Top Secret oder ACF2 von Computer Associates (CA) nicht herum.

RACF dient dem aktiven Datenschutz in Hinblick auf die Kontrolle des Zugangs zum System und den Schutz der Ressourcen (Daten, Terminals, Programme, etc.). In einer Steuerdatei werden die unter RACF-Schutz gestellten Ressourcen und Benutzer sowie Art und Umfang ihrer Zugriffsberechtigungen beschrieben. Die wichtigste Aufgabe von RACF ist, zu kontrollieren, wer in welcher Form mit welchem Datenbestand arbeiten darf. RACF prüft dazu die Benutzerkennung, das verschlüsselt geführte Paßwort und ob die entsprechende Berechtigung auf die angeforderten Ressourcen vorliegt. Unautorisierte Zugriffe auf Betriebsmittel werden zurückgewiesen und können protokolliert werden.

Die Komplexität des RACF-Zugriffsschutzes im Detail

Um die Notwendigkeit eines zusätzlichen MVS-Sicherheitsproduktes nochmals zu verdeutlichen, ist ein kleiner Ausflug in die Niederungen der Betriebssystemebene notwendig: Die zentrale MVS-Einrichtung für die permanente Datenhaltung sind sogenannte „Datasets". Datasets entsprechen ungefähr den bekannten Verzeichnissen und Dateien aus anderen Betriebssystemen. MVS realisiert den Zugriffsschutz nur auf Dataset-Ebene über den Parameter LABEL. Der LABEL-Parameter ist Bestandteil der für jeden Dateizugriff erforderlichen DD-Anweisung eines Jobs. Über die Unterparameter PASSWORD bzw. NOPWREAD kann jedem Dataset ein Lese- und/oder Schreibpaßwort zugewiesen werden. Diese Paßwörter werden in einem Katalog abgelegt. Ein Zugriffsschutz unterhalb der Dataset-Ebene oder für Gruppen von Datasets wird nicht unterstützt, so daß sich dieser elementare Zugriffsschutz als völlig ungeeignet in typischen MVS-Umgebungen mit mehreren hundert Benutzern erweist. Einige offensichtliche Nachteile des Verfahrens sind:

- ❑ Paßwörter müssen für jeden Dataset von mehreren Benutzern geteilt werden,
- ❑ Paßwörter müssen beim Dateizugriff über einen Job mittels der Kommandosprache JCL (Job Control Language) fest codiert werden, wo sie leicht von unautorisierten Personen gelesen werden können und
- ❑ Paßwortabfragen können durch Hilfsprogramme, wie beispielsweise das Utility ZAP, deaktiviert werden.

Ein solches Zugriffsschutzsystem ist in einer größeren MVS-Umgebung völlig unzureichend. Daher muß der Kunde zusätzliche Programmpakete wie RACF kaufen, um eine automatisierte, umfassende Sicherheitsprüfung sicherzustellen. Die wichtigsten Prüfungen, die RACF vornimmt um festzustellen, ob ein Benutzer berechtigt ist, auf eine Ressource zuzugreifen, sind im folgenden kurz dargestellt. Deutlich wird dabei die Komplexität des RACF-Zugriffsschutzes.

- Die erste Prüfung nennt sich Global Access Checking (GAC). RACF greift auf eine Tabelle aus einfachen Regeln zu, die im Speicher liegt. Über GAC kann RACF schnell feststellen, ob ein genereller Zugriff auf eine Ressource erlaubt ist. Dies ist der Fall, wenn sie als „global" referenziert ist. GAC kann nur den Zugriff gewähren, nicht ablehnen.
- Als nächstes prüft RACF die optionalen Sicherheitslabels, die Benutzern und Ressourcen zugewiesen werden können. Die Labels werden in einem „Profil" festgehalten. Profile beschreiben Ressourcen, die von RACF geschützt werden. Es existieren zwei Arten von Profilen. Ein „discrete" Profil schützt eine einzelne Ressource; ein „generic" Profil kann Gruppen von Ressourcen über sogenannte „High-Level-Qualifier" schützen. Dies besteht aus einem Sicherheitslevel und einer oder mehreren Sicherheitskategorien. Ein Sicherheitslevel stellt eine bei der Installation definierte Hierarchie dar, wie PUBLIC, HALBPUBLIC, GEHEIM. Jeder Level wird mit einer Nummer assoziiert. RACF nimmt nun ein sogenanntes „Security Level Checking" vor: Falls der Resource Level größer als der Level des Benutzers (User Level) ist, wird der Zugriff verneint. Wird der Zugriff nicht verneint, führt RACF ein sogenanntes „Security Category Checking" durch. Eine Kategorie ist beispielsweise der Name einer Abteilung oder eines Bereiches, dem die Ressource gehört. Findet RACF im Ressourcenprofil eine Kategorie, die nicht im Benutzerprofil enthalten ist, so wird der Zugriff verneint.
- RACF prüft danach, ob die Benutzerkennung dem ersten Teil des Namens des Datasets, dem „High-Level-Qualifier", entspricht. Ist dies der Fall, wird Zugriff gewährt, da RACF annimmt, daß die Ressource dem Benutzer gehört.
- Als nächstes wird in der Standard Access List im Ressourcenprofil überprüft, ob sie die Benutzerkennung enthält und welche Zugriffsarten dieser Benutzerkennung zugestanden werden (READ, ALTER, etc.).
- RACF prüft dann, ob der Benutzer Mitglied einer RACF-Benutzergruppe ist, die in der Access List der Ressource aufgeführt ist.
- RACF prüft anschließend den Universal Access Code (UAC) in der Access List der Ressource. Dieser gilt für alle Benutzer, die nicht explizit in der Liste aufgeführt wurden.
- RACF prüft dann noch, ob der Benutzer über das Privileg „OPERATIONS" verfügt. Dieses Privileg erlaubt dem Benutzer den Zugriff auf die Ressource, obwohl er nicht in der Access List steht. Allerdings wird ein Eintrag in der Access List höher bewertet, selbst wenn dieser niedrigere Zugriffsrechte beinhaltet.
- Zu guter Letzt prüft RACF eine zweite Access List, die Conditional Access List. Diese enthält Benutzer oder Benutzergruppen und die Bedingungen, unter denen diese Benutzer(gruppen) auf die Ressource zugreifen können.
- Wenn der Zugriff bis zu diesem Zeitpunkt nicht explizit erlaubt oder abgelehnt wurde, wird er spätestens jetzt verneint.

Einige Programme, die unter dem Betriebssystem MVS laufen, verfügen häufig zusätzlich über ein eigenes Sicherheitssystem, so daß der Einsatz von RACF unter bestimmten Voraussetzungen vielleicht entbehrlich erscheinen mag. Der Vorteil von RACF liegt jedoch in der einheitlichen Schnittstelle, den zusätzlichen Funktionen (wie die Revisionsfähigkeit der Zugriffe) und der Bereitstellung eines „single point of control" für die Sicherheitsadministration.

Nachdem ein akzeptables Sicherheitsniveau des Großrechnerbetriebssystems MVS der Weltfirma IBM erst durch ein zusätzliches Zugriffsschutzprogramm wie RACF gewährleistet wird, sollte der Anwender wenigstens erwarten können, daß beim Einsatz des Sicherheitssystems RACF ein als geschützt gekennzeichnetes Magnetband aus der Programmbibliothek nicht in falsche Hände gelangen kann. Dies war allerdings jahrelang nicht der Fall. Obgleich zugegeben werden muß, daß die meisten Dienstprogramme im Großrechnerbereich unter Sicherheitsaspekten als potentielle Schwachstellen gelten, so war dies von der Einleseroutine des Zugriffsschutzprogrammes RACF nicht zu erwarten.

RACF erkennt geschützte Magnetbänder an einer Bit-Markierung, die als Sperre wirkt, falls der Benutzer nicht zum Zugriff berechtigt ist. Die IBM-Entwickler bedachten jedoch nicht, daß die Einleseroutine über die Option BLP (Bypass Label Processing) verfügt, die dazu dient, Daten in betriebssystemfremden Formaten zu lesen. Genau mit dieser Option konnten lange Zeit aber auch geschützte Bänder kopiert und dabei das Sperr-Bit entfernt werden. Als bekannt wurde, daß RACF durch einfaches Kopieren umgangen werden konnte, integrierte IBM den BLP-Service in den Ablauf der einzelnen Anwendungsprogramme, so daß der Anwender das Programm nicht mehr selbständig anfordern und zum Kopieren verwenden konnte.

Der aufwendige RACF-Schutz kann aber auch durch eine fehlerhafte Installation schnell unterlaufen werden. Im Rahmen der Vorbereitungen für die Landung des Weltraumgleiters Discovery bei der amerikanischen Firma Rockwell International wurde RACF am 22. August 1988 sogar versehentlich komplett ausgeschaltet. Die gesamte Software war damit für alle Benutzer des Systems manipulierbar. In einer solchen Situation ist insbesondere die Gefahr von versehentlichen Änderungen sehr hoch, da die Programmierer gewohnt sind, auf den Quellcode bei eingeschaltetem RACF-Schutz nur lesend zugreifen zu können.

UNIX: Offenheit versus Sicherheit

1969 begann Ken Thompson bei Bell Laboratories von American Telephone & Telegraph (AT&T) mit der Entwicklung eines neuen Betriebssystems, das – im Gegensatz zu den damals noch vorherrschenden Batch-Systemen – mehreren

Benutzern gleichzeitig eine Dialogverarbeitung ermöglichen sollte. Weitere Entwicklungsziele waren eine hohe Funktionalität, strukturelle Einfachheit und leichte Bedienbarkeit. Das erste Betriebssystem mit dem Namen UNIX lief auf einem Kleinrechner vom Typ PDP-7 der Firma DEC. Diese erste Version war noch in der maschinennahen Programmiersprache (Assembler) dieses Rechnertyps geschrieben. Thompson erkannte aber bald die nachteilige Maschinenabhängigkeit seines Betriebssystems und entwarf daher die Sprache „B", aus der dann Dennis Ritchie die Programmiersprache „C" entwickelte. 1971 wurde UNIX in C umgeschrieben. Die Kompaktheit des Betriebssystems und eine offene Lizenzpolitik ermunterte viele Anwender zu eigenen Weiterentwicklungen des Systems, so daß UNIX recht schnell einen hohen Reifegrad erreichte. Mit steigendem Bekanntheitsgrad erschienen Ende der siebziger und Anfang der achtziger Jahre zahlreiche UNIX-Varianten (sog. „Derivate") von verschiedenen Herstellern auf dem Markt. Die meisten Systeme basierten aber auf der seit 1979 verfügbaren UNIX-Version 7 von AT&T. Konkurrenzprodukte zur Version 7 waren in erster Linie Xenix von der Firma Microsoft und BSD-UNIX von der kalifornischen Universität Berkeley. Seit März 1983 bot AT&T mit dem Nachfolger UNIX System V eine optimierte Version an und setzte damit einen Quasi-Standard auf dem UNIX-Markt. System V bot – neben neuer Netzwerksoftware und Programmen zur Unterstützung graphischer Darstellungen – ein Softwarepaket namens „Programmers Workbench", das spezielle Werkzeuge für die Entwicklung und Verwaltung größerer Softwarepakete zur Verfügung stellt. Heute bildet System V, erweitert um Optionen aus dem BSD-UNIX, die Basis der meisten kommerziell verfügbaren UNIX-Systeme.

Das Betriebssystem UNIX ist schalenförmig aufgebaut und zu 95 Prozent in der Programmiersprache C geschrieben. Nach der Hardware als innerstem Kern, bildet die zweite Schicht der eigentliche Betriebssystemkern (Nukleus oder Kernel), der bestimmte Basisfunktionen zur Prozeß-, Speicher- und Dateiverwaltung zur Verfügung stellt. Der Benutzer kommuniziert erst mit der nächsten Schicht, dem Kommandoprozessor (Shell). Die Shell interpretiert Benutzeranweisungen, setzt diese in Betriebssystemaufrufe um, überprüft die Systemrückmeldungen und leitet Fehlermeldungen an den Benutzer weiter.

Aufgrund des schalenförmigen Aufbaus und der Verwendung einer hardwareunabhängigen Programmiersprache müssen beim Einsatz des Betriebssystems auf anderen Rechnern daher nur noch wenige Anpassungen in Assembler vorgenommen werden. Durch die gute Übertragbarkeit auf andere Rechnersysteme (Portabilität) und der Herstellerunabhängigkeit hätte UNIX das Rüstzeug als Standardbetriebssystem für nahezu alle Rechnerarchitekturen. Allerdings bemühen sich die Hersteller durch die Entwicklung eigener Benutzeroberflächen, Änderungen der Befehlsstruktur und anderer Erweiterungen, die weitgehend inkompatibel zueinander sind, diese Unabhängigkeit wieder zunichte zu machen. Trotz aller Lippenbekenntnisse, wie den Standardisierungsbemühungen der Herstellervereinigung Open System Foundation (OSF), ist gerade die Situation auf dem UNIX-Markt beispielhaft für die unsinnigen Machtkämpfe um Produkt- und

Marktmacht zu Lasten der Anwender. Von Herstellern wie Hewlett-Packard, IBM, Santa Cruz Operations (SCO), Siemens Nixdorf, Silicon Graphics oder Sun Microsystems werden untereinander nicht kompatible UNIX-Varianten angeboten, so daß Programme, die für das UNIX-Derivat eines Herstellers geschrieben wurden, nicht ohne umfangreiche Anpassungen unter den Derivaten anderer Hersteller ablauffähig sind.

Das traditionelle UNIX ist in erster Linie für den wissenschaftlichen Bereich entwickelt worden. Entsprechend den Anforderungen dieser Benutzergruppe standen Flexibilität und der einfache Austausch von Daten im Vordergrund. Ohne sicherheitsbezogene Erweiterungen erreicht ein klassisches UNIX-System daher auch nur die unterste Sicherheitsstufe D nach den Sicherheitskriterien des amerikanischen National Computer Security Centers. Da UNIX jedoch prinzipiell über ein benutzerdefinierbares Zugriffsschutzsystem verfügt, erreichen die meisten UNIX-Derivate das C1-Zertifikat, wenn die Paßwortdatei besser geschützt und die Dokumentation verbessert wird. Unterstützt das Derivat auch noch die Protokollierung aller sicherheitsrelevanten Vorgänge, so kann sogar das C2-Zertifikat verliehen werden. Um in noch höhere Sicherheitsklassen zu gelangen, wären allerdings grundlegende Systemänderungen notwendig.

Wie kaum ein anderes Betriebssystem birgt UNIX bzw. die meisten Derivate eine Vielzahl von potentiellen Datenschutz- und Datensicherheitsrisiken. Gleichzeitig sollen in den folgenden Abschnitten auch die grundlegenden Sicherheitsmechanismen von UNIX erläutert werden:

Alleskönner root

Unter UNIX gibt es grundsätzlich einen Super-User (in der Regel der Systemverwalter) mit dem Benutzernamen *root* und der Benutzernummer 0, der im privilegierten Modus arbeitet. Der Super-User kann die meisten Schutzmechanismen des Betriebssystems umgehen. Er kann alle Dateien und Kataloge lesen, ändern oder löschen, die Paßwortdatei */etc/passwd* editieren, neue Benutzer anlegen und sich als Besitzer von Programmen eintragen, die dann mit Super-User-Rechten ablaufen können. Darüber hinaus kann er die Identität jedes Benutzers annehmen und somit, ohne dessen Paßwort zu kennen, unter fremdem Namen arbeiten. Die Existenz dieses Benutzers stellt daher eine Achillesferse des Betriebssystems UNIX dar, weil jeder Unbefugte, der den Status dieses Super-Users erreicht, unbeschränkte Macht über das System hat. Nur die Dechiffrierung der (einwegverschlüsselten) Paßwörter ist auch dem Super-User verwehrt.

Das „s-Bit“

Der Erzeuger einer Datei oder eines Dateiverzeichnisses ist zunächst auch ihr Eigentümer. Der Eigentümer kann die Zugriffsrechte auf seine Dateien und Kataloge festlegen und ändern. Dabei kann er Lese- (r = read), Schreib- (w = write) und Ausführungsrechte (x = execute) für die drei Benutzerklassen Besitzer (u = login user), Benutzer der gleichen Gruppe (g = group) und alle anderen Benutzer (o = other users) vergeben. Somit kann der Zugriff auf Dateien und Verzeichnisse ausreichend kontrolliert und geschützt werden.

Eine UNIX-Besonderheit ist das sogenannte „s-Bit", das anstelle des Symbols x für das Ausführungsrecht gesetzt werden kann. Mit diesem s-Bit oder der „set user ID"-Option („setuid") bietet UNIX die Möglichkeit, einem „Prozeß", der beim Ausführen von Programmen erzeugt wird, temporär die Zugriffsrechte des Besitzers dieser Programmdatei zu geben. Damit besitzt dieser Prozeß die Zugriffsrechte des Eigentümers der Programmdatei anstatt die Rechte des aufrufenden Benutzers. Durch entsprechende s-Bit-Programme kann somit der kontrollierte Zugriff der Benutzer auf zentrale Dateien gesteuert werden. Ein Beispiel für die gewollte Anwendung des *setuid*-Attributs ist das Dienstprogramm *passwd*, mit dem Benutzer auf die schreibgeschützte Paßwortdatei */etc/passwd* temporär Schreibzugriff erhalten, um ihr eigenes Paßwort zu ändern. Diese an sich nützliche Funktion kann aber unter bestimmten Umständen dazu mißbraucht werden, um Manipulationen an Dateien vorzunehmen, die dem Programmbesitzer gehören und für die der aufrufende Benutzer eigentlich keine Zugriffsrechte besitzt.

Das potentielle Risiko liegt in erster Linie bei *setuid*-Programmen, die dem Super-User gehören, da der Prozeß bei der Ausführung eines solchen Programmes den vollen Systemzugriff besitzt. Die Komplexität der Anwendung des s-Bits und damit das potentielle Sicherheitsrisiko wird dadurch erhöht, daß die Benutzernummern in der Prozeßhierachie auch an die Sohnprozesse weitervererbt werden. Ein Beispiel für eine solche Vererbung wäre das *mail*-Kommando, mit dem beispielsweise wiederum ein Kommandoprozessor (Shell) und damit ein Sohnprozeß gestartet werden kann. Wenn solche *setuid*-Programme unreflektiert eingesetzt werden oder Fehler enthalten, können Unbefugte vollen Zugriff auf das System erhalten.

Öffentliche Paßwortdateien

Ein UNIX-System erhält in der Regel mindestens zwei Paßwortdateien, die jedem Benutzer zugänglich sind: Die */etc/passwd*, in der alle dem System bekannten Benutzer eingetragen sind, sowie die Gruppenpaßwortdatei */etc/group*, in der die Gruppenkennsätze verwaltet werden. In UNIX-Systemen mit erhöhtem Sicherheitsanspruch existieren darüber hinaus häufig weitere Paßwortdateien, auf die nicht mehr jeder Benutzer zugreifen kann. So werden die verschlüsselten Paßwörter mittlerweile häufig in der versteckten Datei *etc/shadow* abgelegt.

In der */etc/passwd* existiert für jeden Benutzer ein Eintrag (Zeile) in der folgenden Form:

BENUTZERNAME:PAßWORT:UID:GID:INFO:KATALOG:LOGIN_PRO GRAMM

Die einzelnen Elemente der */etc/passwd* sind größtenteils selbsterklärend: Der Benutzername steht für eine maximal acht Zeichen lange Benutzerkennung, mit dem sich der Benutzer beim System anmeldet. Der Paßworteintrag ist anfangs leer, da das Paßwort vom Benutzer erst mit Hilfe des *passwd*-Kommandos festgelegt wird. Das gewählte Benutzerkennwort wird dann mit einer modifizierten Version des Verschlüsselungsalgorithmus DES einwegchiffriert in die Datei eingetragen. Diese Verschlüsselung kann nicht mehr rückgängig gemacht werden. Unter der Benutzernummer, auch UID (User IDentification) genannt, wird ein Benutzer im System geführt. Diese Benutzernummer wird auch in die Dateien des Benutzers als Eigentümerkennung eingetragen.

Mit Hilfe der Gruppennummer, auch GID (Group IDentification) genannt, können mehrere Benutzer zu einer Gruppe zusammengefaßt werden. Die Gruppennummer muß ebenfalls in der Datei */etc/group* angelegt sein. Im Informationsfeld stehen allgemeine Angaben zum Benutzer, meist der Name und die Telefonnummer. Auf dieses Feld greift das UNIX-Kommando *finger* zu, von dem später noch die Rede sein wird. Das Katalogfeld gibt den Hauptkatalog (login directory) des Benutzers nach dem Anmelden an und das Login-Programmfeld spezifiziert das Programm, das nach erfolgreichem Anmelden automatisch gestartet wird. Fehlt diese Angabe, so wird standardmäßig die UNIX-Shell */bin/sh* gestartet.

Die Gruppenpaßwortdatei */etc/group* enthält pro Gruppe die selbsterklärenden Angaben:

GRUPPEN_NAME:GRUPPEN_PAßWORT:GID:GRUPPEN_BENUTZER

Unter der Voraussetzung, daß beide Paßwortdateien von allen Benutzern gelesen werden können, ergeben sich im wesentlichen zwei Angriffspunkte.

1. Die Ablage des codierten Paßwortes in jedem zugänglichen Paßwortdateien stellt eine gravierende Schwachstelle dar. Es gilt zwar als unmöglich, das Paßwort zu entschlüsseln, da der Verschlüsselungsalgorithmus jedoch bekannt ist, kann ein Unbefugter mit Hilfe von beliebten Paßwörtern, die er ebenfalls verschlüsselt hat, versuchen eine Übereinstimmung zu finden. Diese Methode wird auch „Wörterbuchattacke“ oder englisch „preencryptive dictionary attack“ genannt.
2. Eine weitere Gefahr stellt ein fehlender Eintrag im Paßwortfeld dar, wie dies bei einem Neueintrag der Fall sein kann. Erst nach dem erstmaligen Anmelden des Benutzers erfragt UNIX ein Paßwort und belegt das Feld mit dem Kennwort in seiner verschlüsselten Form. Wenn die Paßwortdateien öffentlich sind, kann ein solcher fehlender Eintrag von jedem Benutzer bemerkt und mißbraucht werden. Daher sollten bei der Einrichtung neuer Benutzer immer Anfangspaßwörter vergeben werden.

Vernetzte UNIX-Systeme

Die Komplexität und Vielfältigkeit der Zugangsmöglichkeiten bei vernetzten UNIX-Systemen stellt ein weiteres Sicherheitsrisiko dar. So können mit dem Programm *sendmail* Nachrichten an fremde Rechner geschickt werden, mit *ftp* kann sich der Benutzer mit eingeschränkten Rechten an anderen Systemen anmelden (bei der Variante *anonymous ftp* ist nicht einmal ein Paßwort notwendig) und mit *telnet* oder *rlogin* kann eine vollwertige Anmeldung an einem anderen Rechner durchgeführt werden. Durch eine fehlerhafte System- oder Programmkonfiguration sowie Programmierfehler können solche Programme zu einem beträchtlichen Sicherheitsrisiko werden, da unberechtigte Nutzer sich durch Ausnutzen dieser Schwachstellen umfangreiche Zugriffsrechte verschaffen können. Beim Kommando *telnet* und *ftp* werden darüber hinaus die eingegebenen Benutzerdaten unverschlüsselt übertragen, so daß ein potentielles Abhörrisiko besteht.

Verdeckte Leistungskontrolle

UNIX bietet verschiedene Funktionen zur Verhaltens- und Leistungskontrolle. Vorhandene Protokollierungseinrichtungen, die offiziell zur Verteilung der verursachten IT-Kosten (z.B. *usr/lib/acct*) dienen, erlauben beispielsweise auch Rückschlüsse auf die Arbeitsleistung der Mitarbeiter. Datenschützer sehen außerdem in den UNIX-Befehlen *who, finger* und *ruser* die Gefahr, unbemerkt Leistungsprofile von Benutzern zu erzeugen. Bereits mit einem einfachen Programm, das in bestimmten Zeitabständen die Informationen, die der Befehl *who* liefert, auswertet, läßt sich zum Beispiel ein detailliertes Profil über die Anwesenheitszeiten aller Benutzer erstellen. Der Befehl *who* wird auch von Hackern gern genutzt, um festzustellen, ob der Systemadministrator im System arbeitet bzw. um seine Abwesenheit für unberechtigte Handlungen auszunutzen.

Trap Doors

Trap Doors oder Hintertüren sind nicht dokumentierte Programmfunktionen, die es einem eingeweihten Programmierer ermöglichen, jederzeit wieder Kontrolle über das System zu erlangen. Die Entwickler von UNIX selbst demonstrierten die Verletzlichkeit ihres Betriebssystems durch eine mittlerweile klassische Hintertür. Um in das Dienstprogramm *login* eine Hintertür einzubauen, änderten sie nicht das Primärprogramm selbst, sondern den ausführbaren Objektcode des C-Compilers. Ein Compiler ist ein Übersetzungsprogramm, um ein in einer bestimmten Programmiersprache geschriebenes Primärprogramm (Quellcode) in ein maschinenlesbares Objektprogramm umzuwandeln. Das Objektprogramm kann nach der Übersetzung (Compilierung), unabhängig vom Quellcode, beliebig oft ausgeführt werden. Durch diese Manipulation des C-Compilers wurde bei der nächsten Compilierung des Programmes *login* ebenfalls eine Hintertür in den Objektcode von *login* eingebaut. Der Clou: Die Veränderung ist nicht nachvollziehbar, da der Quellcode des Programmes *login* nicht verändert wurde. Noch leichter soll das *login*-Programm für die Rechner vom Typ 386i der amerikanischen Computerfirma Sun Microsystems Inc. zu umgehen gewesen sein. Sun hatte aus Bequemlichkeit eine Möglichkeit eingebaut, auf jeder 386i *root*-Rechte durch die Eingabe eines bestimmten Wertes zu erhalten.

MS-DOS: Gipfel der Unsicherheit

„MS-DOS ist kein Betriebssystem."
(Virenjäger Alan Solomon)

Die Entstehungsgeschichte von MS-DOS reicht in die siebziger Jahre zurück: 1973 entwickelte die Computerfirma Digital Research das Betriebssystem CP/M (Control Program for Mikrocomputers) für die ersten Mikrocomputer mit 8-Bit-Struktur. Dieses erste Betriebssystem für Mikrocomputer konnte acht kleinste digitale Informationseinheiten (Bits) parallel in einem Arbeitszyklus des Prozessors verarbeiten. CP/M erreichte schnell eine starke Stellung im Markt. 1978 wurde ein Nachfolgesystem für 16-bit-Mikrocomputer, CP/M-86, angekündigt. Nach einer berühmten Computersaga soll die Firma Digital Research 1980 bei der Auswahl eines Betriebssystems für den ersten IBM-Personalcomputer auch die erste Wahl gewesen sein, allerdings war dem Digital-Lenker Gary Kildall sein geplanter Jahresurlaub wichtiger als die Verhandlungen mit IBM, so daß der damals 25jährige Bill Gates mit seiner 1975 gegründeten Firma Microsoft den lukrativen Auftrag erhielt. Gates hatte für 50.000 Dollar die Rechte an einem Konkurrenzprodukt gekauft, das von der amerikanischen Firma Seattle Computer Products im Jahre 1979 als erste Vorläuferversion des Betriebssystems DOS entwickelt worden war. Dieses Betriebssystem war speziell auf die 8086 Prozessoren der Firma Intel abgestimmt und hieß QDOS (Quick and Dirty Operating System). Heute ist es weltweit unter dem Namen MS-DOS bekannt und hat Bill Gates zum reichsten Mann der Welt gemacht. Durch die Marktmacht und verfehlte Lizenzpolitik der Firma IBM wurde MS-DOS zum marktbeherrschenden Betriebssystem für Arbeitsplatzcomputer unterhalb der Workstationklasse. Es wurde zum Industriestandard der IBM-kompatiblen Personalcomputer. Mit dem später grafischen Betriebssystemaufsatz Windows, dessen Basis immer noch DOS ist, sowie dem neuen Betriebssystem Windows 95, das auch noch DOS-Wurzeln besitzt, verstärkte Microsoft seine führende Position im Markt für PC-Betriebssysteme.

Mit dem Aufkommen leistungsstarker und – auf den ersten Blick – günstiger Personalcomputer ersetzten auch Unternehmen zunehmend traditionelle Terminals durch flexibel einsetzbare und benutzerfreundliche Arbeitsplatzcomputer. Unter dem Schlagwort „Individuelle Datenverarbeitung" sollte jedem Mitarbeiter am Arbeitsplatz eigene Rechnerintelligenz zur Verfügung stehen. Die neue digitale Freiheit ist für viele Unternehmen aber eine kostspielige Angelegenheit. Nach einer Studie des amerikanischen Beratungsunternehmens Gartner Group aus

Stanford im Bundesstaat Connecticut machen die Anschaffungskosten bei Personalcomputern nur noch 10 bis 14 Prozent der Gesamtkosten aus. Die Gesamtkosten für einen PC-Einsatz unter dem Betriebssystem DOS werden nach einer Modellrechnung mit 41.536 Dollar innerhalb von fünf Jahren angegeben. 55 Prozent der Kosten entfallen dabei auf Tätigkeiten des PC-Benutzers, die nicht mit seiner direkten Aufgabenerfüllung im Zusammenhang stehen: Schulungskosten, informelles Lernen, zeitaufwendiges Ausprobieren und das Hinzuziehen von Kollegen. Dazu kommt, daß die Sicherheitsstandards der konventionellen, zentralen Systeme von den modernen, dezentralen Rechnern oftmals nicht erreicht werden. Dabei ist das Betriebssystem MS-DOS (Disk Operating System) der Softwarefirma Microsoft eine der wesentlichen Schwachstellen der meisten Arbeitsplatzcomputer.

Obwohl MS-DOS mittlerweile als technologisch veraltet gilt, arbeiten die meisten Personalcomputer noch mit diesem Betriebssystem. MS-DOS nutzt weder die Eigenschaften moderner Mikroprozessoren, wie zum Beispiel die 32-Bit-Adressierung, noch kann es mit seinem auf 640 KByte begrenzten Adreßraum den enormen Speicherbedarf moderner Anwendungen decken. Die veraltete Speicherorganisation von MS-DOS führt letztlich dazu, daß Millionen von Anwendern auch heute noch etliche Stunden damit vergeuden, ihre Systemdateien AUTOEXEC.BAT und CONFIG.SYS im Trial-and-Error-Verfahren zu optimieren. Am Ende läuft das System häufig instabiler als vorher, gewonnen wurden wenige KByte mehr Speicherplatz.

Dazu kommt, daß die heutigen Personalcomputer im wesentlichen immer noch nach der „von-Neumann-Architektur“ aufgebaut sind. Auf den legendären Ungarn, John von Neumann, geht die Standardkonfiguration der meisten Digitalrechner zurück: die Architektur aus Rechenwerk, Speicher, Ein- und Ausgabeeinheiten sowie ihre grundlegende Modellierung durch Speicherprogrammierung und serielle Befehlsabarbeitung. Der 1903 geborene John von Neumann hatte in seiner Konzeption der Rechnerarchitektur allerdings jegliche Elemente vergessen, mit denen das fehlerhafte Verhalten eines Programmes erkannt werden kann. Unter dem Betriebssystem MS-DOS/Windows, aber auch unter Windows 95 kann eine fehlerhafte Anwendung das gesamte System zum Absturz bringen. Die Entwickler von Großrechnerbetriebssystemen haben dagegen durch verschiedene Maßnahmen erreicht, daß sich ein anormales Verhalten eines Programmes nicht negativ auf andere Anwendungen oder gar den Gesamtbetrieb auswirken kann.

Zusätzlich wurden – mit einiger Verspätung – aufwendige Verfahren zur Zugangskontrolle und Beweissicherung eingebaut, die ebenfalls weder DOS/Windows noch Windows 95 bieten. Auch die uneingeschränkte Interpretierbarkeit von Daten bei Rechnern mit der von-Neumann-Architektur, also die Tatsache, daß Programme als Daten und umgekehrt aufgefaßt werden können, erwies sich als eine erhebliche Konzeptionsschwäche. Die uneingeschränkte Interpretierbarkeit von Daten erleichtert beispielsweise den PC-Viren die unauffällige Verbreitung und erschwert die effektive Bekämpfung der Computerviren.

MS-DOS verfügt darüber hinaus nicht einmal über die elementarsten Sicherheitsvorkehrungen. Nutzeridentifikation, Zugriffsschutz oder Protokollierungsfunktionen kennt das Betriebssystem MS-DOS nicht. Findige Firmen haben diesen Mangel erkannt und bieten daher zusätzliche MS-DOS-Sicherheitssysteme an. Die meisten dieser aufgesetzten Zugangsschutzsysteme versuchen, mit gängigen Authentisierungsverfahren über Benutzerkennung und -kennwort den Zugriff auf den Personalcomputer einzuschränken. Da ein Rechner unter dem Betriebssystem MS-DOS aber auch über eine bootfähige Diskette in Betrieb genommen werden kann, muß ein effektiver Zugangsschutz durch Modifikationen im BIOS (Basic Input/Output System) oder durch zusätzliche Hardwareeinrichtungen (Diskettenschlösser) ergänzt werden. Weitergehende Anforderungen an den Zugriffsschutz lassen sich dagegen nur durch die inflexible Verschlüsselung der gesamten Festplatte oder einzelner Teilbereiche (Partitions) realisieren, da ein wirksamer Zugriffsschutz auf Dateiebene von MS-DOS ebenfalls nicht unterstützt wird. MS-DOS ermöglicht lediglich die Vergabe von vier Dateiattributen je Dateieintrag im Dateiverzeichnis:

Attribut	Bedeutung	Funktion
R	Read-only	Bestimmt, ob eine Datei gelöscht bzw. überschrieben werden darf
H	Hidden	Bestimmt, ob eine Datei mit dem Befehl DIR angezeigt wird
S	System	Bestimmt, ob eine Datei eine Systemdatei ist
A	Archiv	Gibt an, ob eine Datei seit dem letzten Sicherungsvorgang mit BACKUP oder XCOPY geändert wurde

Tabelle 2: DOS-Dateiattribute

Diese Dateiattribute sind jedoch von jedem Benutzer mit dem DOS-Befehl ATTRIB veränderbar. Um beispielsweise das Read-only-Attribut einer Datei „gehalt.txt“ zu entfernen, braucht der Benutzer auf Betriebssystemebene nur „ATTRIB -R gehalt.txt“ einzutippen. Auch das Attribut H(idden) wäre zum Schutz einer solchen Datei nicht geeignet. Der einfache DOS-Befehl DIR mit der Option /A zeigt alle Dateien, einschließlich derer mit den Attributen H(idden) oder S(ystem), an.

Darüber hinaus gewährleistet MS-DOS auch beim Löschen und Initialisieren von Speicherbereichen nicht die Vertraulichkeit der Daten. Gespeicherte Daten, die nicht mehr benötigt werden, können unter MS-DOS mit dem Betriebssystembefehl DELETE gelöscht werden, damit der Speicherplatz für neue Daten wieder zur Verfügung steht. Dieser Befehl hat aber unter dem Gesichtspunkt des Datenschutzes den gravierenden Nachteil, daß die vermeintlich gelöschten Informationen unter Zuhilfenahme eines speziellen Hilfsprogrammes (Diskeditor) oder des DOS-Befehls UNDELETE jederzeit wieder rekonstruierbar sind. DELETE markiert nämlich nur den gelöschten Bereich und überschreibt nicht die eigentliche

Information. Insbesondere bei DOS-Rechnern, die von mehreren Mitarbeitern genutzt werden, besteht daher die Gefahr, daß sich auf den Speichermedien noch vertrauliche Restdaten des Vorbenutzers befinden. Um eine Datei nachhaltig zu löschen und vor der Neugierde Unbefugter zu schützen, muß der Inhalt der Datei erst mit beliebigen Zeichen überschrieben und anschließend gelöscht werden.

Auch bei der Formatierung von Datenträgern mit dem Befehl FORMAT oder dem schnelleren Quickformat mit dem Befehl FORMAT /Q werden nur der Bootsektor, die FAT (File Allocation Table) und die Verzeichnisstruktur initialisiert und keine Dateiinhalte gelöscht. Mit Hilfe der von MS-DOS angelegten „Mirror-Datei“ ist mit dem DOS-Befehl UNFORMAT eine vollständige Wiederherstellung des ursprünglichen Inhalts möglich. Der Anwender, der eine zerstörende Löschung aller Daten auf dem Datenträger wünscht, sollte die Formatierung daher mit dem Befehl FORMAT /U vornehmen.

Diese Schwachstellen sind übrigens nicht nur auf MS-DOS beschränkt: Auch viele andere Betriebssysteme, zum Beispiel UNIX mit remove (rm), bieten nur ein Löschkommando an, daß die Identifikation der Datei (“i-node“) löscht, nicht aber den Dateiinhalt.

Unter Windows und Windows 95 können vertrauliche Daten über die DOS-Sicherheitsschwächen hinaus auch mit Hilfe der sogenannten „Auslagerungsdatei“ („Swap-Datei“) ausgespäht werden. Die Auslagerungsdatei reserviert auf der Festplatte Platz für Windows, damit das Programm Informationen, die im Arbeitsspeicher nicht mehr benötigt werden, zwischenspeichern kann. Windows legt in der Regel automatisch bei der Installation eine Dauer-Auslagerungsdatei (386SPART.PAR) oder beim Starten eine temporäre Swap-Datei (WIN386.SWP) auf der Festplatte an. Diese Datei, in der sich Daten und sogar Paßwörter von Dokumenten oder Online-Diensten befinden können, kann aber mit jedem DOS-Editor gelesen werden.

Neben den Risiken, die sich aus den systemimmanenten Schwächen des Betriebssystems MS-DOS ergeben, ist die individuelle Datenverarbeitung den IT-Grundbedrohungen auch durch die Nachlässigkeit der Mitarbeiter verstärkt ausgesetzt. Viele Mitarbeiter nutzen die mit der Rechenpower am Arbeitsplatz verbundene Freiheit für ihre eigenen Zwecke und sind sich der Verantwortung für ein einwandfreies Arbeitsplatzsystem nicht bewußt.

So wird bei Prüfungen des Einsatzes von Personalcomputern immer wieder festgestellt, daß die Anwender keine regelmäßigen Datensicherungen durchführen, daß sich nicht lizensierte Programme auf den Rechnern befinden, daß durch Experimentieren mit Konfigurationsdateien die Rechner nicht mehr einwandfrei laufen oder daß auf ungesicherten Personalcomputern personenbezogene oder andere sensible Daten gespeichert sind. Dazu kommt, daß im Rahmen solcher Prüfungen auch immer wieder Computerviren auf den Rechnern gefunden werden.

Datenverschlüsselung auf DOS-Rechnern

Was das Betriebssystem MS-DOS nicht bietet, ist mittlerweile wenigstens Bestandteil der meisten modernen Standardanwendungsprogramme, die unter dem Betriebssystemaufsatz Windows laufen. Zum Beispiel können vertrauliche Arbeitsdateien der gängigen Windows-Tabellenkalkulationen MS Excel, Lotus 1-2-3 oder Quattro Pro durch ein Paßwort vor fremder Einsichtnahme geschützt werden. Beim Öffnen der geschützten Datei muß das beim Abspeichern definierte Paßwort eingeben werden, bevor die Datei am Bildschirm sichtbar wird. Da die Datei verschlüsselt abgespeichert wird, bekommt der Anwender auch beim Leseversuch mit einem Diskeditor nur wirren Datensalat angezeigt. Die eigentlichen Informationen bleiben verborgen. Daher warnen die Hersteller in ihren Handbüchern und Hilfetexten so oder ähnlich: "Vorsicht! Sollten Sie das Kennwort vergessen, das Sie einer Arbeitsmappe zugewiesen haben, können Sie weder die Arbeitsmappe öffnen, noch den Schutz der Arbeitsmappe aufheben bzw. die Daten der Arbeitsmappe wiederherstellen."

Ganz so ausweglos ist die Situation allerdings nicht: In Mailboxen werden mittlerweile Programme angeboten, die nicht nur dem verzweifelten Anwender helfen können, die vermeintlich geschützten Daten wieder auf den Bildschirm zu bringen. Diese kleinen, meist in den beliebten Programmiersprachen PASCAL oder C geschriebenen Hilfsprogramme decodieren die verschlüsselten Daten der drei großen amerikanischen Hersteller von Tabellenkalkulationsprogrammen oftmals innerhalb von Sekunden. Dabei nutzen die Programme aus, daß Borland, Lotus und Microsoft die Daten nach dem gleichen, schnellen, aber unsicheren Verfahren verschlüsseln: Aus dem Paßwort des Benutzers wird regelmäßig ein 16-Byte-langer Schlüssel gebildet, der anschließend durch ein logisches exklusives ODER (XOR) mit den Informationsbytes der Ursprungsdatei verknüpft wird. Die Dateistruktur und die Reihenfolge der Informationen bleibt allerdings erhalten. Die Entschlüsselungsstrategie besteht daher darin, in der verschlüsselten Datei nach Stellen zu suchen, deren unverschlüsselter Inhalt sich leicht erraten läßt. Aus den so erhaltenen Paaren kodierter und unkodierter Information läßt sich das Schema der Kodierung schnell erschließen. Obwohl XOR-Codes vergleichsweise leicht zu knacken sind, ist XOR aufgrund seiner Schnelligkeit immer noch einer der beliebtesten Verschlüsselungsalgorithmen.

Sogar Anbieter von Schutzprogrammen für DOS-Systeme, die mit Datenverschlüsselung arbeiten, verwendeten lange Zeit den XOR-Algorithmus. Zur Hakker-Lachnummer geriet ein aufwendiges PC-Schutzsystem der Firma Utimaco Software aus Oberursel, die immerhin schon 1989 die Mängel des XOR erkannt hatte. Utimaco bot eine frühe Version ihrer Sicherheitssoftware „SAFE-Guard" daher zusammen mit einer Steckkarte an, die mit einem Spezialchip bestückt war und jeglichen unberechtigten Rechnerzugriff über das Diskettenlaufwerk verhindern sollte. Das teure System konnte allerdings bereits mit einer aufgebogenen Büroklammer, die als Brücke zwischen zwei bestimmte Anschlußfüße auf der Steckkarte gesetzt werden mußte, überlistet werden. So blieb als Schutz wieder nur der unsichere XOR übrig. Selbst auf der CEBIT wurde schon des öfteren demonstriert, daß der schnelle XOR-Verschlüsselungsalgorithmus allein völlig ungeeignet ist, um vertrauliche Daten zu schützen. 1994 decodierte der Geschäftsführer der CE Infosys GmbH vor Pressepublikum innerhalb kürzester Zeit eine mit einer Sicherheitssoftware auf der Basis des XOR-Algorithmus verschlüsselte Festplatte. Dazu bootete er das Betriebssystem MS-DOS von einer mitgebrachten Diskette und startete über seine eigene AUTOEXEC.BAT ein selbstgeschriebenes Programm. Der XOR-Schlüssel war in wenigen Sekunden errechnet. Die Daten ließen sich anschließend sogar wieder rückverschlüsseln, so daß der Eigentümer der Daten den unerlaubten Zugriff überhaupt nicht bemerken würde.

Auch bei der Verschlüsselung der Telebanking-Codes in der PC-Finanzsoftware „Money" von Microsoft deckte der Hamburger Chaos Computer Club Mitte 1993 eine Sicherheitslücke auf. Die damalige Version von MS Money forderte den Benutzer bereits bei der Installation auf, seine Benutzerkennungen und -kennwörter für die Btx-Kontoführung einzugeben, damit das PC-Programm sich über ein vorhandenes Modem direkt in das Bankkonto des Anwenders einwählen konnte. Die Zugriffscodes wurden verschlüsselt abgespeichert und konnten laut Handbuch „nicht auf dem Datenträger eingesehen werden". Die Hamburger Chaos Hacker bewiesen das Gegenteil: Die Kennwörter ließen sich mit einfachen Mitteln von Unbefugten herausfiltern, so daß anschließend Kontomanipulationen von einem anderen Rechner aus möglich waren. Obwohl Microsoft die Sicherheitslücke bereits seit März 1993 bekannt war, wurde die Schwachstelle erst Ende Februar 1994 mit der Version 3.0 beseitigt.

Ende 1995 entdeckte eine internationale Hacker-Gruppe auch noch einen Fehler im Verschlüsselungsmechanismus von Windows 95. Mit einem kleinen C-Programm konnten die Hacker auf die verschlüsselt abgespeicherten Benutzerkennungen und Systempaßwörter des Betriebssystems zugreifen. Microsoft gab den Fehler zu: Ein Bug-Fix steht im Internet unter http://www.microsoft.com zur Verfügung.

Grundlegende PC-Sicherheitsmaßnahmen

Einige Risiken der individuellen Datenverarbeitung (IDV) können bereits bei der PC-Beschaffung minimiert werden. Ausstattungsmerkmale des Rechners wie Tastatur- und Festplattenverriegelung, Gehäuseschloß oder BIOS-Paßwort können als Grundsicherungen betrachtet werden. Um höheren Sicherheitsanforderungen zu genügen, müssen aber zusätzliche Vorkehrungen getroffen werden. Beispiele für weitere Sicherungsmaßnahmen sind:

- Sicherung gegen Wegnahme des gesamten Rechners,
- Sicherung der Daten und Systemkonfiguration durch interne und externe Datensicherungskopien,
- regelmäßiger Einsatz eines Virenschutzprogrammes,

- Bereitstellung von Hilfsprogrammen zur Datenrettung,
- Einrichtung einer Benutzerhierarchie mit Zugangskennwörtern,
- Schnittstellensicherung und Verschluß des Diskettenlaufwerkes oder die Verschlüsselung der gespeicherten Daten mit einem sicheren Verschlüsselungsalgorithmus, um das Einspielen von Fremdsoftware sowie einen möglichen Datendiebstahl zu verhindern,
- Bildschirmsperre, die beim kurzzeitigen Verlassen des Arbeitsplatzes aktiviert werden kann

Für kritische Anwendungen auf dem Personalcomputer empfiehlt sich außerdem eine unterbrechungsfreie Stromversorgung (USV) sowie ein Überspannungsschutz, um die Integrität und Verfügbarkeit der Anwendungen zu gewährleisten.

Realisierung einer PC-Sicherheitskonzeption

Wie PC-Sicherheit in einem Unternehmen realisiert werden kann, soll am Beispiel der Dresdner Bank AG exemplarisch verdeutlicht werden. Bei der Dresdner Bank wurden die Risiken, die sich aus dem zunehmenden Einsatz von Personalcomputern am Arbeitsplatz ergeben, frühzeitig erkannt. Bereits Anfang der neunziger Jahre war daher für den Einsatz von Personalcomputern eine Sicherheitskonzeption erarbeitet worden. Folgende Hauptrisiken sollten durch die realisierte PC-Sicherheitskonzeption abgefangen werden:

- Gefahr von Programm- und Datendiebstahl,
- unkontrollierte Installation von nicht lizensierter Software,
- Verseuchung mit Computerviren

Die Konzeption sollte gleichzeitig zu einer besseren Steuerung des PC-Einsatzes beitragen, sich in das Systemumfeld der Bank integrieren lassen und den Benutzer nicht einschränken.

Die Sicherheitskonzeption, für die sich die Dresdner Bank schließlich entschied, besteht aus einer Softwarelösung in Verbindung mit einer Reihe zusätzlicher organisatorischer Maßnahmen. Als Softwarelösung wurde die PC-Sicherheitssoftware SAFE-Guard der Oberurseler Firma Utimaco Software AG ausgewählt, die mittlerweile auf mehreren tausend Bankrechnern installiert ist. Die Sicherheitssoftware gewährleistet über die Funktionen Zugangskontrolle (Benutzerhierarchie) und Datenträgerverschlüsselung die Vertraulichkeit und Integrität der gespeicherten Daten.

Der Benutzer wird bei jedem Neustart seines Rechners nach seinem persönlichen Paßwort gefragt und über Menüs in die Anwendungen geführt. Das Einspielen von Lizenzsoftware oder die Entwendung von Daten und Programmen ist dem Anwender aufgrund der eingesetzten Verschlüsselung nicht möglich. Trotzdem ist ein reibungsloser Austausch von Datenträgern zwischen den in der Bank eingesetzten Rechnern gewährleistet, da alle Rechner den gleichen Basisschlüssel und den gleichen Verschlüsselungsalgorithmus verwenden. Durch den Einsatz der Software verfügen die Arbeitsplatzrechner der Dresdner Bank außerdem über eine einheitliche Festplattenstruktur, die eine effiziente Betreuung der Anwender ermöglicht. Darüber hinaus gewährleistet die Software, daß Änderungen an der Hardware- und Software nur über berechtigte PC-Betreuer möglich sind. Dadurch besitzt die Bank jederzeit einen Überblick über ihren aktuellen Hardware- und Softwarebestand.

Alle Sicherungsmaßnahmen nutzen jedoch wenig, wenn die Mitarbeiter nicht gezielt über die Maßnahmen und Gefährdungen aufgeklärt werden. Die einführenden, organisatorischen Maßnahmen umfaßten daher auch

- die Erstellung von verbindlichen PC-Richtlinien,
- die Schulung und Information der PC-Benutzer und
- die Betreuung der Anwender bei Problemen.

Windows NT: Designziel Sicherheit

Bei der Entwicklung des 32-Bit-Betriebssystems Windows NT von Microsoft stand Sicherheit auf der Anforderungsliste relativ weit oben. Bei Windows NT kontrolliert ein „Object Manager" mit Hilfe eines „Security-Reference-Monitors" alle Zugriffe auf Dateien, Prozesse und Systemressourcen. Wie bei UNIX-Systemen wird die Identität des Benutzers über ein Paßwort geprüft. Ebenso kann jeder Benutzer einer oder mehreren Benutzergruppen zugeordnet sein. Bei jedem Zugriff auf eine Datei prüft Windows NT, ob der Benutzer oder eine seiner ihm zugeordneten Benutzergruppen diese Datei lesen, ändern oder löschen dürfen. Jede Datei und jedes Verzeichnis gehört einem Eigentümer, zusätzlich können in einer „Access Control List" (ACL) weitere Benutzer oder Gruppen mit definierten Zugriffsrechten eingetragen werden.

Das Sicherheitsrisiko „Super-User" existiert zwar auch unter Windows NT in Form eines Administrators, jedoch kann dieser eine Datei nicht einem anderen Benutzer zuordnen. Der ursprüngliche Besitzer kann daher jederzeit überprüfen, ob der Administrator auf seine Datei zugegriffen hat. Außerdem verfügt Windows NT über ausgefeilte Mechanismen zur Beweissicherung. Alle Zugriffsversuche auf eine Datei oder ein Verzeichnis können detailliert protokolliert werden.

Windows NT wird in Zukunft nach Meinung vieler Experten ein wichtige Rolle auf dem Markt der Profi-Betriebssysteme spielen. Die tatsächliche Stärke des Sicherheitskonzeptes wird sich erst mit der weiteren Verbreitung beurteilen lassen. Eine Einschränkung ist aber bereits absehbar: Die volle Sicherheitsfunktionalität wird nur unter dem Windows NT-Dateisystem NTFS (New Technology File System) erreicht, nicht jedoch unter den ebenfalls unterstützten MS-DOS- oder OS/2-Dateisystemen.

Kriterien für sichere Betriebssysteme

Trotz nachweisbarer Sicherheitsschwächen in fast allen gängigen Betriebssystemen, sind die meisten Einbrüche von Hackern und anderen Unbefugten in Rechnersysteme darauf zurückzuführen, daß vorhandene Sicherheitsfunktionen des Betriebssystems bei der Installation des IT-Systems nicht aktiviert wurden. Die sichere Installation des Betriebssystems ist jedoch ein organisatorisches Problem und liegt im Verantwortungsbereich des Anwenders.

In diesem Kapitel wurden vor allem versteckte Sicherheitsschwächen, die bereits vom Hersteller ab Werk geliefert worden sind und für die der Anwender keine Verantwortung trägt, behandelt. Eine typische Sicherheitslücke ist beispielsweise die nicht vorhergesehene Verletzung von Grenzbereichen. Hacker verwenden oftmals Befehlsfolgen, die zu einer falschen Übergabe der internen Adressen oder einem Pufferüberlauf führen. Beim Pufferüberlauf können dann nachfolgende Speicherbereiche überschrieben und dort vorhandene Sprungadressen abgeändert werden, um an kritische Systemfunktionen zu gelangen. Protokollierungsmechanismen (Audit-Programme) werden von Hackern häufig ausgehebelt, indem der Plattenbereich, auf dem sich die protokollierten Informationen (Audit Trails) befinden, komplett vollgeschrieben wird, so daß die Audit Programme nichts mehr aufzeichnen und die Hacker sich unprotokolliert im System bewegen können.

Solche Sicherheitslücken sprechen sich in der Hacker-Szene schnell herum. Ein zufällig entdeckter Programmfehler kommt zum nächsten und die Summe vieler kleiner Fehler ergibt vielleicht ein riesiges Sicherheitsloch. Daher müssen Sicherheitsaspekte schon in der Entwurfsphase eines Betriebssystems berücksichtigt werden. Beispielsweise sollte bereits bei der Betriebssystemkonzeption der Speicherschutz so ausgestaltet werden, daß Speicherbereiche differenziert vor Fremdzugriffen geschützt werden können. Dabei ist die Kennzeichnung eines Speicherbereiches über ein Zusatzbit als lese- oder schreibgeschützt heutzutage für Mehrplatzsysteme nicht mehr ausreichend. Vielmehr sollten Speicherbereiche mindestens, getrennt nach Daten- und Programmbereichen, verschiedenen Prozessen zugewiesen werden können. Nach Abschluß eines Verarbeitungsprozesses sollten – im Gegensatz zu MS Windows 3.x – alle zurückgelassenen Daten im Hauptspeicher (sog. „Residuen“) und in temporären Dateien gelöscht werden.

Vom amerikanischen Verteidigungsministerium wurden Entwurfsgrundsätze für sichere Betriebssysteme erstellt. Danach sollte u.a.

- jedes Betriebsystem auf einer ausformulierten Sicherheitsstrategie basieren,
- jedes Subjekt eindeutig zu identifizieren und korrekt zu authentifizieren sowie mit möglichst wenig Privilegien ausgestattet sein,
- die Zugriffskontrolle standardmäßig alle Zugriffe verweigern (aktiver Datenschutz),

- der Sicherheitskern eines schalenförmig aufgebauten Betriebssystems klein sein, damit er gut testbar und verifizierbar ist,
- die Sicherheit von Schutzmaßnahmen nicht von geheimen Algorithmen, sondern von geheimen Schlüsselwerten abhängen,
- eine Aufzeichnung aller sicherheitsrelevante Aktivitäten stattfinden und
- das Schutzsystem einfach zu bedienen sein.

Darüber hinaus sollte das Betriebssystem eine hohe Verfügbarkeit gewährleisten und auftretende Fehler aufgrund von Datenträger- oder Softwarefehlern isolieren, so daß ein Absturz des gesamten Systems verhindert wird. Hardwarefehler oder Stromunterbrechungen dürfen ebenfalls nicht zu Dateninkonsistenzen oder -verlusten führen. Das Betriebssystem sollte außerdem die Möglichkeit der Wiederherstellung der Daten (Backup, Recovery) nach Behebung der Störung bieten. Ob ein Betriebssystem diese oder sogar weitergehende Anforderungen erfüllt, kann auf Antrag des Herstellers nach nationalen Kriterienkatalogen von unabhängigen Zertifizierungsinstanzen bescheinigt werden.

Zertifizierte Sicherheit

Als Antwort auf die Frage, wie der Sicherheitsstandard von IT-Systemen einheitlich bewertet werden kann, entwickelten staatliche Stellen offizielle Kriterienkataloge zur Beurteilung der Sicherheit von Informationssystemen. Auf Basis einer Prüfung nach diesen Kriterien werden IT-Systemen bestimmte Sicherheitsklassen bescheinigt (zertifiziert), die angeben, wie sicher die geprüften Betriebssysteme oder andere Software gegen Hacker, Viren und andere unerwünschte Einwirkungen geschützt sind. Die deutschen Richtlinien heißen „IT-Sicherheitskriterien", der europäische Kriterienkatalog „ITSEC" und der amerikanische „Orange Book". Ziel der offiziellen Sicherheitskriterien und Methoden zur Bewertung von Datenverarbeitungssystemen ist, Behörden und Unternehmen in erster Linie eine größere Markttransparenz bezüglich der Sicherheitseigenschaften von Betriebssystemen und Sicherheitssoftware zu verschaffen und dadurch die Einbeziehung von Sicherheitsaspekten in die Kaufentscheidung zu ermöglichen. Allerdings stoßen im Zeitalter der verteilten Systeme, die ein erhöhtes Bedrohungspotential und eine hohe Komplexität aufweisen, die traditionellen Beurteilungsansätze zunehmend an ihre Grenzen.

Bei der Einschätzung der Sicherheit eines IT-Systems sind drei Hauptaspekte zu berücksichtigen:

- Funktionalität (Umfang der Sicherheitsfunktionen),
- Qualität (Realisierung, Dokumentation und Benutzerfreundlichkeit der Sicherheitsfunktionen) und
- Stärke (benötigter Aufwand zur Überwindung der Sicherheitsmechanismen).

Bei der Beurteilung dieser drei Kriterien eröffnen sich allerdings erhebliche Bewertungsspielräume. Zwar läßt sich der Umfang der Sicherheitsfunktionen relativ leicht bestimmen, jedoch ist die Festlegung der benötigten Funktionalität vom tatsächlichen Umfeld und den bestehenden Bedrohungen abhängig. Die Qualität der Implementation und Dokumentation hängt von der Korrektheit der Software ab, die häufig nur anhand des Formalisierungsgrades der Entwurfs-, Entwicklungs- und Testphase bei der Programmerstellung beurteilt werden kann. Die Beurteilung der Stärke der Sicherheitsfunktionen verlangt in der Regel Aussagen über Verschlüsselungsalgorithmen, die in der Fachliteratur jedoch sehr widersprüchlich beurteilt werden.

Darüber hinaus garantiert der Einsatz eines zertifizierten Produktes allein noch keine Sicherheit, da die Zertifizierung sich immer nur auf eine Referenzkonfiguration beschränkt und andere Rahmenbedingungen eventuell zu anderen Zertifizierungsergebnissen geführt hätten. Ein weiterer Nachteil der Zertifizierung besteht auf der Zeit- und Kostenseite: Für viele IT-Systeme oder IT-Komponenten liegt ein Zerfizierungsergebnis - wenn überhaupt - erst lange nach Markteinführung vor, da schon der Aufwand für eine offizielle Sicherheitsevaluation einer einfachen IT-Komponente sehr hoch ist und überproportional mit der Komplexität des IT-Systems steigt. Viele IT-Anbieter verzichten daher aus wirtschaftlichen Erwägungen auf eine Zertifizierung ihrer Software.

Die offiziell bestätigte Sicherheit von IT-Komponenten kann dem Käufer daher lediglich das Vorhandensein eines definierten Funktionsumfanges der Sicherheitseinrichtungen in einer bestimmten Qualität und Stärke gewährleisten. Den Funktionsumfang zu nutzen, obliegt allein dem Systembetreiber.

„Orange Book" und seine Nachfolger

Wie die meisten Entwicklungen auf dem Gebiet der IT-Sicherheit, haben die ersten Bewertungskriterien für Software ihren Ursprung im Bedürfnis des amerikanischen Verteidigungsministeriums nach objektiven Kriterien bei der Beschaffung von IT-Systemen. Die 1983 erstmals veröffentlichten und im Dezember 1985 überarbeiteten Zertifizierungskriterien des National Computer Security Centers „Department of Defense: Trusted Computer System Evaluation Criteria, TCSEC" (nach der Farbe des Einbandes auch „Orange Book" genannt) orientierten sich entsprechend an den Anforderungen der militärischen Praxis. In Ermangelung anderer Kriterien wird bisher jedoch auch außerhalb des militärischen Bereiches auf diese Kriterien zurückgegriffen.

Das „Orange Book" bietet sieben Sicherheitsklassen mit jeweils zunehmenden Anforderungen an die Kriterien Funktionalität, Qualität und Stärke. Ein System kann nach einem aufwendigen Zertifizierungsprozeß durch das National Computer Security Center (NCSC) für eine dieser Klassen zertifiziert werden. Die sieben Sicherheitsklassen sind wiederum in vier Qualitätsstufen gegliedert (Tabelle 3).

Qualitätsstufe	Bedeutung
D	Minimal Protection / minimale Sicherheit
C	Discretionary Protection / benutzerdefinierbare Sicherheit
B	Mandatory Protection / festgelegte Sicherheit
A	Verified Protection / verifizierte Sicherheit

Tabelle 3: Qualitätsstufen nach dem „Orange Book"

In die Klasse D fallen alle IT-Produkte, die keinen oder nur einen minimalen Schutz bieten und daher keine höhere Klasse erreichen können. Ein Beispiel wäre das Betriebssystem DOS.

Um in die Stufe C mit den Klassen C1 und C2 zu gelangen, muß das IT-System bereits über grundlegende Sicherheitsfunktionen, wie Benutzerauthentifikation und einen benutzerdefinierbaren Zugriffsschutz für Dateien und Speicherbereiche, verfügen. Darüber hinaus wird für die Klasse C2 die Protokollierung gewisser sicherheitsrelevanter Aktionen verlangt. Eine C2 entsprechende Funktionalität sollte heutzutage bei Mehrbenutzersystemen selbstverständlich sein.

Die Stufen B und A mit den Klassen B1, B2, B3 und A1 erfordern mindestens einen sogenannten „regelbasierten" Zugriffsschutz. Im Gegensatz zum benutzerbestimmbaren Zugriffsschutz (Discretionary Access Control, DAC) muß beim regelbasierten oder obligatorischen Zugriffsschutz (Mandatory Access Control, MAC) die Einhaltung festgelegter Sicherheitsrichtlinien, die nicht der Kontrolle des Benutzers unterliegen, garantiert werden. Die Zugriffsrechte auf Objekte können nach diesem Konzept nur durch autorisiertes Personal geändert werden, zum Beispiel durch einen Sicherheitsbeauftragten. Innerhalb dieses festgelegten Rahmens existiert ein benutzerdefinierbarer Zugriffsschutz, d.h. der Benutzer entscheidet selbst über die Weitergabe von Zugriffsrechten an Dritte. In den Klassen B3 und A1 wird zusätzlich der Einsatz formaler Methoden im Entwicklungsprozeß gefordert. Für kommerzielle Anwendungen werden die Klassen B2, B1 und A1 in der Regel nicht gefordert.

Die zertifizierten Produkte werden quartalsweise in einer „Evaluated Products List" publiziert. Ein Ausschnitt aus dieser Liste mit den erreichten Klassifikationsstufen bedeutender Betriebssysteme nach dem „Orange Book" soll dem Leser ein Gefühl für die amerikanische Sicherheitseinstufung gängiger Betriebssysteme geben (Tabelle 4).

Die amerikanischen TCSEC eigneten sich primär zur Überprüfung von Betriebssystemen und Zugriffskontrollsoftware. Der Trend zu verteilten Systemen und die Überbewertung der Vertraulichkeitsaspekte im „Orange Book" gegenüber den Integritäts- und Verfügbarkeitsaspekten hat das amerikanische Verteidigungsministerium im Juli 1987 veranlaßt, die „Trusted Network Interpretation

Hersteller	Betriebssystem	Sicherheitsstufe
International Business Machines Corp (IBM)	MVS/XA mit RACF 1.5	C1
International Business Machines Corp (IBM)	MVS/XA mit RACF 1.8 VM/SP mit RACF	C2
Computer Associates International (CA)	VM mit ACF2 MVS 3.1 mit ACF2	C2
Digital Equipment Corporation (DEC)	VAX/VMS 4.3 Ultrix	C2
Unisys Corp.	OS1100 Sec.Rel.1	B1
American Telephone an Telegraph Co. (AT&T)	UNIX V/MLS	B1
Trusted Information Systems, Inc. (heute: Microsoft)	Secure XENIX	B2
Honeywell Information Systems, Inc.	Multics MR 11.0	B2
Honeywell Information Systems, Inc.	SCOMP STOP 2.1	A1
Boeing Aerospace	SNS SNS mit NM	A1

Tabelle 4: Zertifizierte Betriebssysteme nach dem „Orange Book"

(TNI) of the Trusted Computer System Evaluation Criteria (TCSEC)", kurz „Red Book" genannt, herauszugeben. Ein verteiltes System wird dabei als organisatorische Einheit betrachtet, das als Ganzes evaluiert und zertifiziert werden sollte. Im ersten Teil wurden die Zertifizierungsklassen des „Orange Book" für verteilte Systeme angepaßt und im zweiten Teil zusätzliche Sicherheitsfunktionen gefordert, die bei verteilten Systemen als notwendig erachtet werden. Dazu gehören die Integrität und Vertraulichkeit von Daten bei der Übertragung sowie die Sicherung der Verfügbarkeit.

Die Einschränkung des „Red Book" auf verteilte Systeme, die als organisatorische Einheit betrachtet werden können, erwies sich jedoch bald als realitätsfern. Daher wurde später ein Anhang angefügt, der sich mit der Sicherheit vernetzter Systeme befaßt, die aus unabhängig voneinander entwickelten Komponenten bestehen, die unabhängig voneinander verwaltet und daher auch einzeln zertifiziert werden können. Die Probleme beim Zusammenfügen von unabhängig voneinander evaluierten Komponenten zu sogenannten „Interconnected Accredited Automated Information Systems" werden in diesem Zusammenhang erörtert.

Ergänzend wurde auch eine „Trusted Data Base Interpretation" (TDI) für Datenbanken den TCSEC hinzugefügt. Nach dieser Ergänzung wurde beispielsweise das relationale Datenbanksystem Oracle 7.0 als „C2" zertifiziert.

Daneben arbeitet das amerikanische National Institute for Standards and Technology (NIST) seit mehreren Jahren an einem neuen Sicherheitsstandard für zivile Systeme, den „Minimum Security Functionality Requirements" (MSFR). MSFR enthält einerseits die für Unternehmen relevanten Aspekte der Sicherheitsklassen C1, C2 und B1, greift aber auch Anregungen aus dem Sicherheitsprodukt RACF und dem Betriebssystem VMS auf. Bis MSFR aber mit den IT-Anbietern abgestimmt und formell verabschiedet ist, dürften noch einige Jahre ins Land gehen.

IT-Sicherheitskriterien, ITSEC und andere Normen

In Deutschland gab die damalige Zentralstelle für Sicherheit in der Informationstechnik (ZSI), seit 1991 Bundesamt für Sicherheit in der Informationstechnik (BSI), 1989 die ersten nationalen „Kriterien für die Bewertung der Sicherheit von Systemen der Informationstechnik" (kurz „IT-Sicherheitskriterien" genannt) heraus. Die ZSI hatte sich aus der in den fünfziger Jahren gegründeten Zentralstelle für das Chiffrierwesen (ZfCH) entwickelt. Die ZfCH war noch dem Bundesnachrichtendienst (BND) zugeordnet gewesen und sollte einerseits die Kommunikation der Bundesverwaltung sichern sowie andererseits abgefangene Nachrichten der Auslandsaufklärung und der Spionageabwehr entschlüsseln. 1987 wurde das Aufgabengebiet der ZfCH um die Computersicherheit erweitert. Durch die Verlagerung des Aufgabenschwerpunktes wurde die ZfCH schließlich im Juni 1989 in ZSI umbenannt; gleichzeitig erfolgte eine weitere Ausweitung des Aufgabenbereiches um die Sicherheitsaspekte von zivilen Anwendungen. Mit dem Gesetz über die Errichtung des Bundesamtes für Sicherheit in der Informationstechnik vom 1. Januar 1991 wurde die ZSI in eine Bundesbehörde umgewandelt, die dem Bundesminister des Inneren untersteht. Der Geheimdienstbereich wurde offiziell aus dem Aufgabenbereich des neuen Amtes herausgenommen; der Bereich „Entzifferung" verblieb beim BND. Die Hauptzielsetzung der Bundesregierung bei der Verabschiedung des BSI-Errichtungsgesetzes (BSIEG) war, die Verletzlichkeit der modernen Informationsgesellschaft zu verringern. Nebenbei sollen die entwickelten Sicherheitsstandards aber auch die Exportfähigkeit der deutschen Industrie auf den internationalen Märkten erhöhen.

Der ursprünglich von der ZSI entwickelte nationale Kriterienkatalog baut auf der Klasseneinteilung des „Orange Book" auf; jedoch werden die Kriterien Funktionalität und Qualität unabhängig voneinander bewertet. Dazu wurden zehn Funktionsklassen (F1 bis F10) und acht Qualitätsklassen (Q0 bis Q7) definiert. Diese Trennung trägt unter anderem zur besseren Eignung dieser Kriterien für die Evaluation ziviler Systeme bei, da die Entwicklungsmethoden und Dokumentationsstandards der kommerziellen IT-Anbieter den hohen Qualitätsansprüchen für militärische Systeme meist nicht genügen. Die hierarchisch geordneten Klassen

F1 bis F5 der IT-Sicherheitskriterien entsprechen der Funktionalität der Klassen C1 bis B3/A1 des „Orange Book". Mit der passenden Qualitätsstufe ist sogar eine eindeutige Abbildung der „Orange Book"-Klassen möglich. So entspricht die Kombination F2 und Q2 exakt der „Orange Book"-Klasse C2. Die Funktionalitätsklassen F6 bis F10 beziehen sich auf über das „Orange Book" hinausgehende Kriterien wie Datenbanksicherheit, Verfügbarkeit, Integrität und Vertraulichkeit.

Bei den acht Qualitätsklassen ergibt sich folgende Aufteilung: Die höchste Qualitätsstufe Q7 verlangt zum Beweis der Übereinstimmung zwischen Programmspezifikation und -realisation eine formale Verifikation. Die Qualitätsstufen Q6, Q5 bzw. Q4 erfordern eine formale, semiformale bzw. informelle Analyse, Q3 nur noch eine partielle Analyse, dafür aber einen methodischen Test, Q2 nur noch einen Test und Q1 keinen Test. Q0 deutet auf mangelhafte Qualität hin.

Analog zum NCSC gibt das BSI vierteljährlich eine Liste mit allen zertifizierten Produkten heraus. Ein Ausschnitt aus dieser Liste mit den erreichten Funktionalitätsklassen und Qualitätsstufen ausgewählter Betriebssysteme illustriert die Vergabe deutscher Sicherheitsstufen.

Hersteller	**Betriebssystem**	**Sicherheitsstufe**
Siemens Nixdorf	SINIX S 5.22	F2-F1/Q2
Siemens Nixdorf	BS2000 V. 10 mit Zusatzprodukten	F2/Q3
Novell	Netware 2.15 C	F2-F1/Q2
Tandem	Guardian C90 Version C20 mit Safeguard Version C221	F2, F7/Q3

Tabelle 5: Zertifizierte Betriebssysteme nach den „IT-Sicherheitskriterien"

Auf europäischer Ebene wurden 1990 von den Ländern Deutschland, Frankreich, Großbritannien und Niederlande standardisierte „Information Technology Security Evaluation Criteria (ITSEC)" entwickelt und in einem „Green Book" niedergelegt. Eigene Sicherheitskriterien waren notwendig geworden, weil die National Security Agency (NSA) nur amerikanische Produkte evaluierte und zertifizierte und damit den US-Anbietern im militärischen Bereich quasi eine Monopolstellung garantierte. Die ITSEC-Kriterien lehnen sich stark an das amerikanische „Orange Book" und die deutschen „IT-Sicherheitskriterien" an und definieren Kriterien für die Funktionalität (F-C1 bis F-B3), die Korrektheit (E0 - E6) und die Stärke der Sicherheitsmechanismen (drei Stufen). Im Gegensatz zum „Orange Book" decken die ITSEC auch zivile Sicherheitsanforderungen ab. Die ITSEC ist mittlerweile die Basis für die meisten Evaluierungen im EU-Raum; auch das BSI zertifiziert nach ITSEC. Allerdings betreffen die meisten Zertifizierungen Sicherheitsprodukte. Eines der wenigen evaluierten Betriebssysteme ist beispielsweise das UNIX-Derivat SINIX V.5.42 / Audit 1.0 des Herstellers Siemens Nixdorf, das 1995 das Prüfergebnis F-C2, E2 und mittlere Stärke der Sicherheitsmechanismen erhielt.

Um die Sicherheitsanforderungen in Zukunft weltweit einheitlich zu definieren, streben die EU, Kanada und die USA an, gemeinsame Bewertungskriterien, sogenannte „Common Criteria“ (CC), zu entwickeln.Darüber hinaus bemühen sich auch nationale und internationale Standardisierungsgremien in letzter Zeit vermehrt um die Definitionen von Sicherheitsarchitekturen und die Identifikation sicherer Dienste und Mechanismen. In der Kommunikationstechnik hat beispielsweise die International Organization for Standardization (ISO) eine Sicherheitsarchitektur für offene Systeme definiert, die Sicherheitsdienste in die sieben existierenden Schichten des sogenannten „OSI-Referenzmodells“ einfügt. Der Knackpunkt bei dieser Sicherheitsarchitektur liegt jedoch in der Abhängigkeit und gegenseitigen Beeinflussung der Sicherheitsdienste der einzelnen Schichten. Trotzdem erleichtert die Aufzählung der sinnvollen Sicherungsmöglichkeiten in den einzelnen Referenzschichten die Bewertung der Sicherheit in der digitalen Kommunikationstechnik.

Viren: Plage des elektronischen Zeitalters?

„Prinzipiell müssen wir uns damit abfinden, daß wir das Problem nicht in den Griff bekommen. Man kann sich allerdings an gewisse Grundsätze halten, was die Disziplin im Umgang mit sensiblen Daten angeht.“

(Werner Paul, Spezialist für Computerviren und Computerkriminalität im Münchener Landeskriminalamt)

Jeder Informatikstudent war beim Erlernen einer Programmiersprache sicherlich schon einmal von der Idee fasziniert, den Administrator, den Professor oder seine Kommilitonen mit einem hinterlistigen oder raffinierten Programm zu beeindrukken. So hatten wahrscheinlich schon die ersten Informatikstudenten in den sechziger Jahren einfache selbstreproduzierende Programme geschrieben. Der Begriff „Computervirus“ wurde aber erst Anfang der achtziger Jahre – vermutlich von Leonhard A. Adleman – im Zusammenhang mit der Diskussion über selbstreproduzierende Software geprägt. 1981 tauchten die ersten virenähnlichen Programme auf Rechnern vom Typ Apple II auf. Die wissenschaftliche Entdeckung des Computervirus wird aber Fred Cohen vom Massachusetts Institute of Technology (MIT) nachgesagt. Cohen stellte den MIT-Studenten am 10. November 1983 in seinem wöchentlichen Seminar über Computersicherheit an der University of Southern California einen einfachen Computervirus vor, der aus einem Infektions- und einem Funktionsteil bestand. Zweck der Unterrichtseinheit war die Demonstration und Untersuchung unberücksichtigter Angriffsmöglichkeiten auf Computersysteme. Eine Woche später wurde der erste „Virus“ auf einem VAX

11/750-Minicomputer unter dem Betriebssystem UNIX getestet. Der Computervirus infizierte das Programm VD (Visual Directory). 1987 erhielt Cohen den Doktortitel für den mathematischen Nachweis, daß kein Analyseprogramm mit 100prozentiger Sicherheit entscheiden kann, ob eine Datei einen Computervirus enthält.

Auch in Deutschland blieben die Experimente des MIT-Dozenten nicht unbemerkt. Die „Bayerische Hackerpost" veröffentlichte in ihrer Ausgabe 4/85 die erste deutsche Übersetzung der Untersuchung Cohens „Computer Viruses – Theory and Experiments" vom 31. August 1984. Die Veröffentlichung der Abhandlung Cohens erregte großes Interesse. Zusätzlich trugen Science-fiction-Romane, in denen selbstlernende Programme sich wie Würmer durch Netzwerke fressen und gezielt Aufträge ausführen, wie „Neuromancer" von William Gibson oder „The Shockwave Rider" von John Brunner, ihren Teil dazu bei, um jugendliche Leser in aller Welt zu Nachahmungstätern werden zu lassen. Auf dem Hamburger Chaos Communication Congress im Dezember 1986, dem jährlichen Treffen der Mitglieder und Freunde des Chaos Computer Clubs, gaben rund 20 Kongreßteilnehmer zu, bereits erste Erfahrungen mit der Programmierung von Computerviren zu haben.

Mit dem Brain- oder Pakistani-Virus tauchte Anfang 1986 der erste weltweit verbreitete DOS-Virus auf, der von zwei Pakistanern in Lahore, den Brüdern Amjad Farooq Alvi und Basit Farooq Alvi, in Raubkopien von PC-Software versteckt worden war. Die nur einige Dollar teuren Raubkopien aus Pakistan und anderen asiatischen Ländern waren und sind ein beliebtes Mitbringsel der ausländischen Touristen und Geschäftsreisenden und so verbreitete sich der Computervirus in Windeseile. Beim Pakistani-Virus handelt es sich um einen sogenannten „Bootsektorvirus", der ursprünglich nur 5¼-Zoll-Disketten infizierte, indem er sich nach dem Starten des Rechners („booten") von einer verseuchten Diskette in den Hauptspeicher lagert und bei jedem Zugriff auf eine neue Diskette diese infiziert, indem er eine Kopie seiner Selbst auf einem bestimmten Bereich (Bootsektor) der Diskette speichert. Der Pakistani-Virus enthält im Programmcode auch die Namen, die Anschrift und die Telefonnummern der Urheber, die noch heute ein Computergeschäft mit dem Namen „Brain Computer Services" in Hongkong betreiben. Angeblich wollten sie mit dem Computervirus die Spur der Raubkopien ihrer eigenen Software verfolgen und für ihr Geschäft Werbung machen. Zu diesen ehrwürdigen Motiven steht allerdings im Widerspruch, daß sie bereits damals einen illegalen Software-Copyshop betrieben. Nach Angaben des amerikanischen Nachrichtenmagazins TIME sollen über 100.000 Disketten mit diesem Computervirus verseucht worden sein.

Mit der Öffnung der östlichen Staaten Europas für Westtechnologie brach eine neue Virenwelle auf die westlichen Länder ein. Seit 1990 ist eine starke Zunahme an neuen Computerviren zu beobachten. In jenem Jahr tauchte auch erstmals eine neue Generation von Computerviren auf, die sogenannten „Stealth"- oder „Tarnkappenviren". Stealth- oder Tarnkappenviren verfügen über verschiedene

Methoden der Selbstverschlüsselung und Mutation, um sich der Entdeckung durch Anti-Viren-Programme zu entziehen. Die jüngste Generation von Computerviren infiziert nicht mehr ausführbare Dateien, sondern sogar Dokumente, die bisher als virenfrei galten. Ursache für diese Entwicklung sind die mächtigen Makrosprachen moderner Standardanwendungsprogramme, die solche Computerviren erst ermöglichen.

Einen einfachen Computervirus zu programmieren ist heutzutage selbst für den EDV-Laien ein Kinderspiel: Der angehende Virenprogrammierer findet in halblegalen Mailboxen zur Unterstützung diverse Hilfsprogramme, sogenannte „Virengeneratoren" oder „Virus Construction Kits", sowie vielfältige Literatur. Neben der Untergrundliteratur sind auch offizielle Bücher mit Anleitungen zur Virenerstellung erschienen, wie das Buch des deutschen Programmierers Ralf Burger „Computer Viruses and Data Security", das 1991 im Abacus-Verlag in den USA veröffentlicht wurde und den ablauffähigen Quellcode einiger Virenprogramme enthält. Über Viren-Mailboxen werden häufig auch Virenquellcodes und ausführbare Computerviren mit dem Ziel ausgetauscht, neue Computerviren zügig zu verbreiten. Solche Viren-Mailboxen werden hauptsächlich in ost- und südeuropäischen Ländern eingerichtet, insbesondere in Bulgarien. Mit Hilfe der erwähnten Virengeneratoren kann ein Computervirus auch von Anwendern erzeugt werden, die über keine umfangreichen Erfahrungen in der Assembler-Programmierung verfügen. Mittlerweile werden rund ein Dutzend derartiger Generatoren in den diversen Mailboxen angeboten. Die neueren unter ihnen können sogar Computerviren erzeugen, die Windows- und OS/2-typische Dateien (wie DLL-Files oder VxD-Treiber) infizieren. In den USA sind umfangreiche Virensammlungen auch auf CD-ROM erhältlich.

Das Ergebnis all dieser Entwicklungen ist jedem einleuchtend und wird durch die Statistik bestätigt: Die Anzahl neuer und modifizierter Computerviren nimmt ständig zu. Anfang 1996 waren bereits über 8.500 Computerviren registriert worden. Die Wirtschaftsprüfungsgesellschaft Price Waterhouse schätzt, daß Computerviren 1995 in deutschen Unternehmen einen Schaden von drei Milliarden Mark verursacht haben.

Verwirrende Virenvielfalt

Computerviren sind unselbständige, selbstreproduzierende Programmstücke, die im wesentlichen aus einem Infektionsteil und einem Wirkungsteil bestehen. Bezüglich des Infektionsteils lassen sich Computerviren grob in Programmviren (auch File-Viren genannt) und Systemviren einteilen. Programmviren befallen Anwendungsprogramme, indem sie sich beispielsweise an das Ende des Programmes anhängen, vor den Programmcode stellen oder einen bestimmten Programmabschnitt überschreiben. Systemviren befallen Teile des Betriebssystems oder verändern den Bootsektor, auf dem der Rechner nach dem Einschalten die Ladeprogramme für das Betriebssystem sucht. Unter dem Betriebssystem MS-

DOS ist der Bootsektor der erste logische Sektor einer Festplatte oder Diskette. Auf diese Weise werden Bootsektorviren wie der Pakistani-Virus bereits beim Start des Rechners in den Hauptspeicher geladen, um von dort aus weitere Bootsektoren zu infizieren.

Eine weitere Klassifizierung unterscheidet residente und nichtresidente Computerviren. Speicherresidente Computerviren lagern sich nach dem Aufruf des infizierten Wirtsprogrammes in den Hauptspeicher ein und verweilen dort bis zum Ausschalten des Rechners. Die nichtresidente Variante wird nur zusammen mit einem im Hauptspeicher geladenen Wirtsprogramm aktiv und legt keine Kopie seiner selbst in den flüchtigen Speicher.

Wie jedes gute Programm sind auch die meisten Computerviren modular aufgebaut. Um bereits infizierte Träger nicht nochmals zu befallen, verfügen Computerviren häufig über ein sogenanntes „Präsenzindikationsmodul", welches das Vorhandensein einer virulenten Kenninformation (beispielsweise bestimmte Zeichenfolgen oder Verzeichnisanomalien) in einem bereits infizierten Objekt erkennt. Wird ein nicht infiziertes Objekt, beispielsweise ein Programm oder ein Sektor, erkannt, so wird das sogenannte „Reproduktionsmodul" aktiv, das die Codeduplikation und die Erlangung der benötigten Rechte veranlaßt.

Der Wirkungsteil wird vom sogenannten „Manipulationsmodul" des Computervirus realisiert und besteht meist aus einer Aktion, die entweder einen vorübergehenden (unerwünschte Animation wie beim Herbstlaub-Virus) oder einen bleibenden (Überschreiben von Speicherbereichen) Schaden verursacht. In diesem Zusammenhang wird auch von „Joke-Viren" oder „destruktiven Viren" gesprochen. Eine Sonderstellung in dieser Klassifizierung nimmt der Casino-Virus ein, der dem Anwender ein Glücksspiel anbietet: Gewinnt der Anwender, so darf er das Wirtsprogramm weiterbenutzen (und erhält die Chance, den Computervirus zu entfernen); verliert er, so werden Teile des Datenträgers überschrieben. Russisches Roulette im digitalen Zeitalter!

Die Schadfunktion im Wirkungsteil wird häufig durch ein externes Ereignis gesteuert, wobei die entsprechende Viruskomponente auch als „Aktivierungsmodul" bezeichnet wird. Beliebte Auslöser, auch „Trigger" genannt, sind zeitabhängige Ereignisse wie Datums- oder Zeitangaben der Systemuhr und logische Ereignisse wie das Erreichen eines Ereigniszählers oder der Zugriff auf eine bestimmte Datei.

Im Wettlauf mit den Herstellern von Anti-Viren-Software, deren Programme immer mehr Viren erkennen, verfallen die Virenautoren auf immer raffiniertere Techniken. So verfügen neuere Computerviren meist auch über ein „Verschlüsselungs-" oder „Decryptormodul", mit dem sich das Virusprogramm selbst in seine ausführbare Form entschlüsselt und bei jeder neuen Infektion wieder (anders) verschlüsselt. Ein einfaches Identifizierungsmerkmal für Virensuchprogramme bei diesen sich immer unterschiedlich verschlüsselnden Computerviren ist allerdings das Decryptormodul selbst, das unverändert, weil jederzeit ausführbar bleiben muß. Daher greifen die Virenprogrammierer inzwischen auf eine noch raffiniertere Technik zurück: Sogenannte „polymorphe“ Computerviren erzeugen bei jeder neuen Infektion durch den polymorphen Codegenerator ein anders aussehendes Decryptormodul. Dabei werden Befehle umgestellt, Aktionen anders formuliert und neue, irrelevante Kommandos eingefügt oder weggelassen. Gleichzeitig verschleiern solche Computerviren durch „Stealth“- oder „Mirror“-Strategien ihre Existenz, indem sie Systeminformationen wie Dateigröße, verfügbarer Speicherplatz oder Dateiattribute verändern, damit der Anwender und verwendete Anti-Viren-Programme die Infektion nicht durch einfach zu entdeckende Veränderungen an den Systeminformationen erkennen können.

Fast alle Computerviren sind betriebssystemspezifisch, da sie hardwarenahe Funktionen des Betriebssystems ausnutzen. Eine Ausnahme bildet lediglich die neueste Generation von Computerviren, die beispielsweise Winword-Dokumente infizieren und daher – wie das Textverarbeitungsprogramm Word für Windows – unter unterschiedlichen Betriebssystemen (DOS/Windows 3.x, Windows 95, Windows NT, Apple System 7) ablauffähig sind. Die meisten Computerviren nutzen aber die bereits beschriebenen Sicherheitsmängel des PC-Betriebssystems MS-DOS. Dabei mißbrauchen die Computerviren häufig sogenannte „Interrupts“, insbesondere den Interrupt INT 21h für das Betriebssystem und INT 13h für Festplatten und Diskettenlaufwerke. Als Interrupts werden Programmunterbrechungen bezeichnet, die beispielsweise benutzt werden, um die laufende Verarbeitung für eine Ein- oder Ausgabeanforderung zu unterbrechen. Der beliebte Diskettenaustausch bietet Computerviren daher ideale Verbreitungschancen. Einfachste Computerviren lassen sich unter dem Betriebssystem MS-DOS schon durch Ausnutzung der Aufrufpriorisierung (.COM > .EXE > .BAT) bei ausführbaren Dateien erstellen. Der übliche Aufruf eines .EXE-Programmes ohne diese sogenannte „Extension“-Angabe kann bewirken, daß eine gleichnamige (virulente) .BAT- oder .COM-Datei zuerst ausgeführt und erst anschließend das eigentliche .EXE-Programm aufrufen wird. Da die Mehrzahl aller Heim- und Bürorechner weltweit noch unter dem Betriebssystem MS-DOS arbeitet (auch wenn die meisten Anwender über MS-DOS die Betriebssystemerweiterung MS Windows gestülpt haben oder Windows 95 einsetzen und sich der DOS-Wurzeln nicht mehr bewußt sind), steht den DOS-Viren auch die breiteste Infektionsbasis zur Verfügung.

Vireninfektionen betreffen aber nicht nur Einzelplatzgeräte, sondern können ganze Computernetze, über die Hunderte von Personalcomputern miteinander verbunden werden können, lahmlegen. Nach amerikanischen Untersuchungen hatten drei von vier Betreuern solcher Netzwerke (Netzwerkadministratoren) schon mit den Folgen von Virenbefall in ihrem System zu kämpfen. Zwar scheint beispielsweise das Netzwerk-Betriebssystem Netware von Novell gegen Computerviren weitestgehend gefeit zu sein (reine Netware-Viren sind bisher nicht bekannt), allerdings können DOS-Viren dafür Netware als Plattform benutzen, um sich über das gesamte Netz auszubreiten. Die Ausbreitung von Computerviren im

Netz beschränkt sich aber auf Programmviren; Bootsektorviren werden nur per Diskette verbreitet. Ein bekannter DOS-Virus, der sich mit Netware angefreundet hat, ist GP1 (Get Password 1). GP1 fängt Paßwörter ab und speichert sie.

Angesichts der konzeptionellen Schwachstellen und der Verbreitung des Betriebssystems DOS sowie der Verfügbarkeit von Virengeneratoren wundert es kaum, daß sich Computerviren in der PC-Welt so fruchtbar vermehren und verbreiten. Die Zahl der PC-Viren und Virenvarianten verdoppelt sich mittlerweile rund alle 12 Monate. Anfang 1995 betrug die Anzahl der bekannten Computerviren rund 5.000. Neue Computerviren sind den Anti-Viren-Programmen in der Regel immer einen Schritt voraus, da die Hersteller der Programme erst reagieren können, wenn bei ihnen eine Infektion mit dem neuen Computervirus eingegangen ist. Der Anwender erhält das Gegenmittel gegen die neuen Computerviren dann frühestens mit der neuen Version des Programmes (Update), drei bis sechs Monate später. Bis dahin kann sich der neue Computervirus relativ unattakiert ausbreiten.

Inwieweit das Gerücht zutreffend ist, daß die Hersteller von Anti-Viren-Programmen die Entwicklung neuer Computerviren geschäftsfördernd beeinflussen, sei dahingestellt. In jedem Falle wird eine millionenschwere Branche durch diese kleinen Computerprogramme gut ernährt. Die Anzahl der Anti-Viren-Programme steigt beinahe proportional zur Anzahl der Computerviren. Sensationsheischende Schlagzeilen in der Presse wie beim Rummel um den Datacrime-Virus 1989 oder den Michelangelo-Virus 1992 trugen nicht gerade zur Aufklärung der Öffentlichkeit bei. Denn trotz des Medienspektakels um die Gefahren von Computerviren finden die DV-Schädlinge immer häufiger ihren Weg in die Rechner von Unternehmen. Nach einer gemeinsam von Price Waterhouse und Priority Data Systems Ltd. Mitte 1995 veröffentlichten Studie soll sich die Anzahl der infizierten Rechner in den letzten vier Jahren mehr als verdoppelt haben. Von den 200 untersuchten Unternehmen berichteten 61 Prozent, innerhalb der letzten 12 Monate von einer Virusinfektion betroffen gewesen zu sein. 1991 bestätigten dies nur 28 Prozent. Die Studie führt diesen Anstieg auf einen oberflächlichen Umgang mit Sicherheitsfragen zurück. Erstaunlicherweise setzten nur 74 Prozent der befragten Firmen eine Anti-Viren-Software ein.

Bei der Beurteilung der Gefährdung durch Computerviren muß aber auch bedacht werden, daß nur ein Bruchteil der bekannten Computerviren auch in nennenswertem Umfang auftritt. Die meisten Computerviren treten nur vereinzelt oder häufig auch nur regional beschränkt auf. Darüber hinaus besitzen nur die wenigsten Computerviren einen destruktiven Wirkungsteil. Experten schätzen, daß 90 Prozent der Kosten einer Vireninfektion für die Virensuche und -beseitigung ausgegeben werden. Die durch Computerviren herbeigeführten Beschädigungen oder Datenverluste verursachen dagegen nur rund zehn Prozent der Gesamtkosten einer Vireninfektion. Insofern besteht für den Anwender kein Grund, sich von der allgemeinen Virenhysterie anstecken zu lassen, solange er einige Vorsichtsmaßnahmen beachtet.

Virenalarme aus aller Welt

Über Vireninfektionen unterrichten Unternehmen und Behörden die Öffentlichkeit eher selten, um Imageschäden zu vermeiden. Trotzdem sind einige größere Infektionen über die Presse bekannt geworden.

Anfang 1990 wurde über ein Tochterunternehmen der Agfa-Gevaert AG aus Leverkusen, Agfa-Computergraphic, berichtet, sie habe den Macintosh-Virus nVIR(B) auf ihren Tooldisketten verbreitet. Agfa-Computergraphic gab die Viruspanne auch zu, bestritt jedoch die angeblichen Millionenschäden, zumal der nVIR(B) über keine zerstörende Schadfunktion verfüge.

Zur gleichen Zeit hatte der Jerusalem-Virus die Festplatten von mehreren Personalcomputern des Statistischen Bundesamtes der Vereinigten Staaten infiziert. Über eine verseuchte Masterdiskette gelangte der Computervirus auch auf über 700 Disketten, die das Bundesamt an regionale Institutionen verschicken wollte. Wenn die Infektion nicht rechtzeitig entdeckt worden wäre, hätte die Statistiksendung vermutlich eine landesweite Virenepidemie ausgelöst. Eine Variante des Jerusalem-Virus, der Jerusalem-B-Virus, wurde kurze Zeit später, am Freitag, den 13. Juli 1990, auf rund hundert Personalcomputern der Waseda-Universität in Japan bemerkt.

Der tückische Tarnkappenvirus „FRODO“ suchte am 9. Juli 1990 das Computernetz der Firma BP heim. Einmal resident im Hauptspeicher kontrolliert „FRODO“ sämtliche Dateizugriffe und infiziert jede ausführbare Datei, auf die zugegriffen wird. Die Ausführung eines alten Virenscanners würde beispielsweise jedes Programm auf dem untersuchten Datenträger infizieren. Da die befallenen Dateien dabei um 4096 Bytes verlängert werden, wird der Ende 1989 entdeckte FRODO-Virus auch „4K-Virus“ genannt. Durch seine Tarnkappeneigenschaft wird die Dateiverlängerung beim Aufruf des DOS-Befehls DIR zur Anzeige des Dateiverzeichnisses aber nicht sichtbar.

Die Schadfunktion des Virus umfaßt die Manipulation der Dateistruktur, durch die es zu Abstürzen und Speicherplatzengpässen kommen kann, sowie die Ausgabe der Meldung „FRODO LIVES“ am und nach jedem 22. September, dem Geburtstag von Frodo Baggin aus der Fantasy-Trilogie „Herr der Ringe“ von J.R.R. Tolkien. BP stellte zwar keine direkten Datenschäden durch den FRODO-Virus fest, dennoch verursachte die Entfernung des Computervirus einen Aufwand von rund 55.000 Mark. Am 12. und am 18. Juli infizierte der hochinfektiöse FRODO-Virus durch bei der Virenbeseitigung offenbar übersehene, verseuchte Disketten erneut das BP-Netz.

In der vorbereitenden Phase des Golfkrieges wurden auf über 20 Prozent der rund 5.000 eingesetzten Personalcomputer Computerviren gefunden. Dies wurde im Februar 1990 von der US-Regierung bestätigt. Bei den entdeckten PC-Viren handelte es sich jedoch lediglich um harmlose Varianten, die über Spielprogramme der Soldaten eingeschleppt worden seien. Die Rechner seien außerdem nicht für wichtige Anwendungen verwendet worden, so daß kein Schaden entstand. Allerdings darf vermutet werden, daß zumindest die Kriegslogistik und Kommunikation über diese Personalcomputer abgewickelt wurde, denn nur zum Spielen werden die US-Streitkräfte wohl kaum mehrere tausend Personalcomputer in die Golfregion transportiert haben. Auch schwieg sich die Regierung über den Aufwand für die Virenbeseitigung aus, denn selbst wenn tatsächlich kein direkter Schaden entstanden wäre, so entstanden doch zumindest Kosten für die Virenentfernung.

Ende 1990 infizierte der speicherresidente Computervirus „Nomenklatura“ das Novell-Netz der Statistikabteilung der Bibliothek des britischen Unterhauses. Die Abteilung erstellt aus Daten von verschiedenen Organisationen und Regierungsstellen, die per Diskette zugeliefert werden, Berichte für die Parlamentarier. Auf die Idee, alle eingehenden Disketten mit einem Virenscanner zu überprüfen, kam die Abteilung erst nach der Infektion. Der Nomenklatura-Virus beschädigt die Dateizuordnungstabelle des infizierten Rechners.

Am 9. April 1991 legte der Jerusalem-Virus große Teile des hausinternen PC-Netzes des amerikanischen Netzwerkanbieters 3Com lahm. Das 3Com-Netz bestand damals aus neun lokalen Netzen, an denen über 5.000 Rechner hingen. Klagen von Anwendern über Systemhänger und andere Störungen brachten das Wartungspersonal auf die Spur des digitalen Übeltäters. Die Netzwerkadministratoren legten daraufhin die infizierten Netze still und untersuchten alle angeschlossenen Rechner. Dabei wurde der Computervirus auf 25 Personalcomputern gefunden. Die Infektionsquelle konnte jedoch nicht ermittelt werden.

1991 wurden aus dem Computersystem der Universität Oxford alle Promotionsarbeiten durch den Spanish-Telecom-Virus gelöscht. Der Virus „Spanish Telecom“ oder „Telefonica“ wurde im Dezember 1990 in Spanien entdeckt. Seine Schadfunktion überschreibt den Bootsektor mit dem Kampana-Boot-Virus, der wiederum nach 400 Bootvorgängen des Rechners alle Sektoren der Festplatte mit Datenmüll überschreibt. Auf dem Bildschirm erscheint dabei die Meldung: „Campaña Anti-TELEFONICA (Barcelona)“. Die meisten der nur unregelmäßig gesicherten Arbeiten waren damit unwiederbringlich verloren.

Im September 1991 trat in der Internationalen Bank für Wiederaufbau und Entwicklung (Weltbank) in Washington der aus Amerika kommende Computervirus „Traveller“ auf, der nach 23 Infektionen die Nachricht: „Don't panic I'm harmless.“ auf dem Bildschirm ausgibt. Der Computervirus, der erst im August 1991 entdeckt wurde, erwies sich tatsächlich als harmlos. Der Beseitigungsaufwand war dafür um so größer, insbesondere weil die Mitarbeiter der Weltbank, die Milliardenbeträge zwischen den Industrienationen und den notleidenden Teilen der Welt bewegen, sich fragen lassen mußten, wie es möglich war, daß ein Computervirus in das gesicherte Computersystem der Bank eindringen konnte.

Im November 1991 infizierte ein Computervirus den Steuerrechner der Brennschneideanlage der Firma Klöckner Stahlhandel AG in Kassel. Die Bearbeitung wichtiger Aufträge verzögerte sich um bis zu zwei Wochen.

Im zentralen PC-Netz der Stadtverwaltung von San Diego County im US-Bundesstaat Kalifornien infizierte der Computervirus „Die Hard 2“ im Herbst 1994 mehr als hundert der rund 500 vernetzten Rechner. Mehrere hundert Angestellte konnten tagelang weder auf die netzbasierten Büroanwendungen zugreifen noch Daten vom Großrechner erhalten. Allein der Produktivitätsverlust der Mitarbeiter durch den Ausfall des Rechnernetzes wurde auf rund 50 Prozent geschätzt. Dagegen stieg die Arbeitsbelastung beim Benutzerservice um 200 Prozent. Zwar konnte die Virenquelle nicht ausgemacht werden, jedoch wurde der Vireninfekt dadurch erleichtert, daß die Stadt aus Kostengründen keinen Virenscanner mehr einsetzte, aber offensichtlich auch keine alternativen Virenschutzmaßnahmen getroffen hatte. In Deutschland dagegen handelt ein Systemadministrator nach aktueller Rechtsprechung bereits grob fahrlässig, wenn er keinen Virenschutz im Netz einsetzt.

Virenalarm gab es Anfang 1995 auch bei der Bundesanstalt für Arbeit in Nürnberg. Der harmlose Bootsektorvirus „Form“ wurde in den Datenbanken der Arbeitsmarktforscher entdeckt.

Vireninfektion durch Originalsoftware

Ein Anwender, der meint, sich durch die ausschließliche Verwendung von Originalsoftware vor Vireninfektionen schützen zu können, irrt. Die Beispiele zeigen, daß dieser Infektionsweg häufiger vorkommt, als die meisten Leser vermuten. Interessant ist auch, über welche, teilweise verschlungenen Wege ein Computervirus in die Softwarefirmen gelangen kann.

Der erste mit Originalsoftware verteilte Computervirus soll der Peace-Virus gewesen sein. Der Peace-Virus ist ein Macintosh-Virus, den ein kanadisches Mac-Magazin zum zweiten Geburtstag des Rechners „Mac II“ der Firma Apple schreiben ließ. Der Computervirus, der den Benutzer nach dem 2. März 1988 mit einem Bild des Planeten Erde und einer „Universal Message of Peace“ begrüßte, enthielt keine Schadfunktion. Nachdem er seine Friedensmeldung auf den Bildschirm projiziert hatte, löschte er sich selbst und hinterließ keine weiteren Spuren. Geschrieben wurde er von dem 23jährigen Programmierer Drew Davidson aus Tucson im US-Bundesstaat Arizona. Davidson war ein Freund des Herausgebers des kanadischen Mac-Magazins „MacMag“, Richard Brandow. Nach Presseberichten wurde der Peace-Virus, der sich später in der Originalsoftware wiederfand, über Spieledisketten beim Treffen der Mac-Anwender in Montreal verteilt. Ein Teilnehmer dieses Mac-Treffens, Marc Canter, arbeitete gerade für die Softwarefirma Aldus Corporation. Die Diskette mit dem Spielen probierte Canter an seinem Firmen-PC aus, auf dem auch eine neue Software einen letzten

Test kurz vor dem Vertriebsstart durchlief. Der Computervirus infizierte dieses Programm unbemerkt und wurde auf einer Diskette, zusammen mit dem infizierten Programm, zur Firmenzentrale nach Seattle im US-Bundesstaat Washington gesandt. Dort gelangte der Computervirus in das Grafikprogramm „Freehand", das Aldus schließlich an Computergeschäfte in ganz Amerika auslieferte. Erst nach 5.000 Programmkopien bemerkte Aldus die Infektion.

In Australien wurde Mitte 1990 der Computervirus „Stoned" auf originalverpackten Kopien des Textverarbeitungssystems Wordperfect der amerikanischen Wordperfect Corp. aus Orem/Utah entdeckt. Die italienische PC-Zeitschrift „PC Club" verbreitete zur gleichen Zeit den gleichen Virus auf einer Gratisdiskette bei ihren Lesern. Kurz danach sorgte ein Virenfund bei der englischen Zeitschrift „PC Today" für Aufregung. Ein Virenscanner entdeckte den gefährlichen Ogre-Virus, auch „Disk Killer" genannt, auf einer von 40.000 distribuierten Disketten. Der speicherresidente Bootsektorvirus verschlüsselt unwiederbringlich die gesamte Festplatte. Zum Glück versteckte sich der Computervirus in als schlecht gekennzeichneten Sektoren der Diskette, die von der Kopierstation nicht mitkopiert werden konnten, so daß sich nur nicht ablauffähige Fragmente des Ogre-Virus auf den Disketten befanden.

Auch anderen namhaften Herstellern unterliefen solche Mißgeschicke: Der amerikanische Chiphersteller Intel verschickte 800 Kopien der Netzwerksoftware LANSpool 3.01, die mit dem Michelangelo-Virus infiziert waren. Der Softwarehersteller Novell beglückte 3.800 Kunden mit dem Stealth-Virus „Stoned III" und die amerikanischen Unternehmen Leading Edge und Da Vinci Systems sollen ebenfalls eine unbekannte Anzahl infizierter Software an ihre Kunden ausgeliefert haben.

Aber auch in Deutschland enthielten vermeintlich virenfreie Originaldisketten und CD-ROMs bereits mehrfach Computerviren. So etwa auch eine Diskette mit einem Erfassungsprogramm für ein Projekt namens „Catalogue of Advanced Education and Research", das im Januar 1990 vom Akademischen Auslandsamt der RWTH Aachen an alle Lehrstühle verschickt wurde. Die damalige Forschungsministerin von Nordrhein-Westfalen, Anke Brunn, forderte in einem persönlichen Schreiben alle Lehrstuhlinhaber auf, sich an dieser Datenerhebung zu beteiligen. Einen Monat später wurde an vielen nordrhein-westfälischen Hochschulen auf DOS-Rechnern der Herbstlaub-Virus, auch unter dem Namen Cascade-Virus bekannt, gefunden. Dieser Computervirus befällt .COM-Dateien und läßt - in Abhängigkeit von der Systemuhr und einem Zufallsgenerator - in den Monaten September bis Dezember nach einem statistischen Verfahren ausgewählte Zeichen auf dem Bildschirm senkrecht auf die unterste, freie Zeile herunterfallen. Der Computervirus wurde über das infizierte Erfassungsprogramm auf der Diskette des Akademischen Auslandsamtes auf die Hochschulrechner übertragen. Erst mit einem Schreiben vom 4. März wurden die Teilnehmer der Datenerhebung über die Viruspanne informiert, die der Kopierstation angelastet wurde.

Im April 1992 warnte Micrografx seine deutschen Kunden vor dem Form-Virus in den beliebten PC-Grafikprogrammen „Designer 3.1“ und „Charisma 2.1“. In die Softwarepakete, die nach dem 24. Februar 1992 ausgeliefert wurden, hatte sich der relativ harmlose Computervirus eingeschlichen. Wie der Computervirus auf die Masterdisketten kam, konnte Micrografx nicht feststellen. Auf jeden Fall habe die Kopierstation in Irland die Disketten vor dem Kopierauftrag nicht mit einem aktuellen Virenscanner geprüft. Den betroffenen Anwendern bot Micrografx einen kostenlosen Umtausch sowie die Zusendung eines Virenscanners an.

Im Mai 1993 verbreitet ein Shareware-Händler, der offenbar einen alten Virenscanner verwendete, den Tremor-Virus. Zu seinen Kunden gehörte auch die Videodat Medien GmbH in Wesseling bei Köln, die zu bestimmten Zeiten Daten über einen Kanal des Fernsehsenders Pro 7 ausstrahlt. Der Datenkanal „Videodat“ kann parallel zum regulären TV-Programm des Privatsenders mit einem speziellem Decoder empfangen werden, der zwischen Fernseher und PC geschaltet werden muß. Schätzungsweise rund 60.000 Computeranwender können über Videodat Daten empfangen. Die mit Tremor infizierte Datei PKUNZIP.EXE, ein Entpackungsprogramm, wurde am Freitag, den 7. Mai 1993 um 14.04 Uhr über „Videodat“ verbreitet.

Im Herbst 1994 wurde der Bootsektorvirus Parity_Boot-Virus auf mindestens 10.000 Begrüßungsdisketten für Neuabonnenten der Zeitschrift „PC-Professionell“ des Ziff-Verlages verteilt. Eigentlich sollte sich nur ein Screensaver auf der Diskette befinden. Der Parity_Boot-Virus schaltet nach einer bestimmten Zeit den Monitor in einen anderen Modus und hält den Prozessor an. Auf dem Bildschirm erscheint die Meldung: „PARITY CHECK“. Der Chefredakteur Eduard Altmann entschuldigte sich in der Novemberausgabe der Zeitschrift in aller Öffentlichkeit bei den Geschädigten. Angeblich verließ die Masterdiskette den Ziff-Verlag virenfrei, so daß die Infektion bei der Erstellung der Versanddisketten aufgetreten sein muß. Offensichtlich hatte die beauftragte Kopieranstalt weitere Diskettenkopien der Masterdiskette mit einem Personalcomputer erstellt, der mit dem Computervirus infiziert war. Alle Betroffenen wurden vom Ziff-Verlag separat informiert und mit einer Diskette des Anti-Viren-Programmes „F-Prot“ versorgt.

Aber auch namhafte Unternehmen wie Mercedes, Sony und sogar das Wirtschaftsministerium versandten Anfang 1995 virenbefallene Informationsdisketten. Auf einer Begleitdiskette, die Mercedes-Benz im April 1995 als Anlage zu einer Pressemappe mit Informationen zur neuen E-Klasse an rund 2.000 Journalisten verschickt hatte, befand sich ein Computervirus aus der Familie der Stoned-Viren. Der Bootsektorvirus war angeblich durch eine Änderung in letzter Minute auf die Masterdiskette gelangt. Kurze Zeit später erhielten die Journalisten vom deutschen Autobauer eine Diskette mit einem Anti-Viren-Programm, zusammen mit einem Entschuldigungsschreiben. Sony Deutschland verschickte einen Monat später an rund 50 Journalisten Info-Disketten. Die Disketten enthielten neben der erwarteten Software aber auch den Computervirus „Form“. Der japanische Elektronikkonzern entschuldigte sich kurze Zeit nach der Übersendung der Diskette ebenfalls bei den Journalisten und legte eine Anleitung zum Entfernen des Computervirus bei.

Nachdem Microsoft Großbritannien bereits Ende Februar 1995 an 200 britische Softwareentwickler Demo-Disketten verteilt hatte, die mit dem Form-Virus infiziert gewesen sind, hat im September 1995 Microsoft Deutschland eine CD-ROM mit einer Variante des Computervirus „Winword.Concept" verbreitet. Das Mißgeschick fand im Rahmen der Veranstaltung „Migration 95" am 12. und 14. September 1995 statt, bei der Microsoft vor über hundert IT-Führungskräften das damals neu auf dem Markt erschienene Betriebssystem Windows 95 vorstellte. Die Teilnehmer erhielten während der Vorführung eine CD-ROM mit Previews von Microsoft-Anwendungen für das neue Betriebssystem. Allerdings enthielt die CD auch eine Winword-Datei INHALT.DOC, die mit der Virusvariante infiziert war. „Winword.Concept" gehört zu einer neuen Generation von Computerviren, die Dokumente anstelle von ausführbaren Dateien infiziert. Die Computerviren dieser Generation, denen aufgrund ihrer Betriebssystemunabhängigkeit eine hohe Verbreitungsgeschwindigkeit unterstellt wird, verwenden die Makrosprachen moderner Anwendungen, wie in diesem Fall Word Basic der Textverarbeitung Winword 6.0. Wird ein mit „Winword.Concept" infiziertes Dokument geöffnet, läuft der Computervirus als sogenanntes „Auto-open-Makro" sofort ab und infiziert die Standard-Dokumentenvorlage, in der Regel NORMAL.DOT. Allerdings kann der Anwender die Infektion leicht erkennen, da „Winword.Concept" bei der Erstinfektion ein Nachrichtenfenster mit der Zahl „1" erzeugt, das durch Aktivierung der „OK"-Schaltfläche geschlossen werden muß. Bei Folgeinfektionen erscheint diese Meldung allerdings nicht mehr. Grund zur Panik geben diese Computerviren in der Regel nicht, sie mahnen allerdings zur Vorsicht. „Winword.Concept" verfügt über keinerlei Schadfunktionen, stellt jedoch eine Belästigung dar, weil alle Dokumente als Vorlagen gespeichert werden.

Das unerwünschte Makro kann aber auch nach der Erstinfektion leicht entdeckt werden, da Makros vor Winword nicht versteckt werden können. Über die Winword-Menübefehle Extras-Makro erhält der Anwender eine Liste der verfügbaren Makros. Zahlreiche unbekannte Makros sollten zum Nachdenken Anlaß geben. „Winword.Concept" verrät sich beispielsweise durch eine ganze Batterie von Makros mit den Namen „AAAZFS", „AAAZAO", „AutoOpen", „Payload" und „FileSaveAs". Zur Beseitigung dieses virusähnlichen Makros, das auch „Prank-Makro" (engl. prank = Streich, Trick) genannt wird, hat Microsoft für die englischsprachige Winword-Version ein Tool entwickelt, das übers Internet (Adresse: http://www.microsoft.com/msoffice) oder über andere Online-Dienste bezogen werden kann. Allerdings kann der Anwender die Makros auch selber über die Menübefehle Extras Makro in der Vorlage NORMAL.DOT sowie in allen infizierten Dateien löschen. Die Dateien müssen dazu allerdings mit gedrückter Shift-Taste geöffnet werden, um die automatische Ausführung des Makros zu verhindern.

Durch den Mißbrauch der mächtigen Makrosprachen von PC-Anwendungen, mit denen sich Makros automatisch starten lassen, droht eine neue Virenwelle, zumal Makro-Viren relativ einfach zu programmieren sind. Da beispielsweise mit dem Kommando „Shell“ auch Betriebssystembefehle aufgerufen werden können, wird auch der Einbau von Schadfunktionen kein größeres Problem darstellen. Beruhigend für den Anwender ist lediglich, daß die Makro-Viren nur schlecht getarnt werden können und vom aufmerksamen Benutzer leicht zu entdecken und zu entfernen sind.

Der Einsatz von Shareware birgt ein noch höheres Infektionsrisiko. Hinter dem Begriff Shareware verbirgt sich ein Vermarktungskonzept für Software, bei dem der Anwender kostenlos eine meist eingeschränkt funktionsfähige Version eines Programmes erhält. Gefällt dem Anwender das Programm, so kann er sich gegen Zahlung einer Gebühr beim Programmierer registrieren lassen und erhält eine vollfunktionsfähige Programmversion mit zugehöriger Dokumentation. Dieses Vermarktungskonzept wendet sich vor allem an Programmierer, die über keine eigenen Vertriebskanäle verfügen. Allerdings befanden sich in der Vergangenheit des öfteren auch Computerviren auf Shareware-Disketten, da die Programme häufig weitergereicht wurden oder aus unbekannten Quellen stammten. Seit es Shareware auch auf CD-ROM gibt, scheint zumindest das bisherige Hauptrisiko der nachträglichen Infektion der Shareware gebannt zu sein. Allerdings befanden sich in mehreren Fällen selbst auf solchen Shareware-CDs Computerviren, die offensichtlich bei der CD-Pressung nicht erkannt worden sind. Über ein Dutzend Shareware-CD-Titel enthielten oder enthalten mindestens einen Computervirus. Hier eine kleine Auswahl:

CD-Titel	**Infizierte Datei**	**Virusname**
Mediaplex DFÜ CD	SPORT21C.ZIP	butterfly.crusader
Mediaplex Sampler	SPORT21C.ZIP	butterfly.crusader
Night Owl's 7	SINBAD.ZIP	Trojanisches Pferd
Night Owl's 10	SF2_UP.ZIP STERNQFG.ZIP SPORT21C.ZIP	Memory Lapse Wisconsin butter- fly.crusader
Night Owl's 12	CIRCAD35.ZIP BUST074.ZIP	Irish Asstral_Zeuss
Night Owl's 15	DMNCHEAT.ZIP	TaiPan.666
VIVA Megarom Sampler 1993	TM411.ZIP TM411UP.ZIP	butterfly.crusader

Tabelle 6: Auswahl infizierter Shareware-CDs

Schadensersatz kann der Käufer einer infizierten CD-ROM, die nachweislich beim Kauf bereits infiziert war, in der Regel nicht erwarten. Der Verkäufer haftet in Deutschland nur, wenn der Computervirus durch vorsätzliches oder grob fahrlässiges Verhalten beim Verkauf oder bei der Herstellung auf die CD-ROM gelangt ist. Dieser Nachweis ist vom Käufer nur schwer zu erbringen. Allerdings liegt ein Sachmangel in Form eines Fehlers vor und der Käufer kann die Rückgängigmachung des Kaufvertrages (Wandlung) nach § 462 BGB verlangen.

Eine Auswahl der häufigsten Computerviren

Zwar gibt es keine offizielle Hitliste der häufigsten Viren, jedoch erscheinen in verschiedenen Umfragen und Untersuchungen die nachfolgenden Computerviren fast immer unter den Top Ten.

Form

Der Form-Virus ist ein einfacher Bootsektorvirus ohne dramatische Schadfunktion, der im Februar 1990 in Zürich entdeckt wurde. Er gilt als der verbreitetste Computervirus. Der Programmcode enthält die wahre Aussage: „FORM doesn't destroy data!". Am 24. eines Monats ertönt unter bestimmten Umständen (wenn der Tastaturtreiber KEYB.COM nicht geladen ist) bei jedem Tastendruck ein leises Knacken aus dem Systemlautsprecher. Da in Deutschland der Tastaturtreiber in der Regel geladen ist, kann sich der Form-Virus unbemerkt vermehren.

Der Bootsektorvirus Form läßt sich, wie alle Bootsektorviren, nach einem Systemstart von einer virenfreien Systemdiskette durch Eingabe von SYS A: im Falle eines infizierten Bootsektors oder FDISK /MBR bei infiziertem Partitionssektor auch ohne ein Anti-Viren-Paket entfernen.

Michelangelo

Der Systemvirus Michelangelo trat erstmals im Februar 1991 in Australien auf. Seinen großen Auftritt hatte der Michelangelo-Virus aber erst 1992, als er weltweit großes Aufsehen erregte und der Öffentlichkeit die Augen für die Gefahren öffnete, die von Computerviren ausgehen. Selbst das amerikanische FBI, Scotland Yard in England und das Handelsministerium in Japan warnten vor dem Michelangelo-Virus. Grund für die Panik war die verheerende Schadfunktion des Computervirus und seine angenommene Verbreitung. Jedes Jahr, am 6. März – dem Geburtstag des italienischen Künstlers Michelangelo Buonarroti – löscht „Michelangelo" alle Daten von dem Speichermedium (Festplatte oder Diskette), von dem der Rechner gestartet wird.

Im Jahr 1992 hatte sich der Michelangelo-Virus rasend schnell verbreitet, da insbesondere diverse PC-Hersteller in den USA und Asien sowie Wartungsfirmen den Computervirus unabsichtlich auf Programmdisketten für Bildschirmkarten, Maustreiber und Modems weitergaben. Nach Angaben des Bundesamtes für Sicherheit in der Informationstechnik (BSI) wurden aufgrund der frühzeitigen Warnung der Anwender durch die Medien rund 1.000 infizierte Rechner noch vor dem schicksalhaften 6. März bei den Virentestzentren der Universitäten Hamburg und Karlsruhe gemeldet. Am Freitag, den 6. März, wurden dann nochmals rund 50 Fälle bekannt, bei denen der Michelangelo-Virus Daten auf der Festplatte gelöscht hatte. Ausgehend von der Annahme, daß höchstens zehn Prozent aller Fälle gemeldet wurden, konnte nach Berechnungen des BSI der Befall von mindestens 10.000 Rechnern rechtzeitig entdeckt werden.

Die von den Medien am 6. März 1992 vorhergesagte Katastrophe blieb jedoch aus und so fühlten sich viele Anwender wegen der übertriebenen Panikmache eher in die Irre geführt. Gewinner waren die Hersteller von Anti-Viren-Software: Die Anti-Viren-Software-Schmiede Central Point Software aus Beaverton im US-Bundesstaat Oregon meldete einen Umsatzanstieg von über 700 Prozent von einem Monat auf den anderen, der große deutsche EDV-Händler Data Becker aus Düsseldorf und der Münchener EDV-Anbieter Computer 2000 versechsfachten ihren Umsatz mit Anti-Viren-Programmen. Gewinnbringend für die Virenjäger waren auch zahlreiche Aufträge von Unternehmen oder Behörden, Arbeitsplatzrechner auf Computerviren zu überprüfen sowie Seminarveranstaltungen zum Thema Virenschutz durchzuführen, die bis zur Ausbildung zum Virenschutzbeauftragten gipfelten.

Der Computervirus Michelangelo wird von allen gängigen Anti-Viren-Programmen erkannt und entfernt.

Tequila

Der Computervirus Tequila ist ein kombinierter Programm- und Systemvirus mit ausgefeilter Verschlüsselungstechnik, der erstmals im April 1991 in der Schweiz gesichtet wurde. In Europa verbreitete sich der Computervirus über ein infiziertes Shareware-Spiel. „Tequila" verfügt zwar über keine echte Schadfunktion, allerdings kann das Aufrufen des DOS-Befehls CHKDSK mit der Option /F zur Zerstörung von Dateien führen.

Da der Tequila-Virus sich selbst nach verschiedenen Methoden verschlüsselt, erkannten einige Anti-Viren-Programme zuerst nur eine einzige Form des Computervirus. Der Tequila-Virus ist aber in jedem Fall durch den unverschlüsselten Text zu erkennen, den er auf den letzten Sektoren der Festplatte ablegt: „Loving thoughts to L.I.N.D.A., BEER and TEQUILA forever!". In diesem Textteil befindet sich auch ein Hinweis auf ein Postfach (Box 542/6312) im schweizerischen Steinhausen, an Hand dessen die Schweizer Behörden die Virenprogrammierer, zwei Schüler (18 und 21 Jahre alt), ausfindig machen konnten.

Jerusalem

Der Jerusalem- oder Israeli-Virus ist nach seinem Entstehungsort benannt. Er tauchte erstmals im Dezember 1987 an der Hebrew University in Jerusalem, Israel, auf. Beim Jerusalem-Virus handelt es sich um einen residenten Programmvirus, der .COM- und .EXE-Dateien infiziert und diese um rund 1.800 Zeichen verlängert.

Der Jerusalem-Virus hat zahlreiche Schadfunktionen. Die gefährlichste Schadfunktion tritt jeweils am 13. eines Monats ein, wenn dieser auf einen Freitag fällt. In diesem Fall löscht der Jerusalem-Virus jedes infizierte Programm, das an diesem Tag aufgerufen wird. Eine Manipulation des Systemdatums kann die Auslösung der Schadfunktion nicht verhindern, da der Jerusalem-Virus über eine eigene Datumsroutine verfügt. Darüber hinaus setzt der Jerusalem-Virus jeden zweiten Tag 30 Minuten nach dem Start eines infizierten Programmes die Prozessorgeschwindigkeit herunter und läßt auf dem Bildschirm ein kleines Rechteck erscheinen.

Der Jerusalem-Virus läßt sich - wie alle Programmviren - nach einem Systemstart von einer virenfreien Systemdiskette durch Ersetzen der infizierten Programmdateien mit nicht infizierten Sicherungskopien auch ohne ein Anti-Viren-Paket beseitigen.

Herbstlaub

Der Herbstlaub-Virus (alias „Fall", „Cascade", „1.701" oder „1.704") wurde erstmals im September 1988 an der Universität Konstanz aufgespürt. Er infiziert .COM-Dateien, die um 1701 oder 1704 Zeichen verlängert werden. In den Hitlisten der häufigsten Computerviren wird er meist direkt nach dem Form-Virus genannt. Einmal aktiviert, verbleibt er resident im Hauptspeicher und infiziert weitere Programme, in denen er sich verschlüsselt einnistet.

In seiner Urfassung wurde der Herbstlaub-Virus über ein Hilfsprogramm (sog. „Trojanisches Pferd") in fremde Rechner eingeschleust. Das Hilfsprogramm gab vor, beim Startvorgang des Rechners den NUMLOCK-Schalter der Tastatur auszuschalten, damit die Cursortasten auf dem Ziffernblock genutzt werden können. In Wirklichkeit infizierte das Hilfsprogramm gleichzeitig weitere Dateien.

In herbstlichen Monaten läßt die Schadfunktion des Herbstlaub-Virus zufällig ausgewählte Zeichen vom oberen Bereich des Monitors senkrecht nach unten rutschen, was die Anwender an einen herbstlichen Blätterregen erinnert. Bei jedem Auftreffen eines Buchstabens auf den Boden ertönt ein Klickgeräusch. Der Computervirus hinterläßt ansonsten keine bleibenden Schäden. Spätere Varianten dieses „Scherzvirus" weisen modifizierte Schadfunktionen auf, die bis zur Formatierung der Festplatte reichen.

Stoned

Der Stoned-Virus, auch Marijuana- oder Neuseeland-Virus genannt, infiziert die Bootsektoren von Disketten und Festplatten. Der Bootsektor, bei Festplatten auch Partitionssektor oder Master Boot Record (MBR) genannt, enthält Informationen, die dem BIOS angeben, von welchem Teil der Festplatte (Partition) gebootet werden soll. Der Stoned-Virus tauchte erstmals 1988 in Neuseeland auf. Ein Jahr später wurde er sogar im australischen Verteidigungsministerium festgestellt. Beim Booten von einer infizierten Diskette ertönt gelegentlich ein Piepston und auf dem Bildschirm erscheint die Meldung: „Your computer is now Stoned." Im Viruscode befindet sich außerdem der Text: „Legalize Marijuana". Eine Schadfunktion weist der Stoned-Virus nicht auf, jedoch können durch seine Einlagerung in den Bootsektor Dateieinträge verlorengehen.

Tremor

„...great polymorphic abilities,...", „...hard to spot.", „..., Tremor is a remarkable virus.", „No other virus can do the same."

(Beschreibung des Computervirus Tremor im Virenlexikon der Anti-Viren-Software „F-Prot" von Frisk Software International)

Der polymorphe Programmvirus Tremor wurde erstmals Anfang 1993 in Deutschland angetroffen. Der Tremor-Virus infiziert .COM- und .EXE-Dateien und verlängert diese um 4.000 Zeichen. Technisch auf dem Stand der Zeit, kann er über fünf Milliarden unterschiedliche Nachkommen von sich selbst erzeugen und gleichzeitig seine Existenz vor Virenscannern raffiniert verbergen. Seinen Namen hat er von dem Text, den er enthält: „T.R.E.M.O.R. was done by NEUROBASHER / May - June '92, Germany". Gelegentlich wird dieser Text zusammen mit dem Text „-MOMEMT-OF-TERROR-IS-THE-BEGINNING-OF-LIFE" auf dem Bildschirm ausgegeben. Seine zweite Schadfunktion tritt ebenfalls selten in Aktion und kündigt sich durch ein leichtes vertikales Zittern des Bildschirmes an, bevor der Rechner hängt. Besonders die Anti-Virus-Software der Firma Central Point „Anti-Virus" kann der Tremor-Virus nicht leiden. Er sucht gezielt nach Namenserweiterungen mit .CP und manipuliert diese Dateien, so daß die residenten Scanner von Central Point den Tremor-Virus nicht mehr entdecken. MS-DOS 6.0 wurde serienmäßig mit dem Anti-Viren-Programm von Central Point ausgeliefert.

Gefährliche Computerviren

Gefährliche Computerviren sind weit weniger verbreitet als dies aufgrund von reißerischen Anzeigen und lancierten Pressemitteilungen der Anti-Viren-Branche dem Leser erscheinen mag. Theoretisch können Computerviren auch die Hardware angreifen. So wären die Zerstörung des Bildschirms durch extreme Fokussierung, das zielgerichtete Überlasten von Schaltkreisen oder die durch Schwingung hervorgerufene physikalische Beschädigung von Laufwerken durchaus denkbar. Die meisten Berichte über Computerviren, die PC-Bildschirme zerbrennen oder Prozessoren durch Dauerbelastung überhitzen, gehören jedoch in die Gerüchteecke. Trotzdem sei an dieser Stelle eine kleine Auswahl aus dem digitalen Horrorkabinett aufgeführt.

Datacrime

Die Nachricht vom Datacrime-Virus löste in den USA und in Europa 1989 eine regelrechte Hysterie aus. Der Nachrichtensender CNN, die amerikanische Presseagentur Associated Press, die niederländische Polizei und selbst die „Tagesthemen" warnten die Öffentlichkeit vor diesem Computervirus. Der Link-Virus Datacrime-Virus infiziert .COM-Dateien, indem er die ersten drei Bytes mit einem Sprungbefehl (link) auf seinen Programmcode, der ans Ende des Wirtsprogrammes angefügt wird, überschreibt. Seine Schadfunktion wird zwischen dem 13. Oktober und dem 31. Dezember aktiviert. Nach der Meldung „DATACRIME VIRUS RELEASED 1 MARCH 1989" überschreibt der Datacrime-Virus die Spur 0 der Festplatte und gibt anschließend einen Dauerton aus. Dieser Dauerton kann vom Anwender nur durch einen Neustart des Rechners abgebrochen werden, der aber wegen der vorgenommenen Initialisierung der Festplatte scheitert. Es bleibt als letztes Mittel die Neuinstallation der Festplatte. Der Datacrime-Virus ist allerdings nicht stark verbreitet, daher konnten auch am Tag nach dem 13. Oktober 1989 (zum Leidwesen der Journalisten) kaum Schäden durch diesen Computervirus festgestellt werden.

dBase

Der im Oktober 1989 entdeckte Programmvirus dBase-Virus infiziert .COM-Dateien und verlängert diese um 1.864 Zeichen. Die Schadfunktion des dBase-Virus ist heimtückisch: Jede mit dem Datenbankprogramm dBase erstellte Datei (Extension .DBF) wird in der versteckten Datei BUGS.DAT gespeichert. Bei jeder Änderung an einer der dBase-Dateien, die in BUGS.DAT gespeichert sind, werden die jeweils benachbarten Zeichen vertauscht. Aus der Zahl 8.179 wird beispielsweise 1.897. Allerdings merkt der Anwender von dieser Vertauschung erst einmal nichts, da sie beim Öffnen der Datei wieder rückgängig gemacht wird. Dazu wird die Position der vertauschten Zeichen in der versteckten Datei BUGS.DAT mitgesichert. Allerdings löscht der dBase-Virus BUGS.DAT 90 Tage nach der Infektion ebenso wie die Datei-Zuordnungstabelle (FAT) des Rechners. Da mit dem relationalen PC-Datenbankprogramm dBase früher vor allem Finanzdaten verwaltet wurden, hatten die Verfälschungen meist katastrophale Auswirkungen. Allerdings ist „dBase" schon seit längerer Zeit nicht mehr aufgetaucht, so daß dieser Computervirus als „ausgerottet" gilt.

Dark Avenger

Der Dark Avenger-Virus, auch Eddie-Virus genannt, wurde im November 1989 in den Vereinigten Staaten entdeckt. Der 1.800 Byte lange Computervirus lagert sich in den Hauptspeicher ein und infiziert bei jedem Lesevorgang .COM- und .EXE-Dateien. Der im Computervirus enthaltene Text „Eddie lives ... somewhere in time“ und “This Program was written in the City of Sofia © 1988-89 Dark Avenger“ deutet auf einen bulgarischen Virenursprung hin. Immer wenn ein infiziertes Programm gestartet wird, überschreibt „Dark Avenger“ mit einer Wahrscheinlichkeit von 1:16 einen zufällig ausgewählten Sektor der Festplatte. Alle Daten in diesem Sektor sind unwiederbringlich verloren.

Jahrhundert

Die Jahrhundert-Viren gehen auf den Jerusalem-Virus zurück und sind eine Art Mythos der Virengeschichte. Der Jahrhundert-A-Virus soll am 1. Januar 2000 auf allen infizierten Festplatten und Disketten die Datei-Zuordnungstabellen (FAT) löschen und anschließend mit lauter Nullen überschreiben. Danach soll auf dem Bildschirm die Meldung "Welcome to the 21st Century" ausgegeben werden.

Der Jahrhundert-B-Virus soll seine Schadfunktion nur beim Programm BACKUP.COM entfalten, mit dem Sicherungskopien von Dateien hergestellt werden können. Die mit einem infizierten Programm BACKUP.COM hergestellten Datensicherungen sollen unbrauchbar sein, da die Schadfunktion des Jahrhundert-B-Virus die Schreiboperationen bei der Herstellung der Sicherungskopien unbemerkt stört. Wie der dBase-Virus wurden Jahrhundert-Viren aber schon seit längerer Zeit nicht mehr gemeldet; sie gelten ebenfalls als "ausgerottet" (falls sie jemals existiert haben).

Media-Markt-Virus

Dieser Computervirus, der erstmalig am 9. September 1995 alle Daten von der Festplatte löscht und dabei das Logo des Media-Marktes und einen Totenkopf anzeigt, gilt auch als eine neue Form der Computersabotage mit rufschädigender Wirkung für die Fachmarktkette Media Markt. Vermutlich wurde der Computervirus mit einem Virengenerator gebaut und gehört zur Klasse der Programmviren. Der tückische Computervirus verbreitet sich unbemerkt bei jedem Aufruf eines infizierten Programmes und macht vor dem 9. September in keinster Weise auf sich aufmerksam. Der Geschäftsführer der Media Markt Management GmbH, Jürgen Jacob, reagierte entsprechend offensiv. Er zeigte den unbekannten Virenprogrammierer sowohl beim bayerischen Landeskriminalamt als auch beim Bundeskriminalamt an und verteilte über seine Elektronikmärkte Disketten mit der aktuellen Shareware-Version des Anti-Viren-Programmes „VirusScan“ von

McAfee. Außerdem setzte er eine Belohnung von 20.000 Mark für die Ergreifung des Täters aus.

Nützliche Computerviren

Die Idee, Computerviren für nützliche Zwecke einzusetzen, ist alt. Das charakteristische Virenmerkmal, die Reproduktionsfähigkeit, kann beispielsweise zur Softwareverteilung oder Wartung in Computernetzen eingesetzt werden. Andere Ideen, um Computerviren nutzbringend einzusetzen, muten dafür eher etwas seltsam an. So plant ein Physiker aus Dresden, Computerviren einzusetzen, um die Fahrzeugelektronik zu verseuchen, falls versucht wird, ein Auto – ausgestattet mit der von ihm entwickelten Wegfahrsperre – ohne Originalschlüssel zu starten. Der rechtmäßig Besitzer kann die Computerviren mit einem Geheimcode später wieder neutralisieren. Die Vermarktungschancen dieses Systems sollen allerdings gering sein.

Auch das Pentagon liebäugelt mit aus seiner Sicht nützlichen Computerviren. Bereits 1990 wurde im Rahmen des Small Business Innovation Research Program eine Machbarkeitsstudie mit 50.000 Dollar ausgeschrieben, die untersuchen sollte, ob sich Computerviren konstruieren ließen, die in die Computer potentieller Kriegsgegner eingeschleust werden könnten. Das Projekt wurde Operation „D-Waffen" getauft. Weitere 500.000 Dollar wurden für die Programmierung eines militärisch verwertbaren Computervirus ausgesetzt.

Computerviren unter anderen Betriebssystemen

Zwar kann kein anderes Betriebssystem mit MS-DOS mithalten, was die Anzahl der Computerviren angeht, jedoch sind Virenprogrammierer auch auf anderen Betriebssystemen aktiv.

UNIX

Obwohl UNIX-Systeme, deren Sicherheitsmechanismen zu Gunsten der Offenheit nicht so restriktiv gehandhabt werden, für Computerviren prinzipiell gute Voraussetzungen bieten, bewegen sich insgesamt nur wenige Computerviren unter dem Betriebssystem UNIX. Ein gefährlicher und bekannter UNIX-Virus ist der (Bourne-) Shellscript-Virus „AT&T Attack Virus", der 1988 von einem amerikanischen UNIX-Sicherheitsexperten der AT&T Bell Labs für Demonstrationszwecke geschrieben wurde. Der 634 Byte lange Computervirus infiziert alle Shellscripts im aktuellen Verzeichnis und in den Verzeichnissen */bin, /usr/bin* und */u*/*/bin.* Die Schadfunktion des „AT&T Attack Virus" wird ausgelöst, wenn ein infiziertes Shellscript von *root* aufgerufen wird. Der Computervirus kopiert dann die Shell */bin/sh* mit Super-User-Status in eine Datei im */tmp*-Verzeichnis, das allen Benutzern zugänglich ist. Über das gesetzte s-Bit erhält jeder, der diese Datei aufruft, Super-User-Berechtigung. Zwar warnt der Computervirus über *mail*, daß eine Sicherheitslücke geschaffen wurde, allerdings ist der Computervirus leicht zu modifizieren.

Weitere bekannte UNIX-Viren sind

- der 1993 veröffentlichte Dateivirus „VMAGIC", der nur COFF-Dateien (Dateien mit Informationen für die Fehlersuche) befällt und über keine Schadfunktion verfügt sowie
- der Begleit-Virus „ls", der sich in alle unter $PATH beschreibbaren Verzeichnisse kopiert.

OS/2

Sollte sich IBM mit OS/2 jemals gegen Microsoft am PC-Markt durchsetzen, rechnen Experten mit einer steigenden Anzahl von OS/2-Viren. Da das 32-Bit-Betriebssystem OS/2 bisher jedoch noch nicht allzu verbreitet ist, geht die größte Gefahr von den existierenden DOS-Viren aus, da durch die weitergeführte DOS-Kompatibilität von OS/2 DOS-Viren weiterhin ablauffähig sind. Insbesondere bei Verwendung des neuen Dateisystems HPFS (High Performance File System) kann es zu unvorhergesehenen Nebenwirkungen kommen. Beispielsweise führt der harmlose Form-Virus unter OS/2 zum Hängen des Rechners beim Booten.

Das überlegene Speicherkonzept von OS/2 verhindert aber immerhin, daß sich residente Computerviren beliebig vermehren können, wenn das infizierte Programm als DOS-Task unter OS/2 gestartet wird. Jede Task verwendet nämlich nur seine eigenen, fest zugewiesenen Speicherbereiche.

Bekannte OS/2-Viren sind

- der harmlose Jiskefet, der alle .EXE-Dateien im aktuellen Verzeichnis infiziert und
- der überschreibende 40Hex, der den Namen des infizierten Programmes aber am Bildschirm anzeigt.

Windows 95

Solange das Betriebssystem Windows 95 noch nicht die Installationszahlen von DOS/Windows 3.x erreicht hat, konzentrieren sich die Virenprogrammierer lieber auf ihr angestammtes Gebiet. Grundsätzlich beinhaltet das Betriebssystem Windows 95 aber Mechanismen, um Computerviren zu programmieren. Die Betaversion hat bereits den Ehrgeiz einiger Programmierer geweckt: So wurde auf einem Personalcomputer, der noch mit der Betaversion von Windows 95 lief, schon ein Stealth-Virus mit dem Namen „Natas" entdeckt, der die Daten auf der Festplatte zerstört. Britische Programmierer entdeckten im Februar 1996 den ersten Computervirus speziell für Windows 95. Der Virus mit dem Namen „Boza" soll Windows 95-Programme unterbrechen und auf dem Bildschirm die Nachricht ausgeben: „The taste of fame just got tastier! VLAD Australia does it again with the world's first Win95 virus". Hinter VLAD Australia verbirgt sich eine Hackergruppe aus Australien, die den Virus bereits im Oktober 1995 im Internet angekündigt hatte. Neben reinen Windows 95-Viren können auch die vorhandenen DOS-Viren dem neuen Microsoft-Betriebssystem mächtig zusetzen, da unter Windows 95 auch DOS-Programme ablauffähig sind. Zahlreiche Anwender berichteten über Installationsabbrüche beim Aufspielen des Betriebssystems Windows 95. Ursache für diese Abbrüche waren in vielen Fällen Computerviren, die sich bei der Installation noch im Speicher des Personalcomputers befanden und aus der alten Betriebssystemumgebung stammten.

Macintosh

Auch die Rechner der Apple Computer Inc. aus Cupertino im US-Bundesstaat Kalifornien sind vor Computerviren nicht gefeit. Allerdings liegt die Anzahl der bekannten Computerviren für das Betriebssystem MacOS um ein Vielfaches niedriger (Faktor 20) als bei den DOS-Systemen. Dafür verbreiten sich die Mac-Viren in der tausch- und experimentierfreudigen Apple-Gemeinde um so schneller. So konnten auf der Hannover Messe 1989 die Macintosh-Geräte an mehreren Messeständen nicht präsentiert werden, weil beim Kopieren von interessanten Programmen ein Computervirus in das System gelangt war. Der berühmte, im Auftrag eines kanadischen Macintosh-Magazins im Frühjahr 1988 programmierte Peace-Virus soll insgesamt 300.000 Macintosh-Rechner infiziert haben. Weitere bekannte MacOS-Viren sind

- ❑ der harmlose „nVIR"-Virus aus dem Jahr 1987, der in seiner Ursprungsversion gelegentlich einen Piepston auslöst, aber später veröffentlicht wurde und daher viele Nachahmer fand,
- ❑ der verbreitete „WDEF"-Virus, der 1991 entdeckt wurde und die Schriftarten verändern kann und
- ❑ der gefährliche, 1993 in den USA entdeckte INIT M-Virus, der an jedem Freitag, den 13., Dateinamen und Dateiattribute verändert und alle Dateien löscht, die nicht umbenannt werden können.

Großrechnerbetriebssysteme

Selbst unter den Großrechnerbetriebssystemen sind inzwischen Computerviren aufgetreten. Die vermutlich erste Virusinfektion eines Großrechners wurde im Januar 1986 in der Zentraleinrichtung für Datenverarbeitung der Freien Universität Berlin entdeckt. 1989 wurde an der Pennsylvania State University ein VM-Virus namens „ORGASM.EXEC“ beobachtet, der Meldungen ohne Inhalt (null messages) an die Benutzer versandte. Der Quellcode eines Computervirus unter dem Betriebssystem MVS/3090 wurde sogar veröffentlicht. 1990 breitete sich ein in der maschinennahen Programmiersprache Assembler geschriebener BS2000-Virus an deutschen Hochschulen aus. Der Rechnerhersteller, die Siemens AG in München, hatte aber bereits zeitgleich ein Anti-Viren-Paket entwickelt und angeboten. Allerdings sind bei Großrechnerbetriebssystemen Schutzmechanismen vorhanden, die eine Ausbreitung von Computerviren und anderen Programmanomalien stark einschränken.

Berühmte Virenprogrammierer und -jäger

Die Faszination, die von den Virenprogrammen ausgeht, und das Interesse der Medien an Vireninfektionen und daraus resultierenden Schäden verhalfen sowohl einigen Virenautoren als auch einigen kommerziellen Virenforschern zu einem ungeahnten Bekanntheitsgrad.

Der wahrscheinlich berühmteste Virenautor stammt aus Bulgarien. Sein erster Computervirus, der 1989 entwickelte 512-Virus, enthält seinen Tarnnamen „Dark Avenger“. Als Motiv nennt „Dark Avenger“ in geheimen Interviews im wesentlichen Neugier, die technische Herausforderung und Neid auf die überlegene Hardware des Westens. „Dark Avenger“ gilt als der Entwickler eines Hilfsprogrammes zur Herstellung polymorpher Computerviren, die „Mutation Engine“ (MtE).

Weitere berühmte Virenprogrammierer sind „Masud Khafir“, „Hellraiser“, „Lucifer Messiah“ und „Black Baron“, der im Juli 1994 in Großbritannien verhaftet wurde. Ein Jahr später, im Mai 1995, verhaftete die englische Polizei einen 26jährigen Virenprogrammierer mit einem ähnlichen Pseudonym. Der arbeitslose Brite mit dem bürgerlichem Namen Christopher Pile hatte alle seine Computerviren mit „Black Baron UK 94“ gekennzeichnet und in diverse Computernetze eingespeist. Der dabei entstandene Schaden soll sich auf rund eine Million Pfund belaufen. Elf der ihm zur Last gelegten Vergehen hatte der Engländer zugegeben. Im November wurde Pile von einem Gericht in der südenglischen Stadt Exeter zu einer Freiheitsstrafe von 18 Monaten verurteilt. Bereits im Sommer 1993 hatte die englische Polizei in einer koordinierten Aktion sechs mutmaßliche Virenprogrammierer verhaftet, die der „Association of Realy Cruel Viruses“ angehörten. Die Gruppe hatte innerhalb eines Jahres rund 50 Computerviren produziert.

Strafrechtlich sind in Deutschland durch Virenbefall entstandene Schäden meist als Sachbeschädigung anzusehen. Die einschlägigen Paragraphen lauten § 303, § 303a und § 303b StGB. Nach § 303a und b Absatz 2 ist bereits der Versuch strafbar. Allerdings ist die Schädigungsabsicht des Virenprogrammierers schwer nachweisbar, solange er den Computervirus nur auf dem heimischen Rechner einsetzt. Strafrechtlich gesehen ist für die Programmierer somit die Entwicklung von Computerviren eine recht risikolose Angelegenheit.

Der wahrscheinlich berühmteste Virenjäger ist der Kalifornier John McAfee. McAfee begann seine unternehmerische Karriere, die inzwischen als Geschäftsführer des erfolgreichen Softwareunternehmens „McAfee Associates" in Santa Clara vermutlich ihren Höhepunkt erreicht hat, mit einem neun Meter langen Wohnmobil, das als „Bugbuster" bekannt wurde. Ausgestattet mit einem halben Dutzend unterschiedlicher Rechner fuhr er durch Amerika und bot amerikanischen Firmen und Universitäten, deren Rechner von Computerviren infiziert worden waren, seine Hilfe an. Wie jeder gute Virologe nahm er dabei Proben der gefundenen Computerviren und baute sich so eine beträchtliche Virensammlung auf. Von dieser Legende zehrt McAfee, der sich auch gern mit einem Schlauchstethoskop ablichten läßt, immer noch. Seine Anti-Viren-Software „VirusScan" ist als Shareware für Privatanwender und als Lizenzversion für Unternehmen weltweit auf Millionen von Rechnern installiert. Weniger bekannt ist, daß McAfee vor seiner Karriere als Virenjäger versuchte, mit einer Aids-Datenbank sein Geld zu verdienen. HIV-negative US-Bürger konnten sich für 22 Dollar in seine Datensammlung aufnehmen lassen und aus dieser Datenbank Adressen von ebenfalls nicht infizierten Partnern erhalten. Die Nachfrage nach dieser Dienstleistung war allerdings nicht allzu hoch, so daß McAfee dann von den biologischen zu den digitalen Viren überwechselte.

Eine andere berühmte Persönlichkeit der Anti-Viren-Zunft ist der bulgarische Autor einer Computerzeitschrift, Vesselin Vladimirov Bontchev. Bontchev begleitete die Entwicklung der Computerviren von Anfang an mit und soll über engste Kontakte zur Virenszene verfügen. Kritiker unterstellen ihm sogar die Förderung der Virenentwicklung durch seine Artikel. Aufgrund seines Fachwissens arbeitet er mittlerweile am Virus Test Center der Universität Hamburg.

Dem Isländer Frederik Sculason verdanken Privatanwender den kostenlos zu benutzenden Virenscanner „F-Prot". Gewerbliche Anwender müssen für die Benutzung des leistungsfähigen Programmes allerdings eine geringfügige Gebühr bezahlen. Mittlerweile sind über eine Millionen lizenzpflichtige Versionen seines Programmes weltweit im Einsatz. Als Chef seines 10-Mann-Unternehmens Frisk Software International gehört er ebenso wie Bontchev der Vereinigung CARO an, die über die größte Virensammlung der Welt verfügt. Auch der promovierte britische Mathematiker Dr. Alan Solomon, Chef einer über 100 Mitarbeiter großen Firma, die seine Anti-Viren-Produkte weltweit vertreibt, gehört dieser Vereinigung an.

In Deutschland gelang es vor allem Prof. Dr. Klaus Brunnstein, sich einen Namen in der Szene der Virenpolizisten zu erkämpfen. Als Autor mehrerer Bücher, Redakteur des Branchendienstes „Virus Telex" und als Leiter des Virus Test Center (VTC) der Hamburger Universität gilt Brunnstein jedoch als umstritten. Insbesondere die Verquickung von kommerziellen Interessen und wissenschaftlicher

Unabhängigkeit wird immer wieder kritisiert. Seine Prophezeihungen über Infektionszahlen werden in Expertenkreisen regelmäßig als zu hoch angesehen.

Was sollte ein effektives Anti-Viren-Programm leisten?

Mit der Anzahl der Computerviren stieg auch die Zahl der Anbieter, die mit der Herstellung und dem Vertrieb von Anti-Viren-Programmen das große Geschäft witterten. Das Angebot an Anti-Viren-Software ist mittlerweile so unübersichtlich geworden, daß klare Kriterien zur Auswahl einer geeigneten Software dringend notwendig sind. Daher sind hier die wichtigsten Komponenten aufgeführt, die ein leistungsfähiges Anti-Viren-Paket enthalten sollte:

1. Ein Programm, das auf Benutzeranforderung nach Computerviren sucht. Ein solches Programm wird als Virenscanner bezeichnet. Dieser Scanner sollte eine hohe Erkennungsrate besitzen, d.h. die Anzahl der Nichtentdeckungen (False Negatives) sollte möglichst gering sein. Zu diesem Zweck muß das Programm in regelmäßigen Abständen aktualisiert werden. Daneben sollten auch Fehlalarme (False Positives) vermieden werden, um den Benutzer nicht zu verunsichern. Angesichts immer größerer Festplatten ist auch die Geschwindigkeit des Suchalgorithmus von Bedeutung, da eine langwierige Suche nicht gerade zum häufigen Einsatz des Scanners einlädt. Außerdem sollte das System dem Benutzer Informationen zu den gefundenen Computerviren bieten (Herkunft, Verbreitungsart, Schadfunktionen und Bekämpfungsmöglichkeiten).
2. Ein Programm, das gefundene Computerviren entfernt (Remover). Die Entfernung darf aber nicht mehr Schaden anrichten, als der Virus selbst verursacht hätte. Daher sollte der Remover den Anwender über mögliche Nebenwirkungen der Virenbeseitigung informieren und ihn gegebenenfalls auffordern, vor der Virenentfernung seine Daten zu sichern.
3. Ein Handbuch, das alle Funktionen der im Anti-Viren-Paket enthaltenen Programme beschreibt, Hilfestellungen bei Virusverdacht gibt und Ratschläge zum Schutz vor Vireninfektionen bietet. Eine bedienerfreundliche Oberfläche und eine Online-Hilfe sollten dem Anwender ein zu häufiges Nachlesen im Handbuch allerdings ersparen. Eine telefonische Hotline, die in Problemfällen weiterhilft, kann sowohl bei der Installation des Programmes als auch bei einem ungewöhnlichen Virenbefall sehr hilfreich sein.
4. Ein residenter Virenscanner, der im Hauptspeicher geladen bleibt und bei jedem Öffnen einer Datei aktiv wird, diese nach Computerviren untersucht und gegebenenfalls deren Ausführung verhindert. Um die knappen Hauptspeicher-Ressourcen zu schonen, sollte der residente Scanner möglichst weniger als 20 KByte Speicher beanspruchen.
5. Ein Prüfsummenprogramm, das für ausführbare Dateien eine eindeutige Prüfsumme ermittelt und diese abspeichert. Wird ein so geschütztes Programm

ausgeführt, berechnet das Prüfsummenprogramm die Prüfsumme erneut und vergleicht den aktuellen mit dem historischen Wert. Abweichungen führen zu einer Warnung des Benutzers.

Anti-Viren-Produkte verwenden unterschiedliche Strategien, um Computerviren auf die Spur zu kommen. Um auch als „nichtdiplomierter Virenbeauftragter“ die Werbeaussagen der Anti-Viren-Zunft verstehen zu können, hier die bekanntesten Methoden in Kürze:

1. Der traditionelle Virenscanner sucht nach charakteristischen Erscheinungsbildern der bekannten Computerviren. Dies kann eine Markierung zur Kennzeichnung eines bereits infizierten Programmes sein, eine Zeichenfolge (String) aus dem Viruscode oder – bei polymorphen Viren – Abhängigkeiten zwischen verschiedenen Stellen im Viruscode.
2. Sogenannte „heuristische“ Virenscanner suchen dagegen nach virentypischen Programmustern und schlagen beim Zusammentreffen mehrerer verdächtiger Einzelbeobachtungen Alarm. Zwar gilt das Aufspüren von Computerviren in der theoretischen Informatik als Unentscheidbarkeitsproblem, da die uneingeschränkte Interpretierbarkeit von Daten bei der von-Neumann-Architektur keine Differenzierung zwischen Programmen und Daten erlaubt, trotzdem enthalten die meisten Computerviren virentypische Programmteile, wie beispielsweise Routinen zum direkten Schreiben auf Sektoren oder die Verwendung undokumentierter DOS-Befehle. Im Gegensatz zu den traditionellen Virenscannern können heuristische Scanner dadurch auch unbekannte Computerviren aufspüren. Dieser Vorteil wird aber mit häufigeren Fehlalarmen erkauft, wobei dem Anwender die schwierige Aufgabe obliegt, die Virenalarme zu beurteilen, da heuristische Scanner den Computervirus nicht identifizieren können.
3. Ein residenter Virenscanner durchsucht jedes Programm vor seiner Ausführung nach charakteristischen Merkmalen von bekannten Computerviren. Da die residenten Virenscanner jedoch im knappen Hauptspeicher nur wenig Platz verbrauchen und den Programmstart nicht verzögern sollen, ist ihre Erkennungsrate meist schlecht. Eine andere Strategie verfolgen residente Verhaltensprüfer, die das Programmverhalten beobachten und bei virentypischen Verhaltensmustern Alarm schlagen.
4. Sogenannte „Integritätsprüfer“, wie die angesprochenen Prüfsummenprogramme, erkennen Veränderungen von Programmen und Systembereichen. Prüfsummen sind eine einfache mathematische Methode, um die Integrität von Dateien zu überprüfen. Dabei wird eine errechnete Prüfsumme gespeichert und später mit einer dann aktuell errechneten Prüfsumme verglichen. Ungewöhnliche Veränderungen werden beim Vergleich der alten und neuen Prüfsumme sofort erkannt. Integritätsprüfer erkennen ebenso wie die heuristischen Scanner und die residenten Verhaltensprüfer auch unbekannte Computerviren, können diese jedoch ebenfalls nicht identifizieren. Ein weiterer Nachteil der Integritätsprüfer ist, daß beim Ersteinsatz bereits infizierte Programme nicht als solche erkannt werden können.

Da keine der oben genannten Methoden alle Computerviren entdecken kann und auch kein Anti-Viren-Programm alle Computerviren erkennt und entfernt, sollten immer noch zusätzlich alternative Maßnahmen (wie im nächsten Abschnitt beschrieben) getroffen werden, um Vireninfektionen von vornherein zu verhindern.

Zum Schluß noch eine subjektive Auswahl von bekannten und leistungsfähigen Anti-Virus-Produkten:

- „F-Prot" von der Firma Frisk Software (englische Version, kostenlos für Privatanwender, Bezugsquellen: Shareware-Handel oder Mailboxen)
- „VirusScan" von McAfee Associates, Inc. in Santa Clara (englische Version, Shareware)
- Dr. Solomon's „Anti-Virus Toolkit" von S&S International (deutsche Version).

> ***Warnung***
>
> Für viele Anwender schienen mit der kostenlosen Beigabe eines Anti-Virus-Programmes zu MS-DOS 6.0 alle Virenprobleme gelöst. Der Scanner von MS Anti-Virus, ursprünglich von Central Point, weist aber erhebliche Schwächen auf. Nach Tests der Computerzeitschrift CHIP erkennt Anti-Virus beispielsweise Computerviren, die der Scanner in einer Datei findet, in einer anderen nicht. Der resistente Virenschutz „Vsafe" kann bereits mit einer 8 Byte langen Befehlsfolge außer Kraft gesetzt werden. Wie dies funktioniert, zeigt der Tarnkappenvirus „Tremor". Fachleute halten die kostenlose Anti-Viren-Komponente von MS-DOS 6.0 sogar für gefährlich, da sie die Anwender in trügerischer Sicherheit wiegt.

Zehn Maßnahmen zum Schutz vor Virenschäden

Vorbeugen ist besser als Heilen. Nach diesem bekannten Motto sollten alle digitale Systeme durch ein paar vorbeugende Maßnahmen vor Virenbefall geschützt werden.

1. Eine einfache Änderung der Boot-Reihenfolge von der Standardeinstellung im BIOS A: C: auf C: A: bewirkt bereits, daß eine versehentlich im Diskettenlaufwerk vergessene Diskette einen eventuell enthaltenen Bootsektorvirus nicht auf den Rechner übertragen kann, denn mit der Boot-Reihenfolge C: A: wird zuerst versucht, von der Festplatte zu booten. Ein Bootsektorvirus auf der Diskette würde somit nicht automatisch aktiviert werden und in den Hauptspeicher des Rechners gelangen.

2. Grundsätzlich sollten alle neuen Programmdisketten auf Vireninfektionen überprüft werden. Daneben sollte ausschließlich originalverpackte Software von vertrauenswürdigen Herstellern verwendet werden. Um nachträgliche Infektionen zu vermeiden, sollte der Schreibschutzschalter der Originaldisketten umgelegt werden.
3. Programme und Daten unsicherer Herkunft sollten vor dem produktiven Einsatz auf einem isolierten „Quarantäne-Rechner" getestet werden. Unter die Kategorie „Programme unsicherer Herkunft" fallen Freeware, Shareware, Fremddisketten, Demosoftware, Gebrauchtdisketten, Raubkopien und alle Daten und Programme, die per Datentransfer bezogen wurden. Insbesondere der Austausch von Programmen zwischen Privat- und Firmen-PC sollte unterbunden werden.
4. Programmverzeichnisse sollten von Datenverzeichnissen getrennt sein. Wenn möglich sollten sie sogar auf unterschiedlichen logischen Laufwerken gespeichert werden, um Vireninfektionen leichter zu erkennen und den Schaden zu minimieren.
5. Alle wichtigen Daten sollten regelmäßig gesichert werden, um im Falle eines Virenbefalls teure Datenverluste zu vermeiden.
6. Notfalldisketten, um bei einer Vireninfektion die notwendigen Beseitigungsmaßnahmen in die Wege zu leiten, sollten in Form von bootfähigen Systemdisketten, aktuellem Virenscanner und anderen Hilfsprogrammen (Editor, CHKDSK.EXE, FDISK.EXE, FORMAT.COM, MEM.EXE, MSD.EXE) verfügbar sein.
7. Veraltete Dateien und selten verwendete Programme sollten von der Festplatte gelöscht werden. Die zunehmende Festplattenkapazität fördert leider die Hamstermentalität nach dem Motto: Das Programm könnte ja irgendwann einmal nützlich sein. Da sich die Suchzeit des Virenscanners aber mit jedem neuen Programm verlängert, nimmt dann erfahrungsgemäß die Einsatzhäufigkeit des Scanners ab. Gleichzeitig geht dem Anwender der Überblick über seine Programme und Daten verloren.
8. Die Rechner sollten gegen unautorisierte Benutzung gesichert werden. Einfache Sicherungsmöglichkeiten, wie beispielsweise das Abschließen der Zentraleinheit oder des Diskettenlaufwerkes sowie die Installation eines Boot-Paßwortes, schrecken bereits 90 Prozent der Gelegenheitstäter ab.
9. Die Systemzustände sollten überwacht und jede Neuinstallation muß dokumentiert werden, da beispielsweise Veränderungen von Dateiattributen (Größe, Datum, Uhrzeit) auf Vireninfektionen hinweisen können.
10. Es sollte immer die aktuelle Version eines Anti-Viren-Programmes verwendet werden.

Sollten Sie trotz aller Vorsichtsmaßnahmen einen Computervirus entdeckt haben, den Sie nicht beseitigen können oder über dessen Schadfunktion Sie sich nicht im klaren sind, dann können Sie sich an eine der im Anhang aufgeführten Organisationen wenden, die sich mit Computerviren beschäftigen und auch bei Fragen zur Beseitigung weiterhelfen.

Lexikon der digitalen Störenfriede

Begleitviren s. Companion-Viren

Bootsektorviren Bootsektorviren residieren im Bootsektor einer Festplatte oder Diskette. Der DOS-Bootsektor ist der erste logische Sektor einer Festplatte oder Diskette, der Informationen über den Datenträger enthält. Im Bootsektor sucht der Rechner beim Start nach dem Ladeprogramm, so daß Bootsektorviren bereits beim Rechnerstart aktiviert werden. Bootsektorviren verstecken ihren eigenen Code häufig in Sektoren, die dem Betriebssystem gegenüber dann als „bad sectors“ ausgewiesen werden, um nicht entdeckt oder überschrieben zu werden. Ist ein Bootsektorvirus einmal im Speicher eines Rechners aktiv, so infiziert er jede nicht schreibgeschützte Diskette, wenn auf diese über das Diskettenlaufwerk zugegriffen wird.

Companion-Viren Companion- oder Begleitviren erzeugen eine namensgleiche .COM-Datei eines vorhandenen .EXE-Programmes. DOS arbeitet gemäß der Aufrufpriorisierung die infizierte .COM-Datei zuerst ab, die danach das .EXE-Programm aufruft.

Computerviren Computerviren haben ihren Namen von ihren biologischen Verwandten, da sie – wie diese – reproduktionsfähig sind und einen Wirtskörper zum Überleben brauchen. Echte Computerviren sind nämlich keine eigenständigen Programme, sondern bringen ein Kopie ihres Programmes in ein Wirtsprogramm ein, das damit zum Überträger dieses Computervirus wird. Die Schadfunktion wird – wie im echten Leben – meist erst einige Zeit nach der „Ansteckung“ aktiviert.

Dateiviren s. Programmviren

Directory-Viren s. Link-Viren

Dokumentvirus Ein Dokument-, Makro- oder Prank-Macro-Virus nutzt zu seiner Verbreitung keine ausführbaren Programme, sondern infiziert und verbreitet sich über Dokumentdateien von Anwendungsprogrammen, die eine leistungsfähige Makrosprache enthalten, die wiederum automatisch startende Makros beinhaltet.

File-Viren s. Programmviren

Firmware-Viren Firmware-Viren sind virulente Codefolgen, die in der Firmware, also beispielsweise im BIOS, der Hardwarekomponenten integriert sind. Die Einbringung solcher Codesequenzen kann nur während der Herstellung oder durch manuelle Eingriffe in die Hardwarekonfiguration erfolgen, da die verwendeten Speichermedien nicht beschreibbar sind.

Hintertüren s. Trap Doors

Hybridviren Hybridviren können sowohl Programme als auch Bootsektoren infizieren. Sie halten also eine Zwitterstellung zwischen Programm- und Bootsektorviren inne.

Link-Viren Link- oder Directory-Viren manipulieren den Verzeichniseintrag einer Festplatte, der auf den Beginn einer Programmdatei zeigt. Beim Aufruf des Programmes wird daher immer zuerst der Link-Virus aktiviert, der wiederum über eine eigene Tabelle mit den Verzeichniseinträgen verfügt und erst nach Ausführung seiner Schadfunktion das gewünschte Programm aufruft. Link-Viren sind von Anti-Viren-Programmen nur schwer zu entdecken, da die Programmdateien selbst nicht verändert werden.

Kettenbriefe Kettenbriefe sind keine Viren, sondern eigenständige, selbstreproduktionsfähige Programme, die sich über computergestützte Mitteilungssysteme, wie E-Mail, verbreiten und zur Überlastung des Datennetzes führen können. Dabei muß der Anwender die Reproduktionsfunktion explizit aktivieren. Der „Clausthaler Weihnachtsgruß" ist der berühmteste Vertreter dieser Kategorie subversiver Software.

Makro-Viren s. Dokumentviren

Minenprogramme Minenprogramme sind keine Viren, sondern reine Sabotageprogramme ohne Reproduktionsfähigkeit. Ihre Schadfunktion wird – wie bei ihrem militärischen Äquivalent – durch einen Auslöser aktiviert.

Multipartite-Viren Multipartite-Viren nutzen unterschiedliche Infektionsmöglichkeiten. Sie infizieren beispielsweise sowohl den Partitionssektor als auch Dateien.

Mutation Engine	Eine Mutation Engine ist ein Virengenerator, mit dem aus einem bekannten Computervirus ein veränderter Computervirus erzeugt werden kann, der von einem traditionellen Virenscanner nicht mehr erkannt wird.
Pilzprogramme	Pilzprogramme sind keine Viren, sondern eigenständige, selbstreproduzierende Programme ohne Schadfunktion, die jedoch die Speicherkapazität belasten.
Polymorphe Viren	Polymorphe Viren ändern durch Verschlüsselung mit jeder Aktivierung ihr Aussehen und schlagen damit Virenscannern ein Schnippchen, die nur nach einer typischen Zeichenkette (Signatur) suchen. Sie gehören zu einer relativ neuen und gefährlichen Generation von Computerviren. Ihre Bekämpfung wird zukünftig den Herstellern von Anti-Viren-Programmen viel Kopfzerbrechen bereiten, andererseits aber vielleicht auch das Geschäft weiter beleben.
Prank-Macro-Virus	s. Dokument-Viren
Programmviren	Programmviren, auch File- oder Dateiviren genannt, befallen nur ausführbare Programmdateien (.COM- und .EXE-Dateien). Programmviren sind die häufigste Art von Computerviren.
Residente Viren	Residente Viren werden vom infizierten Programm im Hauptspeicher des Rechners abgelegt und infizieren von dort aus weitere Programme.
Stealth-Viren	s. Tarnkappen-Viren
Tarnkappen-Viren	Tarnkappen- oder Stealth-Viren versuchen ihre Existenz vor Virenscannern und Dateibefehlen zu verbergen. Eine einfache Möglichkeit ist die Ausgabe einer unveränderten Dateigröße nach dem Virenbefall.
Trap Doors	Trap Doors oder Hintertüren sind nicht dokumentierte Programmfunktionen, die es einem eingeweihten Programmierer ermöglichen, jederzeit wieder Kontrolle über das Programm zu erlangen. Oft werden Hintertüren während der Implementierungsphase für Testzwecke eingesetzt. Sie stellen allerdings ein großes Risiko dar, wenn sie später nicht entfernt und von Dritten entdeckt werden.

Trojanische Pferde

Trojanische Pferde sind eigenständige Programme, die – wie das gleichnamige Tier in der griechischen Mythologie – über gewollte, ursprünglich spezifizierte Funktionen und über verborgene, ungewollte Schadfunktionen verfügen. Die LOGIN-Prozedur beim „NASA-Hack" ist ein typisches Beispiel für ein Trojanisches Pferd. Trojanische Pferde können aber auch Computerviren einschleusen. So wurde der verbreitete Cascade-Virus von einem Hilfsprogramm eingeschleppt, das dazu diente, nach dem Systemstart die NUMLOCK-Taste an der PC-Tastatur auszuschalten. Trojanische Pferde gelten als besonders gefährlich, da Anti-Viren-Programme sie nicht entdecken können und sie sehr gezielt einsetzbar sind.

Tunnelviren

Tunnelviren versuchen ihre Existenz vor den Prüfsummenfunktionen der Anti-Viren-Programme zu verbergen. Durch die Analyse der Prüfsummenalgorithmen wird die Datei so verändert, daß der Befall vom Prüfverfahren nicht erkannt wird.

Würmer

Würmer sind eigenständige Programme, die sich – insbesondere in vernetzten Computersystemen unter dem Betriebssystem UNIX – selbst reproduzieren können und damit die Eigenschaften von Computerviren und Kettenbriefen in sich vereinen. Ein Wurm überträgt eine Kopie von sich selbst an einen Rechner im Netz und bewirkt seine Ausführung. In dem gerade infizierten Rechner wird der gleiche Ablauf in Gang gesetzt, so daß es innerhalb kürzester Zeit zu verheerenden Kettenreaktionen kommen kann.

3
Software: komplex, fehlerhaft und teuer

„Software is not predictable".
(Donn Parker, Berater bei SRI International, Autor mehrerer Bücher über Computersicherheit)

Programme, die konkrete Aufgabenstellungen des Anwenders lösen und deren Funktionalität über den reinen Betrieb eines IT-Systems hinausgeht, werden unter dem Begriff Anwendungssoftware zusammengefaßt. Typische Aufgaben, die im industriellen und administrativen Bereich mit Hilfe von Anwendungssoftware gelöst werden, sind Auftragsabwicklung, Bestandsverwaltung, Kostenrechnung, Logistik und Materialwirtschaft, Personalwesen, Planungs- und Steuerungsaufgaben, Rechnungswesen, aber auch Textverarbeitung und Tabellenkalkulation. Programme, die dagegen unmittelbar für den Betrieb eines Rechners verantwortlich sind und das Zusammenspiel der Hardwarekomponenten steuern, bilden die Systemsoftware. Das vorherige Kapitel hat sich bereits ausführlich mit den Schwachstellen bekannter Systemsoftware beschäftigt; in diesem Kapitel geht es in erster Linie um Tücken der Anwendungssoftware.

Anwendungssoftware ist heutzutage der teuerste und fehleranfälligste Teil der meisten IT-Systeme. Dabei geht das Hauptrisiko bei Softwaredefiziten nicht einmal von den IT-Grundbedrohungen Verfügbarkeit, Vertraulichkeit und Integrität aus. Vielmehr zeigen die Beispiele in diesem Kapitel, daß einerseits die unerwartete Komplexität der Softwareentwicklung ganze Unternehmen in ihrer Existenz bedrohen kann und daß andererseits unerkannt gebliebene Softwarefehler erhebliche finanzielle und – in einigen Fällen – sogar tödliche Folgen haben können.

Ernüchternde Bilanz der Softwareentwicklung

Schon ein Blick in die Geschichte der Softwareentwicklung verheißt nichts Gutes: Nach rund 25 Jahren Erfahrung auf dem Gebiet der Programmentwicklung wurde im Herbst 1968 auf einer NATO-Konferenz der Begriff der „Softwarekrise" geprägt. Mit diesem Begriff wurden die Schwierigkeiten bei der Erstellung von zuverlässiger, umfangreicher Software beschrieben. Die rund 50 versammelten Informatiker und IT-Experten konnten zwar die mit dem Begriff „Softwarekrise“ umschriebenen Probleme nicht lösen, jedoch umschrieben sie mit dem Schlagwort „Software Engineering“ einen möglichen Weg aus der Krise. Unter „Software Engineering“ wird die Anwendung einer systematischen Vorgehensweise beim Entwurf und der Realisierung von EDV-Programmen verstanden. Die ersten Ansätze zur systematischen Anwendungsentwicklung gab es bereits in den sechziger Jahren. Damals entwickelte E.W. Dijkstra eine Form der Programmentwurfsmethode, der nur drei Programmstrukturen zugrunde lagen: Folge (dann...dann...dann), Auswahl (wenn...dann...sonst) und Schleife (wiederhole ...solange bis). 1966 lieferten Böhm und Jacopini mit dem Struktursatz das theoretische Rüstzeug für diese Programmentwurfsmethode, die auch als strukturierte Programmierung bezeichnet wurde. Durch die strukturierte Programmierung und die Vermeidung von Sprungbefehlen sollte sich im Programm ein direktes Abbild des Ablaufs eines realen Sachverhaltes darstellen lassen. Durch die Übereinstimmung von realer Welt und DV-Welt sollte auch der Aufwand für das Finden und Beheben von Fehlern reduziert werden.

Allerdings haperte es in vielen Fällen an der Umsetzung dieser Methode: So enthielt selbst die im kaufmännischen Bereich am weitesten verbreitete Programmiersprache COBOL (Common Business Oriented Language) bis zur Version Cobol-85, die in größerem Umfang erst Ende der achtziger Jahre in die Unternehmen eingeführt wurde, nicht alle Grundelemente der strukturierten Programmierung. Dazu kam: Je umfangreicher und komplexer die Softwareentwicklungsprojekte wurden, desto schwieriger wurde die Abbildung der Abläufe der realen Welt in einem strukturierten Programm. Zwar konnten mit Hilfe der strukturierten Programmierung und ihren Darstellungsmitteln, wie Programm-Ablauf-Plan (PAP), Struktogramm und Pseudocode, kleine und überschaubare Programme effizient realisiert werden, doch bot das Konzept bei umfangreicheren Softwareprojekten nur wenig Hilfestellung.

Eine Lösung aus diesem Dilemma versprach 1977 die normierte Programmierung. Diese Programmentwurfsmethode legte den grundsätzlichen Aufbau von Programmen fest, insbesondere für die Verarbeitung von Dateien nach Satzgruppen, den sogenannten „Gruppenwechsel“. Die Programme wurden in überschaubare Komponenten, wie Vorlauf, Eingabe, Satzauswahl, Gruppenverarbeitung, Einzelverarbeitung und Nachlauf, aufgespalten. Diese übersichtlichen Programmteile ließen sich dann wieder nach den Regeln der strukturierten Programmierung erstellen. Andere Konzepte, wie das „Top-Down“-Konzept, Jackson Structured Programming (JSP) und die Makro-Technik, lieferten ebenfalls Ansätze für Produktivitätssteigerungen bei der Programmrealisierung.

Aber auch diese Entwicklungsmethoden konnten mit den Anforderungen an die aufkommenden Online-Programmsysteme schon bald nicht mehr mithalten. Die Softwaresysteme wurden so umfangreich, daß nicht mehr das einzelne Programm, sondern das Systemdesign, seine Aufteilung in Module und die Definition von Schnittstellen in den Vordergrund rückten. Das traditionelle Berufsbild des Programmierers wurde durch das neue Berufsbild des Systemdesigners abgelöst. Der Systemdesigner sollte, unterstützt von neuartigen Designtechniken (Datenflußdiagramme, Funktionsbäume etc.) und Projekt-Management-Tools, den Überblick über das Softwaresystem behalten. Gleichzeitig rückten die Daten immer mehr in den Mittelpunkt des Interesses: Mit Hilfe von Datenbankmodellen wurde versucht, die reale Welt und ihre Abhängigkeiten in einem Beziehungssystem von Daten abzubilden. Datenbanksysteme übernahmen die Organisation der Daten, die Programme sollten nur noch über eine einheitliche Schnittstelle auf diese Daten zugreifen.

Trotz aller Fortschritte bei der Programmentwicklung ist das Thema „Softwarekrise" aktueller denn je. Gleichwohl sind viele erfolgversprechende Konzepte entwickelt worden, wie das Ende dieses Kapitels noch zeigen wird. Die entwikkelten Methoden waren und sind zum Teil aber sehr kompliziert und erfordern vom Programmierer ein hohes Maß an Einsicht und Disziplin. Gleichzeitig wächst mit jeder Methode auch der Berg an Dokumenten, die der Programmierer erstellen, pflegen, verwalten und prüfen muß. Die Handhabung der an sich nützlichen Methoden wird bei umfangreicheren Projekten schnell schwerfällig und hemmt die Produktivität.

So ist die Softwarekrise nun erneut ein Vierteljahrhundert alt und immer noch nicht überwunden, Gegenüber einer Verdoppelung der Rechenleistung alle 18 Monate scheint sich die Softwareentwicklungstechnologie nur im Schneckentempo weiterzuentwickeln. Ein enormer Bremsfaktor ist insbesondere die Umsetzung neuer Methoden und Techniken. Bis Innovationen im „Software Engineering" zum Standardrepertoire der Programmierer gehören, vergehen typischerweise eher 18 Jahre statt 18 Monate. Ein Übriges tragen realitätsferne Ausbildungskonzepte bei: Zwar werden den zukünftigen Softwareentwicklern auf den Hochschulen die neuen theoretischen Konzepte und Methoden beigebracht; praktische Dinge, wie die Inspektion eines Programmes, die Erstellung eines Benutzerhandbuchs oder die Pflege bestehender Software, sind in den Informatik-Lehrplänen jedoch meist nicht vorgesehen.

Die Bilanz der kommerziellen Softwareerstellung ist daher auch deprimierend. Untersuchungen belegen, daß

- ❑ rund 75 Prozent aller komplexen Softwaresysteme nicht wie geplant funktionieren oder nicht zum Einsatz gelangen,
- ❑ ein durchschnittlich komplexes Softwareentwicklungsprojekt rund 50 Prozent höhere Kosten als geplant verursacht und
- ❑ ein Drittel aller umfangreichen Softwareprojekte noch vor Fertigstellung abgebrochen wird.

Nach einer Untersuchung des Marktforschungsunternehmens The Standish Group International Inc. werden fehlgeschlagene Softwareentwicklungsprojekte die amerikanischen Unternehmen und Behörden allein im Jahr 1995 den horrenden Betrag von rund 81 Milliarden US-Dollar kosten. Lediglich neun Prozent aller

Softwareprojekte werden innerhalb des vorgegebenen Zeit- und Kostenrahmens realisiert. Von diesen neun Prozent entspricht dann auch noch die Mehrzahl der Programme hinsichtlich ihrer Funktionalität nicht den ursprünglichen Erwartungen.

Die scheinbar unbegrenzten Möglichkeiten der Software, selbst komplexeste Probleme zu lösen, verleiten die Programmentwickler häufig dazu, die Grundprinzipien für vertrauenswürdiges Systemdesign, wie Einfachheit und schrittweises Vorgehen, zu vernachlässigen. Darüber hinaus deuten die – auch durch viele Beispiele in diesem Kapitel aufgezeigten – Probleme bei der Implementation von extrem komplexen Entscheidungsregeln in Anwendungsprogrammen auf die Grenzbereiche sinnvoller Anwendungsentwicklung hin.

Je umfangreicher Software wird, desto wahrscheinlicher bleiben Fehler bereits im Entwurf unentdeckt. Die Komplexität des Quellcodes ist bereits bei wenigen hundert Zeilen so hoch, daß Tausende von unterschiedlichen Ausführungspfaden möglich sind. Selbst wenn jeder Ausführungspfad durch ein systematisches Testverfahren verifiziert werden würde, blieben noch zahlreiche andere Fehlerquellen übrig: Eine falsche Einschätzung einer speziellen Eingabesituation, Lücken im Programmentwurf, ungeplante Änderungen der Systemspezifikation während der Programmentwicklung oder eine – von ihrem geplanten Einsatzmodus – abweichende Verwendung der Software können genauso zum Versagen des Softwaresystems führen wie ein einfacher Programmierfehler.

Dem Trend nach verteilten Systemen gehorchend investiert auch die deutsche Wirtschaft Milliardenbeträge in angeblich wettbewerbsstrategische Mammutprojekte, die regelmäßig jeden Kosten- und Zeitrahmen sprengen. Die scheinbar einfache Aufgabe, veraltete Großrechnersoftware für moderne, vernetzte Client-/Server-Systeme umzuschreiben oder in solche Systeme zu integrieren, um den Benutzern moderne Oberflächen zu bieten, erweist sich dabei regelmäßig als höchst komplex. Bei der Integration und Vernetzung der Altanwendungen kommen häufig Programmfehler und konzeptionelle Schwächen ans Tageslicht, die beim Einzelsystem nie relevant geworden wären.

Auch die Antwortzeiten verschlechtern sich durch die zahlreichen Schnittstellen und riesigen Datenmengen meist erheblich, so daß zusätzlich in leistungsfähigere Rechner und aufwendigere Verkabelungskonzepte investiert werden muß. Am Ende können selbst die geschöntesten Kosten-Nutzen-Rechnungen solchen Softwareprojekten keinen quantifizierbaren Nutzen mehr abgewinnen, zumindest nicht innerhalb eines angemessenen Amortisationszeitraumes.

Damit das Vorhaben trotzdem noch ein Erfolg wird, stellen die Verantwortlichen dafür den nicht quantifizierbaren Nutzen um so mehr heraus. Nutznießer solcher Projekte sind meist nur die Hersteller der Hardwarekomponenten und die EDV-Beratungsfirmen, die – zu Stundensätzen ab 150 Mark aufwärts – spätestens bei den ersten Planungsüberschreitungen angeheuert werden.

Komplexe Softwareprojekte

Die nachfolgenden Beispiele illustrieren, wie der Entwicklungs- und Implementierungsaufwand für IT-Systeme auch nach einem halben Jahrhundert Erfahrung in der Softwareentwicklung regelmäßig zeitlich und materiell unterschätzt wird. Die gescheiterten Projekte aus nahezu allen Lebensbereichen – egal, ob von privaten Unternehmen oder staatlichen Behörden initiiert – zeigen auch, daß eine umfangreiche Softwareentwicklung (wenn überhaupt) nur schwer beherrschbar ist. Der von der Computerbranche vermittelte Eindruck von der Leichtigkeit der Programmrealisierung und -einführung durch neuentwickelte Tools und Techniken erweist sich fast immer als trügerisch.

Diese Erfahrung mußte auch das mit 4.300 Beschäftigten und einem Jahresumsatz von 3,6 Milliarden Franc führende europäische Autovermietungsunternehmen Europcar International S.A. machen. Die bekannte Autovermietungsgesellschaft mit Sitz in Paris hatte zusammen mit dem amerikanisch-englischen Systemhaus Perot Systems aus Heathrow ein neues EDV-System entwickelt, das die alten Anwendungen für Reservierung, Marketing, Vertrieb, Flottenmanagement, Rechnungswesen und Controlling ablösen und der Gruppe ein einheitliches Organisationsprogramm bescheren sollte. Bei der Entwicklung und Einführung von „Greenway", so der interne Name des neuen Client-/Server-basierten IT-Systems, kam es aber zu erheblichen Problemen: Nachdem „Greenway" in den größten Landesgesellschaften Frankreich und Deutschland unter Zeitdruck Anfang 1994 installiert worden war, stürzte das System nach einem Bericht der Wirtschaftszeitschrift „manager magazin" angeblich wegen Leitungsproblemen Mitte April 1994 „europaweit" ab. Probleme bei der Speicherplatzzuordnung in der Datenbank Oracle 7 machten eine Reaktivierung des alten Counter-Systems notwendig. Daneben sollen zahlreiche regionale Systemabstürze und andere IT-Probleme zu regelrecht „chaotischen Zuständen" geführt haben. Wochenlang seien beispielsweise keine Informationen über die geschäftliche Entwicklung verfügbar gewesen. Zusätzlich konnte die Verbindung von „Greenway", mit dem das Vermietungsgeschäft abgewickelt wird, zu Oracle Financial, der Finanzmanagement-Software, nicht rechtzeitig hergestellt werden. Zahlreiche der 55 verschiedenen Altsysteme mußten daher noch etliche Monate parallel zum neuen Vermietungssystem weiterlaufen. Der Schaden wird von Europcar selbst auf rund zwei Millionen Mark geschätzt; „Bild" sprach von 770 Millionen Mark.

Die Gesellschafter der Europcar International S.A., die Volkswagen AG aus Wolfsburg und der französische Hotelkonzern Accor, zogen daher im Februar 1995 die Konsequenzen aus der IT-Misere und entließen den Vorsitzenden der Geschäftsführung, Fredy Dellis, fristlos. Ausschlaggebend war scheinbar die Entscheidung Dellis, gegen die Empfehlung des Aufsichtsrates das offensichtlich nur unzureichend getestete EDV-System auch bei der englischen Tochtergesellschaft einzuführen. Der durch die IT-Schwierigkeiten entstandene Zusatzaufwand wird von Insidern als Hauptgrund für die Verluste in Höhe von 249 Millionen Franc im Geschäftsjahr 1994 angesehen. Für die Nutzung des Systems muß Europcar in den nächsten zehn Jahren rund 440 Millionen Dollar an das Softwarehaus des früheren amerikanischen Präsidentschaftskandidaten Ross Perot überweisen. So wundert es kaum, daß die IT-Kosten bei Europcar einen Anteil von 12,6 Prozent der Gesamtkosten darstellen, während der Branchendurchschnitt bei rund 3 Prozent liegt.

Aber nicht nur Europcar, sondern auch andere namhafte Wirtschaftsunternehmen litten und leiden nach IT-Umstellungen regelmäßig unter massiven Startproblemen. Zwar versuchen die Unternehmen ihre Schwierigkeiten in der Regel vor der Öffentlichkeit zu verbergen, hin und wieder geht aber doch der eine oder andere Fall durch die Wirtschaftspresse. Das Wirtschaftsmagazin „Capital" berichtete im Oktober 1992 über Logistik- und Fakturierungsprobleme bei der Paulaner Brauerei nach einer Hardware- und Softwareumstellung. Die Münchener Großbrauerei hatte ihre alte EDV-Landschaft durch IBM-Rechner vom Typ AS/400 und Standardsoftware der Firmen Branchware & Partner GmbH, Nürnberg, sowie DCW GmbH, Mannheim, ersetzt. Nach Einführung des neuen digitalen Waren- und Liefersystems sollen erhebliche Verzögerungen und Fehler bei der Lieferung, Rechnungsstellung und beim Erstellen der Umsatzstatistiken aufgetreten sein. Kunden erhielten beispielsweise anstelle einer Rechnung der Konzerntochter Paulaner eine von Hacker-Pschorr.

Eine mißglückte Einführung eines neuen EDV-Moduls kostete auch dem Porzellanhersteller Hutschenreuther 1994 viel Geld und dem Vorstand, Horst Enzensperger, seinen Job. Die EDV-Panne führte zu erheblichen Lieferschwierigkeiten, die das magere Betriebsergebnis des angeschlagenen Traditionsunternehmens aus Selb noch weiter verschlechterten. Selbst die Deutsche Bank AG unterschätzte beim Aufbau ihrer neuen Direktbank „Bank 24" die Komplexität eines neuen IT-Systems. Die im September 1995 mit hohem Werbeaufwand im Markt eingeführte Bank 24 stoppte am 17. November 1995 ihre Werbekampagne, da ihre IT-Systeme dem Volumen der Geschäftsvorfälle nicht gewachsen waren. Nach Angaben der Bank 24 seien zwar angeblich keine sicherheitskritischen Fehler vorgekommen, jedoch kam es zu zahlreichen Systemstörungen. Insbesondere der Kundenservice litt beträchtlich: Kunden mußten häufig mehrmals anrufen, bis das IT-System wieder zur Verfügung stand und die Mitarbeiter in der Lage waren, die gewünschten Auskünfte zu erteilen. Kundenwünsche konnten darüber hinaus nicht sofort während des Telefongespächs in die Programme eingegeben werden, sondern mußten erst auf Papier und anschließend erneut im IT-System erfaßt werden: eine fehlerträchtige Doppelerfassung.

Auch die Bundeswehr erleidet bei ihren Auftragsvergaben für Softwareprojekte regelmäßig Schiffbruch. So planten die Generäle nach einem Bericht der Zeitschrift „DER SPIEGEL" ein „elektronisches Informations- und Führungssystem für den Einsatz der Luftwaffe" (Eifel), das die Logistik der fliegenden Truppe automatisieren sollte. Die Firma Dornier bekam 1977 den Auftrag, ein solches System für die Bundeswehr zu entwickeln. 15 Jahre später mußten die Projektmanager unter dem Druck der Rechnungsprüfer das Projekt für gescheitert erklären. Die Kosten von mindestens 50 Millionen Mark trägt jeweils zur Hälfte Dornier und der Steuerzahler. Ein ähnliches Urteil gaben die Rechnungsprüfer auch über das „Heeres-Führungsinformationssystem" (Heros) ab: unausgereift, benutzerunfreundlich und instabil. Außerdem wären Heros und Eifel nicht kompatibel miteinander gewesen.

Wie kaum ein anderes Ereignis 1995 offenbarte die Eröffnung des neuen internationalen Flughafens von Denver, Hauptstadt des US-Bundesstaates Colorado, am 28. Februar 1995 die unerwartete Komplexität von scheinbar einfachen Softwareprojekten. Dabei sollte der Denver International Airport (DIA) der Stolz der Rocky Mountains und ein Flughafen der Superlative werden. Auf dem mit 137 km^2 flächenmäßig größten Flughafen der Welt können drei Passagiermaschinen gleichzeitig landen (der neue Münchener Flughafen ist dagegen gerade mal 15 km^2 groß). Die weißen Dächer des Terminals, die an die schneebedeckten Hügel des nahen Felsengebirges erinnern sollen, gelten als architektonischer Leckerbissen. Ebenfalls höchst eindrucksvoll ist das unterirdische Gepäcktransportsystem der amerikanischen Firma BAE Automated Systems. 4.000 unabhängige „Telecars" transportieren Gepäckstücke auf einem 35 Kilometer langen Schienennetz zwischen Abfertigungsschaltern, Flugsteigen und Gepäckausgaben. In der Rekordzeit von maximal neun Minuten können damit bis zu 1.000 Gepäckstücke von einem Ort zum anderen befördert werden. Gesteuert wird dieses gigantische System von rund hundert Rechnern, die über 5.000 elektronische Sensoren, 400 Funkempfänger und 56 Strichcodeleser mit Informationen versorgt werden.

Die Flughafenplaner waren am Eröffnungstag allerdings nicht so gut auf das Gepäcktransportsystem zu sprechen. Probleme mit der Software, die das automatische Verteilsystem steuern sollte, verzögerten die Inbetriebnahme des Flughafens um 16 Monate. Mit Ausnahme des knapp 200 Millionen Dollar teueren Gepäcktransportsystems war die gesamte Infrastruktur des Flughafens bereits termingerecht im November 1993 betriebsbereit. Mit jedem zusätzlichen Tag fielen Betriebskosten und Zinszahlungen in Höhe von 1,1 Millionen Dollar an, so daß die Gesamtkosten auf die Rekordsumme von 4,2 Milliarden Dollar explodierten. Damit wurde DIA dreimal so teuer wie geplant. Selbst bei der Einweihung funktionierte die mit allen Finessen der digitalen Technik ausgestattete Gepäcksortieranlage nur unzureichend.

Noch deprimierender ist der seit 1981 währende Versuch des amerikanischen Bundesamtes für Luftfahrt FAA (Federal Aviation Agency), ihr altes Flugsicherungssystem „National Airspace System" auf den neusten Stand zu bringen. Der zunehmende Flugverkehr zwang damals die FAA, die für alle Flugsicherungsmaßnahmen in den Vereinigten Staaten zuständig ist, ein neues Flugsicherungssystem zu entwickeln, da daß das alte System dem prognostizierten Luftverkehrsaufkommen über kurz oder lang nicht mehr gewachsen sein würde. Die gesamte IT-Ausstattung der 5.000 Arbeitsplätze in 23 regionalen Kontrollzentren und 300 Towern sollte bis zum Jahr 2010 stufenweise erneuert werden.

Ein Teilprojekt, das sogenannte „Automated Automation System" (AAS), das die Routinearbeit der Fluglotsen weitgehendst übernehmen sollte, entwickelte sich jedoch zum Alptraum für die FAA-Beamten. Nach den Vorstellungen der FAA sollte das Automatisierungssystem AAS fast alle Bereiche der Luftraumüberwachung umfassen: Flugsteuerung, Navigation, Kollisionsschutz, Bodenannäherungswarnung, Kommunikation, Verkehrsflußoptimierung, Meteorologie und die konventionellen Leitsysteme. Gleichzeitig sollten neue Konzepte entwickelt und in das AAS integriert werden. Beispielsweise sollten die Flugzeuge über Transponder Daten direkt mit dem Flugleitcomputer austauschen („Datalink"-Konzept), um die knappen Funksprechkanäle zu entlasten. Das gigantische Vorhaben bestand aus knapp hundert Teilprojekten, die jedes für sich bereits eine überdurchschnittliche Komplexität aufwiesen. Die FAA forderte von dem Flugsicherungssystem, daß es als sicherheitskritisches Echtzeitsystem 24 Stunden am Tag betriebsfähig sein und dabei eine Verfügbarkeit von 99,9995 Prozent besitzen müßte.

Für die Realisierung dieses technologisch anspruchsvollen Gesamtprojektes wählte die FAA 1988 als federführendes Unternehmen den größten IT-Konzern der Welt, die Firma IBM. Das Automatisierungssystem AAS sollte von der kalifornischen Firma Computer Sciences Corporation (CSC) realisiert werden. Für die voraussichtlich mehr als eine Million Programmzeilen in der Programmiersprache Ada kalkulierte die FAA vorsichtshalber den horrenden Betrag von rund 500 Dollar pro Zeile (normale Softwareprojekte rechnen mit 30 bis 50 Mark pro Zeile!). Insgesamt war die FAA bereit, 16 bis 20 Milliarden Dollar in das neue IT-System bis zum Jahr 2010 zu investieren.

Schon im Projektverlauf wurde deutlich, daß die Zeit drängte. Im Zeitraum zwischen 1986 und 1988 registrierte die FAA 2.610 Beinahe-Zusammenstöße im amerikanischen Luftraum. Am 14. Oktober 1989 fielen sogar die Rechner am Flughafen von Dallas für 20 Minuten aus, weil sie über zuwenig Speicher verfügten, um die anfallenden Daten zu verarbeiten. Eine Katastrophe konnte nur durch die erfahrenen Fluglotsen im Kontrollturm verhindert werden. Doch die IBM-Tochter geriet mit der anspruchsvollen Softwareentwicklung schnell in den Rückstand: 1991 wurde die Projektlaufzeit um Jahre hinausgeschoben und die veranschlagten Kosten auf 27 Milliarden Dollar hochgerechnet. Drei Jahre später war das Ende des Softwareprojektes jedoch immer noch nicht in Sicht. Im Juni 1994 wurde daher die Entwicklung von zwei der vier Hauptkomponenten abgebrochen und der Funktionsumfang eines Teils der verbliebenen Komponenten reduziert. Die ausufernden Kosten, der maßlos überschrittene Zeitrahmen und die deprimierenden Testergebnisse zwangen die FAA zu diesem Schritt. 144 Millionen Dollar Entwicklungsaufwand wurden damit vernichtet. Nach Rechnerausfällen, wie dem Versagen eines Hauptrechners vom Typ IBM 9020E der Flugkontrolle am Flughafen von Chicago am 12. September 1995, bei dem auch der Ersatzrechner ausfiel und der Flugbetrieb für teure 40 Minuten eingestellt werden mußte, beschloß die Flugbehörde als Übergangslösung bis zum Einsatz des neuen Systems (frühestens 1998) weitere zehn bis 35 Millionen Dollar in neue Hardware zu investieren. Allerdings bezweifeln einige Fachleuten mittlerweile, ob das Projekt überhaupt jemals fertig wird.

Ein Beispiel für eine erfolgreiche Softwareentwicklung im Luftverkehrsbereich ist dagegen das Flugreservierungssystem SABRE (Semi-Automated Business Research Environment). In den siebziger Jahren von der amerikanischen Fluggesellschaft American Airlines (AA) entwickelt, wurde dieses zwei Milliarden Dollar teure Reservierungssystem zur Standardausrüstung in der amerikanischen Reisebranche und verschaffte AA damit einen strategischen Wettbewerbsvorteil. 40 bis 50 Prozent aller in den Vereinigten Staaten verkauften Flüge werden inzwischen über SABRE abgewickelt. Leider fehlt der Geschichte das Happy-End: Um SABRE wettbewerbsfähig zu halten, versuchte American Airlines in den neunziger Jahren, das eigene System mit den Hotel- und Mietwagen-Reservierungssystemen der Ketten Marriot, Hilton und Budget zu koppeln. Der Versuch schlug jedoch fehl. 1992 wurde das Projekt abgebrochen: 165 Millionen Dollar Entwicklungskosten mußten abgeschrieben werden.

Ein ähnliches Reservierungs- und Buchungssystem mit dem Namen „Amadeus" versuchten die Fluggesellschaften Lufthansa, Air France, Iberia und SAS 1987 auf europäischer Ebene zu entwickeln. Als Generalauftragnehmer wurde IBM gewählt. Das Milliardenprojekt, das den vier Kooperationspartnern ab Mitte 1989 einen strategischen Wettbewerbsvorsprung liefern sollte, konnte erst mit dreijähriger Verzögerung komplett eingeführt werden. Offenbar hatten die Projektpartner die Komplexität des Projektes am Anfang nicht richtig eingeschätzt, nach Beginn des Projektes zahlreiche Änderungen an der Funktionalität vorgenommen und den Zeitaufwand in der Testphase unterschätzt. Die Gesamtkosten überstiegen ebenfalls alle Erwartungen: Statt der ursprünglich geplanten Summe von 300 Millionen Mark werden bis zum Jahr 2000 voraussichtlich mehr als zwei Milliarden Mark investiert werden müssen. Andere Schätzungen sprechen sogar von 3,6 Milliarden Mark. Damit würde sich das Projekt frühestens in 20 Jahren amortisieren. Die Fluggesellschaft SAS stieg aufgrund der exorbitanten Kostensteigerung Mitte 1991 aus der Kooperation aus. Auch die angestrebte Zusammenarbeit mit dem Buchungssystem SABRE von American Airlines scheiterte und damit die Vision eines weltumfassenden computergestützten Reisereservierungssystems.

Sicherheitskritische Echtzeitsysteme werden nicht nur zur Flugsicherung, sondern auch zur Steuerung von Kernkraftwerken eingesetzt. Allerdings erhöhen die dabei aufgetretenen Probleme nicht gerade das Vertrauen in die ohnehin umstrittenen Atomkraftwerke. So hielten selbst die Entwickler der Sicherheitssoftware für das englische Kernkraftwerk Sizewell-B am Ende das Programmpaket für zu komplex. Sie schlugen daher im Herbst 1991 von sich aus vor, das Projekt aufzugeben. Das System bestand aus über 300 Mikroprozessoren und Modulen mit mehr als 100.000 Zeilen Quellcode. Trotz aller Bedenken setzte die Betreiberfirma, Nuclear Electric, das softwaregesteuerte Sicherheitssystem ein. Ihr Hauptargument: Ein von Menschen gesteuertes Sicherheitssystem sei noch unsicherer. Sizewell-B war das erste britische Atomkraftwerk, dessen innerstes Schutzsystem durch Computer gesteuert wurde. Dabei hatte kurz zuvor ein Softwarefehler in der britischen Wiederaufbereitungsanlage in Sellafield Mitte September 1991 verdeutlicht, welche Risiken der IT-Einsatz im Bereich der Kernenergie in sich birgt. Ein Steuerungsprogramm hatte die Schutztüren geöffnet, bevor das hochradioaktive Restmaterial für den Transport und die Lagerung versiegelt war. Vermutlich kam der Fehler durch eine neue Softwareversion in das an sich relativ kleine Steuerungsprogramm. Die britische Atomenergiebehörde, die dem Einsatz dieser Software zugestimmt hatte, kündigte nach dem Zwischenfall eine Überprüfung der Sicherheitssoftware in allen britischen Kernkraftwerken an.

Bereits ein Jahr zuvor entschied das französische Energieunternehmen Electricité de France (EDF), die Entwicklungsarbeiten am dem dezentralen Steuerungs- und Überwachungssystem „Controbloc P20“ wegen schwerwiegender Probleme bei der Programmentwicklung zu unterbrechen. Das System war von der Firma Cegelec für die N4-Kernreaktoren entwickelt worden.

Auch Verkehrssteuersysteme müssen hohen Anforderungen an die Zuverlässigkeit und Ausfallsicherheit genügen. Daher ließ die Bundesbahndirektion Hamburg für insgesamt 63 Millionen Mark vom deutschen Elektronikkonzern Siemens AG ein computergesteuertes System entwickeln, das die 160 Weichen, 250 Signale und 200 Gleisstromkreise im Gebiet des Bahnhofs Altona steuern und die alten Hebelstellwerke aus der Zeit zwischen 1911 und 1952 ersetzen sollte. Das System sollte ständig verfügbar sein, da bei einem Ausfall des Stellwerkes alle Signale im Bereich des Bahnhofs auf Rot schalten und die Weichen sich nur noch manuell umschalten lassen würden. Um diesen Anforderungen gerecht zu werden, verwendete Siemens besonders robuste Rechner vom Typ Simis-3216. Diese Rechner enthalten zwar einen gewöhnlichen Prozessor vom Typ Intel 80486, vertragen aber Temperaturen von minus 40 bis plus 85 Grad Celsius und sind gegen Erschütterungen sowie elektrische Störsignale weitestgehend immun. Zusätzlich wurden die Rechner in einer sogenannten „Zwei-von-drei-Kombination“ betrieben. Dabei werden drei identische Rechner eingesetzt, von denen jeder allein die Aufgaben im Stellwerk übernehmen kann. Zwei Rechner laufen ständig parallel und überwachen sich gegenseitig, so daß im Fehlerfall das noch funktionierende System die Aufgaben des gestörten Rechners übernimmt und anschließend den dritten Ersatzrechner startet.

Die Freude über die Inbetriebnahme des Systems am Sonntag, den 12. März 1995, währte jedoch nicht lange. Trotz aller Vorkehrungen versagte bereits nach wenigen Stunden der Leitrechner, der siebzehn weitere Bereichsstellenrechner überwachen und die Sicherheit des Zugbetriebes gewährleisten sollte. Nach Pressemitteilungen war der Arbeitsspeicher aufgrund eines Planungsfehlers zu knapp bemessen, so daß infolge einer Überlastung des Rechners ein fehlerhafter Speicherbefehl zu einer Systemabschaltung führte. Die – neben dem Hauptbahnhof – beiden großen Hamburger Bahnhöfe, Altona und Dammtor, mußten daraufhin gesperrt werden. Der Bahnhof Altona gehört mit rund 100.000 Reisenden, 900 durchlaufenden Zügen und 1.100 Rangierfahrten täglich zu den größten Bahnhöfen Deutschlands. Glücklicherweise waren die S-Bahnlinien Pinneberg-Altona-Hauptbahnhof bzw. Pinneberg-Dammtor-Hauptbahnhof noch nicht an das neue Computersystem angeschlossen, so daß die Fahrgäste mit dem Ziel Altona oder Dammtor auf die S-Bahn umsteigen konnten. Der Hamburger Hauptbahnhof, der sonst durch die Bahnhöfe Altona und Dammtor entlastet wird, erlebte das größte Gedränge seines 90jährigen Bestehens. Mehr als hundert Mitarbeiter wurden eingesetzt, um Reisenden, insbesondere den ortsfremden, rund um die Uhr zu helfen.

Zweieinhalb Tage dauerte die Fehlersuche in der Software des zentralen Kontrollcomputers. Erst am Mittwoch nachmittag konnte der zweitgrößte Bahnhof Hamburgs wieder in Betrieb genommen werden. Knapp zwei Wochen später kam es erneut zu Systemschwierigkeiten mit dem neuen Stellwerk im Bereich des Bahnhofs Altona. Der Sprecher der Deutschen Bahn zu den wiederholten Anfangsschwierigkeiten: „Das neue Stellwerk funktioniert, aber... Es gibt nur keinen Menschen, der die komplizierte Technik auf Anhieb richtig bedienen kann." Dagegen meinte die Informatikprofessorin Devorah Weber-Wulff von der Technischen Fachhochschule in Berlin, daß Siemens die Qualitätssicherung nicht im Griff habe.

Reihenweise teure Softwaredebakel erlebte auch die von IT-Systemen stark abhängige Finanzbranche. 1984 beschloß die damals drittgrößte Bank der Vereinigten Staaten, die Bank of America, ihr altes Programm für die IT-Unterstützung des Kundeneinlagengeschäftes durch eine neue Software zu ersetzen. Die Bank beauftragte zu diesem Zweck ein kleines amerikanisches Softwarehaus, bis 1986 ein neues IT-System zu erstellen. Nach erheblichen Terminverzögerungen und technischen Problemen, die teilweise sogar einen Paralleleinsatz des alten und neuen IT-Systems erforderlich machten, entschied die Bank im März 1987, komplett auf das neues System umzustellen. Eine verhängnisvolle Entscheidung, wie sich bald herausstellte: Das System wurde nach nicht einmal 12 Monaten im Januar 1988 abgelöst, da es nur unzureichend funktionierte. Kunden mußten teilweise monatelang auf ihre Kontoauszüge warten. Anstatt das Neugeschäft anzukurbeln, verlor die Bank durch den Softwareflop Kundengelder in Höhe von 1,5 Milliarden Dollar. Mit Überstundenzuschlägen und Verzugszinsen verursachte das IT-System in seiner kurzen Einsatzzeit einen Schaden in Höhe von rund 60 Millionen Dollar. Daneben mußte die Bank auch die innerhalb von vier Jahren investierten 20 Millionen Dollar abschreiben.

Teurer als erwartet wurde auch ein 1982 mit ursprünglich 8 Millionen Dollar kalkuliertes Projekt der amerikanischen Versicherung Allstate Insurance zur Automatisierung der Arbeitsabläufe in Zusammenarbeit mit der Softwarefirma Electronic Data Systems (EDS). Das auf fünf Jahre angelegte Projekt dauerte bis 1993, wobei sich die Gesamtkosten auf fast 100 Millionen Dollar summierten.

Unter gravierenden IT-Problemen litt 1994 der Ruf der Berliner Privatbank Löbbecke & Co. Angestellte der Bank wiesen das Bundesaufsichtsamt für Kreditwesen (BAK) in jenem Jahr in einem Brief auf die Mißstände im IT-Bereich hin. Die Mitarbeiter befürchteten sogar fehlerhafte Zinsberechnungen bei Spar- und Festgeldkonten. Differenzen zwischen Soll und Haben bei den Tagesumsätzen sollen durch einseitige Buchungen korrigiert worden sein. Die 1761 gegründete Privatbank schob die IT-Probleme auf ein 1991 eingekauftes Programmpaket eines Frankfurter Softwarehauses, das noch nicht ausgereift war. Der Frankfurter Hersteller konnte offensichtlich die komplexen Anforderungen der expansiven Privatbank nicht zufriedenstellend lösen.

Selbst im vermeintlich einfachen Verwaltungsbereich laufen Softwareprojekte immer wieder aus dem Ruder. Die kalifornische Kraftfahrzeugbehörde (Department of Motor Vehicles) entschied 1987, die bisher getrennten Kraftfahrzeug- und Führerscheinregister zu vereinigen, damit die Bürger die in den USA übliche Erneuerung der Papiere in einem Gang erledigen könnten. Als Projektende wurde das Jahr 1993 bestimmt. Nachdem sich die Kosten auf einen Betrag von 44,3 Millionen Dollar versechsfacht hatten und sich das Jahr 1998 als voraussichtliches Projektende abzeichnete, brach das Department of Motor Vehicles (DMV) im Dezember 1993 das Projekt ab.

Das amerikanische Verteidigungsministerium, das seit dem 2. Weltkrieg in einem riesigen fünfeckigen Gebäudekomplex in der Hauptstadt Washington untergebracht ist und nach der Form dieses Gebäudes auch „Pentagon“ (griechisch für Fünfeck) genannt wird, sprengte bei der Erneuerung seines Computersystems ebenfalls alle Zeit- und Kostenrahmen. Am Ende betrug die Budgetüberschreitung über eine Milliarde US-Dollar. Dabei sollte das IT-System lediglich der allgemeinen Datenverarbeitung, der Kommunikation und dem Datenaustausch dienen. Über dieses milliardenschwere Kommunikationssystem im Pentagon resümierte Joseph Weizenbaum, ein weltweit anerkannter Fachmann und Kritiker der Computertechnologie, aufgrund einer Untersuchung: „... es funktioniert kaum, und, was viel schlimmer ist, niemand versteht es. Es kann nicht korrigiert, sondern nur geflickt werden, und dieses Flickwerk vertieft natürlich noch seine Undurchschaubarkeit.“

Auch die Computerbranche gerät immer häufiger in Schwierigkeiten bei der Entwicklung ihrer Software, wie verschiedene Beispiele der jüngeren und jüngsten Vergangenheit zeigen. Unangefochtener Marktführer auf dem Gebiet der PC-Datenbanken war jahrelang die amerikanische Softwareschmiede Ashton-Tate mit ihrer Software „Dbase“. Obwohl der Marktanteil Mitte der achtziger Jahre kontinuierlich sank, da Konkurrenzprodukte wie Foxbase oder Paradox anwendungsfreundlicher waren, hoffte Ashton-Tate diesen Trend 1989 mit der Einführung einer neuen Dbase-Version stoppen zu können. Die Hoffnung ging aber nicht auf: Dbase IV Version 1.0 enthielt so viele Bugs, die von Systemhängern bis zu zerstörten Daten reichten, daß die Kunden Ashton-Tate scharenweise davonliefen. Als Folge der Markteinführung der fehlerhaften Software mußte das Unternehmen im Jahr 1989 einen Verlust von über 20 Millionen Dollar verbuchen.

Ein Beispiel für die Komplexität der Entwicklung neuer Betriebssysteme liefert der Marktführer Microsoft mit Windows 95. Bereits 1992 wurde dieses neue 32-Bit-Betriebssystem für Mitte 1994 angekündigt. Nach einem halben Dutzend Verzögerungen und neuen Ankündigungen im Laufe des Jahres 1994 versprach Microsoft im Dezember 1994 schließlich die Auslieferung von Windows 95 für August 1995. Die anfänglichen Verzögerungen überraschten die Fachleute nicht, denn Windows 95 besteht aus über 15 Millionen Programmzeilen.

Microsoft gelang es aber – trotz der Panne – durch einen ungeheuren Marketingaufwand, das Erscheinen eines verspäteten Updates zum größten Ereignis in der Computergeschichte hochzustilisieren. Damit der Markt Windows 95 als das Schlüsselprodukt von Microsoft auch begeistert aufnimmt, startete die Gates-Company mit einem Budget von weit über 200 Millionen Dollar eine gigantische Werbekampagne. Allein die Rolling Stones sollen für die Einräumung des Rechts, ihr Lied „Start me up" für Werbezwecke zu nutzen, von Microsoft 12 Millionen Dollar bekommen haben. Die angesehene englische Zeitung „Times" ließ sich für 700.000 Mark die komplette Tagesauflage vom 24. August 1995 abkaufen, um von Microsoft mit dem Verkaufsstart von Windows 95 als Ereignis des Tages auf der Titelseite kostenlos verteilt zu werden.

Bereits vier Tage nach Markteinführung konnte Bill Gates eine Millionen verkaufte Exemplare melden; Mitte Oktober schon sieben Millionen. Der Medienrummel um die Einführung von Windows 95 hat vielen Anwendern offensichtlich den kritischen Blick vernebelt, denn technisch gesehen gelten die Betriebssysteme OS/2 von IBM oder System 7.5 von Apple selbst gegenüber dem neuen Windows 95 als überlegene Produkte. Darüber hinaus wird dem Kunden nur eine Übergangslösung verkauft, denn nach den Vorstellungen von Microsoft soll Windows 95 in wenigen Jahren mit Windows NT verschmelzen. Auch häufen sich die Beschwerden über Probleme bei der Installation von Windows 95, insbesondere bei der aus 15 Disketten bestehenden Version. Vorhandene PC-Viren sollen zu abrupten Installationsabbrüchen führen, vorhandene Speichermanagement-Programme sogar zu Datenverlusten. Ist das Programm erst einmal installiert, nerven PC-Besitzer mit der – nach Angaben von Microsoft – Minimalausstattung von vier Megabyte (MB) Arbeitsspeicher die häufigen Bildschirmmeldungen „Nicht genügend Speicher". Um die unverhoffte Aufrüstung auf acht, besser noch 16 MB kommen die meisten Anwender dann nicht mehr herum.

Selbst das erfolgreiche und hochgelobte Softwarepaket SAP R/3 gerät aufgrund seiner Komplexität und des enormen Einführungsaufwandes zunehmend in die Schlagzeilen. Das dahinterstehende Unternehmen, 1972 von vier ehemaligen IBM-Angestellten gegründet, gilt als Shooting Star unter den deutschen börsennotierten Gesellschaften. Der Umsatz der SAP AG, Walldorf/Baden, verfünffachte sich von 366,9 Millionen Mark 1989 auf 1,8 Milliarden Mark 1994; der Börsenkurs verzehnfachte sich sogar im gleichen Zeitraum. In Deutschland mittlerweile zum führenden Hersteller von Standardsoftware avanciert, versucht die weltweite Nummer fünf nun auch auf ausländischen Märkten Fuß zu fassen. Den Grundstein zum Erfolg von SAP legte eine Idee, die mit dem Basissystem R/2 für Großrechner und später für mittelgroße, offene Rechnerplattformen mit dem Basissystem R/3 verwirklicht wurde. Um dieses Basissystem können verschiedene Anwendungen installiert werden, die alle über eine gemeinsame Datenbasis verfügen, eine einheitliche Schnittstelle besitzen und mit der Abfragesprache ABAP individuell bearbeitet werden können. Kritiker sehen jedoch im neuen R/3 nur eine aufgepeppte Version des Vorgängerproduktes R/2, das auf die Großrechnertechnologie zugeschnitten war. Angekreidet wird dem modernen Client-/Server-Produkt R/3 vor allem der enorme Hardwarebedarf, das komplexe Tabellenwerk, über das der Kunde das Softwarepaket an seine individuellen Bedürfnisse anpassen muß, und die hohen Personalkosten für die wenigen, aber teuren SAP-Spezialisten, die vom Kunden meist viel länger als geplant benötigt werden.

Daneben legt der Marktführer SAP gegenüber seinen Kunden eine Arroganz an den Tag, die an das frühere Geschäftsgebaren der IBM erinnert. So wird jeder R/2-Kunde mit dem neuen Jahrtausend gezwungen, auf die Version R/2 Release 5.0 umzustellen, da frühere Versionen das neue Datumsformat nicht unterstützen. Aber auch eine Umstellung auf R/3 setzt eine Umstellung auf die aktuellste R/2-Version voraus, denn SAP unterstützt nur den Wechsel von R/2 Release 5.0 nach R/3. Allerdings kostet bereits die Umstellung vom weitverbreiteten R/2 Release 4.3 auf Release 5.0 mindestens einstellige Millionenbeträge.

Insbesondere aufgrund des enormen finanziellen Aufwands der modernen Softwareentwicklung greifen Großunternehmen wie AT&T, Cap-Debis, die Deutsche Bank, Digital Equipment, Ford, General Electric, Hewlett-Packard, Motorola, die NASA, Siemens-Nixdorf, Shell oder Texas Instruments inzwischen vermehrt auf Softwareunternehmen aus Niedriglohnländern zurück. So gilt die 4,8-Millionen-Stadt Bangalore bereits als indisches Silicon Valley für Software. Für ein Zehntel des in Deutschland bezahlten Monatslohns für einen Programmierer arbeiten die indischen Kollegen ebenso zuverlässig und kompetent.

Indien verfügt über eine hohe Anzahl gutausgebildeter junger EDV-Spezialisten, die der englischen Sprache mächtig sind. Die indischen Unternehmen bieten den ausländischen Partnern jeglichen Service. Auf Wunsch wird die Software sowohl beim Auftraggeber vor Ort („On-Site“) als auch in Indien, über Datennetze mit den Rechnern der Auftraggeber verbunden („Offshore“), entwickelt. Auch einfache Datenerfassungsaufträge erledigen die indischen Unternehmer mit jeder gewünschten Genauigkeit: Das indische Unternehmen Datamatics garantiert seinen Kunden beispiels-weise auf Wunsch eine Genauigkeit bei der Dateneingabe von 99,995 Prozent. Erreicht wird diese hohe Zuverlässigkeit durch die Doppelerfassung jedes Dokuments und einer automatischen Kontrolle, ob beide Eingaben übereinstimmen. Angesichts eines Lohnes von umgerechnet zehn Mark am Tag für eine englischsprachige Bildschirmarbeiterin spielen Personalkosten keine Rolle. So können selbst Hunderttausende von Werbeantworten mit einer in Deutschland unbezahlbaren Exaktheit erfaßt werden.

Softwarefehler und ihre Folgen

Softwarefehler werden umgangssprachlich auch mit dem englischen Wort „bug" bezeichnet, das eigentlich Wanze oder im amerikanischen allgemein Insekt bedeutet. Der Begriff des „Bugs" geht weit in die Computerhistorie zurück und ist durch einen Kontaktfehler in einem der ersten amerikanischen Computer, „Mark II", entstanden. Der 1945 vom amerikanischen Mathematiker und Physiker Howard Hathaway Aiken (1900 - 1973) an der Harvard Universität in Boston entwickelte Rechner arbeitete noch mit Relais als Schaltelementen und Lochkarten als Datenträgern. Bei diesen Relais zog ein vom Steuerstrom erregter Elektromagnet einen Anker an, der den Relaiskontakt öffnete oder schloß und damit einen Stromkreis unterbrach oder aufbaute. Eine der vielen Störungen, die den Betrieb dieses Rechners immer wieder blockierten, wurde auf eine Motte zurückgeführt, die sich auf einen Relaiskontakt gesetzt hatte, kurz bevor dieser schloß. Da Motten schlechte elektrische Leiter sind, konnte sich der Stromkreis nicht schließen. Im Logbuch ist unter dem Datum des 9. September 1945 sogar die Motte mit Tesafilm eingeklebt und die genaue Fundstelle dokumentiert: „1545 Relay #70 Panel F".

Die heutigen „Bugs" werden meist durch Softwarefehler verursacht. Diese können entweder konzeptionell bedingt sein, also bereits vom Programmentwurf herrühren, oder durch Fehler bei der Programmierung entstehen oder erst beim komplexen Zusammenspiel separat korrekt funktionierender Algorithmen auftreten.

Programmfehler bei Standardsoftware

Seitdem selbst die „Tagesthemen" über Rundungsfehler beim Taschenrechner der Betriebssystemerweiterung Windows 3.1 von Microsoft berichtet haben, sollte jeder Anwender sich um die Unzulänglichkeiten der meisten Standardprogramme im klaren sein und deren Ergebnisse mit einem gesunden Mißtrauen betrachten. Im privatem und beruflichen Alltag scheint aber eher das Gegenteil der Fall zu sein. Jeder mit einer PC-Tabellenkalkulation erstellten Berechnung wird mehr Vertrauen entgegengebracht als einer manuell errechneten Kalkulation. Die Softwarehersteller reagieren entsprechend gelassen auf jeden neu entdeckten Fehler in ihren Programmen. Kaufpreisminderungen sind nicht zu erwarten, bestenfalls der tröstliche Kommentar, daß der Fehler mit dem nächsten Release behoben sein wird.

Angesichts der zahlreichen Macken und Fehler in den angeblich ausgereiften Programmen scheint das technikgläubige Vertrauen in die Rechenkünste von PC-Standardsoftware sogar weit gefehlt. In letzter Zeit nimmt die Häufigkeit von Programmfehlern eher noch weiter zu. Als Grund für diese Entwicklung wird von den Softwarefirmen gern der harte Konkurrenzkampf auf dem Markt der PC-

Standardprogramme angeführt, der die Hersteller zu Preiszugeständnissen und zu kürzeren Produktzyklen zwinge. Weiterhin wird auf die vermutete Verbreitung von Raubkopien hingewiesen, durch die den Unternehmen das notwendige Kapital zur Entwicklung qualitativ hochwertiger Software vorenthalten werde. Angesichts der satten Umsatzrenditen der großen Softwarehäuser erscheint diese Argumentation aber eher fragwürdig. Die folgenden Beispiele beschränken sich auf einige bekannte Bugs weitverbreiteter PC-Software:

Microsoft Windows
Der „Taschenrechner-Bug“ des Zubehörprogrammes zu Windows 3.1 oder Windows für Workgroups 3.11 tritt beispielsweise bei der Subtraktion der Zahlen 4,01 minus 4,00 auf. Das Ergebnis verblüfft selbst den mathematischen Laien: 0,00.

Ein Bug im Programm Datei-Manager der Windows-Hauptgruppe kann sogar zu ungewollten Datenverlusten führen. Nach einem Bericht der Zeitschrift „PC Professionell“ kann der Fehler auftreten, wenn der Anwender eine oder mehrere Dateien von der Festplatte auf Diskette verschieben will und dazu diese Dateien mit der Maus markiert, um die markierten Dateien anschließend bei gedrückter <Umschalt>-Taste auf das Symbol für das Diskettenlaufwerk zu ziehen. Ist die Diskette schreibgeschützt und sind die verschobenen Dateien kleiner als 500 KByte, so soll der Datei-Manager die markierten Daten von der Festplatte löschen, obwohl sie nicht auf die Diskette übertragen werden konnten. Diese Datenlöschung ist dem Datei-Manager noch nicht einmal eine Fehlermeldung wert, so daß der Anwender den Datenverlust zunächst einmal gar nicht bemerkt.

Microsoft Excel (Version 4.0 oder 5.0)
Die PC-Tabellenkalkulation Excel der Firma Microsoft enthält zahlreiche vordefinierte Tabellenfunktionen, mit denen – über die Grundrechenarten hinaus – komplexere Operationen möglich sind. Ein Beispiel ist die mathematische Tabellenfunktion ABRUNDEN, die eine Zahl auf eine vorgegebene Anzahl von Nachkommastellen abrundet. Ein Anwender, der etwa die Zahl 3,2 auf Null Nachkommastellen abrunden will, muß der Funktion ABRUNDEN die erforderlichen Argumente mitgeben, in diesem Fall 3,2 als Ausgangszahl und 0 für die Anzahl der Nachkommastellen. Die Tabellenfunktion sieht dann folgendermaßen aus: ABRUNDEN(3,2;0); als Ergebnis ergibt sich die Zahl 3.

Statt der einfachen Zahl 3,2 kann der Anwender aber auch eine Rechenoperation angeben, deren Ergebnis gerundet werden soll. Gibt der Anwender anstelle ABRUNDEN(3,2;0) die Tabellenfunktion ABRUNDEN((9,2-6);0) ein, so erhält er das gleiche Ergebnis. Überrascht wird der Anwender aber vom Ergebnis der Funktion ABRUNDEN(((18,08-18,01)*100);0) sein: Während er nach Adam Riese die Zahl 7 als Ergebnis erwartet, da 18,08 minus 18,01 die Zahl 0,07 und 0,07 mal 100 die Zahl 7,00, abgerundet 7 ergibt, lautet das Ergebnis dieser Funktion nach internen Berechnungen von Excel 6.

Die Tabellenfunktion ABRUNDEN ist leider kein Einzelfall: Mit der Funktion GANZZAHL bietet Excel eine weitere Funktion, die ein Ergebnis ungewollt auf die nächstkleinere ganze Zahl abrundet. Beispielsweise ergibt die Funktion GANZZAHL(2,8) als Ergebnis die Zahl 2. Bei der Funktion GANZZAHL((15,04-15,02)*100) dagegen, stützt sich Excel ebenfalls nicht auf die Rechenregeln von Adam Riese, der auf die Zahl 2 gekommen wäre, sondern ermittelt als Ergebnis die Zahl 1.

Der beschriebene Fehler kann schwerwiegende Auswirkungen haben, da die betroffenen Tabellenfunktionen häufig bei Rechenoperationen mit Geldeinheiten angewandt werden, etwa bei der Erstellung von Kalkulationen im Rechnungswesen (Bilanzen, Gewinn- und Verlustrechnungen etc.). Der Anwender sollte daher weitestgehend auf Tabellenfunktionen wie ABRUNDEN, GANZZAHL, KÜRZEN und REST verzichten und nur mit der Genauigkeit rechnen, die er benötigt. Dazu kann er das Programm Excel über den Menüpunkt Option „Genauigkeit wie angezeigt" anweisen, intern nur die eingegebene Anzahl von Nachkommastellen zu verarbeiten.

Die naheliegende Schlußfolgerung, anstelle von Microsoft Excel eine andere Tabellenkalkulation zu verwenden, löst das Problem leider nicht. Auch die Tabellenkalkulationen der größten Konkurrenten, „Lotus 1-2-3" des gleichnamigen Herstellers und „Quattro Pro" von Borland/Novell, rechnen mit den beschriebenen Funktionen genauso falsch. Die Ursache für diese Fehler liegt nach Ansicht von Experten in der internen Umwandlung von Dezimalzahlen in Dualzahlen. Diese Umwandlung ist notwendig, weil Computersysteme nur binäre Zahlen verarbeiten können. Um Speicherplatz zu sparen, werden insbesondere Dezimalzahlen mit einem Fließkomma nicht eins zu eins umgewandelt, sondern in eine Mantisse und einen Exponenten zerlegt. Da die Mantisse aber gewöhnlich nur 15 Stellen lang ist, kann eine Zahl mit mehr als 15 Nachkommastellen nicht mehr korrekt abgebildet werden. Auch interne Zwischenergebnisse mit mehr als 15 Nachkommastellen, wie sie bei Rundungsoperationen häufig vorkommen, können zu Ungenauigkeiten in der 15. Stelle führen, die von den teuren PC-Programmen nicht abgefangen werden. Schon die einfache Subtraktion 15,8 minus 15,5 weist als Ergebnis in der 15. Nachkommastelle fälschlicherweise eine Eins anstelle einer Null aus.

Microsoft Word für Windows 2.0/6.0

Bereits die Version 2.0 von Word für Windows enthielt einige Bugs, die für den Anwender zum Teil gravierende Folgen hatten: So war unter bestimmten Bedingungen das Abspeichern eines Textes, insbesondere beim Arbeiten von Diskette, nicht mehr möglich. Der Text verschwand im digitalen Nirwana. Diese Programmfehler wurden später mit den Bugfix-Versionen 2.0b (deutsch) und 2.0c (international) behoben.

Der Verkaufsstart der Version 6.0 des Textverarbeitungssystems Word für Windows stand ebenfalls unter einem schlechten Stern. Kaum war die neue Version auf dem Markt, erhielten die registrierten Anwender schon eine kostenlose Diskette von Microsoft: ein sogenanntes „Bugfix“. Damit sollten die „Schutzverletzungen“, die beim Einsatz der bis dahin ausgelieferten Versionen regelmäßig auftraten, behoben werden.

Zahlreiche andere Programmfehler wurden mit diesem „Bugfix“ aber nicht ausgemerzt. Exemplarisch sei ein gefährlicher Bug im Windows-Zusatzprogramm zur Rechtschreibeprüfung beschrieben. Dieses Hilfsprogramm, das hauptsächlich unter Word für Windows eingesetzt wird, wird von vielen Anwendern zur Überprüfung der Rechtschreibung in ihren Textdokumenten verwendet, obwohl die Effektivität der digitalen Rechtschreibeprüfung aufgrund der Unfähigkeit des Programmes, zusammengesetzte Wörter und Eigennamen sowie Tempi und Deklinationen von bekannten deutschen Wörtern zu erkennen, an sich schon sehr umstritten ist.

Der Programmfehler tritt auf, wenn die Rechtschreibeprüfung auf den Wortbeginn „Realitäts“ stößt. Auf dem Bildschirm erscheint die gefürchtete Fehlermeldung: „In Ihrer Anwendung ist ein Fehler aufgetreten. Wenn Sie „Ignorieren“ wählen, sollten Sie Ihre Arbeit in einer neuen Datei speichern. Wenn Sie „Schließen“ wählen, wird Ihre Anwendung geschlossen.“ Alle seit dem letzten Speichern durchgeführten Eingaben und Änderungen sind unwiderruflich verloren, denn egal, welche Schaltfläche der Benutzer des Programmes anwählt: Die nächste Meldung lautet: „Winword verursachte eine allgemeine Schutzverletzung in Modul MSSPEL2.DLL an Adresse 0000:XXXX“. Das gesamte Textverarbeitungsprogramm ist blockiert und Word beendet sich selbst. Einige Fachleute vermuten, daß dieser Fehler von einem rachsüchtigen Programmierer in das Prüfprogramm eingebaut wurde, um das Renommee seines Arbeitgebers zu schädigen.

Im Gegensatz zu den meisten anderen Softwarefehlern läßt sich dieser Bug aber auch vom Anwender selbst beheben. Als einfachste Gegenmaßnahme gegen diesen Programmfehler kann der Benutzer des Textprogrammes Winword 6.0 in seine persönliche Lexikondatei BENUTZER.DIC im Verzeichnis *windows\apps\proof* Wörter wie „Realitätsbezug“, „Realitätssinn“, etc. aufnehmen. Die Rechtschreibehilfe kennt diese Wörter damit und erzeugt keine Schutzverletzung, wenn sie auf solche Wörter im zu prüfenden Text stößt. Außerdem gilt (wie bei jedem PC-Programm): Während des Arbeitens regelmäßig speichern!

Eher amüsant sind dagegen die unsinnigen Korrekturvorschläge, die Rechtschreibprüfprogramme gängiger PC-Anwendungen vorschlagen. So soll z. B. aus einem „angewählten“ Teilnehmer ein „angewöhnter“ oder gar „angewärmter“ Teilnehmer werden. Nach einem Bericht des Nachrichtenmagazins „DER SPIEGEL“ nutzt das Dokumentenverwaltungsprogramm Framemaker der amerikanischen Firma Frame Technology ihr eingebautes Prüfprogramm sogar als Marketinginstrument: Findet das Programm den Namen der Konkurrenzfirma „Interleaf“, schlägt der digitale Duden vor, diesen durch „Framemaker“ zu ersetzen.

Microsoft DOS 6.2
Selbst das millionenfach verkaufte PC-Betriebssystem DOS weist in seiner neusten Version noch Fehler auf. So können mit dem DOS-Befehl MOVE Dateien in ein anderes Verzeichnis verschoben werden. Bei dieser Aktion lassen sich aber fehlerhafte Dateinamen erzeugen, so daß ein späterer Zugriff auf diese Dateien nicht mehr möglich ist. Beispielsweise kann mit dem Befehl MOVE MYTEXT.TXT TO C:\TEXTE\MY-TEXT.TXT eine Datei erzeugt werden, die den DOS-Namenskonventionen zuwiderläuft. Einzige Rettung: Umbenennung der Datei mit dem Befehl RENAME.

Ein anderer Bug tritt beim Einsatz des Cache-Programms SMARTDRV.EXE auf, das durch die Pufferung von Laufwerken die Lese- und Schreibvorgänge beschleunigt. Nach Berichten der Zeitschrift „win“ erzeugt der Versuch, auf eine schreibgeschützte Diskette zu schreiben, eine Endlos-Schleife, die weder durch einen Diskettenwechsel noch durch das Entfernen des Schreibschutzes verlassen werden kann. DOS meldet stets monoton, daß es nicht auf die Diskette zugreifen kann. Einzige Lösung in diesem Fall: Neustart des Rechners. Alle Daten, die sich nur temporär im Hauptspeicher befanden, sind damit verloren.

Apple MacOS 7.5
Ebenso wie DOS/Windows birgt auch das Betriebssystem der jüngsten Apple-Generation noch Programmfehler in sich. Der Taschenrechner des Betriebsystems zeigt beispielsweise seit Version 7.1 bei der Eingabe von 3,01 minus 3 als Ergebnis den Wert „-0,00“ an.

Versionswirrwarr und Funktionendschungel

Neben vielen Programmfehlern und -unzulänglichkeiten müssen die PC-Anwender auch die geballten Marketinganstrengungen der großen Softwarefirmen über sich ergehen lassen, die sich unter anderem in unlogischen Abfolgen von Versionsnummern und einer unüberschaubaren Funktionenvielfalt äußern. Hersteller von PC-Standardsoftware, wie Borland, Lotus, Microsoft oder Novell, jonglieren mit ihren Versionsnummern wie mit brennenden Keulen. So ließ der amerikanische Softwarehersteller Lotus die Folgeversion seiner Tabellenkalkulation „1-2-3“ 1.1 auf Version 4.0 springen. Die Textverarbeitung „Wordperfect für Windows“ startete direkt als Version 5.1, die Folgeversion schimpfte sich 6.0, worauf Microsoft sein Konkurrenzprodukt „Word für Windows“ von Version 2.0 (a/b/c?) auf Version 6.0 anhob. Ähnlich verfuhr Microsoft beim Betriebssystem DOS: Konkurrent IBM zählte sein Betriebssystem PC-DOS von 5.0 auf 6.1 hoch, Microsoft reagierte prompt und setzte seine DOS-Version von 6.0 auf 6.2 rauf. Novell fühlte sich bei der Versionsjongliererei offenbar hintergangen und erhöhte daher seine Versionsnummer des Betriebssystems Novell-DOS direkt auf 7.

Darüber hinaus scheinen die Softwarefirmen unter einem magischen Zwang zu stehen, mit jeder neuen Version eines Programmes auch möglichst viele neue Funktionen anzubieten. Die Softwareergonomie bleibt dabei häufig außen vor. Dabei reichen den meisten Anwendern bereits fünf bis zehn Prozent aller möglichen Funktionen zur täglichen Aufgabenbewältigung. Trotzdem muß sich der Programmbenutzer durch pfundschwere Handbücher arbeiten und Dutzende von Menübefehlen und Symbolleisten kennenlernen, um am Ende angesichts kryptischer Fehlermeldungen und mißverständlich gestalteter Dialogboxen doch die ständig besetzte Hotline anzurufen. Allein im Hauptquartier von Microsoft in Redmond gehen täglich bis zu 40.000 Anrufe von ratlosen Anwendern ein, die deutsche Niederlassung in Unterschleißheim erreichen durchschnittlich 2.500 Anrufe am Tag. Die Ursachen für diese Entwicklung, für die die Amerikaner bereits den griffigen Begriff „overfeatured" gefunden haben, sind ebenso bekannt wie die Folge: Einerseits entwickeln die meisten Softwarefirmen ihre Programme wohl immer noch mehr intuitiv und chaotisch als nach einem strukturierten Arbeitsplan, andererseits wurde das Thema Softwareergonomie bisher sehr stiefmütterlich behandelt. Erst in jüngster Zeit richten immer mehr Hersteller sogenannte „Usability-Center" ein, um durch die Analyse des Anwenderverhaltens die Ergonomie von Programmen zu verbessern. Die Folgen der mangelhaften Softwareergonomie spiegeln sich dagegen in den Kosten für Einführung, Schulung und Beratungsdienstleistungen wider, die die reinen Anschaffungskosten der PC-Standardprogramme meist um ein Vielfaches übersteigen.

Wenn Softwarefehler zu Katastrophen führen

Die meisten Softwarefehler sind in ihren Auswirkungen eher harmlos. Das Schadensausmaß reicht von zeitlichen Verzögerungen über Arbeitsausfall bis zur IT-Ressourcenvergeudung. Die Beispiele in diesem Abschnitt zeigen aber, daß der Einsatz von Software in zeitkritischen oder lebenswichtigen Systemen mit unkalkulierbaren Risiken verbunden ist. Insbesondere beim Eintreten von nicht vorhergesehenen Konstellationen, Krisen-, Kriegs- und Katastrophenzuständen können Softwarefehler tödlich wirken.

Viele Leser werden sich vage an die Versenkung des britischen Zerstörers Sheffield während des Falklandkrieges 1982 erinnern. Die Falklandinseln, eine kleine Inselgruppe im südlichen atlantischen Ozean und seit 1833 britische Kronkolonie, wurden am 2. April 1982 von argentinischen Truppen besetzt. Großbritannien, in seinem Stolz getroffen, setzte bereits drei Tage später eine umfangreiche Flotte in Marsch. Unterdessen forderte der UN-Sicherheitsrat den unverzüglichen Abzug der argentinischen Streitkräfte von den Falklandinseln; die EG verhängte am 10. April sogar ein Wirtschaftsembargo gegen Argentinien. Am 12. April wurde eine 200-Meilen-Kriegszone um die Falklandinseln ausgerufen: Die britischen Truppen konnten mit der Rückeroberung der besetzten Inselgruppe beginnen. Einen der größten Kriegsverluste erlitten die Engländer am 4. Mai 1982, als eine argentinische Exocet-ASM-Rakete den britischen Zerstörer Sheffield zerstörte. Dutzende von britischen Matrosen verloren ihr Leben. Verteidigungsexperten fragten nach diesem Vorfall, warum die Rakete den modernen Zerstörer vernichten konnte, der mit einem elektronischen Luftabwehrsystem ausgestattet war, das den Flugkörper frühzeitig hätte erkennen müssen. Als eine mögliche Ursache wurde ein Programmierfehler im Luftabwehrsystem der Briten genannt. Eine französische Exocet, ein Waffentyp, den auch die Briten einsetzen, sei von dem Steuerungssystem programmtechnisch nicht als potentieller Angreifer behandelt worden. Der britische Verteidigungsminister Peter Blaker bestritt später diesen Softwarefehler. Blaker mutmaßte, daß das elektronische Luftabwehrsystem der Sheffield während des Angriffs entweder blockiert oder ausgeschaltet war, da der Kapitän des Schiffes noch während des Angriffs versucht hatte, Kontakt zum Hauptquartier der britischen Marine aufzunehmen. Seine Theorie stützte er auf die Tatsache, daß der Funksender der Sheffield auf derselben Frequenz wie die zielansteuernde Funkortung der Exocet-Rakete eingestellt gewesen war.

Vermutlich ebenfalls aufgrund eines Fehlers in der Steuerungssoftware schoß einen Monat später, am 6. Juni 1982, ein anderer britischer Zerstörer mit einer Sea-Dart-Rakete versehentlich einen britischen Gazelle-Hubschrauber ab. Bei dem Vorfall wurden alle vier Besatzungsmitglieder getötet. Trotz dieser beiden digitalen Pannen gewann Großbritannien den Falklandkrieg mit der Kapitulation der argentinischen Truppen am 14. Juni 1982.

Die britischen Streitkräfte sollen nach inoffiziellen Quellen auch nach dem Falklandkrieg noch weitere Verluste durch Softwarefehler bzw. unergonomische Mensch-Computer-Schnittstellen erlitten haben. So kollidierten im August 1988 zwei Tornados der Royal Air Force über den Cumbrian Mountains in Schottland. Beide Flugzeuge wurden offenbar von identischen Einsatzprogrammen gesteuert, so daß sie den gleichen Punkt zur gleichen Zeit erreichten. Am 21. April 1994 warf ein Pilot der Royal Air Force versehentlich eine Übungsbombe auf das Flugdeck des britischen Flugzeugträgers Ark Royal ab. Mehrere Matrosen wurden dabei verletzt. Das eigentliche Ziel befand sich mehrere hundert Meter vom Schiff entfernt. Die Ursache soll eine fehlerhafte Parametereinstellung in der Software zur Zielansteuerung gewesen sein.

Allen Risiken und Pannen zum Trotz nimmt die Digitalisierung der Verteidigungs- und Angriffssysteme immer weiter zu. Insbesondere die USA forcierten schon frühzeitig die Entwicklung digitaler Technologien für militärische Zwecke. Bereits in den Zeiten des kalten Krieges glaubten die Vereinigten Staaten, sich mit einem modernen, computergesteuerten Frühwarnsystem vor überraschenden Angriffen potentieller Aggressoren schützen zu können. In der Zentrale des nordatlantischen Luftverteidigungskommandos (NORAD – North American Air Defense Command) in den Felsen des Cheyenne-Gebirges in Colorado wertet ein komplexes computergesteuertes Frühwarnsystem die Daten von Spionagesatelliten, Radarstationen und Aufklärungsflugzeugen aus und entscheidet innerhalb von wenigen Sekunden über mögliche Abwehrmaßnahmen. Dieses Frühwarnsystem besteht aus über 17 Millionen Programmzeilen, die auf Rechnern unterschiedlichster Hersteller verteilt sind. So wundert es kaum, daß dieses Frühwarnsystem allein 1979 bis 1980 über 140 Fehlalarme verursachte, die einen vermeintlichen atomaren Angriff auf die USA signalisierten. Seit Mitte 1980 besteht jedoch ein strikte Nachrichtensperre, so daß über weitere Störfälle bis heute nur spekuliert werden kann.

In vier bekanntgewordenen Fällen wurde nach einem Untersuchungsbericht der amerikanischen Senatoren Goldwater und Hart die zweite Sicherheitsstufe erreicht. In dieser letzten Sicherheitsstufe vor dem atomaren Gegenschlag (Stufe drei) werden die Atombomber sowie die land- und seegestützten Interkontinentalraketen in Alarmbereitschaft versetzt. Nachträgliche Untersuchungen führten die Fehlalarme auf unterschiedlichste Ursachen zurück, wie defekte Halbleiterelemente, Einlesen von falschen Magnetbändern, ungeeignete Systementwürfe sowie aufgehende Monde oder Vögelschwärme. Der aufgehende Mond wurde beispielsweise am 5. Oktober 1960 im BMEWS-Verteidigungssystem in Thule, Grönland, anfänglich für ein angreifendes Flugobjekt gehalten. Am 8. November 1979 stand die Welt durch einen Fehler im Kommunikationssystem des US-Verteidigungsministeriums World Wide Military Command and Control System (WWMCCS) am Rande des dritten Weltkriegs. Durch ein versehentlich eingelegtes Testband wurde der Atomangriff eines sowjetischen U-Bootes auf den Leuchtschirmen des Kontrollzentrums simuliert und damit Alarm in der Zentrale des nordatlantischen Luftverteidigungskommandos NORAD ausgelöst. Sechs Minuten lang bereiteten die US-Streitkräfte den atomaren Gegenschlag vor. Die Bomber befanden sich bereits in der Luft, als der Alarm als fehlerhaft identifiziert wurde. Am 3. Juni 1980 meldete das Luftverteidigungskommando ebenfalls angreifende sowjetische Raketen. Unterschiedliche Darstellungen des Angriffs in den vier Kommandozentralen führten zur Entdeckung des schwerwiegenden Fehlers. Am 17. Juni 1980 löste ein defekter Chip im Wert von 46 Cents, der zur Übermittlung falscher Daten führte, drei Minuten lang die Alarmstufe zwei aus.

Die Vorwarnzeit war bisher zum Glück lang genug, um alle vorschnellen Angriffswarnungen durch menschliches Eingreifen als Computerfehler zu entlarven und eine unkontrollierte atomare Eskalation zu verhindern. Allerdings besteht aus Sicht der Militärs die Tendenz, sich immer mehr auf autonome digitale Systeme zu verlassen, da die Vorwarnzeiten immer kürzer werden und daher eine schnelle Entscheidung erforderlich machen. Das entsprechende Konzept, das auch als „Launch-on-warning" bezeichnet wird, birgt jedoch das Risiko, daß auch ein Fehlalarm einen Gegenschlag initiieren kann. Mit dem Projekt zur Strategischen Verteidigungsinitiative (SDI) wollte die USA Anfang der achtziger Jahre als digitalen Abwehrgürtel sogar ein militärisches Rechnernetz aufbauen, das aufgrund von vielen unterschiedlichen Informationsquellen Gegenmaßnahmen im Falle eines nuklearen Angriffs ergreifen kann. Da die Vorwarnzeit eines solchen Systems extrem kurz ist, wurde eine hohe Automatisierung angestrebt. Namhafte DV-Experten haben vor den Risiken eines solchen Projektes gewarnt. Sie sahen insbesondere die Software als eine prinzipielle und nicht beherrschbare Schwachstelle dieser Konzeption an. Trotzdem hat die Regierung Reagan etliche Milliarden Dollar in zahlreiche Forschungsprojekte im Zusammenhang mit dem SDI-Programm investiert. Nach Ende des kalten Krieges ist es mittlerweile wieder ruhiger um SDI geworden.

Im digitalen Zeitalter werden ganze Kriege nicht mehr allein von Armeen, sondern von elektronischen Rechnern ausgefochten. Sieger ist derjenige, der über die beste Hardware und Software verfügt. Für einen Computerfachmann ist eine Cruise Missile vom Typ Tomahawk nichts anderes, als ein mit zweifacher Schallgeschwindigkeit dicht über dem Boden fliegenden Computer mit eingebauter Sprengkapsel. Der Bordcomputer dieser rund eine Million Dollar teuren unbemannten Marschflugkörper berechnet mittels eines Trägheitsnavigationssystems die Flugrichtung und vergleicht über das Radarsystem TERCOM („TERrain COntour Matching") und über das digitale Bilderkennungssystem DSMAC („Digital Scene Matching Area Correlator") die überflogene Umgebung mit den eingespeicherten Daten. Auf eine Entfernung von 1.000 Kilometern treffen diese tödlichen Lenkwaffen ihr Ziel genau, zum Beispiel ein bestimmtes Fenster in einem Gebäude. Der Abschuß von 106 „Tomahawks" bildete den Auftakt des zweiten Golfkrieges im Januar 1991, der auch als „High-Tech-War" in die Geschichte einging. Der Golfkrieg förderte aber auch einen gravierenden Berechnungsfehler im Computerprogramm des Raketenabwehrsystems „Patriot" zutage.

Die Vorgeschichte in aller Kürze: Am 2. August 1990 marschierten irakische Truppen in Kuwait ein. Jahrelang geäußerte Gebietsansprüche des Iraks an Kuwait und Auseinandersetzungen um die kuwaitischen Ölförderungen im Grenzgebiet gingen dem Übergriff voraus. Der UN-Sicherheitsrat und die Arabische Liga verurteilten den Einmarsch; später wurde ein weltweites Handelsembargo beschlossen. Als sich eine politische Lösung aber auf diese Weise nicht erreichen ließ, schickten die Vereinigten Staaten und andere Länder Truppen in den Persischen Golf. Die UNO beschloß nach langem Zaudern, dem Irak ein Ultimatum bis zum 15. Januar 1991 zu stellen. Wenige Tage nach Verstreichen des Ultimatums, am 17. Januar, griffen die alliierten Streitkräfte den Irak mit ihren High-Tech-Waffen an. Bereits am 28. Februar 1991 nahm der Irak angesichts der militärischen Überlegenheit der Alliierten alle UN-Resolutionen an.

Die über die Medien verbreitete Kriegseuphorie erhielt am 25. Februar 1991 allerdings einen kleinen Dämpfer. Die mit großer Perfektion vorgehenden Amerikaner erlitten an jenem Tag einen ihrer größten Verluste. Eine irakische Scud-Rakete traf die Unterkunft amerikanischer Soldaten bei Dhahran in Saudi-Arabien. 28 amerikanische Soldaten wurden dabei getötet, über 90 verwundet. Aufgrund eines Programmfehlers konnte das von den amerikanischen Streitkräften eingesetzte Patriot-Raketenabwehrsystem die Scud-Rakete nicht abfangen.

Das Patriot-System galt bis dahin als Wunderwaffe gegen die angreifenden irakischen Flugkörper. Jede Patriot-Batterie besteht aus fünf Startgeräten für je vier Raketen, einem phasengesteuerten Radargerät, einem fahrbaren Generator und einer Feuerleitanlage, die eine komplette Computeranlage in ihrem vollklimatisierten Laderaum beherbergt. Das präzise Radarsystem des Patriot-Systems überwacht alle Luftbewegungen über dem Sichthorizont im Einsatzgebiet. Wenn ein angreifendes Flugobjekt entdeckt wird, berechnet der Computer in der Feuerleitanlage die Geschwindigkeit, die Entfernung und die ballistische Fallkurve des Flugkörpers. Um die Rakete dann genauer anvisieren zu können, schaltet das Multifunktionsradar auf ein Zielfenster um, in dem sich - nach den Berechnungen des Systems - das Ziel befindet. Dieser kleine Ausschnitt des gesamten Luftraumes wird dann erneut nach dem Flugobjekt abgetastet. Befindet sich der Flugkörper im Visier des Radars, bleiben noch rund 60 Sekunden Zeit, um die Patriot-Rakete aus ihren Abschußcontainern zu feuern und sie mit mehrfacher Schallgeschwindigkeit die berechnete Fallkurve des gegnerischen Projektils kreuzen zu lassen. Befindet sich dagegen keine Rakete im Zielfenster, so wird angenommen, daß die Radarmeldung fehlerhaft war. Die Software zur Berechnung des Zielfensters enthielt allerdings einen kleinen Rundungsfehler bei der Messung der Echo-Laufzeiten in der Größenordnung von einer Millionstel Sekunde. Dieser Fehler akkumulierte sich in den Tagen vor dem 25. Februar, so daß das Zielfenster nicht mehr genau ermittelt werden konnte und das echte Ziel als unwesentliche Radarmeldungen interpretiert wurde. Der Programmfehler trat in den bisherigen Übungseinsätzen nicht auf, da das System ursprünglich für maximal 14stündige Einsätze konzipiert war und täglich zu Wartungszwecken abgeschaltet wurde. An jenem 25. Februar war das Raketenabwehrsystem aber bereits seit über 100 Stunden in Betrieb, so daß der Rundungsfehler eine signifikante Größe angenommen hatte.

In jüngster Vergangenheit hätte die Mißinterpretation von Ergebnissen eines anderen modernen digitalen Systems beinahe zu einer Eskalation in den schwedisch-russischen Beziehungen geführt. Jahrelang verfolgte die schwedische Marine angeblich russische Eindringlinge, die in schwedisches Hoheitsgebiet eingedrungen waren. Mit Jagdtorpedos und Wasserbomben rückte sie den feindlichen Eindringlingen zu Leibe, jedoch erfolglos. Zur Überraschung aller wurden die vermeintlich russischen Aktivitäten sogar nach Ende des kalten Krieges fortgesetzt. Der ehemalige Ministerpräsident Schwedens, Bildt, äußerte daraufhin den Verdacht, daß der russische Präsident Jelzin nicht alle Teile des Militärs - insbesondere den militärischen Nachrichtendienst GRU - unter seiner Kontrolle hätte. Wie sich jedoch Anfang 1995 herausstellte, hatte vielmehr die schwedische Marine ihre Sonargeräte nicht unter Kontrolle. Bei den mysteriösen U-Boot-Aktivitäten in schwedischen Gewässern handelte es sich um fehlgedeutete Geräusche von Minken, einer Marderart, die von den hochempfindlichen Sonargeräten der schwedischen Marine als Hohlraumgeräusche interpretiert worden waren.

Mit dem tragischen Fall des 1988 versehentlich abgeschossenen Verkehrsflugzeuges streifen wir ein letztes Mal den militärischen Bereich und leiten zu Fällen von Softwarefehlern aus dem zivilen Sektor, insbesondere der zivilen Luftfahrt, über. Am 3. Juli 1988 schoß der amerikanische Raketenkreuzer „USS Vincennes“ ein iranisches Verkehrsflugzeug der Iran Air vom Typ Airbus A 300 über der Straße von Hormus im Persischen Golf ab. Alle 290 Insassen kamen ums Leben. Die Unglücksursache war vermutlich die mangelhafte Ergonomie einer Benutzerschnittstelle. Das hochmoderne Überwachungssystem „AEGIS“ des amerikanischen Raketenkreuzers „USS Vincennes“ wurde nach dem Vorfall kritisiert, daß es Informationen unleserlich, verstümmelt und irreführend anzeige. Von offizieller Seite wurde dem Kapitän des Schiffes, Will Rogers, Nervosität, Leichtsinn und Unkenntnis vorgeworfen. Bei dem Vorfall interpretierten die Schützen des Kreuzers das zivile Flugzeug als ein im Sinkflug befindliches Jagdflugzeug. Tatsächlich befand sich das Flugzeug aber im Steigflug. Nach diesem Vorfall schlug die amerikanische Marine verschiedene Änderungen in der Anzeige des AEGIS-Systems vor: Ein einfaches graphisches Element, wie ein auf- und abwärtszeigender Pfeil hätte beispielsweise ausgereicht, um eine Mißinterpretation auszuschließen.

Zahlreiche Flugzeugabstürze sind vermutlich ebenfalls auf eine mangelnde Ergonomie der Mensch-Maschinen-Schnittstelle zurückzuführen, wenn die amtlichen Untersuchungsergebnisse auch versuchen, den Piloten die Schuld zu geben. So prallte am Abend des 20. Januar 1992 der Airbus A 320 der französischen Fluggesellschaft Air Inter beim automatischen Landeanflug auf den Straßburger Flughafen gegen den südwestlich vom Flughafen gelegenen Odilienberg. 87 der 96 Insassen kamen ums Leben. Die vermutete Unglücksursache war ein zu tief angesetzter Landeanflug bei nebligem Wetter. Das elektronische Steuersystem des damals fortschrittlichsten Verkehrsflugzeuges der Welt gab dem Piloten unerklärlicherweise keine Warnmeldung, als dieser mit 350 km/h in den Vogesenhang donnerte. Eine zu geringe Flughöhe war bereits für zwei frühere Abstürze eines Airbus vom Typ A 320 verantwortlich. Bei einem Unglück am 26. Juni 1988 kamen drei Menschen ums Leben, als ein Airbus A 320 der Air France bei einem Demonstrationsflug über den Flugplatz Mülhausen-Habsheim in die Baumwipfel eines nahe gelegenen Waldes flog. Knapp zwei Jahre später, am 14. Februar 1990, verloren 94 von 146 Insassen ihr Leben, als ein fast nagelneuer A 320 der Air India beim Landeanflug auf Bangalore nur 700 Meter vor der Landebahn in einen Erdwall prallte. Einige Experten gaben damals schon der von der Militärluftfahrt übernommenen Steuerelektronik („Fly-by-wire“) des Airbus die Schuld. Der vom europäischen Airbus-Konsortium entwickelte A 320 war 1988 das erste zivile Verkehrsflugzeug mit dieser neuen Technik. Sprecher der Gewerkschaft erklärten nach dem Straßburger Unglück, daß sie dem gesamten Navigationssystem des A 320 von Anfang an nicht getraut hätten. Piloten hatten immer wieder über Computerfehler und elektronische Störungen („glitches“) im neuen A 320 geklagt, die während des Fluges auftraten, aber am Boden nicht mehr nachvollziehbar waren. So soll der Steuerrechner einen Piloten nach einer Blitzentladung ohne erkennbaren Grund aufgefordert haben, die Triebwerke wegen Feuers abzustellen. Ebenso wurde bei Anflügen mit VOR-Befeuerung über Differenzen zwischen der am Cockpit-Bildschirm dargestellten Position des Flugzeuges und der tatsächlichen Position geklagt. Als VOR-Befeuerung wird ein gerichtetes Funkfeuer bezeichnet, das als Landehilfe dient und dem Piloten ermöglicht, Entfernung und Lage des Flugzeugs zur Landebahnmitte bequem vom Bildschirm im Cockpit abzulesen („gläsernes Cockpit"). Die offiziellen Unfalluntersuchungen machten aber immer Pilotenfehler als Unglücksursache aus. Im Straßburger Fall vermutete der Untersuchungsbericht, daß die Piloten die Angaben über den Gleitwinkel und die Sinkrate der Unglücksmaschine auf dem Computermonitor im Cockpit verwechselt hatten. Die Steuerelektronik des A 320 bietet den Piloten zwei unterschiedliche Landehilfen an, um den sicheren Boden wieder zu erreichen: Einerseits kann der Gleitwinkel in Grad angegeben werden, mit der das Flugzeug auf die Landebahn zuschweben soll; andererseits kann die Sinkrate in Fuß pro Minute angegeben werden. Der starke Sinkflug des Jets ließ die Ermittler annehmen, daß die Piloten versehentlich statt des Gleitwinkels eine zu hohe Sinkrate eingegeben haben könnten. Der Airbus-Konzern änderte daraufhin die Gestaltung der Computeranzeige.

Der neunte Airbus-Absturz seit 1988 entfachte erneut eine heftige Diskussion über die Fehlerfreiheit des Computerkonzepts und über die dahinterstehende Technikphilosophie. Am 30. Juni 1994 stürzte ein Airbus vom Typ A 330 bei einem Testflug am Rande des Flughafens von Toulouse-Blagnac, Sitz des 1970 gegründeten Euro-Konzerns Airbus Industrie S.A., ab. Sieben Insassen kamen dabei ums Leben. Die Piloten sollten einen Start mit Triebwerksausfall simulieren, um Werte für den Autopiloten zu ermitteln. Allerdings geriet das Flugzeug bei diesem Test außer Kontrolle, unterschritt die sogenannte „Minimum Control Air-Speed" und stürzte zu Boden. Als „Minimum Control Air-Speed" wird jene Geschwindigkeit bezeichnet, unterhalb derer das Flugzeug nicht mehr zu steuern ist, weil die Strömung an den Rudern abreißt. Der A 330 gilt ebenso wie der A 320 oder A 340 als modernstes Fluggerät: Alle Steuerbefehle des Piloten werden gemäß der „Fly-by-wire-Konzeption" von einem Rechner durch Impulse über elektrische Leitungen übermittelt und nicht mehr mechanisch über Gestänge oder Kabelzüge. Zusätzlich sorgt ein komplexes, mehrfach redundant ausgelegtes „Flight-Management-System" für einen wirtschaftlichen und sicheren Flugverlauf. Der Pilot signalisiert seine Steuerungsabsichten nur noch über einen „Sidestick", einen elektrischen Steuerhebel, der die wuchtige Steuersäule älterer Modelle abgelöst hat. Allerdings greifen die zahlreichen Rechner auch in die Flugmanöver der Piloten ein, insbesondere dann, wenn gewisse Toleranzwerte überschritten werden. Riskante Flugmanöver, wie enge Kurvenflüge oder rasante Sinkflüge, werden vom Rechner verhindert. Airbus-Konzept: Versagt der Pilot, verhindert die Elektronik ein bevorstehendes Desaster. Allerdings sieht der umgekehrte Fall nicht so günstig aus: Versagt die Elektronik, kann der Pilot nicht mehr eingreifen. Dies war fast beispielhaft beim Airbus-Absturz am 14. September 1993 in Warschau der Fall: Der Airbus von Typ A 320 konnte nach einer fehlerfreien Landung nicht mehr bremsen und raste in einen Erdwall („Runway Overrun"). Der Pilot und ein Passagier kamen ums Leben, 54 Insassen wurden verletzt. Ursache des Unglücks war eine fehlerhafte Landelogik, die Landehilfen erst in Abhängigkeit der Drucksensoren in den Fahrwerken und des Höhenmessers oder der Anzahl der Radumdrehungen aktiviert. Die Drucksensoren der Fahrwerke signalisierten dem Airbus-Rechner, daß die Maschine noch im Flug sein müsse. Der Aufsetzdruck für das linke Fahrwerk hatte noch nicht den Grenzwert überschritten, da der Jet in leichter Schräglage landete und die Landebahn naß war. Der Rechner sperrte daher sowohl die Schubumkehr als auch die Spoilerklappen (Luftbremse) an den Tragflächen, beides wichtige Bremshilfen, für neun Sekunden. Airbus ersetzte nach dem Unglück zwar die Drucksensoren, kam jedoch nicht der Forderung der Pilotenverbände nach, die gesamte Landelogik nochmals zu überdenken. Die Lufthansa wies daher ihre Piloten an, bei nassen oder schneebedeckten Bahnen nur noch mit einer bestimmten Landeklappenstellung zu landen, bei der ein manuelles Eingreifen noch möglich ist. Auch ein anderes Airbus-Unglück, das zeitlich zwischen dem Warschauer Runway Overrun und dem Toulouser Testflug lag, ließ bereits Zweifel an der Konzeption der digitalen Flugautomatik aufkommen. Am 26. April 1994 stürzte auf dem japanischen Flughafen Nagoya ein Airbus A 300 der taiwanesischen Fluggesellschaft China Airlines ab. 264 Menschen kamen ums Leben. Laut Untersuchungsbericht flog der Kopilot mit einem für die Landung falschem Programm, das den Anflug daher automatisch abbrach. Als die verdutzten Piloten daraufhin trotzdem versuchten zu landen, stürzte der Jet aus geringer Höhe zu Boden. Airbus modifizierte daraufhin den Autopiloten.

Die digitale Landelogik des Airbus, die u.a. zum Warschauer Unglück führte, sollte eigentlich Katastrophen wie den Absturz der Boing 767-300ER der österreichischen Fluggesellschaft Lauda Air über Thailand im Mai 1991 verhindern. Bei diesem Unglück, das durch eine unerklärliche Schubumkehr verursacht wurde, kamen alle 223 Insassen ums Leben. Offensichtlich hatte das linke Triebwerk mitten im Flug von Wien nach Bangkok auf Umkehrschub geschaltet. In späteren Simulationen stellte sich heraus, daß die Schubumkehr zweistrahlige Flugzeuge – entgegen ursprünglichen Berechnungen – in eine nicht beherrschbare Lage bringt. Ungeklärt bleibt, warum die Schubumkehr einsetzte, da sie als Bremshilfe eigentlich nur nach dem Aufsetzen auf der Landebahn aktiviert werden darf. Die amerikanische Luftfahrtbehörde Federal Aviation Administration (FAA) ordnete umgehend die Überprüfung der Schubumkehrtechnik der entsprechenden Triebwerke des Herstellers Pratt & Whitney an. Alle Flugzeuge vom Typ Boeing 767 durften bis zum Abschluß der Prüfungen nur mit ausgeschalteter Schubumkehr fliegen. Boing mußte daraufhin auch an zahlreichen anderen Modellen Änderungen der Schubumkehrelektronik vornehmen.

Tödliche Softwarefehler treten aber nicht nur bei militärischen Einrichtungen und in der zivilen Luftfahrt auf, sondern auch im medizinischen, technischen und chemischen Bereich. 1986 starben in Galveston, einer kleinen Hafenstadt in Texas (USA), zwei Krebspatienten an einer überdosierten Bestrahlungstherapie, die mit dem computergesteuerten radio-therapeutischen Bestrahlungsgerät „Therac-25“ durchgeführt wurde. Mindestens vier weitere Unfälle mit radioaktiven Überdosen sind zwischen 1985 bis 1987 dokumentiert. Hersteller des linearen Teilchenbeschleunigers war die kanadische Staatsfirma Atomic Energy of Canada

Ltd. Insgesamt wurden 11 dieser Systeme bis zum Rückruf 1987 installiert, fünf in den Vereinigten Staaten und sechs in Kanada.

Das Bestrahlungsgerät „Therac-25“ konnte im Gegensatz zu anderen Geräten sowohl Elektronen- als auch Röntgenstrahlen erzeugen. Krebsgeschwüre nahe der Hautoberfläche wurden mit Elektronenstrahlen („Electron Modus“) von geringer Intensität, Krebs an inneren Organen dagegen mit Elektronenstrahlen von starker Intensität („X-Modus“) behandelt. Zum Schutz des gesunden Gewebes bei Bestrahlung mit starker Intensität wurde zwischen dem Patienten und dem Strahl ein Wolframschild installiert, das die Elektronenstrahlen absorbierte und dafür Röntgenstrahlen emittierte. Die Röntgenstrahlen bewegten sich dann durch das gesunde Gewebe des Patienten und erreichten die krebsbefallene Stelle.

Das Bestrahlungsgerät verhinderte die Fehlermöglichkeit, daß der hochintensive Elektronenstrahl ohne das absorbierende Wolframschild auf den Patienten trifft, durch eine Softwaresicherung. Frühere Modelle (beispielsweise „Therac-20“) besaßen noch mechanische Sperren, die einen hochintensiven Elektronenstrahl nur bei vorgeschaltetem Wolframschild zuließen. Die Softwaresicherung des Modells „Therac 25“ ließ jedoch zu, daß der Fehler unter bestimmten Bedingungen trotzdem auftreten konnte. Dies geschah dann, wenn ein Arzt oder ein medizinisch-technischer Assistent am Gerät versehentlich zuerst Bestrahlung mit hoher Intensität (x für x-ray) anstatt Elektronenstrahlen mit niedriger Intensität (e für electron) wählte und danach seinen Irrtum mit der „Pfeil-nach-oben-Taste“ korrigierte, indem er die Auswahl auf Elektronenstrahlen (e) änderte. Das Gerät bereitete dann zuerst die Emission eines hochintensiven Elektronenstrahles vor und positionierte das schützende Wolframschild. Wenn der Bediener anschließend die Auswahl über eine Eingabemaske änderte, weil er feststellte, daß er die falsche Therapie gewählt hatte, so konnte der verbotene Zustand eintreten, daß zwar das Wolframschild entfernt, aber nicht die Intensität des Elektronenstrahles zurückgesetzt wurde. Die Folge: Der Patient, der in einem anderen Raum als der Bediener auf die Behandlung wartete, wurde mit einer (tödlichen) Überdosis bestrahlt. „Therac-25“ gab lediglich die undokumentierte Meldung „Malfunction 54“ auf dem Bildschirm aus, die mit der P-Taste (proceed) übergangen werden konnte. Ein Patient starb am 1. Mai 1986 aufgrund dieses Softwarefehlers innerhalb eines Monats, ein anderer fünf Monate nach Bestrahlung mit der Überdosis an den hervorgerufenen Komplikationen.

Lebensbedrohliche Softwarefehler im medizinischen Bereich kamen auch schon in Europa vor. Im englischen North Staffordshire bekamen rund 1.000 Krebspatienten über einen Zeitraum von zehn Jahren um 10 bis 30 Prozent zu niedrige Bestrahlungsdosen, weil ein Physiker bei der Installation des Computersystems zur Berechnung der Strahlungsintensität einen unnötigen Korrekturfaktor in das Berechnungsprogramm einfügte. Aufgrund einer mißglückten Softwareentwicklung beim London Ambulance Service (LAS) für ein System, das die Fahrten der Rettungswagen koordinieren sollte, kam wahrscheinlich für rund 20 Notfälle die lebensrettende Hilfe zu spät. Trotz zahlreicher Schwierigkeiten bei der Programmentwicklung und wiederholten Ausfällen im Testlauf wurde das System für den Praxisbetrieb eingesetzt. Dort stürzte das System – ebenso wie vorher im Testbetrieb – aber immer wieder ab, was zu Verzögerungen in der Reaktion auf Notfälle von bis zu 11 Stunden führte. Das System war offensichtlich zu kompliziert und die Mitarbeiter nicht hinreichend geschult, so daß es unter den hektischen Arbeitsbedingungen im Kontrollzentrum der LAS immer wieder zu Ausfällen und Fehlern kam.

Ein Programmierfehler in den technischen Berechnungen eines Wasserwirtschaftsprogrammes, das den Flutprozeß simuliert und die Menge an Wasser festlegt, die zurückgehalten werden soll, führte im Juni 1983 zu den katastrophalen Überschwemmungen des Colorado. Die Überflutung forderte sechs Todesopfer und richtete Millionenschäden an. Nach dem Tauwetter im Frühling wurde durch diesen Softwarefehler zuviel Wasser in den zahlreichen Staubecken des Colorado zurückgehalten.

Zwei Jahre später, Mitte 1985, wurde die Bevölkerung im US-Bundesstaat West Virginia aufgrund eines Softwarefehlers nicht rechtzeitig vor einer Giftgaswolke aus dem Chemiewerk Union Carbide gewarnt. Das Überwachungsprogramm Safer System der Safety Emergency Systems Inc., das darüber hinaus noch mit fehlerhaften Daten arbeitete, zeigte irrtümlich an, daß die Giftgaswolke aus 14.000 Litern verschiedener chemischer Substanzen nicht über das Werksgelände hinaustreiben würde. Dadurch wurden die Bewohner von vier naheliegenden Ortschaften erst 20 Minuten nach Austritt des Giftwolke informiert. Über hundert Personen mußten sich wegen Atembeschwerden in Krankenhäusern behandeln lassen. Experten führten auch das Ausmaß der Giftgaskatastrophe im indischen Bophal vom Dezember 1984 auf einen Softwarefehler zurück, der eine rechtzeitige Warnung der Bevölkerung verhindert hatte. Bei dem Unglück starben Tausende von Menschen. Ein tödlicher Softwarefehler bei den unter Zeitnot stattfindenden Vorbereitungen für Olympia 1996 kostete am 20. März 1995 vermutlich auch dem amerikanischen Bauarbeiter Jack Falls das Leben. An jenem Tag wurde er auf der Baustelle des Olympiastadions in Atlanta von einem Lichtmast erschlagen, dessen Stahlträger durch einen Programmfehler nicht die erforderliche Stärke aufwiesen. Nach dem Unglück wurden sämtliche Stahlkonstruktionen nochmals überprüft und zahlreiche Stahlträger verstärkt oder ausgewechselt.

Wenn Softwarefehler Millionen kosten

Softwarefehler können auch erhebliche finanzielle Folgen verursachen. Bei Raumfahrtprojekten führen Softwarefehler häufig zum Scheitern der gesamten Mission, der softwarebedingte Ausfall von Handelssystemen kann Investoren weltweit verschrecken oder ungewollte Kettenreaktionen auslösen und Programmfehler in anderen Berechnungsprogrammen können zu Entscheidungen auf Basis falscher Informationen führen.

Ein frühes Beispiel aus der Geschichte der Raumfahrt liefert die Venusmission. Am 22. Juli 1962 mußte die Venussonde Mariner I aufgrund eines winzigen Programmfehlers mitsamt der sie transportierenden Rakete vom Typ Atlas-Agena vorzeitig auf ihrem Flug ins All zerstört werden. Herstellungs- und Vorbereitungskosten von rund 20 Millionen US-Dollar waren auf einen Schlag verloren, weil in einer Gleichung des Überwachungsprogrammes ein Bindestrich fehlte. Diese Gleichung wurde vom Leitwerk verwendet, um die Flugbahn der Rakete ständig zu überprüfen. Der Rechner folgerte aufgrund seiner (fehlerhaften) Berechnungen, daß die Flugbahn der Rakete korrigiert werden müsse und änderte daraufhin die bisher korrekte Flugbahn der Rakete. Die Mitarbeiter der Flugüberwachung in Cape Kennedy sprengten schließlich die Rakete, als sie drohte, auf das Gebiet der Gemeinde Cocoa Beach zu stürzen.

Ein anderer Programmierfehler ließ im Frühjahr 1994 ein weiteres wissenschaftliches Projekt im Weltall scheitern. Der Satellit Clementine sollte im Auftrag des amerikanischen Verteidigungsministeriums eine Software zur Zielerfassung testen, um deren Einsetzbarkeit für ein zukünftiges weltraumbasiertes Raketenabwehrsystem zu beurteilen. Bei dem Manöver, den Mond ins Visier zu nehmen, bewirkte ein Programmierfehler, daß die Steuerdüsen 11 Minuten lang im Dauerbetrieb verharrten, bis der Treibstoff verbraucht war und der Satellit bewegungsunfähig um sich selbst rotierte.

Softwarefehler gefährden aber nicht nur Raumfahrtprojekte, sondern auch die Verfügbarkeit internationaler Märkte und Börsen, die – ebenso wie die Banken – verstärkt auf computerbasierte Handelssysteme setzen. Jüngstes Beispiel ist das umstrittene Projekt Zeus der Deutschen Börse AG, Frankfurt, das den gesamten Wertpapierhandel der acht deutschen Präsenzbörsen auf ein elektronisches Handelssystem konzentrieren soll. Kritiker beklagen die dadurch entstehende Monopolisierung und Zentralisierung des Handels, der dann nur noch von der korrekten Funktionsfähigkeit eines Systems abhängig sein würde. Schließlich haben Softwarefehler und Programmschwächen in der Vergangenheit bereits öfters zu (für die Anleger teuren) Systemausfällen und irrationalen Marktreaktionen geführt.

Der schwarze Montag am 19. Oktober 1987 ist ein klassisches Beispiel für durch Konzeptionsfehler beim Softwaredesign hervorgerufene irrationale Marktreaktionen. An jenem Oktobertag fielen die Aktienkurse weltweit innerhalb von 24 Stunden um bis zu 22 Prozent. Während der japanische Nikkei-Index noch 14,9 Prozent einbüßte, verlor der amerikanische Dow-Jones-Index sogar 508 Punkte und sank von 2.246 auf 1.738 Punkte. Gegenüber dem legendären Crash von 1929 waren die Tagesverluste 1987 doppelt so hoch, dafür aber nicht so dauerhaft. Das ganze Ausmaß der Kursverluste wurde durch die computergesteuerten Verkaufsprogramme einiger Finanzinstitute ausgelöst. Um die Verluste der Anleger zu begrenzen, hatten die großen Finanzinstitute in ihre Handelsprogramme sogenannte „Stop-Loss-Kurse" eingebaut, bei deren Unterschreiten das entsprechende Wertpapierpaket automatisch elektronisch verkauft wurde. Insbesondere die meist mit Krediten finanzierten Depots der Amerikaner machten solche Programme notwendig, um die Brokerhäuser vor Verlusten zu schützen. Durch die Möglichkeit, alle wichtigen Handelsplätze rund um den Globus - selbst nachts und an Feiertagen - automatisch zu überwachen, wurde den digitalen Sicherungsmechanismen der Vorzug gegenüber einer menschlichen Überwachung gegeben. Die Systemdesigner hatten bei der Konzeption dieser Sicherungsprogramme allerdings nicht das risikoreiche Zusammenspiel und die eine Baisse (Bezeichnung für sinkende Wertpapierkurse) verstärkende Wirkung vorausbedacht, die viele solcher mit den Börsen weltweit vernetzter Programme hätten. Als dann in Tokio die Kurse an jenem Montagmorgen fielen, trafen die ersten elektronischen Verkaufsaufträge auf einen umsatzschwachen Markt und bewirkten einen kursmindernden Angebotsüberhang, in dessen Folge auch die Schwellwerte anderer Börsenprogramme unterschritten wurden. Die vermeintlich verlustbegrenzenden Programme verursachten nun die Verluste der Anleger.

Auch die offizielle Ursachenforschung, mit der US-Präsident Ronald Reagan die sogenannte „Brady-Kommission" betraut hatte, bestätigte später, daß diesmal nicht die Kleinanleger, sondern wenige institutionelle Anleger und ihre Computerprogramme den Crash verursacht hatten. So verkauften am jenem Oktobermontag allein die Programme von drei institutionellen Anlegern Papiere im Wert von zwei Milliarden Dollar. Als Folge des Brady-Reports wurden an den amerikanischen Börsen Tageslimits und Handelsunterbrechungen eingeführt, um zukünftig das Ausmaß einer computer-induzierten Baisse zu reduzieren.

Neben irrationalen Marktreaktionen können auch häufige Systemausfälle, die zu teuren Handelsunterbrechungen führen, den Ruf jedes Börsenplatzes ruinieren. Insbesondere institutionelle Kunden wollen auf einen jederzeit liquiden Markt zugreifen. Softwarefehler sind aber eine der häufigsten Ausfallursachen. So mußte am 3. März 1992 die Börse in Toronto von 10 bis 14 Uhr geschlossen werden, weil das computerisierte Wertpapierhandelssystem verrückt spielte. Das Programm rechnete mit falschen Preisen und verweigerte den Belegdruck. Ursache der Programmfehler waren Anpassungsarbeiten an der Software, die über das Wochenende vorgenommen worden waren, um neue Vorschriften einzuarbeiten.

Am 19. Juli 1995 beendete ein Programmfehler auch den wegen eines vorherigen Ausfalls bereits um 30 Minuten bis 17.30 Uhr verlängerten IBIS-Handel an der Frankfurter Wertpapierbörse vorzeitig um 17.00 Uhr. Über das Inter-Banken-Informations-System (IBIS) werden die wichtigsten Aktien und Renten computergestützt bundesweit gehandelt. IBIS richtet sich in erster Linie an professionelle Anleger, die für ihre Dispositionen einen ganztägig transparenten Markt benötigen. Durch diese nationale Computerbörse ist außerdem sichergestellt, daß für den Indexfuturehandel und den Optionshandel an der Deutschen Terminbörse (DTB) permanent Kurse zur Verfügung stehen. Die Handelszeit läuft gewöhnlich von 8.30 Uhr bis 17.00 Uhr. Das redundant ausgelegte Handelssystem fiel an jenem Mittwoch jedoch aus ungeklärten Gründen zwischen 16.15 Uhr und 16.45 Uhr aus, ausgerechnet zu einem Zeitpunkt als starke Kursveränderungen in New

York gemeldet wurden. Statt der verbleibenden 45 Minuten blieb den Händlern trotz der geplanten Verlängerung nur noch eine Viertelstunde, um über IBIS neu zu disponieren.

Ein „softwaretechnisches Problem“ führte am Montag, den 6. November 1995, sogar zu einem mehrstündigen Ausfall des Zentralrechners der Deutschen Börse AG. Über den Zentralrechner läuft sowohl das elektronische Handelssystem IBIS als auch das digitale Auftragsleitsystem Boss-Cube. Nach der computerbedingten Handelsunterbrechung von 12.32 Uhr bis 14.50 Uhr, verlängerte die Frankfurter Wertpapierbörse den Parketthandel um eine Stunde bis 15.30 Uhr. Der Rechnerausfall löste eine allgemeine Beunruhigung im Markt aus, zumal sich die Deutsche Börse AG mit Erklärungen zu den Ursachen des Ausfalls zurückhielt. Marktteilnehmer vermuten, daß ein Kursmakler, der über seinen Rechner ein Geschäft stornieren wollte, den Fehler ausgelöst hatte. Der Zentralrechner mußte daraufhin ausgeschaltet und wieder hochgefahren werden. Der Börsenvorstand für Organisationsfragen, Reto Francioni, zu den softwaretechnischen Schwierigkeiten: „Dieser Fehler kann in Zukunft nicht mehr vorkommen. Aber wir können nicht ausschließen, daß irgendwann ein anderer Fehler auftritt.“

Ein anderer Softwarefehler hätte im November 1985 sogar beinahe die Existenz der Bank of New York gefährdet. Die Tagesbilanz der amerikanischen Großbank wies am Abend des 10. November aufgrund eines Fehlers im Programm zur Überwachung von Kreditsicherungstransaktionen ein Minus in Höhe von 32 Milliarden US-Dollar aus. Ein Zähler war programmintern zu klein definiert. Anstelle eines Feldes mit einer Länge von 32 Bits war nur ein 16-Bit-langes Feld definiert worden, so daß eine Zahl größer als 65.536 zu einer Überschreitung der Feldgrenzen führte und das Programm fehlerhaft weiterarbeitete. Als Folge kaufte die Bank Anleihen im Wert von rund 25 Milliarden Dollar, anstatt Staatsanleihen im gleichen Wert zu verkaufen. Der Verkauf der Staatsanleihen sollte das Verrechnungskonto der Bank of New York ausgleichen, das von der amerikanischen Zentralbank, der New York Federal Reserve, mit 32 Milliarden Dollar belastet wurde. Um die Zahlungsunfähigkeit zu vermeiden, mußte die Bank noch am gleichen Abend einen Kredit in der gigantischen Höhe von 23,6 Milliarden US-Dollar bei der Zentralbank aufnehmen. Zwar wurde der Programmfehler am nächsten Tag gefunden und behoben, jedoch betrug allein der Tageszinsdienst für den aufgenommenen Überbrückungskredit fünf Millionen Dollar.

Durch Softwarefehler können aber auch Daten fehlerhaft verarbeitet werden, so daß Programme und Folgeprogamme falsche Informationen liefern, die dem Management oder anderen interessierten Dritten als Entscheidungsgrundlage dienen. Eines der wenigen bekanntgewordenen Beispiele für ein fehlerhaftes Management-Informationssystem führte bei der kanadischen Einzelhandelskette Bargain Harold's zu krassen Fehlentscheidungen. Das Management orientierte sich an falsch berechneten Rohmargen und Gewinnen und legte riesige Lagerbestände an. Eine veröffentlichte Gewinnschätzung von 500.000 Dollar mußte bereits am nächsten Tag zu einer Verlustschätzung von mehren Millionen Dollar revidiert werden. Ein ähnliches Problem kostete American Airlines (AA) 1988 rund 50 Millionen Dollar. Anstatt die Kapazität der AA-Flugzeuge optimal auszulasten, wies das dem Leser bereits bekannte Reservierungssystem SABRE monatelang Sitzplätze eines speziellen Economy-Tarifs zu früh als ausverkauft aus und verwies die Kunden an konkurrierende Luftfahrtgesellschaften.

Großes Aufsehen bei Fernsehsendern und Werbenden erregte auch die Veröffentlichung falscher Einschaltquoten im Dezember 1994. Die von der Gesellschaft für Konsumforschung (GfK) AG ermittelten Fernsehquoten sind eine wesentliche Grundlage für die Verteilung der jährlich rund fünf Milliarden Mark Werbegelder an die Fernsehanbieter. Nach Bekanntwerden des Fehlers wurde am 14. Januar die Veröffentlichung der Quoten sogar ausgesetzt. Knapp eine Woche später begründete die GfK das folgenreiche Mißgeschick mit einem Programmierfehler im Verarbeitungsprogramm als angeblich „schwer vermeidbare Folge einer komplizierten Umstellung“. Bei der 42 Millionen Mark teueren Modernisierung des GfK-Systems ordnete ein neues digitales Meßgerät in den GfK-Haushalten, die ihre Fernsehsender über eine Satellitenschüssel empfangen, die Programme falsch zu. Die Panne und ihre Beseitigung werden die GfK nach eigenen Schätzungen den kompletten Jahresüberschuß 1993 kosten, rund 2,5 Millionen Mark. Die über Wochen falsch verteilten Werbegelder mußten auf Grundlage der nachträglichen Neuberechnungen der GfK entsprechend umverteilt werden. Die Planungen der Sender und Werbekunden auf Basis der Zahlen aus Oktober und November 1994 mußten ebenfalls wieder an die neue Basis angepaßt werden. Der Vorfall erregte darüber hinaus bei einigen Sendern und in der Öffentlichkeit starke Zweifel an der Zuverlässigkeit des Systems, das aus den Fernsehdaten von 4.400 Testhaushalten die maßgeblichen Einschaltquoten errechnet. So stieg beim Sender Vox während einer Sendestörung 1994 die Zuschauerzahl um 20 Prozent auf 130.000, beim ZDF sahen im Sommer 1994 trotz der Programmunterbrechung wegen eines Blitzeinschlages im Mainzer Sendezentrum noch 200.000 Zuschauer zu. Glück im Unglück: Die GfK hatte den neuen, bis zum Jahr 2000 laufenden Exklusivvertrag mit der aus sechs wichtigen Sendern bestehenden Arbeitsgemeinschaft Fernsehforschung (AGF) zur Ermittlung der Fernsehquoten zum Zeitpunkt des Malheurs bereits in der Tasche.

Der seit Jahrzehnten andauernde Konkurrenzkampf um Marktanteile zwischen PepsiCo und Coca Cola lieferte 1992 dagegen ein Beispiel für die Auswirkungen eines Softwarefehlers im Produktionsbereich. Der amerikanische Getränkekonzern Pepsi ersann Anfang der neunziger Jahre eine neue Kampagne zur Verkaufsförderung für den philippinischen Markt. In alle Flaschenverschlüsse wurde eine Ziffernfolge geprägt, die erst beim Öffnen der Flasche erkennbar war. Jeder Kunde, der einen Verschluß mit einer Nummer besaß, die mit einer später bekanntgegebenen Gewinnummer übereinstimmt, sollte von Pepsi eine Million Peso (damals rund 60.000 Mark) ausgezahlt bekommen. Als Pepsi im Mai 1992 die Gewinnummer 349 veröffentlichte, wußte das Management noch nicht, daß durch einen Programmfehler anstelle der 18 geplanten Flaschenverschlüsse 800.000 mit der Nummer 349 produziert worden waren. Pepsi erklärte den empörten Gewinnern daraufhin, daß der Getränkekonzern nicht in der Lage sei, die notwendigen 48 Milliarden Mark für die Auszahlung aller Gewinne aufzubringen. Der Gewinnanspruch sei zusätzlich von einem Sicherheitscode auf dem Flaschenverschluß abhängig. Die vermeintlichen Gewinner waren außer sich: rund 22.000 reichten Zivilklagen ein oder erstatteten Strafanzeige wegen Betrugs und arglistiger Täuschung. Pepsi versuchte den Schaden zu begrenzen und bot daher allen Gewinnern 500 Peso (rund 30 Mark) als Trostpreis an. Viele Gewinner nahmen dieses Angebot an und Pepsi mußte statt der ursprünglich geplanten einen über 15 Millionen Mark auszahlen. Die Marketingaktion erregte durch den Computerfehler zwar weltweit Aufsehen – ob sich diese Publicity aber positiv auf das Image und die nachhaltigen Verkaufszahlen auswirkte, ist fraglich.

Und noch mehr Softwarefehler

Am Anfang des digitalen Zeitalters konnten die Auswirkungen von fehlerhaften Programmen die Öffentlichkeit noch erheitern. Wenn ein Bauer aus New Jersey 20.000 Exemplare des „Time Magazine" zugeschickt bekommt, wenn ein kleines Mädchen 1.000 Werbeprospekte für Seniorenartikel erhält oder wenn 30.000 französischen Jugendlichen Kataloge für Erwachsene zugehen, dann mag man darüber noch schmunzeln. Viele Softwarefehler haben aber auch zu Beinahe-Katastrophen geführt oder andere nicht quantifizierbare Schäden verursacht.

Insbesondere bei Atomkraftwerken wird der Softwareeinsatz häufig zu einem unkalkulierbaren Risiko. So mußten im März 1979 fünf amerikanische Kernkraftwerke in den Bundesstaaten Maine, New York, Pennsylvania und Virginia abgeschaltet werden, weil im Simulationsprogramm „Shock II" zur Konstruktion erdbebensicherer Kraftwerke ein Fehler entdeckt wurde. Der Softwarefehler befand sich in einer Unterroutine, die statt auf der Summe der absoluten Werte auf deren arithmetischem Durchschnitt aufbaute. Im blinden Vertrauen auf die Korrektheit von Ergebnissen, die mit einem Computer berechnet wurden, fiel der Fehler erst sehr spät auf.

Frühe Verdachtsmomente wie die Tatsache, daß die Berechnungen des Programmes sich von früheren Berechnungen unterschieden und teilweise nicht nachvollziehbar waren, wurden nicht rechtzeitig verfolgt. Da das Simulationsprogramm von der Konstruktionsfirma Stone and Webster bei den oben genannten Kraftwerken eingesetzt wurde, mußten diese fünf Anlagen nach der Entdekkung des Programmfehlers sofort stillgelegt werden. Es bestand die Gefahr, daß die auf Basis fehlerhafter Daten entwickelten Kraftwerke nicht erdbebensicher waren. Als „erdbebensicher" definieren die amerikanischen Sicherheitsvorschriften, daß ein Kraftwerk mindestens ein Beben in der Stärke des heftigsten Erdbebens in der Geschichte der Region aushalten muß. Nach den Ergebnissen der daraufhin durchgeführten Analyse wurden zahlreiche Änderungen an den Kraftwerken vorgenommen, insbesondere bei der Auslegung der Kühlsysteme.

Am 23. Januar 1990 strömten durch einen Softwarefehler im Reaktor 4 eines Kernkraftwerkes bei Kincardine in der kanadischen Provinz Ontario über 12.000 Liter radioaktives „Schweres Wasser“ aus. Ursache war ein Fehler im Steuerprogramm für die Maschine zum Umladen von Brennelementen. Die durch den Programmfehler ausgelösten Transportbewegungen waren dermaßen unkontrolliert und heftig, daß die tonnenschwere Maschine auf den Brennstoffbehälter fiel und ein Leck schlug.

Ein Softwarefehler führte am 2. Oktober 1984 zu einem einstündigen Stromausfall, von dem mehrere Millionen Stromkunden in zehn US-Staaten betroffen waren. Das Computersystem eines Kraftwerkes in Malin im Bundesstaat Oregon deutete einen Stromabfall einer 2.500-Kilovolt-Stromverbindung zwischen Oregon und Kalifornien falsch und löste eine Kettenreaktion aus.

Die häufig unerkannt bleibenden Auswirkungen von Wechselwirkungen zwischen verschiedenen Systemen wurden bereits am „Schwarzen Montag“ deutlich. Die folgenreiche Umrüstung der Züge der englischen Eisenbahngesellschaft British Rail von herkömmlichen Backenbremsen auf moderne Scheibenbremsen liefert ein weiteres Beispiel. Die neuen leistungsfähigeren Scheibenbremsen arbeiteten zwar zuverlässig, verwirrten jedoch das computergesteuerte Signalsystem IECC (Integrated Electronic Control Centre), das Zusammenstöße zwischen den Zügen verhindern sollte. Das Signalsystem IECC – aus Sicherheitsgründen mehrfach redundant ausgelegt – ermittelt über Sensoren in den Schienen die Position jedes Zuges und überwacht die Zugbewegungen. Die Probleme begannen erstmals im Herbst 1991. Nasses Laub bedeckte die Schienen und überzog auch die Räder, die von den Scheibenbremsen nicht mehr blank poliert wurden, mit einer isolierenden Laubschicht. Die Laubschicht ließ aber keinen Kontakt mehr zu den Sensoren in den Schienen zu, so daß das digitale Signalsystem die Züge daher nicht mehr orten konnte: Sie waren scheinbar verschwunden. Stundenlange Verspätungen waren die Folge. Nachdem die Ursache erkannt war, fügte British Rail zur vorläufigen Fehlerbehebung in jeden Zug einen Wagen mit alten Backenbremsen ein.

Auch Softwarefehler plagten British Rail schon des öfteren. Aus ungeklärten Ursachen verschwanden beispielsweise Zugbewegungen von den Leuchtschirmen des Signalkontrollzentrums in Wimbledon, so daß alle Züge im Gebiet der Clapham Junction im Süden Londons gestoppt werden mußten. Clapham Junction wiederum erlangte bereits am 12. Dezember 1988 eine traurige Berühmtheit, als ein Pendlerzug in einen anderen Zug fuhr. Bei dem Unglück wurden 35 Menschen getötet und fast 100 verletzt. Ursache des Unglücks war ein loses Kabel einer alten Weiche, das mit dem neuen elektromagnetischen Signalsystem in Berührung kam. Das ausfallsichere Design des Signalsystems hatte nicht – wie im Falle eines Kurzschlusses vorgesehen – mit einem roten Signal reagiert.

Am 7. Dezember 1991 erlebte British Rail eine weitere mysteriöse Panne mit seinem Signalsystem. Ein Zug erhielt vor dem Severn Tunnel das Signal, mit langsamer Geschwindigkeit durch den Tunnel zu fahren. Mitten im Tunnel fuhr ein mit hohem Tempo fahrender Zug diesem langsamen Zug auf. Welches Signal der zweite Zug erhalten hatte, konnte im Nachhinein nicht geklärt werden, jedoch mußte an jenem Tag aufgrund von Signalproblemen bereits das Backup-System aktiviert werden.

In einigen Fällen kann vermeintlicher Fortschritt auch zum Rückschritt werden, allerdings wird dies selten so offen zugegeben wie im Februar 1990, als die Fährbetriebsgesellschaft des Staates Washington mitteilte, daß die elektronischen Steuersysteme ihrer großen Fähren wieder durch pneumatische ersetzt werden. Grund: Die elektronischen Steuerungen hatten zu zahlreichen Problemen geführt. Fähren hatten Kaimauern gerammt, hatten verfrüht abgelegt und unerwartet die Fahrtrichtung gewechselt. Die Gesellschaft wollte nicht mehr länger als Testkandidat für eine unausgereifte Technologie fungieren und baute die elektronischen Systeme kurzerhand wieder aus. Die alten pneumatischen Steuersysteme hatten seit Jahren zuverlässig funktioniert.

Auch andere digitale Systeme im Bereich der Seefahrt scheinen noch nicht ganz ausgereift zu sein. So führten Fehler im elektronischen Navigationssystem im Juni 1995 vermutlich zur Havarie des Kreuzfahrtschiffes „Royal Majesty" vor der Küste von Massachusetts. Der Luxusliner wurde auf dem Weg von den Bermudas nach Boston vom automatischen Steuerungssystem gelenkt, als er ohne Vorwarnung vor der Insel Nantucket auf Grund lief. Das elektronische Navigationssystem hatte die Wetterbedingungen und Meeresströmungen bei seinen Kursberechnungen nicht richtig berücksichtigt. Die amerikanische Behörde für Verkehrssicherheit NTSB warnte im August 1995 alle Reedereien vor möglichen Fehlern in diesem satellitengesteuerten Navigationssystem. Da wichtige Wetterbedingungen von dem weitverbreiteten System scheinbar nicht erkannt werden, bestünde die Gefahr gefährlicher Kursabweichungen.

Bankanwendungen, die täglich Tausende von Transaktionen fast vollständig EDV-gesteuert verarbeiten, sind besonders anfällig für Softwarefehler. Eine Mischung aus schlechtem Softwaredesign und menschlichem Fehlverhalten führte schon öfters zur doppelten Ausführung von Transaktionen. Selbst die amerikanische Federal Reserve Bank ließ bei einem Testlauf versehentlich 1.000 Transaktionen des Vortages nochmals verarbeiten. Überweisungen in Höhe von zwei Milliarden US-Dollar zu 19 verschiedenen Banken und Versicherungen mußten wieder rückgängig gemacht werden. Die Geldausgabeautomaten der Chemical Bank zogen aufgrund eines Softwarefehlers im Februar 1994 rund 100.000 Kunden versehentlich insgesamt über 16 Millionen Dollar zuviel von ihren Konten ab. 430 Kundenschecks platzten aufgrund der zu niedrig ausgewiesenen Kontostände. Schuld war ein typografischer Fehler in einer einzigen Programmzeile. Auch der Commerzbank AG, Frankfurt, unterliefen bereits solche Mißgeschicke. So wurde einer Kundin in Frankfurt jeweils am 24. und am 25. März 1994 das Gehalt für den Monat März überwiesen. Der Fehler wurde von der Commerzbank AG erst eine Woche später bemerkt und mit der Bemerkung auf dem Kontoauszug „BITTE ERKENNEN SIE DIESE LASTSCHRIFT AUSNAHMSWEISE AN, DA ES SICH UM DIE RUECKFUEHRUNG EINER DOPPELT AUSGEFUEHRTEN UEBERWEISUNG VOM 24.03.94 HANDELT.“ (Umlaute sowie Groß- und Kleinschreibung sind Kontoauszugsdruckern auch im digitalen Zeitalter noch fremd) am 31. März 1994 stillschweigend wieder rückgängig gemacht. Den Zinsverlust vom 25. bis zum 31. März trug die Bank. Bei wie vielen Kunden der Commerzbank dieses Mißgeschick passierte, ist nicht bekannt.

Durch eine konzeptionelle Schwäche in ihrer Software wurde die Commerzbank AG bereits Anfang der achtziger Jahre durch zwei Ganoven allein in Hagen um 80.000 Mark betrogen. Einer der Täter hatte damals bei der Hagener Hauptstelle der Commerzbank ein Girokonto eröffnet. Einen Tag später zahlte der Ganove in einer anderen Commerbank-Filiale 120 Mark auf sein neues Konto ein und reichte gleichzeitig einen Verrechnungsscheck der Vereins- und Westbank in Hamburg-Harburg zur Gutschrift ein. Der Scheck über 83.000 Mark war von einem Komplizen ausgestellt und ungedeckt. Der Schaltermitarbeiter erfaßte die beiden Belege und schrieb die Beträge dem Konto in der Hauptstelle gut. Der Scheckbetrag wurde aber mit einem „Ev“-Vermerk („Eingang vorbehalten“) versehen. Dieser Vermerk bewirkt normalerweise, daß der Kunde sein gutgeschriebenes Geld erst ausgezahlt bekommt, wenn die belastete Bank das Geld tatsächlich überwiesen hat. Die Täter wußten aber um eine Schwachstelle im Computersystem der Commerzbank: Das Programm löschte den „Ev“-Vermerk, sobald auf dem Konto gleichzeitig ein Barbetrag gutgeschrieben wurde. Bereits zwei Tage später konnte der Betrüger von seinem Konto 80.000 Mark in bar abheben. Dieser Trick soll aber nicht nur bei der Commerzbank funktioniert haben, sondern auch bei anderen bekannten deutschen Geldhäusern. Der Gesamtschaden aus dieser Systemschwäche wurde von Branchenkennern auf rund eine halbe Millionen Mark geschätzt. Spätes Pech mit ihrem neuen Online-Annahmesystem hatte die Lottogesellschaft Hessen zum Jahresbeginn 1996. Anfangs als Mustermodell für ganz Deutschland geplant, kommen den Politikern und Verantwortlichen erste Zweifel an dem digitalen Verfahren, speziell nachdem ein Rentnerehepaar aus Nordhessen vor laufender Kamera der Fernsehnation ihr Schicksal schilderte. Der 82jährige Mann hatte auf seinem Tippschein die Zahlen 15, 21, 24, 22, 38 und 39 angekreuzt und hätte in jedem anderen Bundesland mit diesem Schein 1,5 Millionen gewonnen. Nicht so in Hessen. Das elektronische Lesegerät übernahm die getippten Zahlen nicht ordnungsgemäß, sondern quittierte auf der rechtlich maßgeblichen Tippquittung 17, 22, 30, 35, 39, 46. Der Rentner bemerkte dies jedoch erst, als er sich bereits über seinen vermeintlichen Millionengewinn freute. Die Lottogesellschaft Hessen gesteht zwar die Möglichkeit von Lesefehlern ein, weist aber auf die geltende Regelung hin, daß nur die gedruckte Tippquittung erheblich sei. Die Lottogesellschaft weiß schließlich, wie leicht sich der Leseautomat überlisten läßt. Bereits mit einer einfachen Farbkopie des Spielscheins kann das digitale Lesegerät getäuscht werden, so daß ein Betrüger hinterher in Ruhe die sechs Gewinnzahlen auf den Original-Tippzettel eintragen kann. Eine Systemschwäche, die vermutlich in diesem Fall zu Lasten des unaufmerksamen Rentners gehen wird.

Selbst an trivialen Problemen wie Zeitumstellungen, Feiertagskalender oder Schaltjahrberechnungen scheitern moderne Programme heute noch. So verkürzte die interne Computeruhr in einem deutschen Stahlwerk im April 1993 aufgrund der Sommerzeitumstellung die Kühlzeit eines geschmolzenen Stahlblockes um eine Stunde. Dabei hatte der Programmierer in den Rechner eine Spezialuhr einbauen lassen, die eigentlich nie falsch gehen konnte, da sie durch die genauste Uhr der Welt, der Cäsium-Zeitbasis der Physikalisch-Technischen Bundesanstalt in Braunschweig (PTB), gesteuert wurde. Vom Zeitzeichensender (DCF 77) in Mainflingen empfing die interne Computeruhr regelmäßig Zeitdaten der Braunschweiger „Atom-Uhr" als Zeittelegramme über Langwelle. Um zwei Uhr nachts Ende April sprang die funkgesteuerte Computeruhr daher wegen der Sommerzeitumstellung in Deutschland direkt auf drei Uhr. Das Steuerprogramm des angeschlossenen Prozeßrechners war auf diese technische Innovation allerdings nicht vorbereitet und startete die weiteren Verarbeitungsschritte daher eine Stunde zu früh. Der nur ungenügend ausgekühlte Stahlblock verursachte erhebliche Schäden am Produktionssystem.

Ein nicht erkannter Feiertag war letztendlich auch für das Zugunglück am Karfreitag, den 9. April 1993, verantwortlich, bei dem ein Intercity (IC) mit einem anderen Zug in der Nähe der Berliner Station Wannsee zusammenstieß. Bei dem Zusammenstoß wurden drei Menschen getötet. Die betroffene Strecke wurde zu jener Zeit gerade elektrifiziert, so daß an gewöhnlichen Werktagen nur ein Gleis verwendet, an arbeitsfreien Tagen hingegen beide verwendet werden konnten. Das Steuerprogramm stellte jedoch auch an diesem bundesweiten Feiertag die Weiche versehentlich auf eingleisigen Verkehr. Folglich setzte das Computersystem der Bahn das Signal für alle Berlin verlassenden Züge auf Rot. Der diensthabende Fahrdienstleiter hielt dies jedoch für einen Systemfehler und änderte das Signal für einen stadtauswärts fahrenden IC auf Grün, ohne die Ursache für den vermeintlichen Fehler weiter zu ergründen. Er übersah dabei, daß ein nicht eingeplanter Zug sich der Weiche aus der anderen Richtung näherte.

Die Problematik der scheinbar simplen Berechnung von Schaltjahren wurde am 29. April 1992 vom Programm MAGSAV der Firma Prime Computer illustriert. Das Sicherungsprogramm verweigerte an jenem Tag seinen Dienst, weil die Routine zur Berechnung des Löschdatums versuchte, das aktuelle Datum um ein Jahr zu erhöhen. Das Ergebnis dieser Berechnung ergab jedoch ein nicht existierendes Datum, woraufhin das Programm in eine Endlosschleife geriet. In der Zukunft werden Schaltjahre wohl noch für weitere Überraschungen sorgen: Welches Programm weiß schon, daß das Jahr 2000 ein Schaltjahr ist, nicht jedoch das Jahr 1900 oder 2100. Die Regel dazu: Vielfache von 100 sind keine Schaltjahre, außer Vielfache von 400!

Zur Jahrtausendwende steht den meisten Unternehmen noch eine Herkulesaufgabe bevor, da die meisten der in den siebziger und achtziger Jahren erstellten Programme nur mit zweistelligen Jahreszahlen arbeiten und daher ersetzt oder umgestellt werden müssen. Ansonsten drohen sich Fälle wie der von Mary Bandar zu häufen: Die 104jährige bekam 1992 ein Anmeldeformular für den Kindergarten von der Stadtverwaltung in Winona im amerikanischen Bundesstaat Minnesota zugeschickt. Für den Computer war die 1888 geborene Dame ein Kandidat für den Kindergarten. Die Autoversicherungsprämie des Amerikaners G. C. Blodgett verdreifachte sich, als er 101 wurde. Das Computerprogramm der Versicherung interpretierte das Alter als eins und damit als unter 20, der Altersgrenze für junge risikoträchtige Fahrer. Außerdem hatte der Programmierer offenbar vergessen, eine Plausibilitätsprüfung einzubauen. Lebensbedrohlich hätte ein ähnlicher Softwarefehler im Computersystem des Walter Reed Army Medical Center in Washington werden können. Ein ungewöhnlich hoher Anteil weißer Blutkörper im Blut eines 99jährigen Patienten wurde vom Computer als innerhalb der normalen Toleranzen ausgewiesen. Der Rechner nahm an, daß die Werte von einem Säugling stammten, da als Geburtsdatum nur 89 eingeben wurde.

Fatal wären solche Fehler auch bei Wartungssoftware oder Programmen zur Gebühren-, Rentenanspruchs- und Zinsberechnung. Bei der Neujahrsplanung der Telekom im Jahr 2000 würden dann für alle Gespräche, die vor Mitternacht begonnen und im neuen Jahr beendet worden sind, Gebühren für 99 Jahre berechnet werden. Die Tankstellenkette Aral überforderte ihr Computersystem bereits mit Tankkarten, die bis zum Jahr „00“ gültig sein sollten. Die Software erkannte die Jahreszahl nicht, so daß Aral ihren Kunden neue Karten aushändigen mußte, die nur bis zum Jahr „99“ gültig waren. Auch alle Programme, die einen Wochentag-Kalender benötigen und diesen auf Basis des 1. Januars 1900 fortschreiben, müssen geändert werden, da der 1. Januar 2000 ein Samstag und kein Montag ist, wie der 1. Januar 1900. Eine Studie der amerikanischen Gartner Group schätzt die Kosten für die Umstellung aller betroffenen Programme auf 100 Milliarden Dollar. Sorgen bereiten den Firmen und Behörden vor allem die in Assembler geschriebenen Großrechnerprogramme. Häufig werden diese – mehr oder weniger virtuos programmierten – Computerprogramme seit mehr als 20 Jahren unverändert eingesetzt, da kein Mitarbeiter deren Struktur mehr versteht. In den siebziger Jahren hatte auch noch kein Programmierer daran gedacht, daß seine Programme sein Arbeitsleben überdauern könnten.

Wege zu fehlerfreier Software

Drei prinzipielle Gründe kristallisieren sich immer wieder heraus, wenn die Frage diskutiert wird, warum es immer eine Kunst bleiben wird, fehlerfreie Software zu erstellen:

1. Durch die hohe Anzahl der unterschiedlichen Ausführungspfade ist es ist nahezu unmöglich, komplexe Software hundertprozentig durchzutesten. Software wird daher auch nicht erst für den Praxiseinsatz freigegeben, wenn sie nachweisbar fehlerfrei ist, sondern bereits, wenn die Häufigkeit, mit der neue Fehler entdeckt werden, auf ein akzeptables Niveau gesunken ist.

2. Software kann – im Gegensatz zum Menschen – eine absurde Situation nicht von einer plausiblen unterscheiden. Kein Softwaresystem der Welt hat bisher den „Turing-Test“ bestanden, der zur Beurteilung der Fähigkeiten eines Computersystems dient. Der britische Mathematiker Alan Turing entwickelte 1950 einen Versuchsaufbau, bei dem Testpersonen über Tastatur und Bildschirm eine fünfminütige Unterhaltung führen. Die Ausführenden wissen dabei nicht, ob es sich beim Gesprächspartner um einen Computer oder um einen Menschen handelt. Sind die Fragesteller nach dem Gespräch unsicher, ob sie mit einem Menschen oder einer Maschine gesprochen haben, so rechtfertigt dies das Prädikat „denkende Maschine“. Bestes Ergebnis bisher: Ein Softwaresystem namens „Parry“, das einen paranoiden Menschen simulieren sollte, wurde tatsächlich für eine geistig verwirrte Person gehalten.
3. Software steuert digitale Systeme. In der Natur sind die meisten Systeme jedoch stetig, d.h. geringe Veränderungen der Eingangsgrößen rufen auch nur geringe Reaktionsveränderungen hervor. Bei einem digital arbeitenden Rechner kann dagegen eine geringfügige Änderung, beispielsweise das Umsetzen einer kleinsten Informationseinheit (Bit) von Null auf Eins, eine völlig andere Reaktion bewirken. So war ein fehlender Bindestrich im Quellcode des Steuerprogramms der Atlas-Rakete, mit der die Venussonde Mariner I ins All transportiert werden sollte, Schuld an der vorzeitigen Vernichtung der Rakete. Im FORTRAN-Quellcode für das Raumfahrtprojekt Mercury wurde nach mehreren Missionen ein ähnlicher Fehler entdeckt: Statt DO I=1,10 (Schleife wird zehnmal ausgeführt) stand DO I=1.10 (Schleife wird einmal ausgeführt) im Programmcode.

Der Einsatz von Softwaresystemen ist sicherlich sinnvoll, wenn eine schnelle und konsistente Verarbeitung großer Datenmengen nach festen Regeln erforderlich ist. Dem Menschen werden dabei häufig monotone Arbeiten abgenommen und die Qualität der Arbeitsdurchführung der Maschine ist in der Regel deutlich höher. Zum Risiko wird der Einsatz von Softwaresystemen aber, wenn die digitalen Systeme kritische Prozesse steuern, wie in der Luft- und Raumfahrt, in Kernkraftwerken oder bei chemischen Produktionsprozessen. Das Risiko wird nicht mehr beherrschbar, wenn zusätzlich keine menschlichen Kontrollmöglichkeiten mehr vorgesehen sind und der Software die höchste Autorität eingeräumt wird. Systeme, die vollständig automatisiert arbeiten und zum Betrieb keine Menschen benötigen, werden auch „autonome Systeme“ genannt. In Reinform werden solche Systeme zum Glück selten eingesetzt, ansatzweise kommen sie beispielsweise in der zivilen Luftfahrt vor. Die Auswirkungen wurden bereits angesprochen: Seit der Einführung von digitalen Errungenschaften, wie „gläsernes Cockpit“ und „Fly-by-wire“, beklagen sich die Piloten zunehmend über die Automatisierung in den modernen Verkehrsflugzeugen und fühlen sich zu Statisten degradiert. Das trügerische Gefühl der Sicherheit und die eine geistige Präsenz wenig fordernde Überwachungstätigkeit endet häufig in einem Mangel an Reaktionssicherheit, wenn dann plötzlich doch ein aktives Eingreifen erforderlich ist. Der amerikanische Flugzeughersteller Boeing rückt deshalb in seinem neuen Modell 777 von der Konzeption ab, der Software oberste Autorität einzuräumen.

Ein weiteres Beispiel ist die Automatisierung im Bereich des Straßenverkehrs. Viele elektronische Komfort- und Sicherheitseinrichtungen im Auto, wie Antiblockiersysteme oder die elektronisch kontrollierte Benzineinspritzung, haben sicherlich zu einem wirtschaftlicheren Betrieb und einer erhöhten Verkehrssicherheit geführt. Wir stehen jedoch kurz davor, die Grenzen einer sinnvollen elektronischen Steuerung und Überwachung zu überschreiten.

Aufgrund der Überautomatisierung verunglückte am 31. Juli 1991 in der Nähe von Palm Springs beispielsweise ein voll besetzter Schulbus. Sieben Menschen kamen dabei ums Leben. Das elektronisch gesteuerte Getriebe des Busses sollte den Motor schonen und hielt die Motordrehzahl und die Fahrgeschwindigkeit stets in einem optimalen Verhältnis zueinander. Der Schulbus fuhr an jenem Tag auf einer kurvigen Gefällstrecke. Das Getriebe schaltete daher bei steigender Drehzahl automatisch immer in den nächsthöheren Gang. Die Bremswirkung des Motors wurde dadurch zu schwach für das Gefälle. Da die Bremsen, die offenbar auch nicht mehr die neuesten waren, die fehlende Motorbremse nicht kompensieren konnten, wurde der Bus so schnell, daß der Fahrer die Kontrolle über das Fahrzeug verlor.

Das Risiko des Softwareeinsatzes in kritischen Systemen läßt sich durch zwei Strategien begrenzen. Einerseits kann die Abhängigkeit von der Software begrenzt werden, indem der Steuerungssoftware nicht die höchste Autorität eingeräumt wird und ein menschliches Eingreifen jederzeit möglich ist. Andererseits kann durch eine sorgfältige Programmentwicklung die Wahrscheinlichkeit von Softwarefehlern erheblich verringert werden. Einige, mittlerweile teilweise gängige Strategien, um die Fehlerrate bei der Programmentwicklung zu senken, werden in den folgenden Abschnitten vorgestellt. Letztendlich kann ein angemessenes Sicherheitsniveau in kritischen Systemen aber nur durch die Kombination beider Strategien erreicht werden.

Modulare Programmierung

Hinter dem Begriff modulare Programmierung verbirgt sich die Strategie, die spätere Software aus überschaubaren Bausteinen und Baugruppen zusammenzusetzen, die unabhängig voneinander entwickelt und getestet werden können. Allerdings können dafür beim Zusammensetzen (Binden) dieser Bausteine schwer zu erkennende Fehler auftreten.

Defensive Programmierung

Unter defensiver Programmierung wird eine Programmkonzeption verstanden, bei der ein Programmabschnitt nur in Aktion tritt, wenn der bisherige Programmablauf ordnungsgemäß ablief und gültige Eingaben erkannt worden sind.

Allerdings erhöht dieser Ansatz den Programmieraufwand und damit die Fehlerwahrscheinlichkeit.

CASE

Die ersten Softwareentwicklungswerkzeuge wurden Anfang der siebziger Jahren entwickelt. Sie bestanden allerdings häufig nur aus Programmgeneratoren, mit denen sich Entscheidungstabellen in Programmanweisungen umwandeln ließen oder Programmabläufe der normierten Programmierung automatisch aus Vorgabeparametern erstellt werden konnten. Die Idee der CASE-Hersteller war, Programmwerkzeuge zu entwickeln, durch die die Entwicklung und Wartung von Software vereinfacht und damit auch deren Qualität verbessert werden sollte. Die durch CASE-Werkzeuge unterstützte Anwendung von Prinzipien, Methoden und Techniken sollte eine ingenieurmäßige Produktion von Software ermöglichen. Mittlerweile bieten zahlreiche Hersteller unter dem Oberbegriff CASE (Computer Aided Software Engineering) ein breites Spektrum von Programmwerkzeugen an, die alle Phasen der Softwareentwicklung unterstützen. Das Angebot reicht von der Bereitstellung oberflächen- und datenintegrierender Werkzeuge über Unterstützungsfunktionen auf fachlicher Ebene bis zu Querschnittsfunktionen wie Projekt- und Prozeßmanagement. Da aber ein CASE-Werkzeug meist nicht alle Phasen des Entwicklungsprozesses abdeckt, werden in der Praxis mehrere Werkzeuge verschiedener Hersteller zu einer Softwareproduktionsumgebung miteinander kombiniert.

CASE-Werkzeuge wurden in den achtziger Jahren von der IT-Branche als Mittel zur Behebung der Softwarekrise angepriesen. Mittlerweile ist es ruhiger um diese Werkzeuge geworden, obwohl sie immer noch weiterentwickelt werden und inzwischen auch objektorientierte Varianten existieren. Die von den IT-Anbietern geschürten Erwartungen an die Produktivitätssteigerungen durch CASE wurden größtenteils nicht erfüllt. Die Einführungskosten von CASE fielen aufgrund der hohen Schulungskosten und des anfänglichen Produktivitätsverlustes häufig höher als erwartet aus. Darüber hinaus kamen die Fachabteilungen (Anwender) mit den modernen Darstellungstechniken ihrer Abläufe und Strukturen oftmals nicht zurecht. Trotzdem ist CASE inzwischen ein fester Bestandteil in den Softwareentwicklungsabteilungen vieler Unternehmen geworden, da sich nach Überwindung der Anfangsschwierigkeiten meist eine deutliche Qualitätsverbesserung der Software, insbesondere im Bereich der Wartung, feststellen ließ.

Prototyping

Eine der größten Gefahren für eine erfolgreiche Programmentwicklung stellen Änderungen während der Realisierungsphase dar. Bei fast allen Softwareprojekten ändern sich die Anforderungen und Aufgaben, die eine Software lösen soll, häufig noch während der einzelnen Phasen der Programmentwicklung. Solche Änderungswünsche verursachen aber nicht nur Mehrkosten, sondern erhöhen auch die Fehlerwahrscheinlichkeit, da Programmänderungen leicht unerwartete Folgefehler verursachen können. Ein Lösungsansatz für dieses verbreitete Problem besteht darin, vom Konzept der konstruierten Software Abstand zu nehmen und Software von Anfang an evolutionär zu entwickeln. Dabei werden aus standardisierten Komponenten sogenannte „Prototyp-Programme" entworfen, an Hand derer Mißverständnisse zwischen Auftraggeber (Anwender) und Auftragnehmer (Programmierer) ausgeräumt werden können. Durch die direkte Beteiligung des Anwenders können dessen Verbesserungswünsche, die sich aus dem vorgeführten Prototyp ableiten, frühzeitig berücksichtigt werden. Erst danach wird die Logik des Programmes entwickelt. Allerdings kann durch Prototyping nur das äußere Verhalten eines Systems simuliert werden, Inkonsistenzen im Logikteil lassen sich durch Prototyping nicht ausschließen.

Test- und Change-Management

Nach der Programmierung liegt ein Programm zunächst als Quellcode (Source Module) vor. Durch ein Übersetzungsprogramm (Compiler) wird es modulweise in den Maschinencode übersetzt, in ein sogenanntes „Objektmodul". Dabei wird eine Umwandlungsliste erstellt, die alle Fehler sowie einige andere Merkmale und Werte beschreibt, die während des Umwandlungsprozesses auftraten. Anschließend werden die einzelnen Module mit Hilfe eines Verknüpfungsprogramms (Binder) zu einem auf dem Zielsystem lauffähigen Programm, dem Lademodul (Load Module), zusammengesetzt. Dieses Lademodul kann schließlich vom Rechner ausgeführt werden.

Eine sorgfältige Programmentwicklung vermeidet idealerweise Fehler bereits weitgehend während der Programmierung. Trotzdem sollte jedes Programm nach der Erstellung des Quellcodes gründlich getestet werden. Testen ist ein analytisches Verfahren, bei dem der Quellcode auf korrekte Formulierung (Formfehler) und das Lademodul auf korrekte Ausführung (Logikfehler) mit Hilfe von simulierten Eingabedaten geprüft wird. Das Übersetzungsprogramm deckt bereits die meisten formellen Fehler auf, da es die Einhaltung der syntaktischen Regeln der verwendeten Programmiersprache überprüft. Zusätzlich kann der Quellcode einer statischen Analyse unterzogen werden. Dabei wird das Programm auf komplizierte Programmkonstrukte (tiefe IF-Verschachtelungen), nicht benötige Programmelemente, ausreichende Modularität oder sonstige Designanforderungen überprüft.

Nach Sicherstellung der formellen Korrektheit des Programmes wird ein Logiktest durchgeführt, bei dem die Ergebnisse der Programmausführung mit Testdaten den erwarteten Ergebnissen gegenübergestellt werden, die vorher mit einem sogenannten „Schreibtischtest" (Trockentest) ermittelt worden sind. Bei professionellen Softwareprojekten läuft das Testen in folgenden Stufen ab:

1. Einzeltest (Programmbausteine und Programme werden einzeln getestet),
2. Integrationstest (mehrere Programme eines Programmpaketes werden zusammengefügt und getestet),
3. Systemtest (das fertige Programmsystem wird unter realitätsnahen Bedingungen getestet).

Ein sorgfältiger Programmtest sollte alle denkbaren Datenkonstellationen und sämtliche Programmfunktionen abdecken. Idealerweise sollten auch sämtliche Kombinationen aller Programmpfade mindestens einmal während des Testprozesses durchlaufen werden. Diese Forderung stößt aber angesichts der immer komplexer werdenden Programme an ihre Grenzen. Grundsätzlich beweist das konventionelle Testen nicht die Abwesenheit von Fehlern, sondern deckt mit Hilfe systematisch gewählter Testdaten lediglich die Anwesenheit von Fehlern auf.

Trotz des hohen Aufwands, den ein sorgfältiger Programmtest mit sich bringt, lohnt sich die Investition in der Regel. Das zeigen auch die berühmten Softwarefehler, die bei der Simulation des Steuerungsprogrammes für das Kampfflugzeug F-16 auftraten und damit Katastrophen im Praxiseinsatz verhinderten. Im Test überschlug sich das virtuelle Flugzeug beispielsweise jedesmal bei der Überquerung des Äquators aufgrund eines fehlenden Minuszeichens zur Anzeige des südlichen Breitengrades. Wenn sich das Programm unter Testbedingungen dagegen nicht entscheiden konnte, ob es nach rechts oder links rollen sollte, flog die F-16 einfach kopfüber weiter.

Prinzipiell sollte die Übergabe des Programmes von einer Entwicklungsumgebung in die Produktionsumgebung erst nach einer dokumentierten Programmabnahme durch die auftraggebende Stelle erfolgen. Programmentwickler sollten aus Sicherheitsgründen grundsätzlich keine Möglichkeit haben, Programme oder Daten direkt in der Produktionsumgebung zu ändern oder unprotokolliert in die Produktionsumgebung zu übergeben, um den Einsatz unzureichend getesteter Programme zu verhindern.

Redundanz

Redundante Programmierung ist eine häufig verwendete Methode, um für Systeme mit hohem Anspruch an die Verfügbarkeit extrem zuverlässige Software zu erhalten. Mehrere Entwicklergruppen erstellen dabei unabhängig voneinander unterschiedliche Versionen des gleichen Programmes. Jede Programmversion liefert im Praxisbetrieb ein Ergebnis, das von einem Entscheidermodul ausgewertet wird. Das Entscheidermodul bestimmt nach einer festgelegten Methode (Median- oder Mehrheitsprinzip) den endgültigen Ausgabewert. Allerdings werden – aufgrund der ähnlichen Ausbildung und der menschlichen Denkweise – von unterschiedlichen Programmierern häufig die gleichen Fehler gemacht, so daß sich mit dieser Methode ebenfalls keine absolute Fehlerfreiheit erreichen läßt. Auch Programmfehler im Entscheidermodul können die Wirksamkeit dieser Methode torpedieren.

Das berühmteste Beispiel für den Einsatz redundanter Systeme liefert die NASA mit ihrem Shuttle-Programm. Für das Kontroll-, Steuerungs- und Navigationssystem des Space Shuttle hat sich die NASA für ein redundantes System entschieden, da ein Ausfall des Computersystems zur falschen Zeit das Leben aller an Bord befindlichen Personen gefährden würde. Das installierte Steuerungssystem besteht daher aus fünf Computern, wobei bereits einer allein alle für eine Shuttle-Mission benötigten Funktionen übernehmen kann. Der zweite Rechner dient als ständig verfügbarer Backup-Rechner, falls der erste Steuerungsrechner ausfällt. Das Backup-System läuft permanent mit, um den Hauptrechner zu überwachen und von diesem überwacht zu werden. Wenn sich zwei Computer gegenseitig überwachen und einer eine Abweichung zwischen beiden Rechnern feststellt, läßt sich ohne einen dritten Computer nicht entscheiden, in welchem Rechner der Fehler aufgetreten ist. Mit Hilfe eines dritten Computers läßt sich aber ein einfaches Abstimmverfahren („Voting Technique“) durchführen: Der Computer, dessen Status von dem der beiden anderen abweicht, wird als fehlerhaft angesehen. Der fehlerhafte Rechner wird dann abgeschaltet und die beiden übrigbleibenden Rechner sichern sich gegenseitig ab. Drei Computer, wie sie auch beim elektronischen Stellwerk von Hamburg-Altona eingesetzt werden, bilden ein formell „sicheres“ System. Damit nach dem Abfangen eines Fehlers immer noch ein sicheres System vorliegt, wird ein vierter Rechner benötigt. Vier Computer werden als „verfügbares“ System bezeichnet. Da aber alle vier Computer mit der gleichen Software arbeiten, würde im Falle eines Softwarefehlers auf allen Rechnern derselbe Fehler auftreten. Daher beauftragte die NASA zusätzlich den amerikanischen Rockwell-Konzern mit der Entwicklung eines Programmsystems nach den gleichen Spezifikationen, das auch alle benötigten Funktionen übernehmen kann. Dieses System wird permanent mit den vier anderen Systemen synchronisiert, mußte jedoch bisher noch nie eingesetzt werden.

Das geschilderte Verfahren ist so aufwendig, daß aus seiner Komplexität schon wieder Nachteile erwachsen. Neben den immensen doppelten Entwicklungskosten bereitet insbesondere die Synchronisation beider Systeme immer wieder Schwierigkeiten. So verschob sich bereits der erste Start der Columbia am 10. April 1981 um 48 Stunden, weil der Backup-Rechner (5. Rechner) nicht korrekt initialisiert werden konnte. Der Fehler wurde 20 Minuten vor dem geplanten Startzeitpunkt bemerkt. Ursache des Problems war eine minimale Synchronisationsdifferenz von einer Zeiteinheit (40 Millisekunden), die zu einer Fehlinterpretation der Daten führte. Beim 9. Shuttle-Flug hätte beinahe erstmalig der Backup-Rechner eingesetzt werden müssen, vermutlich mit fatalen Folgen: Vier Stunden vor dem geplanten Wiedereintritt in die Erdatmosphäre am 8. Dezember 1983 fiel der erste Bordrechner aus. Planmäßig übernahm Rechner zwei, quittierte jedoch auch nach fünf Minuten seinen Dienst. Rechner Nummer drei wurde aktiv. Das Kontrollzentrum konnte zwar Rechner zwei wieder zum Leben erwecken, nicht jedoch Rechner eins. Der Wiedereintritt verzögerte sich. Schließlich entschied das Kontrollzentrum, ohne Rechner eins zu landen. Kurz vor der Landung fiel Rechner zwei erneut aus. Trotzdem gelang es dem Weltraumgleiter, sicher zu landen. Ursache für die Bordrechnerprobleme waren winzige Metallpartikel, die sich unter den enormen Beschleunigungskräften gelöst hatten. Später bestätigte Astronaut John Young den Verdacht, daß die Mission gescheitert wäre, wenn das Backup-System eingeschaltet worden wäre. Weitere ungeklärte Fehler im Backup-System verzögerten kurze Zeit später sowohl den Jungfernflug der Raumfähre Discovery im Sommer 1984 als auch die 20. Shuttle-Mission am 25. August 1985 um einen bzw. zwei Tage.

Die Software für das Navigationssystem des Space Shuttle wurde von der IBM-Tochter Federal Systems Company aus Houston im US-Bundesstaat Texas geschrieben. Die Shuttle-Software, in der speziell für die Luft- und Raumfahrt entwickelten Sprache HAL/S geschrieben, gilt als eines der besten und teuersten Programme der Welt. Jede Programmzeile kostete den stolzen Preis von 1.000 Dollar, während kommerzielle Software oft nur 20 bis 30 Dollar pro Zeile kostet. Trotzdem enthält die Software nach Schätzungen von Federal Systems noch ungefähr 50 Fehler. Bemerkenswert ist auch, daß die NASA ihren Astronauten mittlerweile ein Verzeichnis aller Fehler der Bordprogramme namens „Program Notes and Waivers" mit ins Weltall gibt, da eine Fehlerkorrektur wegen des Risikos von Folgefehlern als zu riskant erachtet wird. Trotz des enormen Aufwandes bei der Softwareentwicklung wird die Geschichte des amerikanischen Shuttle-Programmes immer wieder von diversen Pannen begleitet, deren Ursachen in Softwarefehlern liegen. So hätte beim 6. Space Shuttle-Flug ein Fehler im neuen Software-Release für die IBM System 370/168-Großrechner im Mission Control Center des Johnson Space Centers bei Houston/Texas die Berechnung der Flugbahn im Fehlerfall nicht zugelassen. Zum Glück verlief die Mission erfolgreich. Der Fehler konnte nach Abschluß der Mission behoben werden. Der 56. Shuttle Start am 5. April 1993 mußte aufgrund eines Softwarefehlers sogar 11 Sekunden vor dem Abheben abgebrochen werden. Ursache war dem ersten Anschein nach ein fehlerhaftes Ventil im Hauptantriebssystem. Die nachfolgende Analyse ergab jedoch, daß das Ventil korrekt arbeitete, das Computersystem den Sensor jedoch nicht richtig interpretierte. Der Fehler wurde provisorisch behoben, indem der Rechner die Sensorprüfung überging.

Die Vorgeschichte des damals als technologische Meisterleistung gefeierten Shuttle-Programmes enthüllt ebenfalls einige digitale Abgründe: Nach der erfolgreichen Mondlandung entwickelte die NASA die kühne Vision einer wiederverwendbaren Raumfähre, die in wöchentlichen Intervallen ins All pendeln sollte. Die Raumfahrtbehörde hoffte, mit einem solchen Projekt ihre Existenz und den Vereinigten Staaten ihre technologische Führungsrolle in der Raumfahrt auf Jahrzehnte zu sichern. Die NASA-Techniker setzten bei der Entwicklung daher direkt auf eine neuartige Konstruktionsmethode. Wurden beim Apollo-Programm noch alle Einzelsysteme unter Weltraumbedingungen vorher getestet, so nutzten die Shuttle-Ingenieure für den komplexen Weltraumgleiter nur noch computergestützte Konstruktionsmodelle. Die Folge: Entwicklung und Bau des Weltraumgleiters verzögerten sich um drei bis vier Jahre; gleichzeitig überstiegen die Kosten alle ursprünglichen Planungen. Beim Jungfernflug im April 1981 erwies sich das Shuttle darüber hinaus als äußerst fehlerträchtig und wartungsanfällig. Die zahlreichen Pannen verzögerten auch den Start vieler wertvoller Weltraumfrachtgüter um Jahre. Ein Beispiel ist das 1,5 Milliarden Dollar teure Hubble-Space-Teleskop (HST), mit dessen Entwicklung 1978 begonnen wurde. Wissenschaftler versprachen sich vom HST einen klaren, durch atmosphärische Turbulenzen ungetrübten Blick auf die Sterne, ohne die störenden Verzerrungen der Erdanziehungskraft und der Temperaturschwankungen auf die Spiegelform. Das Hubble-Space-Teleskop, bereits 1983 fertiggestellt, konnte aber erst im April 1990 ins All geschickt werden. Die beiden Hauptrechner des HST waren nach sieben Jahren Lagerung mittlerweile hoffnungslos veraltet. Außerdem überstieg die Leistungsfähigkeit des HST kaum noch die Möglichkeiten stationärer Teleskope auf der Erde, da inzwischen Spiegel entwickelt worden sind, die ihre Form verändern können, um die Verzerrungen durch Erdanziehungskraft und Temperaturschwankungen zu kompensieren. Weitere technische Pannen und Nachlässigkeiten, die in der Explosion der Raumfähre Challenger am 28. Januar 1986 gipfelten, sowie nur mäßig erfolgreiche Zukunftsprojekte, wie die geplante Raumstation „Freedom" oder die bemannte Mars-Expedition, haben das High-Tech-Image der NASA mittlerweile beträchtlich ramponiert.

Formale Methoden

Formales Software Engineering ist ein Entwicklungsansatz, der mathematische Logik mit bekannten Programmiermethoden koppelt. Um Fehler von vornherein zu vermeiden, erstellt der Entwickler eine formale Spezifikation, indem er eine allgemeine Programmanforderung präzise in eine mathematisch exakte Form überführt. Dieser Ansatz ermöglicht die Entwicklung logisch fehlerfreier Software. Mit Hilfe formaler Methoden können aber auch vorhandene Programme nachträglich verifiziert werden. Im Gegensatz zur Softwarevalidierung, bei der durch Inspektion des Quellcodes, Programmsimulationen und systematische Tests Programme auf Fehler überprüft werden, erbringt die Verifikation den mathematischen Nachweis, daß ein Programm einer formalen Spezifikation genügt. Typische Anwendungsbereiche sind besonders sicherheitskritische Systeme wie Steuerungssoftware für Kernkraftwerke, Verkehrsleitsysteme und Anwendungen in der Luft- und Raumfahrt.

Die Idee ist einfach: Systemanforderungen und Benutzerwünsche werden in einen mathematisch-logischen Rahmen (Prädikatenlogik) übertragen, in dem sie auf ihre logische Konsistenz überprüft werden können. Die Vorgehensweise ist dagegen aufwendig und erfordert vom Anwendungsentwickler viel Disziplin: Anwendungsentwickler und Anwender definieren gemeinsam die Anforderungen an das System. Diese in natürlicher Sprache getroffenen Systemspezifikationen werden in Aussagen der mathematischen Logik transformiert. Die entstandene formale Spezifikation wird anschließend nach mathematisch-logischen Kriterien untersucht. Durch die semantisch eindeutige Formulierung in mathematischer Logik werden bereits in dieser Phase der Systementwicklung systemimmanente Widersprüche, Lücken in den Anforderungen und unerwünschte Konsequenzen von Teilanforderungen aufgedeckt, die bei der traditionellen Beschreibung durch die natürliche Sprache erst zu einem späteren Zeitpunkt bemerkt worden wären. Wie bei der herkömmlichen Programmentwicklung wird ausgehend vom formalen Entwurf der Grobentwurf durch Top-Down-Zerlegung den Systembesonderheiten angepaßt und mit Implementierungsdetails konkretisiert. Am Ende wird die abstrakte Beschreibung in Programmcode umgewandelt. Jeder dieser Schritte wird beim formalen Software Engineering auf seine Korrektheit hin untersucht, indem jede Entwicklungsphase auf Übereinstimmung mit der formalen Spezifikation geprüft wird. Dadurch garantiert diese Vorgehensweise, daß sich keine Inkonsistenzen in das Programm einschleichen können. Die Verifizierung ersetzt auch weitestgehend die bei der herkömmlichen Softwareentwicklung notwendigen Programmtests.

Die Vorteile der formalen Methoden liegen auf der Hand: Die formalen Spezifikationssprachen sind eindeutig, während die herkömmlichen Spezifikationsverfahren viele Interpretationsspielräume zulassen, die in Reviews entweder zu Mißverständnissen führen oder zeitaufwendig geklärt werden müssen. Schwachstellen und Fehler werden frühzeitig entdeckt, und auch die Ableitung des Systemdesign aus der formalen Spezifikation ist weniger aufwendig. Auf umfangreiche Tests mit Millionen unergiebiger Testdaten kann verzichtet werden, da sich die logische Folgerichtigkeit der Programmstruktur mit einem hohen Grad an Objektivität beurteilen läßt. Wie bei jeder Methode stehen den Vorteilen auch zahlreiche Nachteile gegenüber. Die Anwendung formaler Methoden ist extrem zeitaufwendig und anspruchsvoll, zumal ein solides mathematisches Grundwissen Voraussetzung für das Verständnis dieser Methoden ist. Bestimmte Fehlergattungen, zum Beispiel Tippfehler oder fehlende Anforderungen, können nicht erkannt werden. Auch können die formalen Softwarewerkzeuge selbst fehlerbehaftet sein. Das Verfahren ist außerdem den wenigsten Entwicklern geläufig, so daß hohe Schulungskosten anfallen. Darüber hinaus gilt das Überprüfen von algebraischen Umformungen als eine der ermüdendsten Arbeiten, die höchste Konzentration und Motivation erfordert.

Ein Wundermittel zur Erstellung fehlerfreier Software ist das formale Software Engineering ebensowenig wie alle anderen vorgestellten Methoden, da auch die formalen Methoden keine hundertprozentige Garantie für die korrekte Funktionsweise der Programme bieten, sondern „nur" einen formalen Korrektheitsbeweis. Die folgenden Beispiele illustrieren sowohl den möglichen Erfolg als auch Mißerfolg bei der Anwendung formaler Methoden:

Ein Zugriffssicherungssystem für Computernetzwerke mit Hilfe intelligenter Chipkarten sollte formal verifiziert werden. Das Programm bestand aus 2.600 Zeilen in der Programmiersprache C, die mit einem Aufwand von 5.000 Mannstunden entwickelt worden sind. Die Verifizierer, die sich auf die Sicherheitsaspekte des Systems konzentrierten, entdeckten zwei signifikante Programmfehler und eine größere Lücke im Pflichtenheft. Der Aufwand für die Programmentwicklung erhöhte sich durch die Verifizierung lediglich um 300 Stunden bzw. um sechs Prozent. Auch die französische Firma GEC Alsthom setzte erfolgreich formale Methoden bei der Entwicklung der Weichen- und Geschwindigkeitssteuerung für die 6.000 elektrischen Züge der französischen Eisenbahn SNCF ein. Das System erspart den Ausbau des Streckennetzes, indem es dichtere Zugfolgen ermöglicht. Die GEC-Entwickler formulierten den gesamten Systementwurf wie auch das fertige Programm in einer formalen Beschreibungssprache, um mit mathematischen Methoden deren Konsistenz nachzuweisen.

Die Verifizierung eines 10.000 Programmzeilen umfassenden Störfallschutzsystems für ein Kernkraftwerk in Darlington bei Toronto in Kanada, entwickelte sich dagegen zu einem teuren Mammut-Projekt. Die Verifizierung dauerte annähernd 24 Monate und kostete drei Millionen Dollar. Zusätzlich fielen durch die verzögerte Inbetriebnahme des Kraftwerkes erhebliche Stillstandskosten an. Als Ergebnis wurden zwar ungefähr hundert Änderungen an dem Programm vorgenommen. Schwerwiegenden Fehler konnten die Verifizierer jedoch nicht finden.

Clean-Room-Approach

Beim „Clean-Room-Approach" soll das strenge Befolgen von Vorschriften das Softwareprodukt bereits beim ersten Einsatz fehlerfrei arbeiten lassen. Durch die Verknüpfung des evolutionären Ansatzes mit formalen Methoden und strengen Qualitätskontrollen sollen berechenbar zuverlässige Programme entstehen. Die Programmierer bauen dabei ein Programmsystem Funktion um Funktion auf, unterziehen jede Komponente einer formalen Prüfung und testen die Porgrammkomponenten mit statistisch ausgewählten Testeingaben. Mit Erfolg wird die Reinraumtechnik beispielsweise vom schwedischen Konzern Ericsson bei der Entwicklung eines Betriebssystems für Telefonvermittlungsrechner angewandt.

Kriterien für Softwarequalität

Grundsätzlich ist Software ein Produkt im Sinne des § 2 Satz 1 Produkthaftungs-Gesetz (ProdHG) und kann daher Produkthaftungsansprüche Geschädigter begründen. Die Produkthaftung greift allerdings nur, wenn das Programm einen Fehler aufweist, der es unsicher macht. Reine Funktionsmängel werden von der vertraglichen Gewährleistung erfaßt. Diese wird durch ein jeder Standardsoftware beiliegendes Lizenzabkommen vertraglich zwischen Hersteller und Benutzer geregelt und schließt so ziemlich alle Ansprüche des Benutzers aus Softwarefehlern aus. Produkthaftungsansprüche können aber selbst bei einem die Verkehrssicherheit gefährdenden Fehler nicht unbedingt geltend gemacht werden. Es gilt der sogenannte „State-of-the-Art-Defense" nach § 1 Abs. 2 Nr. 5 ProdHG. Danach wird der Hersteller von der Produkthaftung entlastet, wenn vorhandene Fehler nach dem jetzigen Stand von Wissenschaft und Technik nicht erkannt werden konnten. Auch der Gesetzgeber hat also erkannt, daß es keine fehlerfreie Software gibt.

Um wenigstens dem Ziel der Fehlerfreiheit nahe zu kommen, wurden von verschiedenen Institutionen Sicherheits- und Qualitätsanforderungen definiert, deren Erfüllung mehr oder weniger einfach überprüft werden kann. In der Literatur finden sich häufig allgemeine Softwarequalitätsmerkmale wie Benutzerfreundlichkeit, Effizienz, Funktionsabdeckung, Korrektheit, Robustheit, Testbarkeit, Verständlichkeit, Wartbarkeit, Zuverlässigkeit etc. Die Einhaltung solcher allgemeinen Qualitätsmerkmale ist aber nur schwer zu prüfen. Ein Ansatz besteht darin, diese allgemeinen Qualitätsmerkmale auf konkretere Qualitätsausprägungen herunterzubrechen, um daran Qualitätsforderungen zu knüpfen, deren Erfüllung mit einer quantitativen Meßgröße oder durch eine andere Methode überprüfbar ist. Ein einfaches Beispiel liefert die Ausprägung Antwortzeit innerhalb des Qualitätsmerkmals Effizienz, an die eine Qualitätsforderung wie „in 90 Prozent aller Fälle muß die Antwortzeit unter zwei Sekunden liegen“ gestellt werden kann. Durch Zeitmessungen ließe sich die Erfüllung dieser Qualitätsanforderung leicht überprüfen. Auch für andere Qualitätsmerkmale sind inzwischen gängige Meßgrößen vorhanden. So werden als quantitative Meßgrößen für die Qualitätsmerkmale Verständlichkeit oder Wartbarkeit meist einfache Kennzahlen verwendet, wie

- Anzahl der Hierachieebenen / Strukturblöcke / bestimmter Steuerkonstrukte,
- Anzahl der Programmzeilen (LOC = Lines Of Code) je Programm oder
- Verhältnis Kommentarzeilen zu LOC.

In etwas ausgefeilterer Form heißen solche Kennzahlen dann zyklomatische Komplexitätszahl nach McCabe (Anzahl der möglichen Programmpfade), Komplexitätszahl nach McClure (Anzahl der Bedingungen addiert mit der Anzahl der Operanden) oder Programmvolumen-Messung nach Halstead (Formel: $N \log_2 (n1 + n2)$). Trotz der respekterheischenden Bezeichnungen liegt die Aussagekraft solcher Kennzahlen meist nur geringfügig über der Bedeutung der einfachen Kennzahl LOC.

Das Dilemma bei der Überprüfung von Qualitätsmerkmalen wird bei den Merkmalen Robustheit und Zuverlässigkeit deutlich. Eine beliebte Qualitätsausprägung dieser beiden Merkmale ist die tolerierte Ausfallzeit. Amerikanische Behörden fordern, daß das neue Luftverkehrsleitsystem in der Vereinigten Staaten nicht länger als drei Sekunden pro Jahr ausfallen darf. Eine weitere Qualitätsausprägung ist die maximale Anzahl der Fehler oder die Wahrscheinlichkeit, daß ein Fehler in einem bestimmten Zeitraum auftritt. In der zivilen Luftfahrt wird in der Regel eine Wahrscheinlichkeit für das Auftreten eines katastrophalen Programmfehlers von weniger als 1 zu 1.000.000.000 oder 10^{-9} in der Stunde gefordert. Um die Erfüllung einer dieser beiden Qualitätsforderungen zu gewährleisten, müßte das Programm jahrelang getestet werden. Exzessives Testen gilt aber als unwirtschaftlich, weil mit zunehmender Testdauer die gefundenen Fehler immer unbedeutender werden. Darüber hinaus hat eine Analyse von Edward N. Adams vom Thomas-J.-Watson-Forschungszentrum der Firma IBM in Yorktown Height/New York ergeben, daß 33 Prozent aller entdeckten Fehler statistisch nur alle 5.000 Jahre auftreten. Die Beseitigung eines solchen Fehlers erhöht daher die Gesamtzuverlässigkeit des Programmes kaum, der Aufwand für die Suche ist jedoch enorm. Dazu kommt die Gefahr, daß durch eine vermeintliche Fehlerkorrektur Folgefehler auftreten können. Da ein korrigiertes Programm wie ein neues behandelt und damit wiederum komplett getestet werden muß, stellt sich die Frage, ob eine Korrektur eines „5.000-Jahr-Fehlers" wirtschaftlich ist.

Auch die Wahrscheinlichkeitstheorie liefert nur einen schwachen Ansatz zur Beurteilung der Korrektheit von Software. Bereitet die Berechnung der Ausfallhäufigkeit bei elektrischen oder mechanischen Geräten keine größeren Probleme, so läßt sich die Fehlerwahrscheinlichkeit eines Programmes aufgrund einer Testmenge von Eingaben nicht ableiten. Ursache für dieses Phänomen ist einerseits, daß die Abfolge der Eingaben von äußeren Einflüssen bestimmt wird und unterschiedliche Eingaben verschiedene Eintrittswahrscheinlichkeiten besitzen, andererseits, daß die Art der Fehlerbereiche der Software nicht bekannt sind. Trotzdem könnten Kennzahlen, wie die Wahrscheinlichkeit, daß eine zufällige Eingabe einen Fehler verursacht oder daß eine bestimmte Anzahl von Eingaben korrekt verarbeitet wird, grobe Anhaltspunkte für die Zuverlässigkeit eines Programmes geben. Um solche Kennzahlen zu standardisieren, müssen aber noch weitere Forschungsanstrengungen unternommen werden.

Daher wurden inzwischen andere Ansätze entwickelt, um zu einer konkreten Aussage über die Sicherheit von Software zu gelangen. Der einfachste Ansatz besteht darin, Softwarefehler als „nichtquantifizierbar" zu definieren, da es unmöglich ist, die Anzahl und Art der verbliebenen Softwarefehler nach Abschluß der Programmentwicklung abzuschätzen. Diesen Ansatz wählte die amerikanische Luftfahrtaufsichtsbehörde FAA. Gilt für alle anderen Komponenten die strenge Richtlinie einer maximalen Fehlerwahrscheinlichkeit von 10^{-9} pro Flugstunde, ist die Behörde auf dem Gebiet der Software anscheinend ratlos.

Einigermaßen praktikabel erscheint der bereits erwähnte Ansatz, das gesamte System so zu konstruieren, daß die Abhängigkeit von der Software nicht zu hoch wird. Auf diese Weise können die Anforderungen an die Zuverlässigkeit der Software auf einem moderaten Niveau gehalten werden, so daß die Erfüllung der Anforderungen nachweisbar wird. Die Betreiber des britischen Kernreaktors Sizewell-B haben diesen Ansatz gewählt. Durch eine Mischung aus konventionellen und softwaregestützten Schutzeinrichtungen ist es möglich, eine Fehlerwahrscheinlichkeit von 10^{-4} noch zu tolerieren.

Einfallsreicher ist die amerikanische Funktechnische Kommission für Luftfahrt (Radio Technical Commission for Aeronautics): Das beste Indiz für eine zuverlässige Software sei eine ingenieursmäßige, sorgfältige Softwareentwicklung vom Entwurf bis zur Dokumentation. Einen Beweis für diese Aussage gibt es allerdings nicht.

Einen ähnlichen Ansatz verfolgt auch das Capability Maturity Model (CMM), das im August 1991 vom Software Engineering Institute (SEI) der Carnegie Mellon University in Pittsburgh/Pennsylvania publiziert wurde. Durch das CMM läßt sich im Rahmen einer fünftägigen Hauptuntersuchung auf Basis von Interviews und Fragebögen feststellen, inwieweit ein Team von Programmierern in der Lage ist, eine der Kundenspezifikation entsprechende, zuverlässige Software zu erstellen.

Bewertet wird in erster Linie der Entwicklungsprozeß beim Softwareentwurf. Dabei wird eine Notenskala von eins (chaotisch) bis fünf (vorbildlich) verwendet. Von den seitdem über 250 bewerteten Organisationen erreichten 75 Prozent nur die Note eins. Die Note fünf erhielten bisher nur zwei Organisationen: Motorola für das Satelliten-Kommunikationsnetz Iridium und das Rüstungsunternehmen Loral Corp. (früher IBM) für die Bordsoftware des Space Shuttle. Loral kann angeblich mittlerweile sogar zuverlässig die Anzahl der Fehler in ihrer jeweils neusten Version voraussagen.

Aber CMM bietet nicht nur ein Bewertungsschema, sondern auch Richtlinien, wie sich eine Organisation auf der CMM-Skala verbessern kann. Eine Abteilung der amerikanischen Firma Raytheon hatte sich nach einem schwachen CMM-Testergebnis im Jahre 1988 zu einer solchen Qualitätsoffensive durchgerungen. Kontroll- und Testrichtlinien wurden verbessert und die 400 Programmierer entsprechend geschult. Bei einem erneuten Test 1991 erreichte die Abteilung immerhin schon die Stufe drei auf der CMM-Skala. Nach Aussagen von Raytheon hat die Qualitätsoffensive die Produktivität der Programmierer verdoppelt und die Anzahl der kostspieligen Fehler reduziert. Softwareprojekte werden inzwischen auch vor dem vereinbarten Termin abgeschlossen und unterschreiten gelegentlich sogar die kalkulierten Kosten.

Auch die amerikanische Firma Hughes Aircraft kann auf positive CMM-Erfahrungen zurückblicken. Hughes verbesserte sich innerhalb von drei Jahren von Stufe zwei auf Stufe drei. Am Ende stand dem Gesamtaufwand für die Selbsteinschätzung (Assessment) und die Verbesserung des Entwicklungsprozesses von rund einer halben Millionen Dollar eine jährliche Kosteneinsparung von rund zwei Millionen Dollar gegenüber. Ob sich CMM durchsetzt, kann noch nicht abschließend beurteilt werden, aber immerhin verlangt die amerikanische Luftwaffe von ihren Softwareentwicklern, daß sie bis 1998 die Note drei erreichen.

Alle dargestellten Ansätze, Softwaresicherheit zu bewerten, sind in Teilbereichen unbefriedigend. Aus heutiger Sicht erscheint ein Abwägen zwischen Sicherheit und Komplexität der Software dringend geboten. Daneben bleibt die Ergonomie der Schnittstelle Computer - Mensch, die sogenannte „Benutzerschnittstelle", bei fast allen Ansätzen außen vor. Eine ergonomische Schnittstelle ist aber - wie zahlreiche Beispiele belegt haben - Grundvoraussetzung eines jeden guten Softwaresystems, um fehlerhafte Eingaben oder falsche Interpretationen von Ereignissen zu verhindern.

Ein anschauliches Beispiel, wie schwierig sich die Interaktion zwischen Technik und Mensch gestalten kann, liefert die Programmierung von Videorecordern. Es gibt in Deutschland wohl kaum einen Haushalt, dessen Mitglieder alle Funktionen ihres High-Tech-Gerätes verstanden haben und zu nutzen wissen. Am Ende kapitulierten die Hersteller vor der Herausforderung einer ergonomischen Schnittstelle für Otto Normalverbraucher und führten mit „Showview" ein Hilfssystem ein, das auf Zahlencodes in Programmzeitschriften angewiesen ist.

4
Daten: flüchtige Informationen in komprimierter Form

Die neuere Zeit schätzt sich selbst zu hoch wegen der großen Masse Stoffes, den sie umfaßt. Der Hauptvorzug des Menschen beruht aber nur darauf, inwiefern er den Stoff zu behandeln und zu beherrschen weiß.
(Johann Wolfgang Goethe, deutscher Dichter, 1749 bis 1832)

Digitale Daten sind im strengen Sinne nur Zeichen, die von IT-Systemen gelesen, gespeichert, verglichen, verknüpft, geordnet und wieder ausgegeben werden können. Erst wenn der Anwender diese Daten entsprechend aufbereitet und interpretiert, werden digitale Daten zu Information. Information kann als zweckbezogenes Wissen definiert werden, das zum Handeln in Hinblick auf gesetzte Ziele benötigt wird. Information auf Basis korrekter Daten ist inzwischen zum entscheidenden Element im unternehmerischen Wettbewerb geworden. Unternehmen investieren jährlich Milliardenbeträge für Management-Informations-Systeme (MIS), deren Ergebnisse die Grundlage für zukunftsorientierte Entscheidungen darstellen. Die eminente Bedeutung von Daten kommt auch dadurch zum Ausdruck, daß Information mittlerweile als vierter Produktionsfaktor neben den klassischen Faktoren Arbeit, Boden und Kapital bezeichnet wird.

Durch die digitale Technik sind Daten äußerst beweglich geworden. Digitale Information kann in Sekundenschnelle gelöscht, kopiert, verändert oder verbreitet werden. Bereits ein einfaches Modem öffnet Unternehmen, Behörden und Privatpersonen den Zugang zu weltweiten Datennetzen und Rechnersystemen. Mitarbeiter können mit Hilfe einer entsprechenden Berechtigung vom Arbeitsplatz aus auf alle wichtigen Unternehmensdaten zugreifen. Der Zugriff auf Daten bzw. die Manipulation von Daten hinterläßt dabei in der Regel noch nicht einmal Spuren. Ist der berechtigte Zugriff auf die gewünschten Datenbestände jedoch nicht möglich, kann dies erhebliche Verluste durch Fehlentscheidungen oder Handlungsunfähigkeit verursachen. Digitale Daten sind daher durch die drei IT-Grundbedrohungen Verfügbarkeit, Vertraulichkeit und Integrität gleichermaßen gefährdet.

Die von der Computerbranche beworbene bunte Welt von Datenautobahnen, Multimedia und modernen Client-/Server-Konzeptionen verführt dazu, den Blick auf die damit verbundenen Risiken zu verlieren. Digitale Daten sind nur schwer vor unberechtigtem Zugriff zu schützen. Insbesondere in ihrer Tätigkeit kaum zu kontrollierende Systemspezialisten besitzen häufig nicht nur die Kontrolle über die firmeneigenen IT-Systeme, sondern auch über die darin gespeicherten Daten. Sie stellen eine systemimmanente Schwachstelle der meisten IT-Strukturen dar, da sie durch ihr Aufgabengebiet eine ungewollte Macht über vertrauliche oder sensible Daten besitzen. So kürte die „Wirtschaftswoche" 1993 den Supervisor (Systembetreuer), der jederzeit auf alle Daten eines Unternehmens zugreifen kann, zum mächtigsten Mann im Unternehmen.

Nur die Hardware- und Softwaretechniker der IT-Hersteller übertreffen noch den Einfluß des unternehmenseigenen Supervisors. Denn die externen Servicetechniker verfügen meist über umfangreiche interne Systemkenntnisse sowie über die notwendigen Rechte, um selbst auf die vertraulichsten Bereiche des IT-Systems zugreifen zu können. Dazu kommt, daß diesen Servicetechnikern selbst in großen Konzernen unglaubliche Freiheiten eingeräumt werden. Anstatt neue Software, wie vorgeschrieben, vom Rechenzentrum aus zu installieren, sollen die Servicetechniker beim John-Andrews-Entwicklungszentrum der Kölner Ford-Werke AG Programme in der Vergangenheit gelegentlich auch von mitgebrachten Festplatten über irgendeine Workstation installiert haben. Der von den Technikern gewählte Installationsweg ist sicherlich deutlich schneller als der vorgeschriebene, allerdings riskiert der Autohersteller, daß die Arbeit seiner 2.200 Ingenieure, Techniker und Designer kurzerhand auf eben diese Festplatten kopiert wird.

Ermöglicht werden solche Mißbrauchsmöglichkeiten erst durch moderne Client-/Server-Konzepte, bei denen vollwertige intelligente Workstations (Clients) mit leistungsfähigen Netzwerkrechnern (Servern) verbunden sind. In solchen IT-Umgebungen können – bei entsprechenden Berechtigungen – von jedem Arbeitsplatz aus Daten auf die zentralen Server gespielt und von den zentralen Servern genommen werden. Die Risiken, die solche neuen IT-Konzepte mit sich bringen, werden den Unternehmen meist erst im Nachhinein bewußt.

Zunehmend nutzen Unternehmen und Behörden auch IT-Dienstleistungen, wie Fernwartung oder Outsourcing. Bei der Fernwartung wählt sich der IT-Dienstleister über das Telefonnetz direkt in das IT-System des Kunden ein, um beispielsweise neue Programmversionen einzuspielen oder Softwarefehler zu analysieren und zu beheben. Beim Outsourcing werden Datenverarbeitungsfunktionen aus dem eigenen Unternehmen in die Hände von Dienstleistern gelegt. Durch die Auslagerung solcher IT-Dienstleistungen versprechen sich die Unternehmungen erhebliche Kosteneinsparungen sowie Wettbewerbsvorteile durch Konzentration auf das Kerngeschäft. Allerdings bergen Fernwartung und Outsourcing auch beträchtliche Risiken, da das Unternehmen die Kontrolle über seine Daten aus der Hand gibt und in ein Abhängigkeitsverhältnis vom IT-Dienstleister gerät. Darüber hinaus können solche Dienstleistungen auch schnell in Konflikt mit dem Bundesdatenschutzgesetz geraten, wie das Beispiel der Uniklinik in Hamburg zeigt. Der Datenschutzbeauftragte der Hansestadt wurde bei der dortigen Universitätsklinik vorstellig, da deren Fernwartungsvertrag mit einem kalifornischen Softwarehaus mit dem Schutz personenbezogener Daten nicht vereinbar war.

Die Beispiele in diesem Kapitel zeigen, daß die Verfügbarkeit, Vertraulichkeit und Integrität von digitalen Daten nur schwer zu gewährleisten ist. Der Verlust einer dieser Eigenschaften kann aber beträchtliche Nachwirkungen haben. Der erste Abschnitt beschäftigt sich mit der Notwendigkeit einer regelmäßigen Datensicherung, die wichtige Daten sowohl in ihrer Existenz als auch vor dem Zugriff Unbefugter schützt. Im zweiten Abschnitt werden die vielfältigen Risiken dargestellt, denen digitale Daten ausgesetzt sind, wenn sie über ungesicherte Übertragungswege geschickt werden.

Daten in Gefahr

Schmerzliche Datenverluste

Eine von der amerikanischen Firma 3M in Auftrag gegebene Studie kommt zu dem Ergebnis, daß allein die amerikanische Industrie jährlich rund vier Milliarden Dollar durch Datenverluste bei Personalcomputern verliert. Neben technischen Defekten werden vor allem menschliche Fehlhandlungen und Nachlässigkeit als Ursachen für diese Datenverluste genannt. Obwohl die Notwendigkeit von Datensicherungen jedem Verantwortlichen in den Unternehmen bewußt sein sollte, gehen viele Firmen das Thema noch immer zu nachlässig an. Zumindest die Versicherungen unterstellen Firmen inzwischen grobe Fahrlässigkeit, wenn sie nicht in der Lage sind, Daten, die (versehentlich oder absichtlich) unvorhergesehen gelöscht worden sind, wiederherzustellen, weil keine aktuelle Datensicherung angefertigt wurde.

Zahlreiche Beispiele aus den vorherigen Kapiteln haben die katastrophalen Auswirkungen von Datenverlusten (insbesondere ohne Rückgriffsmöglichkeiten auf Datensicherungen) bereits anschaulich dargelegt. An dieser Stelle sei nur noch einmal die Spannweite der Ursachen für Datenverluste anhand von einigen wenigen Beispielen aus den Bereichen kriminelle Datenvernichtung sowie hardware- bzw. softwaretechnische Defekte aufgeführt.

Bereits in den frühen Jahren der Datenverarbeitung sind zahlreiche Fälle von krimineller Datenvernichtung bekannt geworden. In Italien sind in den Jahren 1969 bis 1981 über 50 Fälle von Computersabotage belegt. In einem Fall wurde die italienische Kraftfahrzeugbehörde Opfer eines Bombenanschlages. Die Wiederherstellung der Daten nahm mehr als zwei Jahre in Anspruch. In dieser Zeit konnte weder festgestellt werden, wer welche Lastwagen, Autos oder Motorräder sein Eigentum nannte, noch wer die Berechtigung zum Führen dieser Fortbewegungsmittel besaß. In den Vereinigten Staaten rächte sich eine Sachbearbeiterin einer amerikanischen Versicherung für ihre Entlassung auf digitale Art und Weise. Im ihr noch verbleibenden Monat löschte sie sämtliche Magnetbänder der Versicherungsgesellschaft, der dadurch ein Schaden von mehr als zehn Millionen

Dollar entstand. Ebenso machten Angestellte des kalifornischen Justizministeriums ihrem Ärger über eine ausbleibende Gehaltserhöhung Luft. Sie löschten kurzerhand das gesamte Strafregister mit den polizeilichen Verhaftungen der letzten Wochen, indem sie den Wartungshebel am Rechnersystem auf die falsche Position stellten.

Der technisch bedingte Ausfall von Speichermedien sowie Programm- und Übertragungsfehler verursachen aber erheblich mehr Datenverluste als menschliche Sabotagehandlungen. Digitale Daten werden auf Datenträgern wie CD-ROMs, Festplatten, Magnetbändern oder Disketten gespeichert. Diese Datenträger sind - wie im Kapitel Hardware bereits dargestellt - sehr empfindlich. Insbesondere die falsche Aufbewahrung von magnetischen Datenträgern kann zu schmerzlichen Datenverlusten führen. Feuchtigkeit, Temperaturschwankungen, ein hoher Staubgehalt sowie die Nähe zu starken elektromagnetischen Feldern können zur Beschädigung der Trägermaterialien und der darauf gespeicherten Information führen. Darüber hinaus unterliegt elektromagnetische Information einem geringen, aber kontinuierlichen Intensitätsverlust. Nicht umsonst werden aufbewahrungspflichtige Informationen auf Magnetbändern bei großen Unternehmungen alle zwei bis vier Jahre auf neue Bänder kopiert. Selbst optische Speichermedien wie die beliebten CD-ROMs erweisen sich zunehmend als nur begrenzt haltbare Informationsträger. Geringe Verformungen können die Deckschicht beschädigen, so daß die darunterliegende Metallschicht an der Luft korrodiert. Bereits nach wenigen Jahrzehnten sind die Daten dann regelrecht weggerostet.

Auch beim Speichermedium Festplatte treten immer noch regelmäßig Störfälle auf, obwohl die Festplatten im Laufe der Zeit immer zuverlässiger geworden sind. Eine bereits vorgestellte Kenngröße in diesem Zusammenhang ist Mean Time Between Failure (MTBF). MTBF gibt den mittleren zeitlichen Abstand zwischen zwei Störfällen in Betriebsstunden an. Als Störfall wird sowohl ein totaler Plattenausfall bezeichnet als auch eine geringfügige Datenveränderung, etwa die Umkehrung eines einzelnen Bits. Obwohl die meisten Störfälle vom Benutzer überhaupt nicht wahrgenommen werden, kann die Invertierung eines einzigen Bits innerhalb eines ablauffähigen Programmes oder einer Datenbank fatale Folgen haben, da durch die Veränderung einer kleinsten Informationseinheit bereits entscheidende Informationsverfälschungen erzeugt werden können. Die durchschnittliche MTBF heutiger Festplatten liegt bei rund 200.000 Betriebsstunden, neuere Platten erreichen auch MTBF-Zeiten von 300.000 Stunden. Die Wahrscheinlichkeit eines Störfalles bei einem Dauerbetrieb mit einer Jahresbetriebsstundenzahl von 8.760 Stunden beträgt also rund 4,4 Prozent pro Jahr. Allerdings können Umwelteinflüsse, wie Erschütterungen, Stromausfälle, auslaufende Flüssigkeiten oder Fertigungsfehler, jede MTBF-Kennziffer ad absurdum führen. Aufgrund von Fertigungsfehlern betrug beispielsweise die MTBF bei 9335-Plattenspeichersystemen der Firma IBM nach Tests der Reliability Ratings Inc. nur 84.939 Betriebsstunden. Vibrationen in der Antriebsspindel führten bei intensiver Nutzung zu häufigen Plattenausfällen.

Angesichts der immer geringeren Wahrscheinlichkeit von schwerwiegenden Störfällen bei Festplatten werden viele Datenverluste heutzutage aber sicherlich zu Unrecht auf Plattendefekte zurückgeführt. Bei Personalcomputern kann beispielsweise auch die Zwischenlagerung von Daten auf schnellen „Ramdisks" oder im noch schnelleren „Cache"-Speicher sowie der Einsatz von Komprimierungs-, Defragmentierungs- oder Verschlüsselungsprogrammen zu Datenveränderungen und Datenverlusten führen. Insbesondere wenn diese Zusatzprogramme logische Fehler enthalten oder im Falle eines Systemabsturzes inkonsistente Datenbestände zurücklassen, führt der Einsatz solcher vermeintlich leistungssteigernden Techniken zur Leistungsvernichtung.

Auch unterkonfektionierte oder schlecht verlegte Datenkabel, die zu lang oder mangelhaft abgeschirmt sind, können Datenverluste verursachen. Die Verwendung zu langer Druckerkabel hat schon manchen Anwender zu umfangreichen Fehlersuchen veranlaßt, obwohl lediglich die vom Personalcomputer an einen Drucker übertragenen Daten unvollständig am Ausgabegerät ankamen. Die New Yorker Public Library verlor sogar die Referenznummern von Tausenden von Büchern beim Transfer dieser Daten von einem Rechner zum anderen. Da keine Datensicherung vorhanden war, mußten die Nummern neu erfaßt werden.

Datendiebstahl

Der Diebstahl vertraulicher Daten erfolgt meist zur Vermarktung dieser Information, sei es in Form von Weiterverkauf oder Erpressung. Wie im vorherigen Abschnitt sollen die Fälle in diesem Abschnitt lediglich das breite Spektrum dieser Deliktform und die vielfältigen Angriffspunkte aufzeigen; weitere Beispiele liefert das folgende Kapitel über Computerkriminalität.

Die digitalen Kundendateien vieler Unternehmen sind seit der Einführung der Datenverarbeitung ein begehrtes Tatobjekt. In Deutschland sind selbst aus der IT-Gründerzeit zahlreiche Fälle belegt, in denen Mitarbeiter der EDV-Abteilungen illegal erworbene Adressenbestände von Versandhäusern oder anderen Firmen an Konkurrenzunternehmen verkaufen wollten. Einer der ersten Fälle betraf die „Encyclopaedia Britannica". Drei Programmierer kopierten 1970 heimlich Magnetbänder mit den Anschriften von zwei Millionen Kunden, um sie an ein Versandhaus zu verkaufen. Der Schaden soll vier Millionen Dollar betragen haben. Ein Angestellter des Versandkaufhauses Quelle versuchte ebenfalls Anfang der siebziger Jahre über 320.000 Adressen aus der Kundendatei für 50 Pfennig das Stück zu verkaufen. Unter den Adressen befanden sich auch die Namen von über 200.000 Sammelbestellern, die jährlich Waren für über 1.500 Mark bei Quelle bestellten. Im Juni 1978 wurde ein 38jähriger Kaufmann aus dem Raum Stuttgart vom Heilbronner Landgericht wegen Datendiebstahls zu einer Geldstrafe verurteilt. Der Verurteilte hatte 700.000 Adressen und andere Kundendaten der Deutschen Verlagsanstalt (DVA) aus Stuttgart in digitaler Form auf dem grauen Markt für fünf Pfennig pro Adresse angeboten. Experten schätzten den Wert der auf Magnetbändern gespeicherten Daten dagegen auf eine Million Mark.

Der jüngste Fall des „Commerzbank-Erpresser“ zeigt eine andere typische Schwachstelle der modernen Datenverarbeitung. Digitale Daten lassen sich nicht nur schnell und beliebig häufig auf magnetische Datenträger kopieren, sondern auch in Form von Listen ausdrucken. Diese Listen unterliegen aber häufig nicht der gleichen Zugriffskontrolle wie die Daten in geschützten IT-Systemen. Darüber hinaus behandeln einige Bankmitarbeiter, denen die Brisanz von vertraulichen Daten bewußt sein müßte, Computerlisten offenbar nicht mit der gebotenen Sorgfalt. Ein halbes Jahr nach der Commerzbank-Erpressung wurden Mitte Januar 1996 Computerausdrucke mit aktuellen Kundendaten im Abfall der Filiale Mannheim gefunden. Die Listen enthielten Namen, Kontonummern sowie Bemerkungen über die Vermögensverhältnisse von Commerzbank-Kunden. Wenige Tage zuvor hatte die Staatsanwaltschaft Mannheim vertrauliche Unterlagen der Schutzgemeinschaft für allgemeine Kreditsicherung (Schufa), Mahnschreiben an Kunden und andere kundenbezogene Dokumente der Commerzbank beschlagnahmt, die ein Erpresser ebenfalls in einer Mülltonne gefunden hatte.

Seit der Einführung der pauschalen Besteuerung von Zinseinkünften in Deutschland beobachten die Finanzbehörden einen massiven Abzug von Geldern in Anlageformen, die nicht der Zinsabschlagsteuer unterliegen. Trotz des massiven Geldabflusses von geschätzten 300 Milliarden Mark konnten die deutschen Politiker bisher keine europaweit einheitliche Regelung der Zinsbesteuerung durchsetzen. Die überlasteten Finanzbehörden sind zur Verfolgung der Steuerflucht im wesentlichen darauf angewiesen, Hinweise von Denunzianten über Anleger zu erhalten, die ihr Geld in zinsabschlagsteuerfreien Ländern anlegen und diese Zinserträge den deutschen Steuerbehörden verheimlichen. Damit wurden Daten über Bankkunden, die ihr Geld beispielsweise in Luxemburg anlegen, zum attraktiven Tatobjekt für Datendiebe. Dieser Verlockung erlag auch der 39jährige Bankkaufmann Reinhard Schmakowski, der im Sommer 1995 versucht hatte, die Commerzbank S.A. in Luxemburg mit einer Kundenliste um fünf Millionen Mark zu erpressen.

Der Täter war als freier Unternehmer für den Aufbau eines neuen elektronischen Datenverarbeitungssystems der Luxemburger Tochtergesellschaft der Commerzbank engagiert worden. Als die Commerzbank seinen Dienstvertrag nicht verlängerte, packte der Computerfachmann an seinem letzten Tag „zufällig“ auch eine Liste ein, die höchstvertrauliche Daten enthielt: Die Namen von einigen hundert Kunden sowie deren verschiedene Anlageformen. Der externe Mitarbeiter konnte unbehelligt mit der Liste der Kundenkonten das Bankgebäude verlassen; die Unterschlagung der Liste fiel sogar erst im Mai 1995 auf, als der gelernte Bankkaufmann per Fax von der Bank einen angemessenen „Finderlohn“ forderte. Er schlug fünf Millionen Mark vor. Zur Untermauerung seiner Drohung schickte der Erpresser zwei Commerzbank-Kunden einen Brief, der mit „Waigel, Finanzminister“ unterzeichnet war. Das Schreiben klärte die Kunden auf, daß ihre Anlagen im Ausland nicht mehr dem Bankgeheimnis unterlägen. Die um Schadensbegrenzung bemühte Commerzbank S.A. ging scheinbar auf den Erpressungsversuch ein und hinterlegte nach einigem Hin und Her in Absprache mit den Strafverfolgungsbehörden in Luxemburg und Österreich den geforderten Betrag auf ein Konto im österreichischen Bregenz. Der Täter wurde allerdings nicht in Österreich festgenommen, sondern über ein Rechtshilfegesuch in Deutschland. Bei der Festnahme des Täters wurden auch die Computerausdrucke mit den Kundenkonten beschlagnahmt und an die deutschen Finanzbehörden weitergegeben. Die Kontenliste soll 5.824 Konten von rund 1.700 Kunden enthalten, die einen Einlagewert von rund 12 Milliarden Mark darstellen. Aufgrund dieses Materials leitete die Staatsanwaltschaft Frankfurt im Oktober 1995 Ermittlungen gegen Kunden und Mitarbeiter der Commerzbank wegen Verdachts der Steuerhinterziehung und der Beihilfe zur Steuerhinterziehung ein. Der Erpresser wurde am Donnerstag, den 19. Oktober 1995, vom Amtsgericht Frankfurt zu drei Jahren Freiheitsstrafe verurteilt.

Der Commerzbank-Fall ist keineswegs ein Einzelfall. Bereits Anfang der achtziger Jahre hat ein Bankangestellter des Schweizerischen Bankgesellschaft (SBG) den französischen Zollbehörden sechs EDV-Bänder zugespielt. Das französische Finanzministerium war dadurch an Informationen über 5.000 französische Nummernkonten der größten schweizerischen Geschäftsbank gelangt. Der Vorfall löste einen Skandal aus, da Franzosen damals ohne Genehmigung der Behörden keine anonymen Bankkonten im Ausland besitzen durften.

Aber auch andere Unternehmensdaten eignen sich als Tatobjekt für einen lukrativen Datendiebstahl. Bestes Beispiel sind die Vorwürfe, die im Zusammenhang mit dem Weggang des Chefeinkäufers des amerikanischen Automobilproduzenten General Motors (GM), Dr. José Ignacio López de Arriortúa, zum deutschen Volkswagen Konzern (VW) im März 1993 von GM/Opel lanciert worden sind. López und mehrere seiner Mitarbeiter sollen danach systematisch geheime Dokumente gesammelt und vertrauliche Daten auf Disketten und Magnetbänder gezogen haben. Nach Presseberichten sollen acht VW-Mitarbeiter tagelang damit beschäftigt gewesen sein, die mitgebrachten Unterlagen und Daten in die VW-Rechner einzugeben. Auch die von VW beauftragten Prüfer der Wirtschaftsprüfungsgesellschaft KPMG entdeckten auf den VW-Computern Dokumente und Schaubilder von General Motors und Opel, jedoch keine Betriebsgeheimnisse. Trotz weiterer Ermittlungen durch private Detektive und die Staatsanwaltschaft konnten die von GM/Opel vorgebrachten Vorwürfe der Industriespionage bis heute nicht bewiesen werden. Dr. López hat alle derartigen Vorwürfe gegen ihn konsequent bestritten und angesichts des harten Wettbewerbs in der Automobilindustrie erscheinen die Aussagen der GM-Zentrale auch in einem anderen Licht. Trotzdem zeigt dieses Beispiel die Brisanz des – schwer nachweisbaren – Delikts Datendiebstahl.

Digitale Daten aus dem militärischen und medizinischen Bereich gelten ebenfalls als hoch gefährdet. Kurz vor dem Golfkrieg mußte sich das Pentagon beispielsweise ernsthaft um die Geheimhaltung vertraulicher militärischer Informationen rund um die Befreiung Kuwaits sorgen. Am 17. Dezember 1991 wurde einem hohen britischen Offizier ein portabler Personalcomputer (Laptop) aus dem Auto gestohlen. Oberstleutnant Farqhar hielt auf der Rückfahrt von einem Treffen mit dem englischen Premierminister John Major für einen kurzen Bummel über einen Gebrauchtwagenmarkt. Als er zu seinem Auto zurückkam, fand er den Wagen aufgebrochen und das Laptop gestohlen. Auf der Festplatte des Rechners befanden sich nach Angaben des britischen Verteidigungsministeriums neben strategischen Plänen zum bevorstehenden Golfkrieg auch die Paßwörter für diverse militärische Programme und geheime Telefonnummern.

Aus Großbritannien werden auch regelmäßig Fälle von PC-Diebstählen aus Arztpraxen gemeldet, bei denen die gestohlenen Rechner sehr sensible Daten über die Krankheitsgeschichten von Patienten enthalten. Auch in Deutschland wird die Gefahr der Offenlegung von Patientendaten durch Datendiebe mit dem Einzug der IT-Technik in alle Bereiche des Gesundheitssektors steigen. Bereits 1982 meldete die Frankfurter Allgemeine Zeitung erste Diskettendiebstähle aus Arztpraxen. In jüngerer Vergangenheit registrieren Datenschützer in Arztpraxen mit Systemen zur DV-gestützten Patientenverwaltung darüber hinaus immer wieder Verstöße gegen das Bundesdatenschutzgesetz (BDSG). In den meisten Fällen fehlen den Ärzten grundlegende Kenntnisse über Datenschutzbestimmungen und über die Möglichkeiten, selbst scheinbar defekte Datenträger oder gelöschte Daten zu rekonstruieren.

Aus Unwissenheit und Nachlässigkeit werden selbst Gelegenheitsdiebe schon mal zu modernen Datendieben. Der physische Versand von Datenträger, fast ein Relikt im Zeitalter der weltweiten Vernetzung, bietet dafür exzellente Voraussetzungen. So können Datenträger durch fehlerhafte Adressierung in falsche Hände gelangen, durch unzureichende Verpackung beschädigt werden oder durch die falsche Versandart verspätet zugestellt werden, verloren gehen bzw. gestohlen werden. Datendiebe, die Datenträgersendungen abfangen, können vertrauliche Daten in aller Ruhe ausspähen oder verändern, ohne daß der Empfänger dies bemerkt.

Auch vermeintlich inhaltsleere Datenträger können Einblicke in sensible Daten gewähren, wenn die gespeicherten Daten vorher nicht zerstörend gelöscht worden sind. Eine einfache Möglichkeit an vertrauliche Daten unter dem Betriebssystem MS-DOS heranzukommen besteht darin, die Formatierung gebrauchter Disketten oder Festplatten mit dem DOS-Befehl UNFORMAT rückgängig zu machen. Dieser Trick funktioniert aber nur, weil die meisten Anwender die Schalteroption /U beim DOS-Befehl FORMAT nicht kennen, mit der eine Wiederherstellung des ursprünglichen Datenträgerinhalts unterbunden werden kann. Ein ähnliches Risiko birgt der ebenfalls bereits dargestellte DOS-Befehl DELETE, der Daten nicht überschreibend löscht. Aber nicht nur unter DOS, sondern auch unter den meisten anderen Betriebssystemen werden mit Standard-Löschbefehlen keine zerstörenden Datenlöschungen vorgenommen. Selbst der amerikanischen Air Force war

1986 die Brisanz von Restdaten auf Datenträgern offenbar noch nicht bewußt, als sie mehr als 3.000 alte Magnetbänder verkaufte, die vorher nicht überschrieben worden waren.

Die bereits im Zusammenhang mit dem Commerzbank-Fall erwähnte, unsichere Aufbewahrung von Ausdrucken oder Datenträgern, auf denen sich wertvolle Daten oder Datensicherungen befinden, lockt Datendieben regelrecht an. Viele Anwender bewahren wichtige Listen oder Datensicherungen gern in Nähe ihres Arbeitsplatzes, etwa in Schreibtischcontainern oder Büroschränken, auf. Die Schlösser dieser Aufbewahrungsorte lassen sich aber meist mit einfachen Tricks öffnen, sei es, weil der Schließmechanismus sehr einfach konstruiert ist oder weil der Schlüssel im Zettelkasten, im Büroklammersammler, auf dem Türrahmen oder unter der Schreibtischunterlage aufbewahrt wird. Legt der Dieb, nachdem er eine Kopie des Datenträgers erstellt hat, diesen wieder zurück, bleibt der Diebstahl sogar unbemerkt. So können selbst ausgefeilteste Zugriffsschutzsysteme ausgehebelt werden.

Datenmanipulationen

Datenmanipulationen können grundsätzlich unabsichtlich oder absichtlich vorgenommen werden. Unabsichtliche Datenmanipulationen beruhen meist auf Erfassungs- oder Eingabefehlern, während absichtliche Datenmanipulationen in allen Phasen der elektronischen Datenverarbeitung (Eingabe, Verarbeitung, Ausgabe) auftreten. Die Brisanz von absichtlichen Datenmanipulationen wurde mittlerweile auch in Hollywood aufgegriffen. In dem Film „Das Netz“ wird durch Datenmanipulateure die Identität der Hauptdarstellerin Angela Bennett ausgetauscht, angefangen von der Polizeiakte bis zu ihren digital gespeicherten Fingerabdrücken. Trotz der etwas verschlungenen Handlung verdeutlicht der Film die Gefahr, die von dem „kleinen elektronischen Schatten“ ausgeht, der auf uns allen liege und nur darauf warte, manipuliert zu werden.

An dieser Stelle soll der legendäre Herstatt-Fall dem Leser das Risiko von absichtlichen Datenmanipulationen deutlich machen. Weitere Beispiele zu dieser Deliktform finden sich im nächsten Kapitel im Abschnitt über Computermanipulationen. In der Herstatt-Bank-Affäre 1974 wurde das Bekanntwerden der Spekulationsverluste dieses renommierten Kölner Bankhauses durch die Unterdrückung von Daten lange Zeit herausgezögert. Eine Schwachstelle bei der Datenweitergabe vom dezentralen Buchungsterminal der Devisenhandelsabteilung an das zentrale Buchungssystem ermöglichte ohne Wissen der Bankleitung in größerem Umfang den Abschluß von spekulativen Termingeschäften, die nicht mit Gegengeschäften unterlegt waren. Ende 1974 hatte sich ein Schaden von rund einer Milliarde Mark angehäuft.

Die Devisenhändler der Herstatt-Bank gaben die am Telefon abgewickelten und auf einem „Händlerzettel“ dokumentierten Devisentermingeschäfte in einen Fakturierautomaten der Paderborner Computerfirma Nixdorf ein, um den Geschäftspartnern die rechtsverbindlichen Abschlüsse in gedruckter Form zu bestätigen. Dieses Rechnersystem arbeitete die Daten entsprechend auf, druckte die Abrechnungsformulare und leitete die Daten dann an den Zentralrechner von Honeywell-Bull per Lochstreifen weiter. Um riskante Devisentermingeschäfte zu verschleiern, entdeckten einige Devisenhändler folgenden Trick: Da der Rechner den Lochstreifen erst nach Eingabe des gesamten Datensatzes auf Befehl des Anwenders stanzte, konnten die Händler die Weiterleitung der im Rechnersystem erfaßten und aufbereiteten Devisentermingeschäfte an den Großrechner nach Druck des Bestätigungsschreibens durch Drücken der Abbruchtaste am Fakturierautomaten abbrechen. Das rechtsgültige Handelsgeschäft tauchte somit nicht in den von der zentralen Datenverarbeitung erstellten Abrechnungen und Bilanzen auf. Bis zum Fälligkeitstermin blieb der Bank damit ihr tatsächliches Engagement und Risiko im Devisenterminhandel verborgen. Zwei Tage vor Fälligkeit wickelten die Händler die offiziell nicht vorhandenen Termingeschäfte dann als Kassageschäfte ab.

Das Programm hatte zwar einen Sicherungsmechanismus gegen diese Art von Manipulation, dieser war aber beinahe lächerlich einfach zu umgehen. Zur Vermeidung von Abrechnungsmanipulationen druckte das Programm beim Drücken der Abbruchtaste immer das Wort „Abbruch“ zur Dokumentation dieser Aktion aus. Nahmen die Mitarbeiter aber einfach das Abrechnungsformular nach seiner Fertigstellung aus dem Drucker und drückten erst dann die Abbruchtaste, so schrieb der Drucker das Wort „Abbruch“ auf die Walze. Mit dieser Methode sollen Devisentermingeschäfte mit einem Gesamtvolumen von mehreren Milliarden US-Dollar nicht oder nicht ordnungsgemäß verbucht worden sein.

Am Anfang lief die Spekulation mit dem damals sehr volatilen US-Dollar hervorragend. 1973 betrug der Gewinnbeitrag aus dem Devisenhandel immerhin 55 Millionen Mark. Anfang 1974 entwickelte sich der Kurs des US-Dollar aber nicht wie erwartet und die gewagten Devisenspekulationen der Händler gingen nicht auf. Bei Fälligkeit mußten die Verluste aber durch die Bank gedeckt werden. Das Ausmaß der Spekulationen wurde der Geschäftsleitung und dem Bundesaufsichtsamt für das Kreditwesen (BAK) erst durch die sich schnell anhäufenden Verluste bekannt. Bereits im Sommer 1974 mußte die Herstatt-Bank Konkurs anmelden: Das Kölner Institut mit einer Bilanzsumme von rund 2,7 Milliarden Mark war pleite. Vor Gericht versuchte sich die Geschäftsführung der Herstatt-Bank mit dem Argument aus der Verantwortung zu stehlen, sie habe von den Devisenspekulationen nicht gewußt. Die hohen Gewinne aus dem Devisenhandel 1973 hätten jedoch das Mißtrauen der Geschäftsleitung erregen müssen. Der Direktor der Herstatt-Bank wurde schließlich zu viereinhalb Jahren Gefängnis wegen betrügerischen Bankrotts und Veruntreuung verurteilt.

Eine Datenübertragung per Lochstreifen ist zwar nicht mehr zeitgemäß, jedoch sind die grundsätzlichen Möglichkeiten zur Datenmanipulation auch bei heutigen IT-Systemen gegeben, wenn die einzelnen Datenbestände nicht untereinander abgestimmt werden. Im Herstatt-Fall hatte bereits früher ein Bericht der internen Revision auf Ordnungsmäßigkeitsmängel und Manipulationsmöglichkeiten im Devisenterminhandel hingewiesen, jedoch keine konkreten Manipulationen entdeckt. Der Bericht führte zu keinen Maßnahmen seitens der Geschäftsführung. Das Bundesaufsichtsamt veröffentlichte als Konsequenz dieses Falles am 28. Mai 1976 ein Schreiben („Anforderungen an die Ausgestaltung der Innenrevision von Kreditinstituten"), das der internen Revision eine größere Bedeutung in Bankbetrieben zukommen ließ.

Datenmanipulationen können neben dem Motiv der persönlichen Bereicherung oder Verschleierung von Vorfällen auch aus Rache vorgenommen werden. Dabei sind die Manipulationen um so wirksamer, je mehr Systemkenntnisse der Täter besitzt und je später sie entdeckt werden. Das fehlerhafte Erfassen von Daten, die Änderung von Zugriffsrechten sowie die Veränderung bestehender Daten sind typische Formen von vorsätzlichen Datenmanipulationen.

Wie beim Datendiebstahl wird die Gefahr absichtlicher Datenmanipulation durch die Nachlässigkeit vieler Anwender beträchtlich erhöht. Immer wieder werden Paßwörter in Tischkalender geschrieben oder finden sich in der Nähe des Computerarbeitsplatzes Notizzettel, auf denen die geheimen Paßwörter der Nutzer notiert sind. Auch bleiben Arbeitsplatzrechner während einer vorübergehenden Abwesenheit häufig ungeschützt, weil das dauernde An- und Abmelden den Anwendern zu lästig ist. In trügerischer Sicherheit wiegen sich dagegen die Benutzer, die den Bildschirmschoner des Betriebssystemaufsatzes Windows 3.x verwenden. Der Paßwortschutz des Bildschirmschoners kann durch einfaches Drücken der Tasten STRG+ALT+ENTF (sogenannter „Warmstart") umgangen werden.

Neben dem Anwender sind auch die Programmierer und Systemadministratoren für die Unversehrtheit der IT-Unternehmensdaten verantwortlich. Fehlerhafte Programminstallationen, großzügig vergebene Zugriffsrechte, der Verzicht auf Kontroll- und Sicherheitsmechanismen etc. können schnell zu einer Gefährdung der Verfügbarkeit, Vertraulichkeit und Integrität der Daten führen. Unzureichend eingeschränkte Zugriffsrechte erlauben beispielsweise nicht nur Hackern den unberechtigten Datenzugriff, sondern auch eigenen Mitarbeiter, die dann eventuell versehentlich sogar Daten verändern und sich über das Ausmaß dieser Änderungen nicht bewußt sind.

Die meisten digitalen Daten- und Verarbeitungsfehler entstehen vermutlich unabsichtlich. Ursache sind meist unleserlich ausgefüllte oder fehlerhaft erfaßte Primärbelege. Diese Erfassungsfehler werden oftmals nicht entdeckt, weil die Eingaben und Ergebnisse der Computerprogramme nicht ausreichend kontrolliert werden. So bekam der Amerikaner Faye Starmann von seinem Elektrizitätswerk eine Rechnung von über 6,3 Millionen Dollar anstatt über 63 Dollar. Der Eingabefehler wurde auf einen Angestellten zurückgeführt, der mit dem neuen Computersystem noch nicht vertraut gewesen war. Das berühmte Vietnam Veterans

Memorial in Washington, D.C., in dessen zwei schlichte Wände aus schwarzem Granit die Namen der 58.175 im Vietnamkrieg gefallenen oder vermißten amerikanischen Soldaten eingraviert sind, enthält mindestens 14 fehlerhafte Namen, die zum Teil auf schlichten Erfassungsfehlern beruhen.

Solche Eingabe- und Erfassungsfehler, die meist auf die Eingabe eines falschen, von zu vielen bzw. zu wenigen Zeichen zurückgehen sowie durch die Vertauschung von benachbarten Zeichen oder durch die Doppel- bzw. Nichterfassung von Datensätzen verursacht werden, können durch programmierte Fehlererkennungs- und Korrekturverfahren weitestgehend vermieden werden. Daneben läßt sich die Qualität der Dateneingabe auch durch übersichtlich gestaltete Erfassungsbelege erhöhen.

Einige bekannte Kontrollverfahren und -strategien zur Vermeidung von Datenerfassungsfehlern sind

- die Vollständigkeitskontrolle über Kontrollsummen, wie Anzahl Belege zu Anzahl erfaßter Datensätze;
- Plausibilitätsprüfungen, wie Datums- (den 30. Februar kann es nicht geben) oder Familienstandsprüfungen (ein 14jähriger kann nicht verheiratet sein);
- die Verwendung von Prüfziffern (Quersummenbildung, Modulus-11-Verfahren etc.);
- Kontrollsummen über mehrere Wertefelder;
- die redundante Dateneingabe, wie die Eingabe des Netto- und des Bruttorechnungsbetrages (Abweichungen können durch eine programmierte Nachkalkulation mit dem gültigen Mehrwertsteuersatz erkannt werden) sowie
- die Protokollierung und Kontrolle ungewöhnlicher Eingaben über ein Erfassungsprotokoll.

Der überhöhte Rechnungsbetrag von Faye Starmann und ähnliche Fehler können durch diese Kontrollverfahren leicht erkannt werden. Erfassungsfehler wie beim Vietnam Veterans Memorial müssen aber durch eine aufwendigere und teurere Erfassungsmethode vermieden werden: Allein die Doppelerfassung von Daten garantiert eine extrem hohe Zuverlässigkeit. Dabei wird der Erfassungsvorgang durch einen anderen Mitarbeiter wiederholt. Nur wenn die eingegebenen Daten übereinstimmen, akzeptiert das Programm den eingegebenen Datensatz.

Lücken im Datenschutz

Unter Datenschutz wird der Schutz von gespeicherten, personenbezogenen Daten vor Mißbräuchen durch Einsichtnahme, Veränderung oder Verwertung verstanden. In Deutschland wird die Intimsphäre des Bürgers im Zeitalter der digitalen Massenspeicher, in dem Unmengen von Daten auf kleinstem Raum gespeichert, ausgewertet und abgerufen werden können, bereits seit 1977 und aktuell in der Neufassung vom 20. Dezember 1990 durch das Bundesdatenschutzgesetz

(BDSG) geschützt. Nicht erwünschte Einflußnahmen, unzulässige Kontrollen und eine allumfassende Überwachung sollen danach durch eine kontrollierte Datenverarbeitung verhindert werden. Die Bundesregierung hat offenbar erkannt, daß sich ohne Mindestregelungen für einen kontrollierten Datenaustausch durch die zunehmende Vernetzung der Computersysteme untereinander lückenlose Persönlichkeitsprofile erstellen ließen. Der elektronische Überwachungsstaat wäre nicht mehr fern.

Die unglaublichsten Fälle von mangelndem Datenschutz kommen aus dem Land der unbegrenzten Möglichkeiten. Bereits 1976 wurde ein Fall bekannt, bei dem 56 Versicherungsgesellschaften Kliniken, Ärzte und andere Krankenbehandlungszentren, die ihre Datenverarbeitung über fremde Rechenzentren abwickelten, bestochen hatten. Ziel der massiven Bestechungen war, an die Zugangskennwörter für die Datenbestände zu gelangen. Die Versicherungen verwendeten die Datenbestände der medizinischen Einrichtungen als umfassendes Auskunftssystem, um bei Neuabschlüssen und beim vorhandenen Kundenbestand mögliche Risiken frühzeitig zu erkennen.

Ein ähnlicher Fall wurde drei Jahre später publik: Der Präsident einer Detektei und ein hoher Polizeioffizier hatten mit Kaufhäusern und Handelsunternehmen vereinbart, gespeicherte Daten über auffällige Personen auszutauschen. Die interessierten Kaufhäuser und Handelsunternehmen mieteten dazu Rechenzeit beim kommunalen Rechenzentrum, bei dem auch die Daten der Polizeiverwaltung und des Detektivbüros verarbeitet wurden. Mit Hilfe der von den beiden Tätern offengelegten Zugangskennwörter konnten die Unternehmen die begehrten Daten vom Rechenzentrum jederzeit abrufen und ausdrucken. Aufgedeckt wurde die Konspiration durch einen Datenübertragungsfehler, in dessen Folge ein Ersatzausdruck im Rechenzentrum erfolgte. Den Mitarbeitern des Rechenzentrums fiel dabei auf, daß die Daten der Polizeiverwaltung von einem Supermarkt ausgedruckt worden waren.

Daß mangelnder Datenschutz sogar tödliche Folgen haben kann, zeigt der Fall der kalifornischen Kraftfahrzeugbehörde „Department of Motor Vehicles". Die Datenbasis des Department of Motor Vehicles (DMV) über Autohalter und deren Adressen war bis Mitte 1989 zahlreichen Institutionen zugänglich. Allein 1988 sollen über 40 Millionen Anfragen beim DMV eingegangen sein. Erst nachdem die Schauspielerin Rebecca Schaeffer am 18. Juli 1989 von einem Fanatiker ermordet wurde, der über einen Privatdetektiv ihre Adresse beim DMV herausbekommen hatte, ordnete der Gouverneur von Kalifornien restriktivere Bedingungen für die Herausgabe von Halterinformationen an.

Trotzdem ereignete sich vier Jahre später ein ähnlicher Vorfall: Ein Angestellter der Polizei im südlich von Los Angeles gelegenem Anaheim mit Zugang zum Computersystem des DMV gab 1993 illegalerweise die Adresse eines Mannes heraus, der anschließend von Abtreibungsgegnern in seinem privaten Haus belästigt wurde.

Inzwischen ist in Amerika die Sensibilität für das Thema Datenschutz aber deutlich gestiegen. Dies mußten auch der Softwarehersteller Lotus Development Corp. und die amerikanische Kredit-Ratingagentur Equifax erfahren. Die beiden Unternehmen gaben im Januar 1991 aufgrund massiver Proteste stillschweigend ein Marketingprojekt auf, bei dem die Adressen, das Kaufverhalten und das geschätzte Einkommen der rund 100 Millionen amerikanischer Haushalte in digitaler Form publiziert werden sollte. Das CD-Paket mit dem vielversprechenden Namen „Marketplace: Households" sollte Kategorisierungen wie „Innnenstadt-Single", „vorsichtige junge Paare", „gewachsenes Vermögen" etc. enthalten. Die Datenbank wäre sicherlich attraktiv für viele Unternehmen gewesen, um potentielle Kundengruppen gezielt anzusprechen. Allerdings wurde das Vorhaben bereits seit seiner Ankündigung kontrovers diskutiert. Lotus erhielt daraufhin mehr als 30.000 Anrufe und Briefe von Konsumenten, mit der Bitte, ihre Namen von der Datenbank zu streichen. Letztlich strichen Lotus und Equifax das gesamte Projekt.

In Deutschland wurde zur gleichen Zeit eine digitale Telefondatenbank auf CD-ROM diskutiert, die lediglich die Telefonbücher in digitaler Form enthielt und bestimmte Abfragen über die digitalisierten Daten erlaubte. Kritiker dieser Datensammlung wiesen darauf hin, daß beispielsweise Auftraggeber von anonymen Kleinanzeigen nicht wünschten, wenn potentielle Interessenten sich zu jeder Rufnummer den zugehörigen Namen und die Adresse herausfiltern könnten. Die CD-ROM erschien trotzdem auf dem Markt. Mit der neusten Version der trivialen Telefonnummerndatenbank lassen sich noch brisantere Auswertungen durchführen. So kann beispielsweise anhand der Anzahl der Telefonanschlüsse pro Adresse festgestellt werden, ob ein Telefonanschluß zu einem Mehrfamilienhaus oder zu einem Einfamilienhaus gehört. Eine aufschlußreiche Information für Versicherungsagenten, Makler oder andere Gewerbetreibende. Einbrecher könnten eher an Informationen interessiert sein, in welcher einsamen Straße es nur einen Telefonanschluß gibt, etc. Der Auswertungsphantasie, insbesondere in Kombination mit anderen digitalen Datenquellen, sind keine Grenzen gesetzt. Die günstigste Version des digitalen Telefonbuches für Deutschland kostet inzwischen gerade mal 50 Mark. Allerdings plant die Bundesregierung, zukünftig die Auswertungsmöglichkeiten von Daten auf CD-ROM zu reglementieren.

Warum personenbezogene Datenbankabfragen brisant sind?

Im Zusammenhang mit statistischen Auswertungen von Datenbanken, die personenbezogene Daten speichern und verwalten, tritt ein schwierig zu lösender Konflikt zwischen Verfügbarkeit und Vertraulichkeit auf, der auch als „Inferenzproblem" bezeichnet wird. Eine statistische Auswertung soll einerseits nicht zu viele persönliche Informationen freigeben, um keine Rückschlüsse auf einzelne Personen zu erlauben, andererseits auch nicht zu wenig, damit sie aussagefähig bleibt. Daher kann ein Angreifer mit geschickt ausgewählten Datenbankabfragen in vielen Fällen die Vertraulichkeit von persönlichen Daten gefährden. Im Grundsatz werden direkte und indirekte Angriffe unterschieden. Bei den leichter zu verhindernden direkten Angriffen, fragt der Angreifer eine persönliche oder schützenswerte Merkmalsausprägung, wie „Name aller Mitarbeiter mit Gehalt über 8.000 DM“, direkt ab. Beim tückischen indirekten Angriff kann durch Kombination von mehreren, einzeln nicht kompromittierenden Abfragen eine persönliche oder schützenswerte Merkmalsausprägung abgeleitet werden. Generell steigt insbesondere mit der Vernetzung von Informationssystemen im Behördenbereich die Gefahr, daß immer mehr Online-Zugriffe auf fremde Daten möglich sind, ohne daß die abrufende Stelle gegenüber der datenspeichernden Stelle um eine Übermittlung von Daten ersuchen oder die Abfrage begründen muß.

Die Verknüpfung von verschiedenen Datenbeständen im eigenen Haus soll auch eine Kölner Firma genutzt haben, um die Krankheitsangaben ihrer Mitarbeiter zu überprüfen. Das interne Informationssystem erfaßte neben der Anwesenheit der Mitarbeiter für Abrechnungszwecke auch die Tankvorgänge an der betriebseigenen Zapfsäule. Durch die Verknüpfung dieser beiden Datenbestände wurde ein Mitarbeiter entdeckt, der seinen privaten PKW volltankte, sich am nächsten Tag für drei Tage krank meldete und am vierten Tag seinen Privatwagen erneut volltankte. Sofort wurde messerscharf geschlossen, daß der Mitarbeiter wohl mehr auf Achse als krank im Bett war. Unter Androhung der Kündigung sollte der Mitarbeiter daraufhin Beweise für seine Krankheit erbringen.

Wie sich ein leichtfertiger Umgang mit sensiblen Inhalten der Datenbank des National Crime Information Center (NCIC) auswirkt, zeigt das Beispiel des Amerikaners Dean Rogan. Rogan wurde innerhalb von 14 Monaten fünfmal unschuldig verhaftet. Nachdem er seine Brieftasche mit allen Papieren verloren hatte, gelangte diese in die Hände eines Mörders, der bei mehreren Kapitalverbrechen falsche Spuren mit den gestohlenen Dokumenten legte. Nach der ersten Festnahme versuchte Rogan vergeblich, die NCIC-Datenbank korrigieren zu lassen. Schließlich verklagte er die Polizei von Los Angeles und bekam 55.000 Dollar Schadensersatz zugesprochen. Eine andere Amerikanerin, Sheila Jackson Stossier, wurde ebenfalls schuldlos festgenommen und eingesperrt, weil die NCIC-Datenbank einen ausstehenden Haftbefehl gegen eine Shirley Jackson enthielt.

Auch bei der Sozialversicherungsnummer, die in Amerika das wichtigste personenbezogene Identifikationsmerkmal darstellt, wird – trotz fortschrittlichster Computertechnik – immer wieder von Fällen berichtet, bei denen zwei Personen versehentlich die gleiche Social Security Nummer (SSN) zugewiesen bekamen oder Mißbrauch mit dieser Nummer getrieben wird. Seit der Verabschiedung des Social Security Act 1935 wurde die nur neunstellige SSN mit der Zeit zum universellen Identifikationsmerkmal von 250 Millionen Amerikanern bei Behörden und Unternehmen. Die Sozialversicherungsnummer besteht aus drei Teilen: Gebietsteil (Area), Gruppierungsteil (Group) und einem fortlaufendem Teil (Serial). Damit ist sie jedoch von der Konzeption her überhaupt nicht als eindeutiges Unterscheidungsmerkmal geeignet. Hauptnachteil: Die Gültigkeit einer SSN läßt sich ansatzweise nur über umfangreiche Programme verifizieren, die auf eine stets aktuelle Datenbank mit allen herausgegebenen Sozialversicherungsnummern zurückgreifen müssen.

Die SSN 221-24-0635 deutet beispielsweise vom Gebiets-teil auf den Bundesstaat Delaware hin und anhand des Gruppierungsteiles 24 läßt sich über Tabellen auf das Jahr der Ausgabe der Nummer schließen (in diesem Fall 1954). Das Ergebnis einer Plausibilitätsprüfung nach dieser Methode könnte sein, daß diese SSN keine gültige Sozialversicherungsnummer für einen 28jährigen Angestellten sein kann. Aufgrund fehlender Kontrollziffern und der schwierigen Plausibilitätsprüfung treten daher immer wieder Eingabefehler auf, die nicht erkannt werden und zu Verwechslungen führen. Darüber hinaus steigt die Anzahl der Mißbrauchsfälle, weil die Chance, eine gültige Nummer einfach zu erraten, parallel zum Bevölkerungswachstum in den Vereinigten Staaten zunimmt. Dazu kommen Fehler bei der Vergabe der Nummer, wie bei einem Fall aus New York, wo zwei Männer mit dem Namen James Edward Taylor nicht nur am gleichen Tag geboren worden sind, sondern auch jahrelang die gleiche SSN gehabt haben.

Von amerikanischen Zuständen ist Deutschland noch weit entfernt. Um die Privatsphäre des Bürgers vor Eingriffen des Staates oder dritter Stellen zu schützen, trat am 1. Juli 1991 das neugefaßte Bundesdatenschutzgesetz (BDSG) in Kraft. In diesem Gesetz ist das Recht auf „informationelle Selbstbestimmung" des Bürgers begründet, wonach der Betroffene der Speicherung und Verarbeitung seiner Daten zustimmen muß und ein Recht auf (gebührenpflichtige) Auskunft, Berichtigung, Löschung oder Sperrung hat. Allerdings sind die Nachrichtendienste, der Verfassungsschutz, das Bundeskriminalamt sowie die Staatsanwaltschaften und Polizeibehörden von der Auskunftspflicht befreit.

Verstößt eine öffentliche Stelle des Bundes gegen das BDSG, so kann der Betroffene sich beim Bundesbeauftragten für Datenschutz beschweren und sogar Schadensersatz verlangen. Für den öffentlichen Bereich der Länder gelten entsprechende Ländergesetze, deren Einhaltung vom Landesdatenschutzbeauftragten überwacht werden. Im nichtöffentlichen Bereich sind personenbezogene Daten nur vom BDSG geschützt, wenn sie geschäftsmäßigen, beruflichen oder gewerblichen Zwecken dienen. In größeren Unternehmen, in denen mindestens fünf Mitarbeiter mit personenbezogenen Daten umgehen, schreibt das BDSG die Bestellung eines betrieblichen Datenschutzbeauftragten (DSB) vor, der in Kooperation mit den Aufsichtsbehörden die Einhaltung des BDSG überwacht. Seine weisungsungebundenen Kontrollaufgaben reichen von der Überprüfung der eingesetzten Programme über die Rechtmäßigkeit von Datenübermittlungen bis zur sicheren Entsorgung von Datenträgern. Gleichzeitig sollte er Ansprechpartner in allen Belangen des Datenschutzes sein.

In der Praxis haben laut Umfragen aber nur knapp über zehn Prozent aller deutschen Unternehmen einen Datenschutzbeauftragten ernannt, der zudem in über 30 Prozent der Fälle nicht mit den nötigen Mitteln und Kompetenzen ausgestattet ist. Über 50 Prozent der Firmen, bei denen fünf und mehr Mitarbeiter mit personenbezogenen Daten umgehen, haben entgegen der gesetzlichen Bestimmungen keinen Datenschutzbeauftragten.

Der „Ludwigshafener Datenschutz-Skandal", der Anfang 1992 bundesweites Aufsehen erregte, zeigt, daß auch in Deutschland noch gravierende Mängel beim Thema Datenschutz vorhanden sind. Das Ludwigshafener Fahndungskommissariat hatte für den deutschen Chemiekonzern BASF aus Ludwigshafen jahrelang Personaldaten von Mitarbeitern und Beschäftigten von Fremdfirmen mit Informationen in der polizeilichen Datenbank „Polis" abgeglichen. Das Polizeiliche Informationssystem („Polis") speichert im Gegensatz zum polizeilichen Führungszeugnis auch Verdachtsmomente, Personenbeschreibungen und andere halboffizielle Angaben.

Darüber hinaus soll das Ludwigshafener Polizeipräsidium den Mitarbeitern des BASF-Werkschutzes Informationen zu Delikten und Verurteilungen gegeben haben, die im Führungszeugnis nicht (mehr) auftauchten. Diese Sicherheits-Checks führten dazu, daß Mitarbeiter, die aufgrund von Vorstrafen ein potentielles Risiko für das Unternehmen darstellen könnten, unter fadenscheinigen Gründen versetzt, entlassen oder gar nicht eingestellt wurden. Ein ehemaliger Polizeibeamter, der sich als Privatdetektiv selbständig gemacht hatte, brachte den Datenschutz-Skandal an die Öffentlichkeit, als er selbst wegen illegaler Informationsbeschaffung unter Verdacht geriet. Der Chemiekonzern bestätigte nach Bekanntwerden der Vorwürfe, daß seit 1971 monatlich bis zu 300 BASF-Personalkarteikarten vom Ludwigshafener Polizeipräsidium überprüft worden sind. Als Motivation für die Weitergabe dieser vertraulichen Informationen an den Chemiekonzern, die im übrigen unter „Verletzung des Dienstgeheimnisses" fällt und rechtswidrig ist, wurden das gute Verhältnis zum Unternehmen und die großzügige Unterstützung der Ludwigshafener Polizei durch die BASF angeführt.

Schwachstellen im Bereich des Datenschutzes werden jährlich von den Bundes- und Landesbeauftragten für den Datenschutz sowie vom Bundesrechnungshof (Bereich „Sicherheit der Informationsverarbeitung") veröffentlicht. Anregungen für Verbesserungen finden in diesen Berichten sicherlich nicht nur Behörden. Da bemängelt der Bundesrechnungshof bei der Prüfung einer Bundeswehreinrichtung beispielsweise, daß Zugangsberechtigungen zu Datenträgerarchiven noch für pensionierte Mitarbeiter bestanden, daß Zugangskontrollen zum Rechenzentrum zu schwach waren oder daß eine private Antennenanlage auf dem Flachdach des Rechenzentrums stand, deren Zweck niemandem bekannt war. Im Umweltbundesamt fanden die Rechnungsprüfer heraus, daß externe Softwarefirmen die Datenverarbeitungsanlagen während der Entwicklungsarbeiten und zum Testen weitgehend unkontrolliert nutzen und dabei auch auf vertrauliche Datenbestände zugreifen konnten.

Ein Bild vom Zustand des Datenschutzes in Deutschland vermitteln auch die jährlichen Berichte der Landesbeauftragten für den Datenschutz. Bereits in ihrem 11. Tätigkeitsbericht beklagte die Datenschutzbeauftragte des Landes Baden-Württemberg, Ruth Leuze, unter anderem die lebenslang vorgesehene Speicherung von Verkehrsdelikten beim Führerscheinverfahren, die übermäßig lange Speicherung von Straftaten im landesweiten Informationssystem PAD der Polizei, sowie nicht vorgenommene Löschungen von Mahnverfahren bei Amtsgerichten. Dabei waren die Daten teilweise so alt, daß Negativmerkmale durch Aktenbelege nicht mehr nachvollziehbar waren.

Der Berliner Datenschutzbeauftragte, Dr. Hansjürgen Garstka, berichtet in seinem Tätigkeitsbericht 1994 u.a. über zahlreiche Bürgerbeschwerden wegen Namensverwechselungen. Nachlässigkeit bei der Übermittlung von Daten sollen zu irrtümlichen Pfändungen des Arbeitseinkommens, zu fehlgeleiteten Unterhaltsforderungen für nichteheliche Kinder und zu falsch adressierten Steuerbescheiden geführt haben. Ursache war meist eine unzureichende Prüfung der Adreßangaben vor der Datenübermittlung.

Der Bayerische Landesbeauftragte für den Datenschutz, Reinhard Vetter, rügte in seinem Tätigkeitsbericht 1994 einige Kurortgemeinden, die offensichtlich versucht hatten, über das Kennzeichen von ortsfremden Kraftfahrzeugen Nichtzahlern von Kurbeiträgen oder Fremdenverkehrsabgaben auf die Schliche zu kommen. Über eine Halterabfrage im Zentralen Fahrzeugregister in Flensburg gelangten die Gemeinden an die Namen der Kraftfahrzeughalter. Eine solche Datenerhebung und -abfrage ist selbstverständlich unzulässig, da das Fahrzeugregister nur der Verfolgung von Ordnungswidrigkeiten und Straftaten im Straßenverkehr dient. Darüber hinaus ist ein ortsfremdes Kennzeichen noch kein hinreichendes Indiz, um den Fahrzeughalter der Vorenthaltung von Kurbeiträgen zu verdächtigen.

Beim Blick in die Zukunft bereiten den Datenschützern vor allem die neuen Speicherchipkarten Sorgen. Vorreiter bei der Einführung dieser neuen Technologie waren die Krankenkassen. Dafür wurden mit einem Aufwand von rund 500 Millionen Mark über 70 Millionen Krankenkassenkarten produziert und über 100.000 Arztpraxen mit (bezuschußten) Lesegeräten und Druckern ausgerüstet. Allerdings leistet die teure Digitalisierung bislang nur einen geringen Beitrag zur dringend notwendigen Kostendämpfung im Gesundheitswesen, da wesentliche Rationalisierungspotentiale, wie die Vermeidung von Doppelerfassungen durch direkten Datenaustausch und die Eindämmung des Versicherungsmißbrauchs durch Sicherheitsmerkmale auf der Karte, nicht genutzt werden. Auch darf die derzeitige Chipkarte per Gesetz nur acht Angaben enthalten: Name der ausstellenden Krankenkasse, Name des Versicherten, Geburtstag, Anschrift, Versichertennummer, Versichertenstatus, Versicherungsbeginn, Verfallsdatum der Karte. Datenschützer befürchten, daß die Versichertenkarte – die dem Arzt bisher lediglich als Versicherungsnachweis dient und den alten Krankenschein ersetzt – nur die Vorstufe zu einer umfassenden Gesundheitskarte sei, denn für die acht

Angaben hätte auch eine wesentlich billigere Karte mit Magnetstreifen ausgereicht.

Die Krankenkassen haben sich aber dennoch für die ausbaufähige Prozessortechnologie entschieden und hoffen auf die Zukunft. Technisch können nach einem vertraulichen Gutachten der zahnärztlichen Vereinigung Hessens bereits auf den heutigen Chips mit einfachen Mitteln sowohl gespeicherte Daten verändert als auch Zusatzinformationen über Befunde abspeichert werden. Die Krankenkasse AOK in Leipzig leitete auch schon die nächste Stufe ein und konzipierte eine sogenannte „VitalCard", die nicht nur - wie die herkömmlichen Krankenkassenkarten - minimale persönlichen Daten speichert, sondern auch wesentliche Daten des Patienten über Indikationen, Diagnosen und Präventivmaßnahmen. Die AOK verspricht sich von einer solchen Karte, die mit jedem einfachen Lesegerät gelesen werden kann, eine gezielte ärztliche Beratung, eine rasche Notfallmedizin, die Verminderung von Doppelleistungen und Leistungsmißbrauch sowie eine Effizienzsteigerung in den ärztlichen Praxen durch vereinfachten Datenaustausch. Kritiker befürchten dagegen den gläsernen Patienten und die Standardisierung und Verkürzung des notwendigerweise intimen Vertrauensverhältnisses Arzt - Patient.

Die gleichen Vorbehalte bestehen auch gegenüber ähnlichen Kartenkonzepten, wie Apotheker-Card, Asyl-Card, Maut-Card etc. Die Kartendaten stünden durch eine solche Speicherung potentiell allen möglichen Behörden, vom Sozialamt bis zur Polizei, aber auch dem Lebenspartner, Versicherungsvertretern oder dem Arbeitgeber zur Verfügung. Ein zukünftiger Arbeitgeber könnte beispielsweise nach Einführung einer solchen Karte Einsicht in die Krankheitsgeschichte eines Bewerbers (natürlich „freiwillig") verlangen. Die Technik schafft damit neue Mißbrauchspotentiale. Vorhandene Datensammlungen verleiten erfahrungsgemäß dazu, diese auch für andere Zwecke dienstbar zu machen. Die Befürchtungen der Datenschützer sind - wie das folgende einfache Beispiel zeigt - nicht ganz aus der Luft gegriffen. Die Softwarefirma Individual Software aus Münster entwikkelte nach Einführung der Krankenversicherungskarte ein elektronisches Zeiterfassungssystem, bei dem der Arbeitnehmer Dienstbeginn und -ende mit dieser Karte dokumentiert. Die innovative Lösung aus Münster erspart insbesondere Kleinbetrieben die Anschaffung von Mitarbeiterausweisen. Kein Wunder, daß dieses System sich besonders gut bei Bäckern, Frisören und Ärzten verkauft. Auch die kriminellen Mißbrauchsmöglichkeiten, die mit der verbreiteten Chipkarte verbunden sind, wurden schon entdeckt. Für Krankenkassenkarten werden am Schwarzmarkt Preise in dreistelliger Höhe gezahlt. Drogen- und Medikamentenabhängige, Asylbewerber, Flüchtlinge und nichtversicherte Ausländer gelten als Nachfrager der kleinen Plastikkarten. Selbst gutverdienende Privatversicherte sollen sich schon mal die Krankenkassenkarte eines Freundes ausleihen, um die lukrative Prämienrückerstattung nicht zu gefährden. Den Betrugsschaden tragen allein die Versicherten, da die Krankenkassen vertragsgemäß für erbrachte Arztleistungen auch aufkommen müssen, wenn der Patient eine gestohlene oder gefälschte Versichertenkarte vorgelegt hat.

Noch größere Bedenken erheben die Datenschützer gegen die vom Bundesinnenministerium geplante multifunktionale Asyl-Card. Danach sollen alle Asylsuchenden gezwungen werden, eine Prozessor-Chipkarte zu benutzen, die diverse Funktionen bietet, wie Identifizierung, Zutritts- und Aufenthaltskontrolle, Speicherung von Verfahrensdaten, Empfang von Sach- und Unterstützungsleistungen, Arbeitserlaubnis etc. Außerdem soll auf der Karte noch ein Foto und der Fingerabdruck des Asylbewerbers gespeichert werden. Ziel des Asyl-Card-Projektes ist die „Minimierung der Verwaltungskosten bei permanenter, bedarfsorientierter Verfügbarkeit von Informationen". Im Nachbarstaat Niederlande wird ein ähnliches System bereits im Asylbereich eingesetzt. Datenschützer sehen in einer solchen Asyl-Card das Risiko, daß die Betroffenen zum gläsernen Menschen für die berechtigten Nutzer eines Lesegerätes werden. Außerdem weisen die Kritiker auf die „Türöffnerfunktion" der Asyl-Card hin. Sollte sich das Verfahren verwaltungstechnisch erst einmal bewährt haben, könnten weitere soziale Randgruppen und Minderheiten, wie Sozialhilfeempfänger oder Arbeitslose, als neue Zielgruppen eines Card-Systems auserkoren werden.

Die Beispiele und Ausblicke deuten darauf hin, daß durch den zunehmenden Einsatz der Informationstechnik die Transparenz des Bürgers für die Sicherheits- und Verwaltungsbehörden zunehmen wird, während deren Transparenz für die Bürger eher sinken dürfte, da niemand mehr einen Überblick hat, wo überall Daten über seine Person gespeichert sind und wie diese interpretiert und verwendet werden.

Kleine Checkliste zum Aufspüren gängiger IT-Schwachstellen

Aus der Analyse der Berichte der verschiedenen staatlichen Aufsichtsbehörden läßt sich eine Liste der häufigsten Beanstandungen aus Prüfungen der elektronischen Datenverarbeitung erstellen. Die folgenden Schwachstellen, die häufig auch in privaten Unternehmen anzutreffen sind, können dem Leser als Vorlage für eine eigene Kurzanalyse dienen:

- ❑ mangelhafte Absicherung des Gebäudes
- ❑ fehlende Zugangskontrolle
- ❑ mangelhafter Zugriffsschutz durch ungenügende Paßwortregeln (kein Änderungszwang, keine Mindestlänge, Wahl trivialer Paßwörter etc.)
- ❑ organisatorische Mängel bei der Datenträgerverwaltung, -aufbewahrung und -vernichtung
- ❑ Schwächen beim Datensicherungskonzept
- ❑ unzureichende Programm- und Verfahrensdokumentation
- ❑ mangelhafte Eingabekontrolle
- ❑ nicht ausreichende Schulung der Anwender.

Als besonders problematisch erweist sich regelmäßig der PC-Einsatz. Vermutlich durch seine Allgegenwärtigkeit scheint das Sicherheitsbewußtsein der Anwender für PC-Daten besonders niedrig zu sein. Hauptrisiken ergeben sich nach den Berichten der staatlichen Aufsichtsbehörden regelmäßig aus folgenden Tatsachen:

- fehlender Zugriffsschutz
- für jedermann zugängliche Diskettenlaufwerke
- fehlende Protokollierungsmöglichkeit innerhalb der Programme
- mangelnde Funktionstrennung (Anwender ist gleichzeitig Benutzer, Operator und Programmierer)
- unregelmäßig durchgeführte Datensicherungen
- unzureichende Dokumentation von Dateien und Programmen
- erschwerte Kontrolle der Datenströme durch lokale Vernetzung und Modemanschluß.

Risiko Computernetze

Als Computernetz wird der Zusammenschluß von mehreren räumlich mehr oder minder getrennten Rechenanlagen mit Hilfe von sogenannten „Übertragungskanälen" zum Zwecke des Datenaustausches bezeichnet. Die Vernetzung im Bereich eines einzelnen Unternehmens oder einer Behörde wird „lokaler Rechnerverbund" oder „Local Area Network" (LAN) genannt. Diese in der Regel auf ein Gebäude begrenzten Computernetze können wiederum über öffentliche Kabelverbindungen mit anderen lokalen Computernetzen zu größeren Kommunikationssystemen (WAN = Wide Area Network) zusammengeschlossen werden.

„Digitale" Kommunikationssysteme und damit auch die übertragenen Daten sind einem breiten Spektrum von aktiven und passiven Angriffen ausgesetzt. Diese Angriffe können sowohl von Außenstehenden als auch von legitimen Benutzern ausgehen. Die wichtigsten Bedrohungen gegen ein Kommunikationssystem sind

- die Beeinträchtigung der Funktionalität (Verlust der Verfügbarkeit),
- der unbefugte Informationsgewinn (Verlust der Vertraulichkeit),
- die unbefugte Modifikation von Daten (Verlust der Integrität) sowie
- das Leugnen von Kommunikationsbeziehungen (Verlust der Authentizität/Verbindlichkeit).

Neben Sicherheitsrisiken aus absichtlichen Bedrohungen („Intentional Threats"), die eine Bandbreite vom Herumstöbern bis zum ausgefeilten Angriff aufweisen, muß jedes Kommunikationssystem auch vor unbeabsichtigten Störungen („Accidental Threats"), wie dem Ausfall von Systemkomponenten oder Softwarefehlern, geschützt werden. Accidental Threats, die in diesem Abschnitt nur am Rande erwähnt werden, muß durch Sicherungsmaßnahmen während des Designs, der Entwicklung und des Betriebs von Kommunikationsnetzen begegnet werden, wie sie in den Kapiteln über Hardware, Betriebssysteme und Software bereits angesprochen worden sind.

Mit der zunehmenden Vernetzung der Rechnersysteme und der Verbreitung neuer IT-Technologien, die auf leistungsfähigen Datennetzen basieren, steigt auch die Abhängigkeit von der Zuverlässigkeit der Kommunikationssysteme rapide an. Die folgenden Abschnitte zeigen jedoch, wie vielfältig die Angriffe gegen Computernetze sein können und wie schwer diese Netze zu schützen sind. Anhand der dargelegten Schadensbeispiele kann sich jeder Leser selbst ein Bild vom Sicherheitsniveau der heutigen Kommunikationssysteme machen.

Passive Angriffe

Bei passiven Angriffen oder passiver Infiltration versucht der Angreifer, dem Datenstrom, der auf den Übertragungskanälen transportiert wird, Information zu entnehmen. Dabei wird in erster Linie die Vertraulichkeit der übertragenen Daten bedroht.

Ein „erwünschter" passiver Angriff kann beispielsweise mit Hilfe sogenannter „Network Analyzer" erfolgen, die von zahlreichen IT-Herstellern angeboten werden. Network Analyzer sind Analyseprogramme, die alle Datenströme und damit auch das Benutzerverhalten analysieren und speichern. Die Betreuer von Computernetzen, auch „Netzadministratoren" genannt, setzen solche Tools ein, um Netzprobleme rechtzeitig zu erkennen oder im Fehlerfall schneller reagieren zu können. Allerdings können diese Programme auch eingesetzt werden, um vertrauliche Datenpakete mitzulesen, Benutzerprofile zu erstellen und Kommunikationsbeziehungen nachzuvollziehen. Da diese Analyseprogramme damit die Möglichkeit der elektronischen Verhaltens- und Leistungskontrolle bieten, ist ihr Einsatz nach dem deutschen Betriebsverfassungsgesetz mitbestimmungspflichtig. Allerdings zeigt die Praxis, daß eine solche Mitbestimmung in den meisten Unternehmen nicht stattfindet, da die Betriebsräte nicht über das notwendige EDV-Wissens verfügen.

Neben dieser – unter bestimmten Bedingungen erwünschten – Angriffsform stellen die folgenden drei Abschnitte Formen von definitiv unerwünschten passiven Angriffen vor.

Anzapfen von Übertragungskanälen

Das Anzapfen von Übertragungskanälen (engl. „Wire Tapping") kann relativ einfach durch direktes Anbringen von Induktionsschleifen oder spannungsabgreifenden Klemmen auf ein konventionelles Übertragungsmedium (Kupferkabel) erfolgen. Beim Glasfaserkabel können Lichtimpulse mit Hilfe von Verbindungsstücken abgegriffen werden.

Das Abhörrisiko stellt ein erhebliches Sicherheitsrisiko bei der Kommunikation über Computernetze dar. Häufig werden neben den reinen Daten auf den Übertragungsmedien auch sogenannte „Authentifikationsinformationen" übertragen. Authentifikations- oder Authentifzierungsinformationen bestehen aus einem Benutzernamen und einem Benutzerkennwort (Paßwort) sowie sonstigen Merkmalen, die einen Anwender als berechtigten Benutzer ausweisen. Werden diese Informationen im Klartext übertragen, so können sie beim passiven Angriff vom Angreifer abgehört und später für einen unbefugten Netzzugang erneut verwendet werden.

Es gibt zwar keine absolut abhörsicheren Übertragungswege, allerdings kann das unbemerkte Anzapfen von Datenleitungen erschwert werden, indem beispielsweise die Signalstärke der ankommenden Datenpakete kontrolliert wird. Diese Abwehrmaßnahme basiert auf der Tatsache, daß das Anzapfen von Datenleitungen in der Regel zu einem Signalverlust führt und somit ein Abfall der Signalstärke auf Abhöraktivitäten hindeutet.

Weitere Abwehrmaßnahmen sind der Einsatz ummantelter Übertragungskabel oder Lichtwellenleiter sowie die geschützte Verlegung der Kabel in speziellen Kabelkanälen, um den physischen Zugang zum Übertragungsmedium zu erschweren. Einen sehr wirksamen Abhörschutz bietet auch die verschlüsselte Übertragung der Daten, auf die später noch eingegangen wird.

Aufnahme kompromittierender Strahlung

Die Ausgabegeräte digitaler Systeme emittieren unterschiedlichste Strahlungen, die mit entsprechender Ausstattung empfangen und in die ursprüngliche Datenform zurückgewandelt werden können. Das Sicherheitsrisiko ist analog zum Abhörrisiko durch Anzapfen der Übertragungskanäle zu beurteilen.

Die Aufnahme von Bildschirmsignalen von handelsüblichen Kathodenstrahl-Bildschirmen ist mit einfacher Geräteausstattung (Dipol-Antenne, Fernsehempfänger, Oszillatoren für die Bildsynchronisation) je nach Empfangsbedingungen bis zu einer Entfernung von 100 Metern möglich. Mit modernem Equipment (Filtertechniken, Antennenverstärker) können Bildschirminhalte sogar aus Entfernungen von mehreren Kilometern gelesen werden. Die empfangenen Signale können mit jedem handelsüblichen Videorecorder aufgenommen und später in Ruhe ausgewertet werden. Ursache für dieses Phänomen sind elektronische Schaltvorgänge, die das Bild auf dem Monitor in der gewünschten Auflösung erzeugen. Die Schaltvorgänge senden beim Bildaufbau Oberwellen aus, die in den VHF-Bereich oder höher reichen und innerhalb eines bestimmten Frequenzbereiches gut empfangen werden können. Erstaunlicherweise stören sich die Signale mehrerer Bildschirme in einem Raum nicht gegenseitig, da die Ausstrahlungen (Emissionen) aufgrund von Bauteiltoleranzen nicht auf den gleichen, sondern auf benachbarten Frequenzen abgestrahlt werden.

Neben diesen kompromittierenden Emissionen mit freier Ausbreitung stellt das Netzteil eine weitere Schwachstelle der Kathodenstrahl-Bildschirme dar. Die Hochfrequenzbaugruppen jedes Bildschirmes sind direkt an das Netzteil gekoppelt und modulieren auf diese Weise den Wechselstrom des Versorgungsnetzes. Mit entsprechendem Equipment (im einfachsten Fall über einen Kondensator) kann der Bildschirminhalt daher mit einem Filter hinter der Steckdose aus dem Stromversorgungsnetz gelesen werden. Diese kompromittierenden Netzspannungen breiten sich – ähnlich den Signalen der Netz- und Babytelefone – meist innerhalb des gesamten Gebäudes aus.

Die dritte Form kompromittierender Strahlung sind Mantel- oder Oberflächenwellen, die sich um metallische Leiter (z.B. Heizungs- oder Wasserleitungsrohre) legen und von diesen weitergeleitet werden. Da die Dämpfung bei dieser Art von elektromagnetischen Wellen sehr gering ist, weil die Wellenleistung auf einen Zylinder um die Leitung begrenzt bleibt und sich nicht im freien Raum verteilt, kann die Reichweite dieser kompromittierenden Emissionen daher entsprechend hoch sein.

Einen sicheren Schutz vor diesen Formen des passiven Angriffs bieten Bildschirme, die der sogenannten „TEMPEST-Norm“ entsprechen. Die genaue Bezeichnung lautet NACSIM 5100 A TEMPEST (Temporary Emanation and Spurious Transmission), das NATO-Equivalent heißt AMSG 720 (Allied Military Security General Publication). Der Kauf von Bildschirmen gemäß TEMPEST-Norm ist aber dem militärischen und geheimdienstlichen Bereich vorbehalten. Der Privatanwender kann lediglich auf LCD- oder Plasma-Bildschirme ausweichen, die ebenfalls keine kompromittierenden Strahlungen emittieren. Allerdings ist die Bildqualität nicht so hoch wie bei herkömmlichen Monitoren.

Eine andere Möglichkeit, die Abgabe kompromittierender Strahlungen zu verhindern, ist die Abschirmung von ganzen Räumen durch Auskleidung mit Metallgittern (Aluminium, Kupfer, Stahl) oder mit einem metallbeschichteten Gewebe (Metaltex), so daß der Raum einen „Faradayischen Käfig“ bildet. Ein Faradayischer Käfig verhindert wirksam die Emission von Bildschirmsignalen über den abgeschirmten Raum hinaus. Die Einrichtung solcher Sicherheitszellen ist jedoch recht teuer, da auch Fenster, Türen und Lüftungsschächte miteinbezogen werden müssen.

Günstiger kann der Schutz vor kompromittierenden Strahlungen durch eine Geräteabwandlung erreicht werden. Dabei wird durch einen Eingriff in die Schalttechnik die spektrale Verteilung und der Pegel der Emissionen verändert. Darüber hinaus kann durch Überlagerung, also durch Vermischen der Emissionen mit Rausch- und Störsignalen, der unbefugte Empfang erschwert werden. Mit geringem Aufwand läßt sich die Geräteschirmung bereits dadurch verbessern, daß die Bildschirme durch eine Schutzfolie und eine Lackierung des Gehäuses mit metallischem Speziallack abgeschirmt werden.

Verwendung illegalen Equipments

Jeder Rechner benötigt für die Einbindung in ein lokales Computernetz eine Netzwerkadapterkarte, die als digitale Schnittstelle dafür sorgt, daß die Kommunikation zwischen dem Arbeitsplatzrechner und dem Netzwerk reibungslos funktioniert. Eine Form des passiven Angriffs mit Hilfe illegalen Equipments kann daher über Manipulationen an der Netzwerkadapterkarte erfolgen, so daß auch Netznachrichten, die nicht für die manipulierte Station bestimmt sind, unbemerkt mitgelesen werden können. Eine aufwendigere Variante dieser Angriffsform verwendet anstelle einer bestehenden Adapterkarte einen unbenutzten LAN-Anschlußpunkt.

Bei dieser Angriffstechnik wird die „Broadcasting"-Eigenschaft der meisten lokalen Computernetze ausgenutzt. Die sendenden Netzstationen legen ihre Nachrichten auf eine ring- oder busförmig angelegte Übertragungsleitung und jede Station prüft, ob die Nachricht für sie bestimmt ist. Jeder Teilnehmer in einem solchen LAN hat somit grundsätzlich Zugriff auf alle Daten, die auf dem Übertragungsmedium transportiert werden.

Neben Abhörrisiken können durch die Verwendung illegalen Equipments auch Verkehrsanalysen über Herkunft, Ziel, Frequenz und Umfang des Datenverkehrs in Computernetzen erstellt werden, die einem Unbefugten unter Umständen interessante Rückschlüsse erlauben. Gerade im militärischen Bereich können diese Verkehrsanalysen kompromittierend sein, da beispielsweise vor wichtigen Entscheidungen der Netzverkehr zwischen bestimmten militärischen Einrichtungen deutlich ansteigt.

Eine einfache Maßnahme gegen diese Form der passiven Angriffe besteht darin, die Gehäuse der an ein Computernetz angeschlossenen Rechner durch Hardwareschlösser zu schützen sowie alle ungenutzten LAN-Anschlußpunkte zu versiegeln. Durch die Verschlüsselung von sensitiven Daten kann darüber hinaus die Vertraulichkeit der übertragenen Daten geschützt werden. Verkehrsanalysen können durch eine sogenannte „Verkehrsverstopfung" verhindert werden, bei der ein konstanter Datenfluß dadurch erreicht wird, daß in Kommunikationspausen informationsleere Daten übertragen werden.

Aktive Angriffe

Bei aktiven Angriffen oder aktiver Infiltration bedroht der Angreifer die Integrität oder die Verfügbarkeit der auf den Übertragungskanälen zirkulierenden Daten. Der Unbefugte schaltet sich dabei aktiv in den Datenfluß ein und kann die Daten dadurch verändern, verzögern oder sogar unterdrücken.

Für aktive Angriffe können unterschiedliche Techniken angewendet werden. Neben gewöhnlichen Datenmanipulationen ist eine bereits erwähnte Angriffsmethode die Identitätstäuschung (Maskerade). Dabei mißbraucht der Angreifer die auf den Übertragungsmedien übertragenen Authentifikationsinformationen eines berechtigten Benutzers, um sie im Rahmen einer Identitätstäuschung erneut in das Netzwerk einzuspeisen (Replay). Gleichermaßen kann der Angreifer auch die Nachricht zur Beendigung der Kommunikation (Log Off) abfangen, um den Rechner für eigene Zwecke weiter zu nutzen. Die Verbindlichkeit der Kommunikationsbeziehung wird dagegen gefährdet, wenn die Adresse des Absenders, die jedem übertragenen Datenpaket mitgegeben wird, gefälscht werden kann.

Um die Integrität der Daten gegen aktive Angriffe wie Daten- oder Adressenmanipulationen zu gewährleisten, können Prüfsummenverfahren eingesetzt werden. Dabei berechnet der Sender nach einem geheimen Verfahren eine Prüfsumme und überträgt diese zusammen mit den Daten. Der Empfänger berechnet aus den empfangenen Daten die Prüfsumme erneut und vergleicht diese mit dem übertragenen Wert. Nur wenn beide Werte übereinstimmen, kann von integeren Daten ausgegangen werden; in allen anderen Fällen müssen Übertragungsfehler oder aktive Angriffe vermutet werden. Um gegen die Wiedereinspeisung von Daten (Maskerade/Replay) gewappnet zu sein, können die Dateneinheiten zusätzlich mit Folgenummern oder Zeitstempeln versehen werden. Ein Datenpaket wird von der empfangenen Netzstation nur als gültig anerkannt, wenn der Zeitstempel aktuell ist oder die Folgenummer zu den bereits eingetroffenen Datenpaketen paßt. Diese Techniken werden beispielsweise bei dem noch zu erläuternden Verifikationssystem Kerberos eingesetzt.

Darüber hinaus sind digitale Sabotageakte, wie die gezielte Überlastung der Kommunikationswege oder die Sperrung wichtiger Benutzerkennungen durch wiederholte Eingabe eines falschen Paßwortes, auch eine Form des aktiven Angriffs. Diese Angriffsform wird auch als „Denial of Service“" bezeichnet, da das Computernetz seine Dienstleistungen den angeschlossenen Rechnern nicht mehr zur Verfügung stellen kann. Die physische Unterbrechungen des Leitungskabels oder die Zerstümmelung des Datenstromes durch elektromagnetische Einwirkungen am Metallkabel sind weitere destruktive Angriffsformen gegen die Verfügbarkeit von Computernetzen, die bereits im Kapitel über Hardware angesprochen wurden. Um Störung des Datenverkehr durch solche Angriffe zu verhindern, sollte das Kommunikationssystem redundant ausgelegt werden.

Sicherheitslücken im Netzwerkbetriebssystem Netware

Exemplarisch für die vielfältigen Sicherheitsrisiken in einem lokalen Computernetz soll an dieser Stelle das verbreitete Netzwerkbetriebssystem Netware 3.11 der amerikanischen Firma Novell kurz vorgestellt werden, das den Zugang zum Netzwerk-Server und zur Netzwerk-Peripherie (Drucker, Scanner) regelt. Novell schrieb ebenso wie viele andere amerikanische Firmen ein Stück Computergeschichte. Der Novell-Gründer, Raymond Noorda, hatte bereits Anfang der achtziger Jahre die Vision, daß immer mehr Menschen in der Zukunft über Netzwerke miteinander kommunizieren werden, um sich zu jeder Zeit und an jedem Ort die für sie wichtigen Informationen zu besorgen. Der 1983 gegründete Netzwerkspezialist Novell Inc. aus Provo im US-Bundesstaat Utah überschritt mit dieser Vision und seinem Hauptumsatzträger, dem Netzwerkbetriebssystem Netware, in etwas über zehn Jahren die Umsatzmarke von fast zwei Milliarden US-Dollar. Beflügelt vom eigenen Erfolg sah sich Novell in seinem weiteren Expansionsstreben nur noch vom Marktführer Microsoft behindert.

Um den Konkurrenzkampf mit Microsoft aufzunehmen, kaufte Noorda 1991 die Firma Digital Research Inc. und damit das Nachahmerprodukt DR-DOS, später Novell-DOS genannt. Mitte 1993 schluckte Novell die Unix System Laboratories von AT&T und trat mit einer eigenen UNIX-Version (Unixware) in Konkurrenz zum Microsoft-Betriebssystem Windows NT. Das Erfolgsprodukt Netware sollte langfristig mit Unixware zu einem multiprozessorfähigen Betriebssystem verschmolzen werden, das die Funktionen und Fähigkeiten von Netware und Unixware vereinen sollte. Der klangvolle Name des Projektes: Super Network Operating System, kurz SuperNOS. Offenbar gestaltete sich jedoch die Integration von Netware und Unixware schwieriger als erwartet, denn die Strategie von Novell ging am Ende nicht auf. Im September 1995 verkaufte Novell seine gesamte UNIX-Abteilung einschließlich aller Quellcode-Rechte an das kleine Softwarehaus Santa Cruz Operations (SCO). Auch den im April 1994 für angeblich rund 1,4 Milliarden Dollar übernommenen Hersteller von PC-Standardsoftware Wordperfect Inc. und die von Borland hinzugekaufte Tabellenkalkulation Quattro Pro hat Novell Ende Januar 1996 für 124 Millionen Dollar an den kanadischen Softwarehersteller Corel Corp. aus Ottawa verkauft. Die erworbenen netzwerkfähigen PC-Programme wurden von Novell als Paket unter dem Namen „Perfect Office" in Konkurrenz zu ähnlichen Paketen von Microsoft und Lotus verkauft. Mit dem Rückzug aus dem Markt für PC-Anwendungsprogramme beabsichtigt der neue Vorstandschef, Robert J. Frankenberg, sich wieder auf das Kerngeschäft mit Netzwerkbetriebssystemen zu konzentrieren.

Insbesondere die ersten Versionen von Netware enthielten beträchtliche Sicherheitslücken, die dem kundigen Angreifer einen unberechtigten Zugang zu sämtlichen Daten ermöglichten. Der Zugangssuchende benötigte dazu nur eine Diskette, die unter anderem bei einer Amsterdamer Hackergruppe erworben werden konnte. Diese Sicherheitsschwäche des Netzwerkbetriebssystems Netware wird auch immer wieder gern vom Virenjäger und Sicherheitsexperten Alan Solomon demonstriert. Zur Beseitigung aller Sicherheitsmaßnahmen von Netware bootete er vor Pressepublikum einen Netzwerk-Server mit einer gewöhnlichen DOS-Bootdiskette und startete anschließend ein eigenes, nur 35 Zeilen umfassendes Programm, das in der Programmiersprache Turbo-Pascal geschrieben war. Der Netzwerk-Server war geknackt. Das Turbo-Pascal-Programm war nur notwendig, um auf die Dateistruktur von Novell zuzugreifen. Zum Zugriff auf den Server hätte die DOS-Bootdiskette gereicht.

Netware besteht aus einem Betriebssystem, das auf dem Server läuft, und einer sogenannten „Shell", die auf den Arbeitsplatzrechnern als Schnittstelle zwischen dem Betriebssystem der Netzstation und dem Netzwerkbetriebssystem dient. Bei der Installation von Netware werden standardmäßig die Kennungen GUEST und SUPERVISOR angelegt. In den meisten Installationen lautet das Kennwort für GUEST – wenn überhaupt ein Paßwort für diese Kennung vergeben wird – „guest" oder „gast", so daß Hacker über die Gastkennung zumindest einen ersten Zugang zum Computernetz erhalten können. Darüber hinaus erhält ein GUEST-Benutzer mit den Programmen *nprint* und *capture* immerhin Zugang zur Drukkerwarteschlange des Netzwerk-Servers.

Im Gegensatz zu UNIX-Systemen besteht unter Novell Netware 3.11 die Möglichkeit, die allmächtige Administratorfunktion aufzuteilen und somit die mit dieser Funktion zusammenhängenden Risiken zu vermindern. So können unter Netware die Administratorrollen File Server Console Operator, Print Queue Operator, Print Server Operator, User Account Manager und Workgroup Manager eingerichtet werden. Eine große Schwäche von Netware 3.11 ist dagegen die fehlende Verschlüsselung des Datenstromes und die damit verbundenen Risiken durch aktive und passive Angriffe.

Hackerangriffe auf Novell-Netzwerke konzentrieren sich häufig auf Kennungen mit Namen wie BACKUP oder SICHER, da zur Erstellung einer Datensicherung Supervisor-Rechte benötigt werden. Durch Abbruch der Backup-Routine versuchen die Unbefugten, höchste Rechte im System zu erlangen. Oftmals finden sie die Paßworte für diese Service-Kennungen in Startdateien (z.B. AUTO-EXEC.BAT), mit denen sich die Kennung automatisch in das Netz einloggen kann, um Dateiübertragungen oder Datensicherungen bei geringer Netzlast zu nächtlicher Stunde durchzuführen.

Durch die Verbreitung des Netzwerkbetriebssystem Netware gibt es inzwischen zahlreiche Utilities und Hilfsprogramme aus Untergrundmailboxen, mit deren Hilfe sich das Schutzsystem von Netware umgehen läßt. Mit dem Shareware-Programm „Tempsup" kann ein Anwender – falls er Zugang zur Konsole des Netware-Servers besitzt – ohne Paßwortkenntnis temporär Supervisor-Rechte erlangen. Installiert der Anwender anschließend ein Hilfsprogramm mit dem sprechenden Namen „Netcrack", so kann er sich sogar von jeder Workstation aus ohne Paßwortabfrage als Supervisor einloggen. Mit Netcrack lassen sich aber auch Trivialpaßwörter knacken. Für ein beliebiges drei Zeichen langes Paßwort benötigt Netcrack weniger als fünf Minuten.

Ein weiteres Utility mit gleicher Funktionalität heißt „Passtest". Noch einfacher lassen sich Paßwörter aber mit den resident im Hauptspeicher lauernden Programmen „Thief" oder „Keycopy" erspähen. Das Programm „Thief" wird mit der DOS-Startdatei AUTO-EXEC.BAT geladen und schreibt bei jedem Zugriff auf das Anmeldeprogramm LOGIN.EXE alle Paßwörter in eine versteckte Datei. Das Programm „Keycopy" speichert dagegen generell alle Tastatureingaben.

Ein weiteres mächtiges Utility, das aber nur eingesetzt werden kann, wenn Netware nicht geladen ist, ist „Netutils 3". Dieses Hilfsprogramm zum Wiederherstellen von Daten beinhaltet den Sektoreditor „Netdisk 3" sowie die Programme „Netfile 3" und „Netscan 3". Der Anwender von „Netutils 3" - hoffentlich nur der Netzwerkbetreuer - hat damit nicht nur Zugriff auf alle Dateien, sondern kann sogar wichtige Attribute von Netware ändern.

Ein durchdachtes Sicherungskonzept, das die Wahl sicherer Übertragungsmedien, die physische Absicherung der Server sowie der Endgeräteanschlüsse und möglichst sogar zusätzliche Verschlüsselungsmechanismen umfaßt, ist daher insbesondere beim Einsatz des beliebten Netzwerkbetriebssystems Netware enorm wichtig.

Zugriffsrechte unter Netware und deren Kontrolle

Die Verwaltung der Netware-Zugriffsrechte ist in drei Ebenen organisiert:

- Die allgemeine Rechteverwaltung verwaltet Netzwerkobjekte und deren Attribute über eine als „Bindery" bezeichnete Rechtedatei, die insbesondere den Netzzugang durch Identifikation und Autorisierung schützt. Die Handhabung der Paßwörter kann durch Optionen gesteuert werden (Verpflichtung zur Paßwortverwendung, periodischer Paßwortwechsel, Paßwortmindestlänge, Paßworthistorie).
- Die Rechteverwaltung auf Verzeichnisebene erfolgt über sogenannte „Trustee Rights", wobei die Trustees den Objekten der Bindery entsprechen. Zugriffsrechte können für jede Verzeichnisebene einzeln vergeben werden und vererben sich im Zweifel nach unten weiter. Es gilt das Subsidiaritätsprinzip, d.h. das näher spezifizierte Recht besitzt Vorrang. Für jeden „Trustee" (Benutzer/Benutzergruppe) können folgende Rechte vergeben werden:

Recht	**Bedeutung**
read	Lesen von geöffneten Dateien
write	Verändern von geöffneten Dateien
open	Öffnen von existierenden Dateien
create	Anlegen von neuen Dateien
delete	Löschen von Dateien
parental	Anlegen, Umbenennen und Löschen von Verzeichnissen
search	Anzeige von Dateien und Verzeichnissen
modify	Ändern von Dateiattributen und Umbenennung von Dateinamen

Tabelle 7: Netware-„Trustee"-Rechte

- Daneben gibt es noch eine Rechteverwaltung auf Dateiebene, bei der folgende Attribute vergeben werden können:

Attribut	Bedeutung
Read Only	Datei kann nur gelesen werden
Read/Write	Datei kann gelesen, überschrieben, umbenannt oder verändert werden
Shareable	Datei kann zur gleichen Zeit von mehreren Usern gelesen werden
Nonshareable	Zugriff auf Datei nur für einen Benutzer
Normal	Standardwert: nonshareable und read/write
Hidden	Datei ist versteckt, Aufhebung: SHOWFILE
Indexed	FAT wird indiziert
System File	Systemdatei
Transactional	Datei unterliegt Transaktionskontrolle
Modified	Datei seit der letzten Sicherung verändert
Execute Only	Datei kann nur ausgeführt oder gelöscht werden

Tabelle 8: Netware Datei-Attribute

Zusätzlich zu der Möglichkeit einer differenzierten Rechtevergabe stellt Netware 3.11 mit der Option INTRUDER DETECTION und dem Programm SECURITY die Netzwerksicherheit ergänzende Hilfsmittel bereit. Die Option INTRUDER DETECTION bewirkt, daß Unregelmäßigkeiten bei der Benutzeranmeldung vom System erkannt und fehlerhafte Login-Versuche in einer Logdatei dokumentiert werden. Das Programm SECURITY kann zur Systemadministration und als Kontrollinstrument genutzt werden. SECURITY prüft, ob Benutzer ohne Paßwort auf dem Netzwerk existieren, ob Benutzer das Netz längere Zeit nicht mehr benutzt haben, ob die verwendeten Paßwörter definierten Mindeststandards entsprechen etc. Allerdings werden diese Sicherheitseinrichtungen in vielen Installationen nicht oder nur unzureichend genutzt.

Sicherheitsrisiko Öffentliche Netze

Öffentliche Netze sind in der Regel für jedermann zugänglich, der über einen Netzanschlußpunkt (Beispiel Telefonanschluß) und über die notwendige Ausrüstung (Beispiel Telefon) verfügt. Die Fernmeldeverordnungen der meisten europäischen Staaten beschränken private Netze auf die Grundstücksgrenzen eines Betreibers. Sobald eine Kommunikation über diese Grenzen hinaus stattfinden soll, muß auf die Übertragungsdienste der meist staatlich monopolgeschützten Netzanbieter zurückgegriffen werden.

Das öffentliche Fernsprechnetz oder Wählnetz ermöglichte in Deutschland lange Zeit nur die analoge Sprachübertragung. 1965 wurde durch den Einsatz von Modems zusätzlich die Möglichkeit der Datenübertragung im Telefonnetz geschaffen. Dabei werden die digitalen Datensignale vom Sender moduliert, im Analognetz übertragen und vom Empfänger wieder demoduliert. Da die Analogübertragung im Telefonnetz jedoch zu hohen Bitfehlerraten neigt, ist die maximale Übertragungsgeschwindigkeit zur Zeit auf 28.800 bps (bits per second) beschränkt.

Die heutige Telekommunikationslandschaft ist in einem tiefgreifenden Umbruch begriffen. Die althergebrachten Kommunikationsformen wie das analoge Telefonieren werden zunehmend durch neuartige Kommunikationsdienste ersetzt oder ergänzt. Datex-Dienste, E-Mail, ISDN, Mobiltelefone, Online-Dienste, Telefax, Voice-Mail und viele andere Schlagwörter stehen für diese Umbruchszeit. Mit der Ausweitung dieser modernen Informations- und Kommunikationstechniken erhöht sich aber auch die wirtschaftliche und gesellschaftliche Abhängigkeit von den Systemen, die diese Dienste ermöglichen. Gleichzeitig steigen mit der zunehmenden Nutzung die Anforderungen der Anwender an die Zuverlässigkeit und Vertrauenswürdigkeit dieser Systeme.

Die Beispiele in den folgenden Abschnitten lassen berechtigte Zweifel aufkommen, ob die heutigen Kommunikationssysteme diesen hohen Anforderungen genügen. Vielmehr erscheint jede Anbindung an ein öffentliches Fernmeldenetz eher risikobehaftet zu sein, weil einerseits der Teilnehmerkreis nicht beschränkt ist und andererseits der Schutz der Übertragungsmedien und Vermittlungsstellen sowie die Gewährleistung der Verfügbarkeit in der Verantwortung Dritter liegt.

Unsicherheitsfaktor Verfügbarkeit

„It was the worst nightmare I've had in 32 years in the business"
(Robert Allen, Vorsitzender von AT&T)

Wie sensibel wir bereits vor einigen Jahren auf Unterbrechungen der Verfügbarkeit des Telefon- und Datennetzes reagiert haben, zeigt insbesondere der berühmte „AT&T-Breakdown". Am Montag, den 15. Januar 1990, fiel aufgrund eines Softwarefehlers das gesamte Fernsprechnetz der amerikanischen Telefongesellschaft AT&T aus, die noch kurz zuvor eine großangelegte Werbekampagne über die Zuverlässigkeit ihres Vermittlungssystems gestartet hatte. Alle internationalen Gespräche, Ferngespräche und gebührenfreien 800-Gespräche waren von dem Ausfall betroffen. Nach neun Ausfallstunden waren von 148 Millionen Fern- und 800-Gesprächen über 50 Prozent unvermittelt geblieben. Amerikanische Konzerne waren von ihren Europa-Niederlassungen abgeschnitten, Kreditkartenunternehmen konnten die Kreditwürdigkeit ihrer Kunden nicht bestätigen, Fluggesellschaften, Hotels und Autovermietungen keine Reservierungen annehmen. Allein die Zahl der Anrufe beim Reservierungs- und Buchungssystem SABRE ging um zwei Drittel zurück. Telefonbetreuer großer Dienstleistungs- und Versandunternehmen, die einen gebührenfreien Telefonservice anboten, saßen untätig herum. Die Telemarketing-Firma Idelmann aus Omaha schickte beispielsweise seine 800 Telefonbetreuer wieder nach Hause. Den Umsatzverlust schätzte AT&T auf 60 bis 75 Millionen US-Dollar. Schwerwiegender dürfte allerdings der Vertrauensschaden sein. Der Telefongigant AT&T, der zu diesem Zeitpunkt rund 70 Prozent aller Ferngespräche in Amerika vermittelte, mußte nach dem Vorfall weitere Marktanteile an die Konkurrenten MCI und US Sprint abgeben.

Ursache des bis dahin umfassendsten Ausfalls eines Telefonnetzes war eine fehlerhaft codierte Programmanweisung (eine *switch*-Anweisung mit weiteren verschachtelten *if*-Anweisungen) in dem vier Millionen Zeilen umfassenden Steuerprogramm des gigantischen Fernvermittlungssystems. Das in der Programmiersprache C geschriebene Steuerprogramm sorgt dafür, daß immer die optimalen Kommunikationsstrecken gewählt und die 114 AT&T-Vermittlungszentralen gleichmäßig ausgelastet werden. Im Fehlerfall sollte das Steuerprogramm sicherstellen, daß ein Knotenpunkt kurzzeitig ausfallen und wieder in Betrieb genommen werden kann, ohne den laufenden Telefonverkehr zu stören. Dazu wurde eine besondere Technik verwendet: Wenn ein Rechner gestört ist, teilt er dies den anderen Rechnern mit, setzt sich selbst zurück (reset) und sendet nach der automatischen Behebung der Störung wieder Anfragen an die anderen Knotenrechner, die daran implizit die wiedererlangte Arbeitsbereitschaft des vorher fehlerhaften Rechners erkennen und diesem ihrerseits wieder Anfragen schicken können. Eine neue Programmversion, die dieses Störungsbehebungsverfahren realisieren sollte, wurde Ende des Jahres 1989 in allen 114 Vermittlungsknoten des AT&T-Fernvermittlungssystems „4 ESS“ eingespielt. Wenige Wochen später, an jenem 15. Januar 1990, signalisierte der Rechner des Knotenpunktes in New York City den anderen Knotenpunkten, daß er keine weiteren Anrufe mehr weitervermitteln könne, initialisierte sich selbst und nahm danach seine Aktivität wieder auf, indem er einen anderen Knotenrechner um die Weitervermittlung eines Telefongespräches bat. Dieser Knoten erkannte damit die Wiederaufnahme der Arbeitsbereitschaft des New Yorker Knotenrechners und aktualisierte seine interne Liste der verfügbaren Knotenrechner. Im gleichen Augenblick – noch bevor die Aktualisierung abgeschlossen war – traf jedoch bereits eine zweite Anfrage des New Yorker Rechners bei diesem Knoten ein, die aufgrund der fehlerhaft codierten Programmanweisung jedoch im falschen Speicherbereich abgelegt wurde. Der Knoten bemerkte den Fehler und durchlief nun die gleiche Prozedur wie der New Yorker Rechner. Er schaltete sich selbst ab, behob den Fehler und begann wieder zu senden. Seine Sendeaktivitäten lösten bei anderen Knoten aber wiederum den gleichen Fehler aus und auf diese Weise pflanzte sich die Störung über das gesamte Netzwerk der 114 Vermittlungsrechner fort.

Nach einer über neun Stunden währenden Blockade des gesamten Netzwerkes, konnte AT&T das Problem schließlich lokalisieren und durch eine Reduzierung der Netzlast temporär beheben. Der Fehler trat in späteren Simulationen immer dann auf, wenn zwei Nachrichten zu kurz hintereinander bei einem anderen

Rechner ankamen. Die redundante Auslegung und theoretische Fehlertoleranz des Systems konnten den netzweiten Ausfall nicht verhindern. Zwar hätten die anderen Rechnerknoten bei einem Hardwareschaden im New Yorker Knoten dessen Funktionen übernehmen können, da alle Knoten jedoch mit derselben Software arbeiteten, waren die Ausweichknoten für diesen Softwarefehler genauso anfällig.

Ein anderer trivialer Softwarefehler führte anderthalb Jahre später, am 26. Juni 1991, zu einem mehrstündigen Ausfall des Telefonnetzes in den amerikanischen Bundesstaaten Washington D.C., Maryland, Virginia und West Virginia. 6,3 Millionen Kunden waren ohne Telefonverbindung. Am gleichen Tag versagten auch die Telefonnetze in einem Teil Südkaliforniens. Die Ausfälle wurden durch einen Softwarefehler im computergesteuerten Operatorsystem Signaling System 7 (SS7) verursacht. Das Operatorsystem SS7 sucht für jede gewünschte Telefonverbindung im riesigen Telefonnetz automatisch die optimale Übertragungsroute. Der Hersteller des SS7-Netzes, die DSC Communications Corp. aus Plano/Texas, hatte einen fehlerhaften Software-Patch ausgeliefert. Der Patch, der nur wenige Programmzeilen umfaßte, enthielt einen fatalen Schreibfehler: Statt eines „D“ hatte der Programmierer eine „6“ eingegeben. DSC hatte den Patch offenbar nicht getestet.

Auch in Deutschland führten Softwarefehler schon mehrfach zu Ausfällen des Telefonnetzes. Das Schadensausmaß hat bisher zwar keine amerikanischen Verhältnisse erreicht, trotzdem ist die Gefahr durch den Einsatz von neuen Versionen und Releases der verwendeten Software immer vorhanden. Ein Softwarefehler in der digitalen Vermittlungsstelle legte am späten Nachmittag des 28. November 1988 beispielsweise das Fernsprechnetz in der bayerischen Landeshauptstadt lahm. Bis zum nächsten Morgen scheiterten alle Versuche der Münchener Bürger mit Teilnehmern außerhalb des Ortsnetzes zu telefonieren.

Die Verfügbarkeit öffentlicher Kommunikationsnetze wird – ebenso wie die Verfügbarkeit eines jeden IT-Systems – aber nicht nur durch Softwarefehler, sondern auch durch Sabotage bedroht. Anfang 1994 ereignete sich im Rhein-Main-Gebiet ein bisher beispielloser Sabotagefall. Eine Gruppierung namens „Keine Verbindung e.V.“ legte in der Nacht zum Mittwoch, den 1. Februar 1994, für 16 Stunden über 7.000 Teilnehmeranschlüsse im Frankfurter Stadtteil Sachsenhausen, in Kelsterbach und Mörfelden-Walldorf lahm. Betroffen waren unter anderem die Frankfurter Universitätsklinik und der Rhein-Main-Flughafen, dem der Anschlag gelten sollte. Dort waren die Check-in-Schalter der Lufthansa durch den Anschlag von ihrem Reservierungs- und Buchungscomputer in Kelsterbach abgeschnitten. Die Mitarbeiter der deutschen Luftfahrtgesellschaft mußten ungewohnterweise Flugpläne wälzen und Tickets per Hand ausfüllen.

Da keine Platzkarten ausgestellt werden konnten, hatten die Passagiere an Bord der Flugzeuge freie Platzwahl. Unbekannte Täter des nichteingetragenen Vereins waren in drei Kabelschächte der Telekom eingedrungen und hatten vermutlich mit Sägen mehrere Kupfer- und Glasfaserstränge durchgeschnitten. Dabei gingen die Saboteure so professionell vor, daß die für solche Fälle vorgesehenen Ersatzschaltungen nicht mehr verwendet werden konnten. Die Täter kannten anscheinend auch das Meldesystem „Rebell“, das der Telekom jeden Schaden an ihren Kommunikationsnetzen anzeigen soll, denn sie trennten die Meldeleitungen dieses Warnsystems ebenfalls durch. Erst gegen 19 Uhr konnte die Telekom die Anschlüsse mit Hilfe von Richtfunkstrecken und Satellitenverbindungen provisorisch wiederherstellen.

Die sachkundigen Täter, die sich am nächsten Tag in einem Bekennerschreiben zu ihren Motiven äußerten, wußten aber offenbar nicht, daß der Rhein-Main-Flughafen über doppelt abgesicherte Leitungsnetze verfügt, so daß der Flugverkehr weitestgehend unbehindert blieb. Der Anschlag deckte aber die fehlende Absicherung einiger wichtiger Rechenzentrumsanbindungen auf und rief der Öffentlichkeit die Empfindlichkeit technischer Einrichtungen ins Bewußtsein. Wenn bei diesem Anschlag auch in erster Linie Telefonleitungen unterbrochen waren, so überraschte der deutsche Zukunftsminister Jürgen Rüttgers in einem Zeitungsinterview zehn Tage nach dem Anschlag der High-Tech-Terroristen mit der Schlußfolgerung: „Wem dies aber in fünf bis zehn Jahren gelingt, der wird ganze Verkehrsleitsysteme, Steuerungssysteme des Handels, Computerverbindungen der Bürger zu ihren Banken sowie Fernseh- und Videoübertragungen lahmlegen können.“

Neben Softwarefehlern und Sabotageanschlägen ist menschliche Nachlässigkeit eine weitere, wenn nicht sogar die häufigste Ursache für Unterbrechungen von Kommunikationssystemen. Insbesondere unzureichend geplante Erdarbeiten verursachen immer wieder Netzausfälle, wie bei den Tiefbauarbeiten für die U-Bahn in der Friedrich-Ebert-Allee in Frankfurt am Main. Dort zerstörte ein Bagger in der Nacht vom 19. Juli auf den 20. Juli 1995 einen Kabelschacht der Deutschen Telekom AG. 2.500 Telefon- und Datenanschlüsse sowie rund 10.000 Kabelanschlüsse für Fernsehen und Hörfunk fielen dadurch aus. Die Techniker der Telekom benötigten bis 11.00 Uhr am nächsten Morgen, um den Großteil der beschädigten Kabel zu ersetzen und die Anschlüsse wieder zu schalten. Erst am Abend waren alle Störungen behoben.

Auch aus Amerika sind zahlreiche Beispiele dieser Art bekannt geworden. Berühmte Fälle sind der Ausfall des ARPAnet 1986, verheerende Kabelschäden in New Jersey und Chicago sowie zahlreiche Unterbrechungen der Kommunikationssysteme der amerikanischen Flugsicherung.

Das redundant ausgelegte Datennetz ARPAnet, Vorgänger des Internets, erlebte am 12. Dezember 1986 einen Ausfall, bei dem der amerikanische Bundesstaat New England vom Rest des ARPAnet vollständig abgetrennt wurde. Ursache war ein Glasfaserkabel in der Nähe von White Plains im Bundesstaat New York, durch das die Signale aller sieben, ansonsten separat verlaufenden Kabel geleitet wurden. Ein Bagger hatte genau diese Glasfaserleitung durchgetrennt.

Arbeiter der amerikanischen Telefongesellschaft AT&T beschädigten bei der Ersetzung eines alten Kabels in Newark im US-Bundestaat New Jersey am 4. Januar 1991 gegen 9.30 Uhr ein intaktes Glasfaserkabel. Über 100.000 Gespräche waren damit schlagartig beendet. Da die Unterbrechung erst gegen Abend wieder repariert werden konnte, mußten sogar die New Yorker Warenbörse und verschiedene andere Handelsplätze geschlossen werden. Auch auf den Flughäfen von New York, Washington und Boston kam es zu erheblichen Verspätungen, da die Kommunikation der Flugüberwachung zwischen diesen Flugplätzen gestört war. Mehr als die Hälfte aller angeforderten New Yorker Ferngespräche konnte an diesem Tag nicht vermittelt werden.

Bereits am 19. November 1990 beschädigten Mitarbeiter eines Unternehmens, die mit der Anpflanzung von Bäumen beauftragt waren, eine Hauptleitung der Telefongesellschaft Illinois Bell Telephone Company in einem Vorort Chicagos. Der Verlust des Telefonkabels führte zum Ausfall des Fernsprechnetzes und der Mehrzahl der 150.000 lokalen Teilnehmeranschlüsse. Zahlreiche Verspätungen beim O'Hare International Airport waren die Folge, da die Kommunikation des flughafeneigenen Kontrollzentrums mit dem Kontrollzentrum der amerikanischen Luftfahrtbehörde FAA für die Chicagoer Gegend ebenfalls gestört war. Sechs Stunden arbeiteten die Mitarbeiter von Illinois Bell fieberhaft, um über Ersatzleitungen wenigstens die wichtigsten Kommunikationsbedürfnisse wieder zu befriedigen.

Bei den aufgeführten Beispielen handelt es sich keineswegs um Einzelfälle. Die amerikanische Luftverkehrsbehörde FAA, die über ein Netzwerk von 14.000 gemieteten Leitungen verfügt, registrierte im Zeitraum von August 1990 bis zum August 1991 insgesamt 114 größere Ausfälle ihres Telekommunikationsnetzes, die von Flugverspätungen bis zu Sicherheitsproblemen führten. Da trennte ein Farmer am 4. Mai 1991 ein Glasfaserkabel durch, als er eine Kuh beerdigen wollte; da nagten Biber im Dezember 1991 das Glasfaserkabel der amerikanischen Telekommunikationsfirma MCI an und unterbrachen sämtliche Gespräche aus der Hauptstadt Washington in den Süden der Vereinigten Staaten; da verwechselten Techniker Ersatzteile bei der Reparatur von Vermittlungsstellen; da werden unterirdisch verlegte Kabel durch starke Baumwurzeln abgequetscht oder durch das Gewicht schwerer Fahrzeuge beschädigt. Blitzeinschläge, durchgebrannte Sicherungen und Rechnerausfälle trugen ebenfalls ihren Teil zu zahlreichen Netzausfällen bei.

Vorsichtige Firmen beantragen daher mindestens zwei separate Kabelverbindungen, um beim Ausfall einer Verbindung auf die zweite ausweichen zu können. Dies tat auch die internationale Presseagentur Associated Press. Allerdings hatte sie die Ausführung ihres Wunsches nicht kontrolliert, denn am 14. Juni 1991 wurden beide Kabel von einem Bagger in Annandale im US-Bundesstaat Virginia durchgetrennt. Die Kabel waren von der Telefongesellschaft an dieser Stelle parallel zueinander verlegt worden.

Fremdwort Gebührensicherheit

Die Telekommunikation gilt als Schlüsseltechnologie für nationale Effizienz und zukünftigen Produktivitätsgewinn. Die Aussichten der Telekommunikationsbranche sind bestens: Der Anteil der Telekommunikation am westeuropäischen Bruttosozialprodukt soll von derzeit drei auf sieben Prozent im Jahr 2000 steigen. Der deutsche Telekommunikationsmarkt ist mit einem Weltmarktanteil von zehn Prozent führend in Europa. Experten prophezeien der Telekommunikationsbranche in Deutschland im Jahr 2000 ein Marktvolumen von 110 Milliarden Mark. 1994 betrug das Marktvolumen bereits 78 Milliarden Mark.

Der deutsche Markt wird weitestgehend von der Deutschen Telekom AG dominiert, dem „umsatzstärksten europäischen und zweitgrößten Netzbetreiber der Welt", wie sich die Telekom gern selbst darstellt. Der Jahresbericht 1994 beziffert den Umsatz der Telekom auf 61,2 Milliarden Mark. Den Löwenanteil trugen die insgesamt 39,2 Millionen Telefonanschlüsse und 1,8 Millionen ISDN-Kanäle bei, die mit durchschnittlich 3,75 Gesprächen pro Tag und Anschluß dem deutschen Monopolisten einen Umsatz von allein 47 Milliarden Mark bescherten. Nachdem der Deutsche Bundestag am 19. Juni 1994 der Postreform II zugestimmt hatte, wurde die Telekom am 1. Januar 1995 in eine Aktiengesellschaft umgewandelt und wird Ende 1996 an die Börse gehen. Dem größten Börsengang der deutschen Wirtschaftsgeschichte soll am 1. Januar 1998 die Abschaffung des Netzmonopols folgen. Dann wird sich zeigen, ob die Telekom für den marktwirtschaftlichen Wettbewerb gerüstet ist. Bis zum Wegfall des Netzmonopols arbeitet die Telekom fieberhaft am Ausbau und der Digitalisierung ihres Kommunikationsnetzes und rüstet sich durch strategische Allianzen mit France Telekom, Kooperationen mit Microsoft und Beteiligungen am nordamerikanischen Carrier Sprint sowie der luxemburgischen Betreibergesellschaft des größten europäischen Satelittensystems Astra (Société Européenne des Satellites) für kommende Aufgaben.

Allerdings trüben gravierende Schwachstellen im Netz des behäbigen Telekommunikationsriesen die ermutigenden Zukunftsprognosen. Spätestens seit den zahllosen Berichten zum Jahresende 1994 über technische Manipulationen im Telefonnetz mit dem Ziel, das Gesprächsaufkommen dubioser Ansagedienste in Übersee zu erhöhen, sind die vagen Vermutungen vieler Bürger bestätigt worden: Das Telekommunikationsnetz der neugegründeten Aktiengesellschaft, die sich in großflächigen Anzeigen mit neuem Logo gerne als dynamisches High-Tech-Unternehmen präsentiert, ist nicht sicher.

Erste Zweifel an der Zuverlässigkeit der Gebührenermittlung kamen bereits vorher immer wieder auf, allerdings noch nie in einem solchen Umfang. Nach der Wiedervereinigung wurden Bundesbürgern, die über die frühere DDR-Vorwahl 0037 versuchten, Teilnehmer im neuen Bundesgebiet zu erreichen, häufig bereits Gebühren abgezogen auch wenn das Gespräch aufgrund der überlasteten Leitungen überhaupt nicht zustande kam. Die Telekom machte dafür das veraltete Telefonnetz der ehemaligen DDR verantwortlich und warnte ihre Kunden in einer „Beilage zum Telefonbuch“ immerhin, daß beim Selbstwählverkehr in die ehemalige DDR „die gebührenpflichtige Gesprächszeit bereits während der Herstellung der Gesprächsverbindung beginnen“ könne. Von abgebrochenen Wählversuchen war dort allerdings nicht die Rede, zumal die Telekom nach dem internationalen Postabkommen verpflichtet ist, Wählversuche gebührenfrei zu belassen. So erzielte die Telekom ungerechtfertigterweise Gebühren in unbekannter (Millionen-?) Höhe, weil den meisten Telefonkunden - ohne Einzelgesprächsnachweis oder Gebührenzähler - der Gebührenabzug nicht auffiel. Dieses Phänomen soll übrigens gelegentlich auch bei Telefonaten innerhalb der alten Grenzen der Bundesrepublik auftreten.

Ende 1994 wurde bekannt, daß Telekom-Mitarbeiter und kriminelle Tüftler diverse Telefonleitungen der Telekom verwendet haben, um durch Daueranwahl mittels elektronischer Selbstwählapparate die Servicenummern ausländischer Diensteanbieter im Viertelstundentakt automatisch anzurufen und die dabei anfallenden Gebühren in Millionenhöhe der Telekom oder anderen Teilnehmern zu belasten. Dabei wurden von den Tätern sogar Scheinfirmen gegründet, deren einziges Ziel es war, über alle verfügbaren Leitungen mit Hilfe von Telefoncomputern zwei Monate lang gebührenpflichtige Dienstleistungsnummern anzurufen. Wenn die Telekom sich über den fehlenden Rechnungsausgleich wunderte, standen die angemieteten Büros bereits wieder leer. Gewinner dieser Betrügereien waren einerseits die Serviceanbieter, da die Telekom bei Überseegesprächen rund die Hälfte der Gebühren an die ausländischen Telefongesellschaften überweisen muß bzw. bei den inländischen 0190-Diensten dem Dienstleistungsanbieter genau 48 Prozent der eingenommenen Gebühren zukommen läßt. Allein die monatlichen Gebühren, die von der Telekom an die Dominikanische Republik bezahlt wurden, verdoppelten sich im ersten Halbjahr 1994 von fünf auf zehn Millionen Dollar. Auf der anderen Seite wurden auch die Telefonhacker kräftig am Erfolg beteiligt: Einzelne Hacker sollen monatlich über 100.000 Mark verdient haben.

Die Anzahl der empörten Kundenanrufe nach der Veröffentlichung der Betrügereien ließ sogar die Telefonanlage der Bonner Firmenzentrale des Telekommunikationsgiganten zusammenbrechen. Angeblich soll ein Softwarefehler die Ursache gewesen sein. Aber nicht nur die Öffentlichkeit kann sich des Eindrucks nicht erwehren, daß die „Telekomiker“ (Hackerspott) ihre Technik nicht im Griff haben. Auch die bundesdeutschen Richter zweifeln mittlerweile an der jahrelang geübten Rechtsprechung nach dem Grundsatz des Anscheinsbeweises, der die Beweislast für überhöhte Telefonrechnungen immer den Kunden aufbürdete. In einem Urteil des Aachener Landgerichtes wurde die Klage der Telekom auf Zahlung einer Telefonrechnung in Höhe von 12.721,27 Mark mit der Begründung zurückgewiesen, daß „Manipulationen auch bei der Telekom vorkommen können und daß es sich dabei keineswegs um eine nur theoretisch denkbare, praktisch aber zu vernachlässigende Möglichkeit handelt.“ Schließlich bieten offen verlegte Leitungen und nicht verplombte Verteilerkästen nicht nur kundigen Telefonhackern genügend Angriffspunkte.

Die Telekom, die bisher die Existenz jeglicher Telefonkriminalität in Deutschland vehement bestritt und Kundenreklamationen mit Formbriefen beantwortete, reagierte auf die zum Jahreswechsel 1994/1995 bekanntgewordenen Telefongaunereien mit Hilflosigkeit und Ankündigungen. Während teure Servicenummern in anderen Ländern von Computern ständig überwacht werden, sollte in Deutschland ein Rückfall in die Zeit mit dem Fräulein vom Amt die schärfste Waffe im Kampf gegen die Telefonbetrüger werden. Die Nummern von rund 2.000 ausländischen Erotikdiensten sollten nach dem Willen der Deutschen Telekom AG von Selbstwählverkehr auf Handvermittlung umgestellt werden. Aber selbst diese Umstellung fiel der Telekom schwer und verzögerte sich erheblich. Auch der in anderen Ländern kostenlose Service, daß die Telefongebühren auf einen Höchstbetrag begrenzt oder bestimmte Auslandsnummern gesperrt werden können, kann von der Telekom frühestens ab Anfang 1997 angeboten werden. Selbst zu dem längs überfälligen Angebot einer kostenlosen detaillierten Telefonrechnung, in der zumindest alle Fern- und Auslandsgespräche aufgelistet sind, konnte sich die Telekom erst nach massivem öffentlichen Druck durchringen. Allerdings hat dieses Angebot noch Alibi-Charakter, da die Telekom erst ab 1998 alle 8.000 Vermittlungsstellen auf digitale Technik umgestellt hat und heute noch jeder zweite Kunde damit rechnen muß, daß er eine neue Rufnummer erhält. Darüber hinaus gilt dieses Angebot nicht für den hauseigenen Online-Dienst, bei dem bereits die erste Seite der Einzelauflistung mit Anbietervergütungen über 20 Mark kostet. Rechtlich gesehen trägt der Kunde darüber hinaus trotz Einzelabrechnung weiterhin das Risiko einer falschen Abrechnung, da die Telekom die Beweislast grundsätzlich noch immer dem Telefonkunden aufgebürdet hat.

Wenigstens hat der Skandal die Telekom wach gerüttelt. Ein umfangreiches Paket von Einzelmaßnahmen soll in Zukunft eine größere Gebührensicherheit bringen. Einige Stichwörter aus dem angekündigtem Maßnahmenkatalog: codierte Leitungsanschlüsse, gesicherte Verbindungskästen, Einsatz verschlüsselter Software, Protokollier- und Frühwarnsysteme und eine eigene Hackertruppe.

Im Frühjahr 1995 gab sich die Telekom mit der Einführung der neuen T-Card eine weitere Blöße; diesmal allerdings zu ihrem eigenen Schaden, beziehungsweise zum Schaden der zukünftigen Aktionäre. Die T-Card erlaubt das bargeldlose Telefonieren von jedem öffentlichen oder privaten Apparat durch die Eingabe einer auf der Karte vermerkten Codenummer. Allerdings lassen sich bei der für 25 Mark erhältlichen Variante dieser T-Card nach dem Abtelefonieren des Guthabens unter bestimmten Umständen weiterhin (kostenlose) Gespräche führen. Ist das Guthaben der T-Card nämlich bis auf 69 Pfennig aufgebraucht, wird das Gespräch nicht einfach beendet, sondern der Telekom-Computer fragt den Angerufenen, ob er das Gespräch als R-Gespräch weiterführen möchte. In diesem Fall laufen die anfallenden Gebühren auf seine Rechnung und der Restbetrag auf der T-Card bleibt unverbraucht und kann für weitere R-Gespräche verwendet werden. Allerdings kann die Telekom die Gebühren in manchen Fällen überhaupt nicht einziehen, nämlich dann, wenn sich der Angerufene in einer anwählbaren öffentlichen Telefonzelle befindet. In einigen Fällen registriert der digitale Operator den Signalton, der solche Telefonzellen international kennzeichnet, nicht und schaltet ein R-Gespräch, obwohl der Gebühreneinzug überhaupt nicht möglich ist. Hat man erst einmal eine entsprechende Telefonzelle gefunden, kann man mit einer abgelaufenen Karte innerhalb von Deutschland jederzeit kostenlos diese Telefonzelle anrufen.

Auch die Telefonkarten galten lange Zeit als nicht besonders stabil, obwohl sie in Deutschland einen wahren Boom ausgelöst haben und der Verkauf alle Prognosen sprengte. Allein 1994 verkaufte die Telekom 73,6 Millionen Telefonkarten. Ausgelöst durch die häufigen Aufbruchsversuche bei den alten Münzfernsprechern, gab die Post 1989 die ersten Telefonkarten aus, bei denen der Kunde die Gesprächsgebühren im voraus bezahlen muß. Die Gebühreneinheiten werden dabei von einem Mikrochip verwaltet. Neben dem permanenten zinslosen Kredit, der sich auf über 500 Millionen Mark beläuft, bescherte das unerwartete Sammelfieber ungenutzter Telefonkarten der Telekom weitere Millionengewinne.

Die Telefonkarte bereitet dem Kunden allerdings immer noch häufig Ärger. Jeder, der häufig ein Kartentelefon benutzt, kennt die Meldung des Telefondisplays „Karte ist ungültig“, obwohl sich noch Gebühreneinheiten auf der Karte befinden. Zwar erkennt der Automat in den meisten Fällen nach erneutem Einführen der Karte wieder das korrekte Gebührenguthaben, jedoch werden die Einheiten gelegentlich auch nicht mehr erkannt oder fehlerhaft angezeigt. Solche Störungen entstehen in erster Linie durch Kratzer oder Verschmutzungen der goldenen Schutzschicht des Chips oder durch verkrümmte Chipanschlüsse. Auch ein defekter Karteneinschub kann den Chip beschädigen. Wertveränderungen werden in erster Linie von starken Temperaturschwankungen verursacht. Von den rund 50 Millionen Telefonkarten, die sich im Umlauf befinden, sollen nach Expertenschätzung rund eine Million defekt sein.

Noch härter trifft die Telekom, daß ihre angeblich sichere Telefonkarte Mitte 1995 geknackt wurde. Bereits 1992 hatten Schüler aus Schleswig-Holstein im Rahmen des Projektes „Jugend forscht“ Sicherheitsmängel bei den Telefonkarten entdeckt. Doch weder die Telekom noch deren Prozessorlieferant, der Elektronikkonzern Siemens, reagierten durch verbesserte Sicherheitsmaßnahmen. Die Sicherheitsfunktionen der Telefonkarten galten als fälschungssicher, da die im Kartentelefon überprüften physischen Echtheitsmerkmale des Chips im Speicher der Karte fest eingebaut und nicht manipulierbar seien. Im Sommer 1995 kam das Landeskriminalamt in Hamburg aber einem Hacker auf die Spur, dem der Kartennachbau gelungen war. Seine Kartenfälschungen ließ er für rund 1.000 Mark in verschiedenen deutschen Großstädten, darunter Frankfurt und Hamburg, über Mittelsmänner verkaufen. Bei einer Razzia im September 1995 stellte die Polizei schließlich mehrere tausend Karten sicher.

Auch Hackern aus Hannover war offensichtlich der Kartennachbau zu Demonstrationszwecken gelungen. Die Hacker hatten dazu eine Telefonkarte mit einem Notebook verbunden und den Datenverkehr zwischen dem Kartentelefon und dem Telefonchip aufgezeichnet. Anschließend analysierten sie ihre Aufzeichnungen, programmierten einen gekauften Mikroprozessor und löteten diesen auf einen Kartenrohling. Nach weiteren Detailverbesserungen soll der Eigenbau wie eine reguläre Telefonkarte funktioniert haben, nur verbrauchte sich das Gebührenguthaben nie, sondern zeigte nach jedem Einführen in den Kartenschlitz wieder den Höchstbetrag von 50 Mark an.

Glück im Unglück für die Telekom: Geknackt wurde bisher nur der Standardchip. Als sich die Telekom 1994 mit der holländischen Post über eine einheitliche Telefonkarte einigte, wurde der „Eurochip" eingeführt, der als erheblich sicherer gilt. Jedoch kann die Telekom ihre 71.900 Kartentelefone (1994) nicht einfach von heute auf morgen auf Eurochip-Karten umrüsten, da noch Millionen von Telefonkarten mit dem alten Standardchip im Umlauf sind. Spätestens Mitte 1996 will die Telekom diese Umstellung aber durchführen. Allerdings scheint der Hackerehrgeiz in der Szene nun geweckt worden zu sein, so daß es vermutlich nur eine Frage der Zeit ist, wann auch der Eurochip geknackt sein wird.

Ausgerechnet bei der Umstellung auf das umstrittene Tarifkonzept am 1. Januar 1996 blamierte sich die Telekom erneut. Durch einen Fehler in der Software der Firma SEL Alcatel, die in 550 der bundesweit 8.000 Vermittlungsstellen eingesetzt wurde, war der Neujahrstag nicht als Feiertag erkannt und dadurch vielen Verbrauchern zu hohe Gebühren berechnet worden. Die Telekom, die das Programm offenbar nicht ausreichend getestet hatte, versprach den 11 Millionen geschädigten Kunden eine Gutschrift von 30 Freieinheiten als Ausgleich. Neben dem Imageschaden wird diese pauschale Entschädigung die Telekom rund 40 Millionen Mark kosten; allerdings müssen von diesem Betrag die fehlerbedingten, unrechtmäßigen Mehreinnahmen abgezogen werden.

Abschied von der Vertraulichkeit

Durch die rasante Entwicklung der Telekommunikationstechnik werden immer mehr vertrauliche Daten dem Telefon, dem Fax oder den internationalen Datennetzen anvertraut. Das Risiko dabei legal oder illegal abgehört zu werden, ist in den vergangenen Jahren beträchtlich gestiegen. Wie die folgenden Abschnitte zeigen, wird mittlerweile auch der Privatbereich immer häufiger Opfer von raffinierter Abhörtechnik.

Telefon

Das Abhören von Telefongesprächen stellt selbst für den technisch Unbedarften keine besondere Herausforderung dar. Mit ein paar Dioden, Widerständen, Spulen und Kondensatoren können Telefongespräche über traditionelle Leitungskabel abgehört werden. Durch den überwiegenden Einsatz von verdrillten Kupferkabeln und Koaxialkabeln lädt das Telefonnetz förmlich zu passiven Angriffen ein. Gespräche, die mit den beliebten schnurlosen Telefonen geführt werden, lassen sich sogar direkt über das Medium Luft abgreifen. Rund 1.000 Mark kostet ein Hochleistungsscanner, mit dem sich alle Funkdienste zwischen der Langwelle mit 100 Kilohertz und der ultrakurzen SHF-Frequenz von 2 Gigahertz abhören lassen. In diesen Bereich fallen Polizeifunk, Flugverkehrsfunk, Feuerwehr, aber auch schnurlose Telefone und Mobilfunkgeräte des C-Netzes. Angesichts der steigenden Anzahl schnurloser Telefone in bundesdeutschen Haushalten und der breiten Akzeptanz der neuen Bankdienstleistung Telebanking, bietet sich dem Besitzer eines solchen Scanners ein interessantes Betätigungsfeld. Auch die vielgepriesene Sprachverschleierung der neueren Schnurlosen ist bei Scannern dieser Preisklasse kein Hindernis für den neugierigen Benutzer, da der eingebaute Sprachinverter das unverständliche Gepiepse ohne Zeitverzögerung in klare Worte übersetzt.

Seitdem solche Scanner in Deutschland frei verkäuflich sind, hat der Handel nach Schätzungen von Branchenkennern rund 800.000 Stück verkauft. Damit das Umsatzpotential entsprechend weiter wächst, werden die kleinen elektronischen Langohren immer mächtiger. Größere Frequenzbereiche, höhere Kanal-Abtastgeschwindigkeiten, bessere Trennschärfe, umfangreichere Such- und Speicherfunktionen sowie die Integration von Entschleierungsmodulen eröffnen dem Gerätebesitzer alle Abhörgebiete vom C-Netz bis zum schnurlosen Telefon. Mit High-Tech-Scannern wie dem Modell AR 8000 der japanischen Firma AOR (zu bestellen beispielsweise bei Bogerfunk, Telefon 07525 / 451) hat die Abhörerei heutzutage nichts mehr mit mühseliger und langwieriger Sucherei zu tun. Die Such- und Speichersoftware der Scanner durchsucht in Sekundenschnelle vorher ausgewählte Kanäle oder Frequenzbänder, erfaßt Aktivität und Signalstärke der einzelnen Frequenzen und stoppt auf Wunsch zum Reinhören, falls ein Signal anliegt. Nicht unerwähnt bleiben sollte aber, daß das Abhören der Frequenzen des C-Netzes, der Behörden und Organisationen mit Sicherheitsaufgaben und der schnurlosen Telefone in Deutschland verboten ist.

Wer bereit ist, mehr auszugeben, der kann bei einem Ausflug nach London in einem Fachgeschäft mit dem klingenden Namen „Spycatcher" noch ausgefeiltere Spionagetechnik kaufen. Vom Abhörgerät über Lauschdetektoren bis zum Nachtsichtgerät ist dort all das erhältlich, was auch von professionellen Geheimdiensten benutzt wird. Der Einsatz der meisten dort vertriebenen Geräte ist jedoch in Deutschland verboten. Trotz Preisen von bis zu 20.000 Pfund für die teuerste Abhörtechnik läuft das Geschäft angesichts der zunehmenden Wirtschaftskriminalität recht gut. Der Knüller: Ein Laptop, mit dem alle Telefongespräche im Umkreis abgehört werden können und auf dessen Display die Telefonnummern der abgehörten Teilnehmer angezeigt werden. In der nächsten Weiterentwicklung werden zusätzlich die Namen der Besitzer dieser Telefonnummern eingeblendet, in Zukunft vielleicht sogar noch Kreditwürdigkeit, Lebenslauf mit Führungszeugnis, Paßfoto und Krankheitsgeschichte.

Angesichts der technischen Möglichkeiten wundert es nicht, daß das Abhören von Telefon- und Datenleitungen auch in Deutschland an der Tagesordnung ist.

An der Spitze der „legalen“ Lauscher steht nach offiziellen Angaben das Bundeskriminalamt, das mit richterlicher Genehmigung rund zehnmal mehr Gespräche mithört als der Verfassungsschutz. Nur um einen Schmiergeldverdacht bei der Frankfurter Führerscheinbehörde zu erhärten, wurde beispielsweise 1989 die gigantische Zahl von 60.000 Telefonaten abgehört. Die anfangs überschaubare Abhöraktion entwickelte bald eine Eigendynamik, denn sobald in den belauschten Telefonaten Namen von weiteren potentiell Verdächtigen fielen, wurden deren Privat- und Geschäftsanschlüsse, in einigen Fällen sogar die Anschlüsse der Angehörigen, ebenfalls überwacht. Das Ausmaß der polizeilichen Abhöraktionen verdeutlichen auch die 2.443 Telefonüberwachungen (TÜ), die bundesdeutsche Richter 1990 genehmigten, wobei die Anzahl der überwachten Anschlüsse - wie im Frankfurter Schmiergeldverdacht - weit darüber liegt, da eine Abhörgenehmigung meist mehrere Anschlüsse umfaßt. Verfassungsschützer schätzen, daß auch ohne die polizeilichen Telefonüberwachungen die Mehrheit aller Telefonate abgehört wird. Daher warnte das baden-württembergische Landesamt für Verfassungsschutz erst kürzlich, daß das Ende des kalten Krieges nicht das Ende von Spionagetätigkeiten bedeute, sondern im Gegenteil, daß die Nachfolgeorganisation des KGB die Wahrung der Wirtschaftsinteressen Rußlands als wichtigste Aufgabe ansehe. Die westlichen Nachrichtendienste gehen beispielsweise davon aus, daß alle Telefonverbindungen aus dem Ausland nach Rußland systematisch überwacht werden und der Inhalt der Gespräche interessierten russischen Firmen zur Kenntnis gebracht wird.

Auch die Sicherheitsdienste der ehemaligen DDR hatten den Telefon- und Datenverkehr der Bundesrepublik über zahlreiche Abhöreinrichtungen abgehört. Die Hauptabteilung III des DDR-Ministeriums für Staatssicherheit (Elektronische Aufklärung) analysierte jährlich über 400.000 Westtelefonate. Über 6.000 Elektronikfachleute zapften die Richtfunkstrecken der damaligen Bundespost an, über die jedes zweite bundesdeutsche Ferngespräch abgewickelt wurde. Daneben wurden Funkfrequenzen von Behörden, Nachrichtendiensten und militärischen Einrichtungen abgehört; über DDR-Einrichtungen in Bonn und Düsseldorf mehr als 200.000 Autotelefone belauscht und selbst die Verstärkerpunkte der Glasfaserverbindung zwischen dem Bundesgebiet und West-Berlin manipuliert, um alle dort hergestellten Gesprächsverbindungen zu erfassen. 25.000 Telefonanschlüsse wurden vollautomatisch überwacht, die anderen nach dem Zufallsprinzip. Darüber hinaus setzte die Stasi noch Lastwagen der DDR-Spedition „Deutrans“ ein, um mit im Laderaum montierten Richtmikrofonen und Funkpeilanlagen selbst Gespräche in den entlegensten Winkeln der Republik abzuhören. Sogar Stimmprofile zur Identifikation anonymer Anrufer wurden von den Stasi-Hauptabteilungen für die Bekämpfung politischer Untergrundtätigkeiten und subversiver Aktivitäten sowie für die Terrorabwehr gespeichert.

Aber auch nach der Wende wird von fremden Ländern und deren Geheimdiensten abgehört, was wichtig erscheint. In Amerika wird diese Aufgabe von der National Security Agency (NSA) übernommen. Umfangreiche Abhöroperationen dieser Behörde in Europa lieferten auch die Basis für die Anschuldigungen der

Vereinigten Staaten, daß eine deutsche Firma Material zum Bau einer Kampfgas-Fabrik an Libyen verkauft habe. Eine amerikanische Abhörstation stand übrigens bis zum Ende des kalten Krieges auch auf dem Teufelsberg im Berliner Grunewald. Nach einem internen Papier des Bundesnachrichtendienstes (BND) soll der amerikanische Geheimdienst NSA auch Telefonkonferenzen europäischer Technologiekonzerne über neue Mikrochips abgehört und die Gesprächsprotokolle an einen amerikanischen Konkurrenten weitergegeben haben.

Selbst Prinzessin Diana und Prinz Charles haben schlechte Erfahrungen mit Lauschern in der Leitung gemacht. Mitgeschnittene private Telefonate kursierten in Großbritannien bereits 1989. Erst kürzlich wurde ein 23minütiges Telefongespräch zwischen Lady Di und einem ihr offenbar zugeneigtem Mann von einem pensionierten Bankangestellten in Oxford aufgenommen und in der Zeitung „The Sun" abgedruckt. Auch in Deutschland gab es bereits einige aufsehenerregende Abdrucke von belauschten Telefonaten. In die Geschichte ging die Veröffentlichung des Wortlauts eines abgehörten Telefongespräches zwischen den CDU-Politikern Kurt Biedenkopf und Helmut Kohl ein, die der „Stern" 1975 abdruckte. 1978 erschienen in der „Süddeutschen Zeitung" Ausschnitte aus einem Telefonat zwischen dem CSU-Vorsitzenden Franz-Josef Strauß und einem Redakteur des „Bayernkurier".

Da der Dienstbenutzer keinen Einfluß auf die Übertragungsmedien und die Leitungsführung ausüben kann, bleibt ihm als einzige Maßnahme, um passive Lauschangriffe auf Übertragungsdaten im Telefonnetz zu verhindern, nur die Datenverschlüsselung.

Neben der Bedrohung der Vertraulichkeit entsteht durch die fehlende Authentifikationsmöglichkeit der Teilnehmer am Telefon ein weiteres Sicherheitsrisiko im Rahmen der rasanten Entwicklung der Telekommunikationstechnik. Bei der Sprachkommunikation identifizieren sich die Teilnehmer durch gegenseitiges Vorstellen und überprüfen diese Identität durch die Stimme oder den Gesprächsgegenstand. Modems haben diese Möglichkeiten leider nicht. So kann ein Computersystem keine Aussage darüber treffen, wer von wo aus im Telefonnetz anruft. Damit bleiben Hacker ohne Fangschaltung unerkannt. Diesem Authentifikationsproblem kann durch Rückrufverfahren begegnet werden. Automatische Rückrufsysteme kappen nach erfolgreichem Aufbau der Kommunikationsbeziehung die Verbindung und rufen den Teilnehmer unter einer abgespeicherten Telefonnummer zurück. Durch diese Methode kann wenigstens die Identität des Teilnehmeranschlusses verifiziert werden.

Telefax

Mit dem Postdienst Telefax oder Fernkopieren können seit 1979 mit besonderen Anschlußgeräten Dokumente an einen anderen Teilnehmer übertragen werden. Da die Datenübermittlung über das öffentliche Fernsprechnetz läuft, kann diese ebenso leicht abgehört werden wie Telefongespräche oder andere Datenübertragungen per Modem. Darüber hinaus wird die Vertraulichkeit, die Integrität und die Verfügbarkeit beim Kommunikationsmittel Telefax immer wieder durch Konzeptions- und Bedienungsfehler an den Anschlußgeräten (Fernkopierer, heute meist Fax-Geräte genannt) bedroht.

Die Vertraulichkeit wird einerseits durch fehlerhafte Adressierungen, andererseits durch organisatorische Schwächen beim Faxempfänger kompromittiert. Der Landesbeauftragte für den Datenschutz in Rheinland-Pfalz, Univ.-Prof. Dr. Walter Rudolf, berichtet beispielsweise von einer Firmeninhaberin, der ein Telefax zuging, in dem es um die Methadonsubstitution eines Drogenabhängigen ging. Der Name des Drogenabhängigen wurde in dem Telefax ausdrücklich erwähnt. Absender war die Geschäftsstelle einer Kommission der Kassenärztlichen Vereinigung. Auch die Beauftragte für den Datenschutz in Baden-Württemberg, Ruth Leuze, weiß von Fällen über falsch versandte Halteranfragen zu berichten, die an eine Karlsruher Firma anstatt an das Kraftfahrt-Bundesamt in Flensburg gingen.

Die Ursachen solcher Fehladressierungen sind meist Bedienungsfehler, für die die Telefaxtechnik besonders anfällig zu sein scheint. Scheinbar kontrollieren in der Praxis viele Absender nach Eingabe einer Empfängernummer oder nach Auswahl einer Nummer aus dem Nummernspeicher nicht mehr die Empfängerdaten. Selten bemerkt wird insbesondere eine Umprogrammierung der – für häufig angewählte Nummern vorgesehenen – Zielwahltasten des Fax-Gerätes.

Ein weiteres Sicherheitsrisiko ergibt sich aus der mangelnden Vertraulichkeit der eingehenden Fax-Sendungen. Viele Firmen stellen ihre Fax-Geräte in unverschlossenen Räumen auf, so daß alle anwesenden oder vorbeikommenden Personen ankommende Nachrichten mitlesen können. Um ständig erreichbar zu sein, sind die meisten Fax-Geräte häufig sogar rund um die Uhr betriebsbereit, so daß es Unbefugten möglich ist, spät eingehende Sendungen in Ruhe zu lesen, zu kopieren oder sogar zu entfernen.

Bei älteren Fax-Geräten, die zum Drucken das Thermotransferverfahren verenden, können die empfangenen Faxe sogar nachträglich ausgewertet werden. Beim Thermotransferverfahren wird die Information auf eine Zwischenfolie geschrieben, deren wachsartige Druckerfarbe dann mit Hitze auf das Papier übertragen wird. Durch das Abschmelzen der Druckerfarbe entsteht auf der Druckfolie ein negatives Abbild des Ausdrucks. Anhand der verbrauchten Folie kann der Inhalt von oft mehreren hundert Seiten von Unbefugten nachgelesen werden.

Neben der Vertraulichkeit ist beim Telefax auch die Integrität und Authentizität nicht gewährleistet. Ein Fax kann wie jedes kopierte Dokument leicht manipuliert werden. So wurde der zu 33 Jahren Haft verurteilte Fälscher Jean Paul Barrett am 13. Dezember 1991 aus einem Gefängnis in Tucson im Bundesstaat Arizona entlassen, weil ein gefälschtes Fax seine Freilassung angeordnet hatte. Beim besagten Telefax war nur der Name eines echten Freilassungsbescheids geändert und die Absenderinformationen manipuliert worden.

Selbst um die Verfügbarkeit des Fax-Gerätes und der Fax-Dokumente ist es nicht bestens gestellt. Anonyme Massenfaxsendungen können den Papier- und Tonervorrat des empfangenden Fernkopierers aufbrauchen, so daß später erwartete Telefaxe verloren gehen, obwohl sie ordnungsgemäß empfangen wurden. Diese Angriffs- und Sabotagemöglichkeit wird insbesondere durch die freie Absenderdefinition bei Fax-Geräten und Fax-Software erleichtert.

Viele Fax-Geräte drucken darüber hinaus noch mit dem Thermotransferverfahren auf spezielles Thermopapier. Nach einiger Zeit sind Fax-Informationen auf Thermopapier aber häufig nicht mehr lesbar, weil die Schrift verblaßt oder das Papier durch Lichteinwirkung schwarz geworden ist. Ebenso können Textmarker und Klebstoffe Thermopapier bis zur Unlesbarkeit des Textes verfärben.

Auch für den Bundesgerichtshof stellt Fernkopieren keine gesicherte Form der Informationsübermittlung dar. Nach einem Urteil vom 7. Dezember 1994 ist das „OK" auf dem Sendeprotokoll kein sicherer Nachweis für den tatsächlichen Zugang des Telefaxes. Der „OK"-Vermerk sei vielmehr nur ein Indiz für den Zugang des Faxes, da die Datenübertragung durch etwaige Leitungs- oder Gerätestörungen trotzdem mißglückt sein könnte. Der Sendebericht zeige nur die erfolgreiche Herstellung der Verbindung zwischen Sende- und Empfangsgerät an. Ob die Datenübermittlung geglückt sei, darüber liefere das Sendeprotokoll keine zuverlässige Aussage. Trotzdem könne nach Ansicht des OLG in Bayern die Übermittlung wichtiger Unterlagen per Telefax zur Verfahrensbeschleunigung dienen. Telefax sei eine dem Stand der Nachrichtentechnik entsprechende Übermittlungsform und damit rechtswirksam.

Anrufbeantworter

Auch die meisten handelsüblichen Anrufbeantworter können die Vertraulichkeit eingegangener Nachrichten und die Verfügbarkeit des Gerätes nur unzureichend gewährleisten. Eine gern verschwiegene Sicherheitsschwäche vieler Anrufbeantworter ist das Leistungsmerkmal Fernabfrage/Fernbedienen. Durch dieses Leistungsmerkmal können Funktionen des Anrufbeantworters, wie Abhören und Löschen eingegangener Nachrichten, Aufsprechen neuer Ansagen oder Ausschalten der Bereitschaft, über ein anderes herkömmliches Telefon mittels eines akustischen Signalgebers (Fernabfragesender) oder über die Tasten eines Telefons mit Tonwahlverfahren aktiviert werden.

Fernabfragesender sind in jedem Fachhandel erhältlich. Um das Leistungsmerkmal Fernabfrage/Fernbedienen zu nutzen, identifiziert sich der Anrufer über einen festgelegten Sicherheitscode, der ebenfalls mit dem Fernabfrage-Sender oder über das sogenannte „Mehrfrequenz-Wahlverfahren" (MFV) eingegeben wird. Die Eingabe des richtigen Sicherheits-codes wird mit Signaltönen bestätigt, anschließend stehen dem Anrufer die in diesem Leistungsumfang enthaltenen Funktionen des Anrufbeantworters zur Verfügung.

Das Sicherungssystem über Sicherheitscode ist aber alles andere als sicher. Da der Code unverschlüsselt über die Fernsprechleitung übertragen wird, können Unbefugte ihn durch die diversen Abhörmöglichkeiten der herkömmlichen Telefonleitung leicht herausfinden. In vielen Fällen haben die Hersteller zudem nur einfachste Zugriffssicherungen installiert. Einige gängige Modelle besitzen einen werkseitig fest eingestellten und unveränderbaren Sicherungscode, so daß allein vom Typ des Anrufbeantworters auf den Code geschlossen werden kann. Darüber hinaus verfügen zahlreiche Modelle nur über einen zweistelligen Code und erlauben das Durchprobieren beliebig vieler Zahlenkombination, ohne dem Angreifer durch Verbindungsabbruch oder Sperrzeiten den Angriffsversuch zu erschweren. Von gewitzten Angreifern werden daher auch Programme verwendet, die nach Anwahl des Anrufbeantworters über ein Modem sämtliche mögliche Zahlenkombinationen in kürzester Zeit durchprobieren.

Sprachpost-Systeme

Sprachpost oder Voice-Mail-Systeme sind computergesteuerte, intelligente Anrufbeantworter, über die telefonische Mitteilungen hinterlassen und von anderen Teilnehmern abgerufen werden können. Darüber hinaus besitzen die Mitarbeiter der Firmen, die solche Systeme installiert haben, gewöhnlich eine eigene Mailbox, in der für sie bestimmte Nachrichten von Kollegen oder Vorgesetzten abgelegt werden können. Sprachpost-Systeme sollen nach Herstellerprospekt die „zeitversetzte Kommunikation" ermöglichen. Vom Anwender werden diese Systeme meist über die Nummerntasten (0 bis 9) und Sondertasten (Stern und Raute) moderner Telefone bedient, die nach dem amerikanischen Tonwahl- oder Touchtone-Verfahren (MFV) arbeiten, bei dem jeder Taste ein bestimmter Ton zugeordnet ist. Über diese Töne wird der Rechner gesteuert. Die gesprochenen Worte werden digitalisiert und auf der Festplatte des Rechners abgelegt. Beim Abhören der Nachrichten werden die digitalisierten Worte wieder in analoge Signale umgewandelt.

Als weitere Vorteile solcher Anlagen werden von den Herstellern angeführt, daß durch die digitale Speicherung keine Qualitätsverluste entstehen, daß Anrufe automatisch weitervermittelt sowie digitale Botschaften an beliebig viele Empfänger versendet werden können. Von Risiken und mangelndem Schutz ist in den Prospekten gewöhnlich nicht die Rede, obwohl die Sprachpost-Systeme ebenso wie die Fernabfragefunktionen beim Anrufbeantworter lediglich mit einem Sicherheitscode geschützt werden. Für die meist nur drei- oder vierstelligen Codes gelten aber im wesentlichen die für Anrufbeantworter geschilderten Risiken analog. Potentielle Hacker benötigen für ihre ersten Erfahrungen mit einem solchen Voice-Mail-System noch nicht einmal einen eigenen Rechner; ein gewöhnliches Telefon genügt. Dem Reiz der digitalen Einbruchsversuche erlagen auch über hundert Jugendliche, die Leslie Lynne Doucette aus Chicago bis Mai 1990 zu Einbrüchen in verschiedene Sprachpost-Systeme anstiftete. Die gewonnenen Daten über Firmengeheimnisse, Kredit- oder Telefonkartennummern hatte Frau Doucette jahrelang weiterverkauft.

Auch die deutsche Barclays Bank in Hamburg trug mit ihrem automatischen Telefonservice, hinter dem sich ein Sprachpost-System verbarg, nicht gerade zum guten Ruf solcher Systeme bei. Über eine gebührenfreie 0130-Nummer konnten Bankkunden ihre Anliegen Tag und Nacht einem Computersystem der kanadischen Telekommunikationsfirma Northern Telecom „anvertrauen". Im Sommer 1992 knackten jedoch drei jugendliche Telefonpiraten das Sicherheitssystem des Telefonrechners und gelangten damit an die Kreditkarteninformationen zahlreicher Barclays-Kunden, die dem Telefoncomputer den Empfang oder Verlust ihrer Kreditkarten bestätigt hatten. Das Sicherheitssystem des digitalen Speichersystems der Barclays Bank war nicht einmal seinen Namen wert, denn die Hacker hatten innerhalb von wenigen Minuten den dreistelligen Code erraten, der ihnen den Zugang als Systemverwalter eröffnete. Die triviale Tonfolge 888 gewährte den Jugendlichen unbeschränkten Zugang zum Bankcomputer. Darüber hinaus konnten die Hacker über die Durchwahlfunktion des Telefoncomputers, die nur über einen zweistelligen Code geschützt war, auf Kosten der Barclays Bank weltweit beliebig viele Telefonate führen.

Btx, Datex-J oder T-Online

Bildschirmtext, kurz „Btx", ist ein Kommunikationsdienst, bei dem Informationsanbieter Nachrichten bereitstellen und Teilnehmer diese Informationen über das Fernsprechnetz aktiv abrufen. Darüber hinaus sind durch diesen Postdienst weitere Dienstleistungen, wie das Versenden von Nachrichten, die Nutzung von Software, die Durchführung von Finanztransaktionen etc. möglich. Btx wurde im Auftrag der Deutschen Bundespost von IBM entwickelt und 1983 auf der Internationalen Funkausstellung in Berlin der Öffentlichkeit vorgestellt. Btx war damals einer der großen Hoffnungsträger des staatlichen Monopolisten: Für 1985 wurden dem „Volksdatennetz der Zukunft" mehr als eine Millionen Teilnehmer vorhergesagt – eine Zahl, von der die ebenfalls noch monopolgeschützte Nachfolgegesellschaft Telekom noch zehn Jahre später träumte. Ende 1984 konnten statt der erwarteten 150.000 gerade mal 19.000 Teilnehmer für diesen neuen Dienst begeistert werden. Auch Ende 1994 war die Telekom mit 700.000 Teilnehmern noch weit von ihrer Vorhersage entfernt. Erst Anfang 1996 konnte endlich die Millionengrenze überschritten werden.

Trotz aller Marketingbemühungen haftet Btx oder Datex-J, wie der Dienst seit 1992 hieß, oder T-Online, wie Btx seit Mitte 1995 heißt, immer noch das Image eines Dienstes an, der zu teuer und wenig komfortabel ist. Vielen Lesern ist sicherlich auch der historische „Btx-Hack" noch in Erinnerung: Hamburgs größte Bank, die Hamburger Sparkasse, wurde 1984 Opfer der Programmierkünste einiger Mitglieder des Chaos Computer Clubs (CCC).

Der CCC, genauer einer seiner führenden Köpfe, Steffen Wernéry, war – ebenso wie die Hamburger Sparkasse – sowohl Informationsanbieter als auch Teilnehmer im Postdienst Btx. Aus eigener Erfahrung präsentierte Wernéry-Kollege Wau Holland auf einer Datenschutz-Fachtagung am 15. und 16. November 1984 in Köln einige gravierende Btx-Sicherheitsmängel. Er kritisierte vor allem Sicherheitsschwächen beim Seitenüberlauf. Vertreter des Postministeriums bestritten die vorgetragenen Schwachstellen, obwohl die Seitenüberlauf-Problematik der Post von einem Btx-Anbieter bereits am 12. November mitgeteilt wurde. Die CCC-Hacker wurden daraufhin aktiv. Durch den geschilderten Systemfehler kamen die Chaos-Hacker nach eigenen Angaben an die Kennung (usd 7000) und das Paßwort der Hamburger Sparkasse heran. Sie hatten dafür einen Überlauf der Decoderseite erzeugt, indem sie eine Btx-Seite gestalteten, die genau die maximal zulässigen 1626 Zeichen enthielt und diese zum Abspeichern zum zentralen Btx-Rechner gesandt. Beim erneuten Aufruf der Seite erschien zwar nur noch Datenmüll auf dem Bildschirm, in diesem Datenchaos befand sich jedoch neben der Kennung auch das geheime Paßwort der Hamburger Sparkasse („Bankraub“). Diese Information verwendeten die Hacker für ein kleines Programm, das die kostenpflichtige Spendenseite des Chaos Computer Clubs immer wieder aufrief. Die Gebühren von 9,97 Mark je Seite gingen zu Lasten der Bank. Nach rund 13.500 Seitenabrufen in der Nacht von Samstag auf Sonntag waren Gebühren im sechsstelligen Bereich aufgelaufen. Am Montag, den 19. November 1984, demonstrierten die CCC-Hacker ihren Coup dem Datenschutzbeauftragten der Hansestadt Hamburg Henning Schapper und einem ZDF-Fernsehteam. Noch am gleichen Abend informierte das ZDF in der Nachrichtensendung „Heute-Journal“ die Öffentlichkeit über die Hackerinszenierung. Die Deutsche Bundespost bestätigte am nächsten Tag einen Softwarefehler im Btx-System. Vier Wochen später bestritt die Bundespost aber, daß die CCC-Hacker die Kennung und das Paßwort über den Btx-Softwarefehler erfahren haben könnten, da beide Sicherheitsmechanismen in getrennten Dateien aufbewahrt werden. Das Dementi kam jedoch zu spät und wurde von der Öffentlichkeit kaum mehr zur Kenntnis genommen. Die Hamburger Sparkasse mußte die angefallenen 135.000 Mark zwar nicht bezahlen, dem Bildschirmtext und der Deutschen Bundespost bescherte dieser Vorfall aber eine unrühmliche Bekanntheit.

1989 geriet das Btx-System der Bundespost wiederum in die Schlagzeilen. Hakker hatten fremde Btx-Kennungen benutzt, um kostenlos das gesamte Btx-Angebot auf Kosten der legitimen Teilnehmer zu nutzen. An die Kennworte der Nutzer kamen die Hacker über einen Anbieter, der unter dem Btx-Kürzel eines Videoladens den Menüpunkt „Freier Kanal“ aufgeführt hatte. Jedem Btx-Benutzer, der diesen Menüpunkt anwählte, erschien erneut eine Eröffnungsseite auf dem Bildschirm, auf der er – wie beim erstmaligen Verbindungsaufbau – aufgefordert wurde, sein persönliches Kennwort einzugeben. Viele Btx-Kunden fielen auf dieses Trojanische Pferd hinein und gaben damit dem Anbieter ihr Kennwort preis. Im Laufe der Zeit konnte der Anbieter sich mit dieser und ähnlichen Methoden rund 400 persönliche Kennwörter erschleichen. Obwohl die Bundespost um solche Mißbrauchsfälle schon früher wußte, klärte sie die technisch oft nicht so versierten Btx-Benutzer über diese Betrügereien erst auf, als der Fall bereits an die Öffentlichkeit drang.

Der geschilderte Fall zeigt ein generelles Problem von Btx auf. Der Zugang zu Btx ist durch eine zweistufige Authentifizierung gesichert. Der Btx-Teilnehmer verfügt über eine Anschlußkennung und über ein persönliches Kennwort. Gelangt ein Unbefugter in den Besitz dieser beiden Authentifizierungsbestandteile, kann er das System bis zur Sperrung der erspähten Kennung praktisch ohne Risiko benutzen. Den Anschluß des unbefugt Anrufenden kann die Telekom nämlich im Nachhinein nicht mehr feststellen, weil der Anmeldevorgang die Übergabe einer „Hardwarekennung“ nicht vorsieht.

Der rechtmäßige Teilnehmer kann die illegale Benutzung seiner Kennung frühestens über die Begrüßungsseite bemerken, auf der das Datum und die Zeit der letzten Nutzung des Systems angezeigt wird. Wird die Btx-Kennung erst mit Eingang der ersten überhöhten Monatsrechnung gesperrt, ist meist schon ein beträchtlicher Schaden entstanden.

Wie bei allen Postdiensten, die das Fernsprechnetz benutzen, ist auch bei Btx die Abhörsicherheit der Daten ein neuralgischer Punkt, zumal alle Informationen unverschlüsselt übertragen werden. Die am Telebanking via Btx beteiligten Banken haben diese Schwachstelle erkannt und geben ihren Kunden neben einer fünfstelligen Persönlichen Identifikations-Nummer (PIN) zusätzlich eine Liste mit sechsstelligen Transaktions-Nummern (TAN), die zur Freigabe von Geschäftsvorfällen berechtigen. Jede TAN ist nur für eine Transaktion gültig, so daß ein Lauscher mit einer abgehörten TAN anschließend nichts mehr anfangen kann.

Allerdings ist der elektronische Banküberfall trotzdem noch möglich, wenn auch technisch aufwendiger. Ein Unbefugter könnte beispielsweise einen Rechner in die Leitung zwischen Kunde und Bank einbringen, der den Datenfluß mitliest. Einen Buchungsauftrag des Kunden, den dieser durch seine TAN autorisiert, manipuliert der Unbefugte zu seinen Gunsten oder leitet ihn überhaupt nicht weiter, meldet dem Kunden aber trotzdem die Ausführung seines Auftrags. Im Besitz der PIN und einer gültigen TAN kann das Konto des nichtsahnenden Btx-Kunden anschließend geplündert werden.

Auch die französische Post hatte erhebliche Sicherheitsprobleme mit ihrer Version des Bildschirmtextes („Minitel“). Ein kleines beiges Terminal mit einer braunen Tastatur wurde seit der Einführung des Dienstes 1981 auf Wunsch kostenlos zum Telefon geliefert und sollte den Bürgern Zugang zu diversen Auskunftsdiensten gewähren. Die Post erhoffte sich durch den neuen Dienst neben zusätzlichen Telefongebühren auch Einsparungen bei der teuren Telefonauskunft sowie beim aufwendigen Druck der Telefonbücher. Im Herbst 1984 demonstrierten Redakteure der satirischen Wochenzeitschrift „Le Canard Enchainé“, daß nicht nur öffentliche Informationen über den beigen Apparat zugänglich sind. Die Reporter hatten über Minitel die Datenbank der französischen Atomenergiebehörde CEA geknackt und Informationen über Projekte der nuklearen Sicherheitsbehörden, Planungen von Atomreaktoren und den Verbleib von Atommüll erworben.

In Italien erreichten die Manipulationen mit dem italienischen Btx-Pendant „Videotel“ eine Dimension, die mit dem Telekom-Skandal 1994 vergleichbar ist.

Am 11. Juli 1991 wurden 23 Personen festgenommen, die das Videotel-System für eine großangelegte Betrügerei benutzt hatten, bei der ein Schaden von über fünf Milliarden Lire entstanden war. Ein Teilnehmer kann im italienischen Videotel - wie im deutschen Btx - auch gebührenpflichtige Informationsseiten abrufen. Jeder Anbieter von gebührenpflichtigen Informationsseiten muß der staatlichen italienischen Telefongesellschaft (SIP) zwischen 20 und 25 Millionen Lire im Jahr zahlen. Dafür erhält er von der SIP die Gebühren der Teilnehmer, die bei der Benutzung seiner Informationsseiten anfallen. Die Gebühren zieht die SIP beim Teilnehmer wiederum über die monatliche Telefonrechnung ein.

Die Idee der Anbieter war einfach: Je mehr Interessenten gebührenpflichtige Informationsseiten abrufen, desto größer ist der Gewinn. Anstatt über interessante Inhalte oder Werbung die Abrufhäufigkeit ihrer Seiten zu erhöhen, förderten einige Anbieter die Entwicklung eines Schwarzmarktes für gebrauchte und ungebrauchte Videotel-Zugangskennungen mit dazugehörigen Paßwörtern, damit viele Computerbetrüger in den Besitz von fremden Zugangskennungen gelangten und die teuren Seiten, insbesondere die erotischen Angebote, ohne eigene Kosten aufrufen konnten. Die Strategie ging eine Zeitlang auch auf, denn wie erwartet stiegen bei den dubiosen Informationsanbietern der Umsatz und damit der Gewinn enorm an.

Aber nicht nur staatliche Anbieter von Online-Diensten werden von Betrügern aller Art heimgesucht, auch der amerikanische PC-Online-Informationsdienst CompuServe aus Ohio mit über 2,5 Millionen Mitgliedern ist vor kriminellen Umtrieben nicht gefeit. Eine als Spiel getarnte Schnüffelsoftware soll geheime Paßwörter von Benutzern ausspioniert haben. Nach einem Bericht der Zeitschrift „PC Professionell" vom April 1995 wurde ein Teilnehmer von einem anderen Teilnehmer unter dem Pseudonym „Frogman" gebeten, einen von ihm entwickelten Level des Computerspiels Doom zu testen. Allerdings lud sich der angesprochene Teilnehmer nicht nur das Spiel, sondern auch eine Batchdatei auf seinen Personalcomputer, die seine Initialisierungsdatei CIS.INI, in der seine CompuServe-Benutzerkennung und sein (verschlüsseltes) Paßwort abgespeichert sind, unter anderem Namen in das Doom-Verzeichnis kopierte. Diese Datei sollte der hilfsbereite Spieletester nach dem Test wieder an „Frogman" schicken. „Frogman" hätte diese Datei dann nur noch in CIS.INI umbenennen und in sein CompuServe-Verzeichnis kopieren müssen, um anschließend auf Kosten des freundlichen Spieletesters alle Dienste in CompuServe nutzen zu können.

Die Datei CIS.INI ist sowieso eine gravierende Sicherheitsschwäche der kostenlosen Zugangssoftware „Wincim" von CompuServe. Das 48 Hexadezimalzeichen lange, verschlüsselte Paßwort läßt sich mit jedem gewöhnlichen Texteditor aus der Datei CIS.INI auslesen und mit einem Hilfsprogramm, das wiederum über ein CompuServe-Forum bezogen werden kann, entschlüsseln. Über eine Änderung einer Ausgabeanweisung („show") in einer der Scriptdateien kann das Paßwort während des Anmeldevorgangs sogar im Klartext am Bildschirm angezeigt werden.

Datex-P: Eldorado für Hacker

Datex-P ist ein sogenannter „Datenpaketdienst“, der speziell für die Übertragung großer Datenmengen konzipiert wurde. Datex-P nutzt das Datexnetz, das seit 1967 aufgebaut wurde, um den höheren Anforderungen der digitalen Datenfernübertragung zu genügen. Gegenüber dem leitungsvermittelnden Datex-L handelt es sich bei Datex-P um einen paketvermittelnden Dienst nach dem international genormten X.25-Protokoll. Sender und Empfänger einer Nachricht sind bei Datex-P nicht direkt miteinander verbunden, sondern nur „virtuell“, d.h., es besteht lediglich eine logische Verbindung zwischen dem sendenden und dem empfangenden Rechner. Die zu übertragenden Daten werden dabei als Datenpakete mit der Adresse des Empfängers an eine Vermittlungsstelle (Netzknoten) gesendet und von dort über freie Datenverbindungen an weitere Netzknoten, bis das Paket an seiner Zieladresse angekommen ist.

Das erste nach diesem Prinzip arbeitende Netz wurde 1962 in den Vereinigten Staaten in Betrieb genommen. Die damalige Deutsche Bundespost führte 1980 mit Datex-P ebenfalls einen paketvermittelnden Dienst ein. Datex-P bedient heute rund 90.000 Teilnehmer, die mit Hilfe von rund 50 Netzknoten und zahlreichen Gateways (sog. „Auslandskopfvermittlungsstellen“) zu 200 anderen paketvermittelnden Netzen weltweit Daten versenden können.

Noch Jahre nach der Einführung galt Datex-P als das Eldorado für Hacker. In der deutschen Hacker-Szene kursierten haufenweise gestohlene NUIs (Network User Identification), mit denen die Hacker auf Kosten anderer das Datexnetz benutzen konnten. Die meisten NUIs wurden auf Messen gestohlen, indem Ausstellern beim Anmelden über die Schulter geguckt wurde. War ein Hacker einmal im Datexnetz, konnte er Tausende von Computern im In- und Ausland erreichen. Mit Hilfe des Datexnetzes und gestohlener NUIs gelang deutschen Hackern auch einer der spektakulärsten Fälle von Computerspionage. Einige Mitglieder des Hackerkreises „Chaos-Computer-Club, Leitstelle 511“ aus Hannover waren in über 30 Rechner von militärischen Einrichtungen in den Vereinigten Staaten eingedrungen und hatten die erspähten Daten über einen Mittelsmann an den sowjetischen Geheimdienst KGB in Ostberlin verkauft. Der Panorama-Chef Wagner sprach in einer ARD-Sondersendung vom 2. März 1989 vom „größten Spionagefall seit Guillaume“. Das amerikanische Verteidigungsministerium spielte den Fall dagegen herunter und behauptete, die Hacker hätten keinen Zugang zu „classified information“, also wirklich geheimen Daten, erlangt.

Die Computerspionage wurde nur durch die Hartnäckigkeit des amerikanischen Systembetreuers Dr. Clifford Stoll aufgedeckt. Der junge Astrophysiker kam 1986 als Systemadministrator beim Lawrence Berkeley Laboratory (LBL) in Kalifornien, eines der nationalen Forschungslaboratorien in den Vereinigten Staaten, aufgrund einer Differenz von 75 Cents zwischen dem System Accounting und dem eigenem Abrechnungssystem von LBL einem Hacker auf die Spur. Anstatt ihn abzuwehren, beobachtete und protokollierte Stoll über einen Zeitraum von zehn Monaten unbemerkt jede Bewegung des Hackers, um ihn letztendlich nach einer Verfolgungsjagd über die internationalen Datennetze auf frischer Tat zu ertappen. Die Geschichte dieser Jagd ließ eines der amüsantesten Bücher über Computerkriminalität entstehen: „The Cuckoo's Egg. Inside the World of Computer Espionage" (auch in deutsch unter dem Titel „Kuckucksei" erschienen).

Der Hacker nutzte einen Installationsfehler beim UNIX-Textverarbeitungsprogramm „GNU Emacs" aus, der ihm erlaubte, mit dem Befehl *movemail* auf alle Dateien des LBL-Computersystems zuzugreifen. Zum LBL-Rechner gelangte der Hacker über das gewöhnliche Telefonnetz, das ihm Zugang zum Datex-P-Inlandsnetz oder zum Rechner der Universität Bremen bzw. der Universität Karlsruhe bot. Von dort wählte er sich über das Datex-P-Auslandsnetz in das internationale Datennetz Tymnet, mit dem – ähnlich wie bei Datex-P – Computerdaten in Paketen zwischen verschiedenen Systemen ausgetauscht werden können. Gelegentlich nutzte er auch den Modempark der Elektronik- und Rüstungsfirma Mitre Corporation in McLean/Virginia, um über das amerikanische Fernsprechnetz zum LBL-Rechner zu gelangen.

Den LBL-Rechner nutzte der Hacker wiederum als Ausgangsbasis für weitere Exkursionen ins ARPAnet oder ins Milnet. Das ARPAnet dient der Kommunikation in der militärischen Forschung und wird – wie das Milnet, das ausschließlich den amerikanischen Streitkräften zur Verfügung steht – vom amerikanischen Verteidungungsministerium Pentagon unterhalten.

Auf seinen Exkursionen gelangte der Hacker in Computer an berühmten Orten wie Redstone Missile Command und Anniston Army Depot im US-Bundesstaat Alabama, Jet Propulsion Laboratory im kalifornischen Pasadena, Army Base Fort Buckner im japanischen Okinawa und White Sands Missile Range, unweit von Alamogordo, hinter dessen blendend weißen Hügeln am 16. Juli 1945 der erste Nuklearsprengsatz gezündet wurde. Sogar in die Datenbank OPTIMIS des amerikanischen Verteidigungsministeriums drang der Hacker mehrmals ein. Sein Interesse galt Informationen über die strategische Verteidigungsinitiative der Vereinigten Staaten (Strategic Defense Initiative) und Informationen zu Stichwörtern wie „nuclear", „stealth", „secret" oder „NORAD" (North American Air Defense Command), dem Kontrollzentrum für nukleare Verteidigung.

Aufgrund der Bestrebungen von Stoll und der Zusammenarbeit mit den amerikanischen Ermittlungsbehörden konnten die Hackeraktivitäten bis zu den Universitätsrechenzentren in Bremen und Karlsruhe zurückverfolgt werden. Die Ermittlungen der Deutsche Bundespost führten schließlich zu einem Teilnehmeranschluß in Hannover. Der Besitzer dieses Anschlusses, Markus Hess, wurde daraufhin am 23. Juni 1987 von der westdeutschen Polizei festgenommen und verhört. Da die Hausdurchsuchung jedoch erfolglos verlief, konnte die Staatsanwaltschaft aus Mangel an Beweisen keine weiteren Schritte einleiten, zumal die Fangschaltung der Deutschen Bundespost nicht richterlich genehmigt war. Die Ermittlungen wurden eingestellt.

Das ganze Ausmaß der Spionageaktivitäten wurde erst deutlich, als Stoll seine Aufzeichnungen im Mai 1988 in einem US-Fachblatt veröffentlichte. Zwei Mitglieder des Hackerrings, Hans Hübner und Karl Koch (Szene-Namen: „Pengo" und „Hagbard"), beichteten daraufhin im Sommer 1988 den Beamten des Bundesamtes für Verfassungsschutz den KGB-Deal. Ein kleiner Kreis von Hackern hatte im Spätsommer 1986 Kontakt zu einem Major („Sergej") des KGB im Büro der Handelsfirma „Mata Novic" in der Leipziger Straße 60 in Ostberlin aufgenommen und seine Dienstleistungen, zusammen mit einer Arbeitsprobe, angeboten. Die Arbeitsprobe bestand aus Quellcode von Originalsoftware, Computer-Anwahlnummern und geheimen Paßwörtern. Die Hacker erhielten auch prompt ihre erste Gage und so entwickelte sich zwischen den Hackern und dem KGB ein reger Austausch von Computerdaten gegen Geld. Mit der Entdeckung von Hess durch die Deutsche Bundespost im Juni 1987 hörte der Ost-West-Datenhandel aber schlagartig auf.

Fast zwei Jahre nach der ersten Festnahme des hannoveranischen Hackers schlug die Polizei im März 1989 erneut zu. Diesmal durchsuchte sie 14 Wohnungen und nahm sieben Hacker vorläufig fest. Einer der Haupttäter, der psychisch labile „Hagbard", beging daraufhin am 23. Mai 1989 unter mysteriösen Umständen Selbstmord. Im August 1989 wurde gegen drei Hacker Anklage wegen Verdachts auf gemeinschaftliche geheimdienstliche Agententätigkeit erhoben. In 25 Treffen mit dem Führungsoffizier in Ostberlin sollen die Hacker für ein Entwicklungssystem, diverse UNIX-Programme im Quellcode und Zugangsberechtigungen für zahlreiche Rechnersysteme rund 90.000 Mark kassiert haben. Im Februar 1990 wurden die drei Hacker vom Oberlandesgericht Celle zu milden Bewährungsstrafen verurteilt, insbesondere weil keine wertvollen Daten verraten wurden und kein nachweisbarer Schaden entstanden war.

Neben Hackerangriffen gefährden vor allem die Hauptkomponenten des Datexnetzes, also die Netzknoten und die Übertragungswege, die Vertraulichkeit und Verfügbarkeit des Datex-P-Netzes. Die Netzinfrastruktur mit ihren zahlreichen digitalen Systemen, wie den eigentlichen Netzknotenrechnern sowie den Rechnern zur Gebührenerfassung und Systemsteuerung, sind softwaregesteuert und müssen vom Personal der Telekom und der IT-Herstellerfirmen gewartet werden. Eine lückenlose Überwachung dieser Tätigkeiten ist dabei ebensowenig möglich wie eine Fehlerfreiheit der Software garantiert werden kann. Ebenso lassen sich Lauschangriffe gegen die Übertragungswege und -einrichtungen nicht völlig ausschließen, obwohl das Abhören der Übertragungsleitungen aufgrund der Aufteilung der Nachrichten in Pakete (Datagramme), die auf unterschiedlichen Wegen durch das Netz geleitet werden können, sehr aufwendig ist.

Digitaler Fortschritt: ISDN

Neben dem öffentlichen Fernsprechnetz können Wählverbindungen in Deutschland auch im Dienste-integrierenden digitalen Telekommunikationsnetz (Integrated Services Digital Network, kurz: ISDN) aufgebaut werden. Die Telekom hat dieses digitale Netz mit hohem Investitionsaufwand in relativ kurzer Zeit aufgebaut und flächendeckend die Vermittlungsstellen von EMD-Technik (Edelmetall-Motor-Drehwähler) auf DIV-Technik (Digitale Vermittlungsstelle) umgestellt. Da im ISDN das Fernsprech- und das integrierte Text- und Datennetz (IDN) mit den Diensten Telebox, Telex, Teletex und Datex-L bzw. Datex-P zusammengefaßt werden, fällt für die Telekom in Zukunft der Mehraufwand für zwei getrennte Netze weg. Darüber hinaus verspricht sich die Telekom von der digitalen Technik eine Reduzierung des Wartungsaufwandes.

Das digitale Telekommunikationsnetz ISDN soll durch eine hohe Grundgebühr vor allem Geschäftskunden ansprechen, da die Telekom diesen Dienst noch nicht für alle Teilnehmer zur Verfügung stellen kann. Der „weltweit erfolgreichste ISDN-Netzbetreiber" sonnt sich aber trotzdem schon gern im Glanze seines „Top-Produktes": Ende 1994 betrieb die Telekom nach eigenen Angaben eine halbe Million ISDN-Basisanschlüsse (2 ISDN-Kanäle) und 27.000 Primärmultiplexanschlüsse (30 ISDN-Kanäle). Bis Ende 1996 erwartet die Telekom eine Verdopplung der Zahl der ISDN-Anschlüsse.

Die Vorteile der digitalen Vermittlungstechnik für den Kunden sind vor allem die qualitativ bessere und schnellere Übertragung, die einheitlichen Standards und die zusätzlichen Leistungsmerkmale. Auch um die Sicherheit soll es im ISDN-Netz besser bestellt sein. Zwar werden als ISDN-Übertragungsmedien bisher nur zu einem geringen Prozentsatz Lichtwellenleiter verwendet, da die meisten ISDN-Verbindungen noch über das vorhandene Kupferkabel-Leitungsnetz laufen und damit ohne weiteres abhörbar sind; mittelfristig ist jedoch geplant, das Dienstleistungsangebot von ISDN, das zur Zeit mit einer Übertragungsgeschwindigkeit von 64 Kbit/s arbeitet, um breitbandige Übertragungsmöglichkeiten (bis 622 Mbit/s) zu erweitern, die auf einem flächendeckenden Einsatz von Lichtwellenleitern basieren.

Entsprechende Pilotprojekte sind bereits im Gange. Breitband-ISDN bietet eine Vielzahl von sicherheitstechnischen Vorteilen. Neben der hohen Abhörsicherheit ist vor allem die Unempfindlichkeit gegenüber den meisten elektromagnetischen Störungen zu nennen.

Als weiteres Sicherheitsmerkmal der digitalen Vermittlungstechnik verkauft die Telekom ihre Dienstoption automatische Rufnummeridentifikation, mit der ein angerufener ISDN-Teilnehmer bereits vor dem Zustandekommen einer Verbindung die Nummer der rufenden ISDN-Station erkennt, so daß die Identität des anrufenden Anschlusses sichergestellt werden kann. Das ISDN-Leistungsmerkmal Rufnummernanzeige läßt sich aber auch kommerziell verwerten. Da dem ISDN-Kunden bereits vor dem Zustandekommen einer Verbindung die Rufnummer des Anrufers auf dem Display des Telefons angezeigt wird, besteht für den Angerufenen die Möglichkeit, über ein digitales Telefonbuch in Sekundenschnelle den Namen und die Adresse des Anrufers herauszufinden.

Auch bei Anrufen von Beratungsstellen garantiert die Rufnummernanzeige nicht mehr die gewünschte Anonymität. Der deutsche Standard-ISDN-Anschluß bietet im Gegensatz zum Euro-ISDN noch nicht einmal die Möglichkeit, die Rufnummernanzeige fallweise mit der Sterntaste zu unterdrücken. Der ISDN-Kunde muß auf dieses Dienstmerkmal entweder ganz verzichten oder es immer tolerieren.

Wie bereits in den vorherigen Abschnitten angesprochen, wird die Verfügbarkeit der digitalen Übertragungstechnik auch von Fehlern in den riesigen Softwarepaketen bedroht, die zur Steuerung der Vermittlungsrechner, TK-Anlagen und Netzmanagement-Einheiten notwendig sind. Ein Programmfehler in einem neuen Software-Release führt nicht nur zum Absturz des TK-Rechners, sondern auch zur Unterbrechung aller aufgebauten Verbindungen.

Eine gravierende Lücke im Datenschutz ergibt sich aus der „Notwendigkeit", für Abrechnungszwecke auf den Festplatten der TK-Anlagen oder auf separaten Gebührenrechnern sämtliche Gesprächsdaten, wie Zeit und Datum des Gespräches, Quell- und Zielrufnummer sowie Dauer des Gesprächs, mehrere Monate lang zu speichern. Diese Daten sind nicht nur für den Verfassungsschutz und Ermittlungsbehörden interessant, sondern auch für Marketingzwecke, zumal diese digitalen Gebührendaten wiederum digital ausgewertet werden können.

Da Gebührendaten personenbezogene Daten im Sinne des BDSG sind, ist der Zugang zu diesen Daten zwar besonders zu schützen, allerdings ist dieser Schutz in der Praxis nur schwer zu gewährleisten. Zumindest die Systemadministratoren und Techniker können die softwaremäßig installierten Schutzmechanismen meist umgehen. Darüber hinaus sind auf EU-Ebene bereits Bestrebungen im Gange, den bisherigen Schutz personenbezogener Telekommunikationsdaten durch eine ISDN-Richtlinie, die im Entwurf in Brüssel bereits vorliegt, erheblich aufzuweichen.

Welche Möglichkeiten die digitale Vermittlungstechnik bietet, zeigt der Procter & Gamble-Fall besonders deutlich. Die Journalistin A. Swasy enthüllte 1991 in einem Artikel im Wall Street Journal geheime Unternehmensinformationen über Procter & Gamble Co. in Cincinnati. Der Konzern bewirkte daraufhin im Juni 1991 einen Gerichtsbeschluß, um die digital gespeicherten Daten von allen Anrufen der letzten drei Monate, die von den 655.000 Anschlüssen in der Gegend von Cincinnati getätigt worden sind, von der Telefongesellschaft Cincinnati Bell zu erhalten.

Diese Datensätze wertete Procter & Gamble dann nach Anrufen zum Büro und zur Privatwohnung der Journalistin aus. Anhand der Auswertungen konnte Procter & Gamble nachweisen, daß auch ein ehemaliger Manager mit dieser Journalistin telefoniert hatte. Dieser Manager geriet daraufhin in Verdacht, die Informationen weitergeleitet zu haben.

(Un)sichere Mobilfunknetze

1958 wurde mit dem sogenannten „A-Netz“ das erste bundesweite Mobilfunknetz eingeführt. Es folgten B, B2, C, D1, D2 und das E1-Netz. Seit dem D-Netz ist der gesamte Netzbetrieb digitalisiert und in Ansätzen liberalisiert. Eine Tochter der deutschen Telekom und Mannesmann konkurrieren im D-Netz, zusätzlich wird unter der Konsortialführerschaft von Thyssen das digitale E1-Netz aufgebaut. Nach den jüngsten Plänen der Strategen in den Zentralen der neuen und alten Telefonkonzerne soll ab dem Jahr 2000 sogar die mobile, erdumspannende Telephonie mit Hilfe von Satelliten möglich sein. Vier internationale Konsortien wetteifern mit Milliardenaufwand um einen neuen Milliardenmarkt: Iridium, Globalstar, Odyssey und Inmarsat. Auch die deutsche Telekom investiert in diese Zukunftsmärkte und beteiligte sich über ihre Tochter DeTeMobil mit 94 Millionen Dollar oder 6,7 Prozent an Inmarsat.

Die rasante Entwicklung der digitalen Mobilfunknetze scheint die kühnen Pläne der Konzernstrategen zu bestätigen. Anfang 1995 waren bereits über 1,6 Millionen Deutsche ortsunabhängig und digital miteinander verbunden, dazu kommen über 700.000 Altkunden aus dem analogen C-Netz. Mängel bei der Verfügbarkeit, Vertraulichkeit und Mißbrauchssicherheit nehmen die Kunden dabei scheinbar in Kauf.

Die D-Netz-Betreiber werben zwar mit flächendeckender Versorgung und der Möglichkeit, in über 20 Staaten grenzenlos mobil telefonieren zu können, im praktischen Einsatz wird das Versprechen der jederzeitigen digitalen Erreichbarkeit allerdings stark relativiert. So ist der Handy-Besitzer in vielen umweltfreundlichen Verkehrsmitteln nicht erreichbar. Kunden der Deutschen Bahn können bei einer Fahrt mit dem ICE ihre Handies gleich ausschalten. Die metallbedampften Scheiben des High-Tech-Zuges schirmen elektromagnetische Wellen ab. Empfangsschwierigkeiten drohen auch in den meisten städtischen U-Bahnen.

Im Gegensatz zum analogen C-Netz, das im Prinzip keinen Schutz gegen unrechtmäßiges Abhören bietet, haben sich die digitalen Anbieter schon frühzeitig Gedanken um den Abhörschutz im D-Netz gemacht. Das D-Netz ist Bestandteil eines im 900 MHz Band betriebenen, gesamteuropäischen Mobilkommunikationssystems mit dem Namen GSM (Groupe Spéciale Mobile). GSM bietet zum ersten Mal im kommerziellen Bereich einen Ländergrenzen überschreitenden Sicherheitsmechanismus, der unter anderem die Teilnehmeridentität und die Vertraulichkeit der Benutzerdaten gewährleistet. Die digitalen Signale werden im D-Netz nicht kontinuierlich übertragen, sondern nach einigen Codierungsvorgängen und einem Verschlüsselungsvorgang in kurze Signalfolgen unterteilt, die als Datenpakete versendet werden. Zusätzlich wird jedes Gespräch mit einer individuellen Teilnehmerkennung (temporäre Identität) versehen, so daß ein einmaliges Entschlüsseln des Codes einem potentiellen Abhörer für zukünftige Angriffe nichts nutzt. Das Verschlüsselungsverfahren ist so stark, daß angeblich selbst die

Ermittlungsbehörden derzeit nicht in der Lage sind, Gespräche in den digitalen Mobilfunknetzen online abzuhören. Der ursprüngliche Inhalt ist aus den codierten Funksignalen nur mit einer aufwendigen Spezialtechnik herauszufiltern. Schwierigkeiten bereitet den Sicherheitsbehörden darüber hinaus auch die Ermittlung des Besitzers einer Funktelefonnummer, da die Diensteanbieter zu Auskünften nicht verpflichtet sind und Funktelefone europaweit eingesetzt werden, also auch bei einem ausländischen Netzbetreiber registriert sein können.

Alle Mobilfunktelefone ermöglichen aber eine Peilung des mobilen Teilnehmers, da die sich gradlinig ausbreitenden elektromagnetischen Wellen Richtungsinformationen in sich tragen. Durch einfachste Peiltechniken kann somit der Aufenthaltsort eines Teilnehmers bestimmt und Bewegungsprofile erstellt werden. Benötigt werden lediglich zwei Peilsender an unterschiedlichen Orten. Die Peilung von einer einzigen Stelle ergibt eine Linie, auf der sich der gesuchte Teilnehmer befindet; die andere Peilstelle ergibt eine zweite Linie. Der Schnittpunkt dieser beiden Standlinien ist der Aufenthaltsort des Mobilfunkteilnehmers.

Trotz erhöhter Mißbrauchssicherung bereitet den deutschen Service Providern und Netzbetreibern der zunehmende Telefonbetrug, der 1994 Schäden von über 100 Millionen Mark verursachte, erhebliche ökonomische Sorgen. Auf europäischer Ebene wird die Schadenshöhe auf 250 Millionen Mark, in den Vereinigten Staaten auf 500 Millionen Mark geschätzt. Allein in Großbritannien werden jeden Monat rund 15.000 Handies gestohlen. Eines der berühmtesten Opfer war der Pop-Sänger Phil Collins, dessen Mobilfunk-Telefonrechnung sich plötzlich auf über 3.000 englische Pfund belief, nachdem ihm sein Handy gestohlen worden war.

Im C-Netz war Telefonbetrug jahrelang ein Kinderspiel. Die erste Generation der C-Netz-Berechtigungskarte, die in das Funktelefon eingeführt werden mußte und die Telefonnummer und den Rechnungsempfänger festlegte, konnte mit einem handelsüblichen Schreib-Lese-Gerät für Magnetkarten auf jede Blanko-Magnetstreifenkarte kopiert werden. Anschließend mußte noch das Sicherheitsmerkmal (ein kleines Loch) in die gefälschte Magnetkarte gebohrt werden und schon erfüllte die selbsterstellte Karte dieselbe Funktion wie das Original. Um an eine Kopiervorlage zu gelangen, brauchten potentielle Betrüger sich nur einen Wagen mit Funktelefon bei einer Autovermietungsgesellschaft zu mieten.

Die Authentifizierung der Teilnehmer im D-Netz ist wesentlich ausgefeilter. Sie erfolgt über eine Chipkarte (SIM = Subcsriber Interface Module), auf der die Rufnummer, eine international eindeutige Teilnehmerkennung, ein geheimer Authentifikationsschlüssel und ein geheimer Authentifikationsalgorithmus, der die temporären Sitzungsschlüssel zur Chiffrierung der Signalisierungsdaten generiert, gespeichert sind. Die Telefonbetrüger nutzen daher eine andere Schwachstelle des Systems aus. Da die Chipkarte, auch Telekarte genannt, meist zusammen mit dem Telefon über den Fachhandel verkauft wird, reichen gefälschte Papiere, um in den Besitz der begehrten Telekarte zu gelangen. Viele Funktelefonverkäufer, die in erster Linie auf ihre Verkaufsprovisionen schielen, geben die Telekarten häufig ohne gründliche Identitäts- und Bonitätsprüfungen an Kunden heraus. Die meist ausländischen Täter verkaufen die ergaunerten Telekarten anschließend entweder auf dem grauen Markt oder bieten Landsleuten kostengünstige Telefonate in die Heimat an. In deutschen Großstädten mit hohem Ausländeranteil, wie Berlin und Frankfurt, sollen bereits „professionelle“ Vermittlungsservices für Ferngespräche existieren. Auch in der Nähe von Asylantenheimen sind solche illegalen Einrichtungen anzutreffen. Die Kunden zahlen für das Gespräch nur eine geringe Gebühr, weil die Telekarte, mit der das Gerät betrieben wird, entweder überhaupt nicht oder falsch registriert ist. Die meist fünfstelligen Monatsrechnungen gehen unzustellbar an den Netzbetreiber zurück. Bis der Netzbetreiber schließlich merkt, daß seine Forderungen uneinbringlich sind, summierte sich der Schaden in der Vergangenheit schnell auf schwindelerregende Beträge von bis zu 200.000 Mark. Allerdings vermuten schon einige Fachleute, daß die als sehr sicher geltenden Telekarten - angesichts der enormen Anzahl von illegalen Karten auf dem Markt - eventuell doch von Betrügern duplizier- oder kopierbar sein könnten.

Die Deutsche Telekom Mobilfunk GmbH (DeTeMobil), eine Tochter der deutschen Telekom AG und mit rund 1,6 Millionen Kunden Marktführer auf dem Gebiet der Funktelefone, hat als Reaktion auf die sich häufenden Mißbrauchs- und Betrugsfälle in seinen Funknetzen C und D1 eine spezielle Abteilung mit der Bezeichnung und Aufgabe „Mißbrauchserkennung/Betrugsverhinderung“ gegründet. Auch der Verband der Anbieter von Mobilfunkdiensten (VAM) hat einen Ausschuß eingerichtet, der Abwehrmaßnahmen gegen Telefonbetrüger entwickeln soll. Andere Service Provider haben die zahlreichen Mißbrauchsfälle aus der Vergangenheit bereits zum Anlaß genommen, um verschärfte Vorsichtsmaßnahmen zu treffen. Eine Variante: Übersteigen die Telefonkosten eines Neukunden den Betrag von 200 Mark pro Tag, wird der Anschluß bei einigen Service Providern automatisch abgeschaltet, zum Teil ohne Vorwarnung. In den Vereinigten Staaten setzen die Netzbetreiber dagegen auf umfangreiche computergestützte Netzkontrollen, bei denen Kundenprofile erstellt und Verbindungsdaten laufend analysiert werden. Telefoniert ein Kunde beispielsweise innerhalb eines kurzen Zeitraumes von zwei Orten, die in dieser Zeit nicht per Auto, Bahn oder Flugzeug erreicht werden können, wird der Anschluß automatisch gesperrt. Da Software bekanntlich nicht fehlerfrei ist, werden sicherlich noch einige Überraschungen auf die Mobilfunk-Kunden zukommen. Einige Fälle, bei denen der Anschluß legitimer Kunden gesperrt wurde, sind bereits bekanntgeworden.

Schlechte Erfahrungen mit Softwarefehlern hat auch der Service Provider Debitel aus Stuttgart gemacht. Erst Anfang 1994 bemerkte die Daimler-Tochter, daß durch einen Computerfehler den Kunden bislang keine Gebühren für den Dienst Rufumleitung berechnet worden sind. Prompt wurden Rechnungen nachgedruckt und an die betroffenen Kunden verschickt. Die Nachforderungen erreichten in einigen Fällen einen Betrag von mehreren tausend Mark für das Jahr 1993. Nach massiven Kundenprotesten zog Debitel seine Zahlungsansprüche wieder zurück und berechnete allen Kunden nur die Rufumleitungen für den Monat Dezember 1993.

Internet: Fahrschule für Hacker

Das Internet ist ein Zusammenschluß von privatwirtschaftlichen, wissenschaftlichen, militärischen und behördlichen Einzelnetzwerken, die untereinander Daten austauschen können. Vorgänger des Internets war das ARPAnet (ARPA - Advanced Research Projects Agency). Das ARPAnet wurde am 2. Januar 1969 vom US-Verteidigungsministerium initiiert, um sicherzustellen, daß selbst im Fall eines atomaren Angriffs die überlebenden Wissenschaftler und Militärs weiterhin miteinander kommunizieren können. Erreicht wurde dieses Ziel dadurch, daß das ARPAnet ohne zentrale Vermittlungsstationen arbeitet, sondern die einzelnen Computer (Knoten), die das Netzwerk bilden, diese Vermittlungsaufgaben dezentral übernehmen. Analog zu Datex-P werden die zu übertragenden Daten in kleine Pakete zerlegt und mit einer elektronischen Adresse versehen. Über die vorhandenen freien Leitungen und Knoten werden die Datenpakete versendet und am Zielort wieder richtig zusammengesetzt. Somit kann eine Nachricht selbst bei einem Teilausfall des Netzes über Umwege ihr Ziel erreichen.

Obwohl das ARPAnet anfänglich nur vier Rechnersysteme, darunter Rechner des MIT in Boston und der University of California in Los Angeles, miteinander verbinden sollte, wurden in den folgenden Jahren weitere Rechner von Universitäten und Forschungseinrichtungen in das ARPAnet integriert. 1983 wurde aus dem ARPAnet das Milnet für militärische Anwendungen abgespalten, um eine Trennung von allgemein wissenschaftlichem und militärischem Netz zu erreichen. Das heutige Internet geht auf die Verbindung zwischen dem ARPAnet und dem Milnet zurück, dem DARPA Internet (DARPA - Defense Advanced Research Project Agency). Die Leistungsfähigkeit des Internets wurde 1986 wesentlich erhöht, als die US-Regierung mit dem Aufbau einer schnellen Datenverbindung zwischen Supercomputern an fünf Universitäten der Vereinigten Staaten begann, dem NSFnet (National Science Foundation). Das NSFnet bildet heute eine von mehreren zentralen Verbindung (Backbone) des Internets, über die ein Großteil des Datenverkehrs läuft.

Obwohl das Internet ursprünglich als reines Forschungsnetz gedacht war und wesentliche Teile mit Steuergeldern finanziert wurden, nutzen in jüngster Zeit vermehrt Unternehmen das Internet als Kommunikationsmittel und als Werbemedium. Durch die Entwicklung von grafischen Oberflächen, insbesondere des World-Wide-Web (WWW), das 1992 am Kernforschungszentrum CERN entwickelt wurde, ist der Zugang zum Internet inzwischen auch für große Teile der Bevölkerung attraktiv geworden. Auch in Deutschland können Privatanwender mittlerweile kostengünstig Zugang zum Internet erhalten. Neben Universitätsrechenzentren bieten für den nichtstudierenden Benutzer insbesondere Online-Dienste (AOL, CompuServe, T-Online) sowie private Vereine und Firmen (DFN-

Verein, Eunet Deutschland GmbH, Individual Network e.V.) preiswerte Zugangsmöglichkeiten ins Internet an.

Bereits heute eröffnet der weltumfassende Rechnerverbund Internet dem Anwender ein riesiges Angebot an Informationen und Ressourcen. Das Internet verbindet nach einer Schätzung der Internet Society 45.000 eigenständige Teilnetze mit rund vier Millionen Rechnern. Zugang zu diesem weltweit größten Rechnernetz besitzen nach groben Schätzungen zwischen 20 und 40 Millionen Anwender. Nach einer Umfrage des Marktforschungsunternehmens Nielsen Media Research haben allein mehr als zehn Prozent der erwachsenen Amerikaner und Kanadier das Internet in den letzten drei Monaten mindestens einmal genutzt. Da über die Hälfte der Internet-Nutzer über eine Universitätsausbildung und damit meist überdurchschnittliche Einkommen verfügen, erschließt das Internet den Unternehmen ein interessantes Marktpotential. Das Marktvolumen des Internets, das aktuell auf rund zehn Milliarden Dollar geschätzt wird, soll bis zur Jahrtausendwende 200 Milliarden Dollar betragen.

Von E-Mail, TCP/IP, WWW und anderen Diensten

Technisch gesehen basiert das Internet auf dem Netzwerk-Protokoll TCP/IP (Transmission Control Protocol/Internet Protocol). Jeder Rechner im Internet verfügt über eine weltweit eindeutige Internet Protocol-Adresse (IP-Adresse). Diese Adresse, über die jeder Rechner im Netz erreicht werden kann, ist vier Bytes lang und besteht aus in Dezimalzahlen umgewandelten Bytes in der Form 130.10.72.68. Aus memotechnischen Gründen besitzt jeder Rechner außerdem eine symbolische Adresse der Form *ftp.microsoft.com*, wobei *ftp* der Name des Rechners, *microsoft* die Netzwerkzone (domain) und *com* (commercial) das sogenannte „Top Level Domain" ist. Die Top Level Domain *com*, *gov* (government) und *edu* (education) deuten in den Vereinigten Staaten die Art der Institution an, in Europa bildet der Ländercode (*de* für Deutschland) das Top Level Domain.

Der eigentliche Datenaustausch findet über die geschichtete Protokollarchitektur TCP/IP statt. Die IP-Schicht sorgt dafür, daß die in kleine Pakete (Datagramme) aufgeteilten Daten auf dem optimalen Weg vom Sender zum Empfänger übertragen werden, während die TCP-Schicht die Daten in Datagramme aufteilt, an die IP-Schicht des sendenden Rechners weiterreicht und auf der Empfangsseite die Einzelpakete von der IP-Schicht wieder entgegennimmt und richtig zusammensetzt.

Im Internet stehen dem Anwender verschiedene Dienste zur Verfügung, die die Kommunikation im Netz erleichtern. Die bekanntesten klassischen Dienste sind:

- ❑ E-Mail
- ❑ FTP (File Transfer Protocol)

- Telnet
- Usenet

E-Mail dient der Übertragung von Textzeichen zwischen verschiedenen Rechnern im Internet. Als Übertragungsprotokoll wird in der Regel SMTP (Simple Mail Transport Protocol) verwendet. E-Mail ist einer der beliebtesten Dienste im Internet. Obwohl E-Mail ursprünglich nur zum Versand von Nachrichten konzipiert wurde, lassen sich prinzipiell auch kleinere Programme oder Grafiken versenden, soweit sie als ASCII-Datei darstellbar sind. Die Adressierung eines E-Mails ist ähnlich unkompliziert wie bei allen anderen Internet-Diensten: Der Internet-Adresse muß lediglich der Benutzername hinzugefügt werden – beispielsweise gates@ftp.microsoft.com, um den Chef der Firma Microsoft zu erreichen. Sogar Adressen aus fremden Netzwerken lassen sich per E-Mail adressieren. So kann ein CompuServe-Anwender mit der Teilnehmernummer 75258,1511 vom Internet über 75258.1511@compuserve.com erreicht werden, da sich der Gateway-Rechner „compuserve.com" um die netzwerkspezifische Adreßumsetzung kümmert. Gleiches gilt für einen T-Online-Teilnehmer mit der Teilnehmernummer 000915751284, der über das Internet unter der E-Mail-Adresse 000915751284@T-Online.de erreichbar ist.

Obwohl E-Mail eine der verbreitetsten Internet-Anwendung ist, sind die komplexen E-Mail-Programme (z.B. Sendmail) oftmals schwierig zu konfigurieren. Die Installationen früherer Versionen von E-Mail-Software enthielten häufig sicherheitsrelevante Konfigurationsfehler, die Hackern unerlaubte Zugangsmöglichkeiten mit höchsten Administratorrechten boten. Daneben eröffnet E-Mail noch eine weitere Angriffsmöglichkeit, die wie beim Telefax aus der Manipulationsmöglichkeit der Absenderinformationen resultiert. Ein elektronischer Brief besteht aus einem Kopf, der Informationen über Empfänger, Sender, Sendedatum, etc. enthält, und einem Rumpf mit dem eigentlichen Text. Da die Absenderinformationen im E-Mail-Kopf jedoch manipulierbar sind, können Netzteilnehmer mit „E-Mail-Bomben" belästigt werden, ohne daß die Herkunft der elektronischen Briefe festgestellt werden kann.

E-Mail-Bomben von einer Gruppierung mit dem Namen „Internet Befreiungsfront" terrorisierten im November 1994 beispielsweise den amerikanischen Journalisten Josh Quittner. Alle paar Sekunden erhielt er von manipulierten Rechnern unbeteiligter Firmen E-Mail-Botschaften, deren Inhalt sich mit „kapitalistischen Schweineunternehmen" beschäftigte, die das Internet in eine „profitsüchtige Jauchegrube" verwandeln würden.

Durch die Möglichkeit die Absenderdaten in E-Mails zu verändern, besteht auch die Gefahr von gefälschten E-Mail-Nachrichten, die einen falschen Sender der E-Mail vortäuschen. So tauchen insbesondere am 1. April immer wieder gefälschte E-Mail-Botschaften auf. Berühmt geworden ist die gefälschte E-Mail vom damaligen russischen Außenminister Chernenko, der allen Lesern verkündete, daß die UdSSR seit dem 1. April 1984 ebenfalls im Internet vertreten sei. Ein gefälschtes

E-Mail führte am 25. August 1987 sogar zur vorzeitigen Freilassung des angeblichen Drogendealers William Londono aus dem Bezirksgefängnis von Los Angeles. Ein bis heute Unbekannter mit Zugang zum Computersystem des Gefängnisses hatte die E-Mail offenbar erstellt.

FTP ist ein Verfahren, mit dem Daten zwischen verschiedenen Rechnern ausgetauscht werden können. Im Gegensatz zu E-Mail können mit FTP größere Datenmengen in beiden Richtungen übertragen werden. Die Daten werden dabei betriebssystemunabhängig übertragen. So kann eine MS-DOS-Datei, die auf einem UNIX-Rechner abgelegt ist, problemlos auf ein MVS-System kopiert werden. FTP-Anwendungen erzeugen den meisten Datenverkehr im Internet, da über FTP im Internet auf die unvorstellbare Menge von schätzungsweise zehn Terabyte (10.000 Gigabyte) zugegriffen werden kann. Am häufigsten wird FTP zum Bezug von Software als „anonymous FTP" angewandt. Hierbei kann sich ein Anwender unter der Benutzerkennung „anonymous" in vielen Rechnern weltweit einwählen und Dateien von diesen Rechnern kopieren.

Wie bei den meisten E-Mail-Anwendungen werden die Daten per FTP unverschlüsselt übertragen. Darüber hinaus können fehlerhaft konfigurierte „anonymous-FTP-Zugänge" die Sicherheit von FTP-Servern gefährden, falls beispielsweise das *root*-Dateisystem nicht ausreichend geschützt ist. Für den Systembetreuer eines FTP-Servers kann sich sogar ein lizenzrechtliches Risiko ergeben, wenn sich auf seinem Server illegale Kopien von Programmen befinden, die unbemerkt auf den FTP-Server kopiert wurden und von anderen Benutzern heruntergeladen werden können. Wie diese Programme auf den Server kamen, interessiert hinterher niemanden mehr.

Mit Hilfe von Telnet kann sich ein Anwender über einen einheitlichen Übertragungsstandard von seinem Rechner aus an einen anderen entfernten Rechner einwählen. Der Anwender gibt lediglich den Rechnernamen oder die IP-Adresse des Zielrechners vor und Telnet stellt die Verbindung zum gewünschten Zielrechner her. Nach Eingabe einer gültigen Benutzerkennung und dem dazugehörigen Paßwort, kann der entfernte Nutzer diesen Rechner prinzipiell wie ein lokaler Nutzer verwenden. Meistens startet jedoch eine Menüoberfläche oder ein anderes Programm, z.B. eine Mailbox oder eine Online-Datenbank, so daß dem Besucher nur definierte Befehle zur Verfügung stehen.

Telnet gilt als sehr unsicherer Dienst, da alle Daten einschließlich des Paßwortes unverschlüsselt übertragen werden und damit leicht abhörbar sind. Darüber hinaus sind im Herbst 1993 manipulierte Telnet-Programme im Internet aufgetaucht, die alle Login-Vorgänge abfingen und für spätere Attacken speicherten.

Als Netnews wird die Gesamtheit aller Nachrichten aus den rund 10.000 Diskussionsforen (News Groups) im Internet bezeichnet. Der zugehörige Dienst Usenet, der entweder über das Protokoll UUCP (Unix to Unix Copy Protocol) oder über das Protokoll NNTP (Network News Transfer Protocol) abgewickelt werden kann, erlaubt die Teilnahme an diesen weltweiten Diskussionsforen. Die Teilnehmer der News Groups diskutieren über alles Mögliche, von Softwareproblemen über Hobbys bis zu politischen Themen.

Neben diesen vier traditionellen Grunddiensten haben sich in jüngster Vergangenheit erweiterte Dienste, wie Archie, gopher und das World-Wide-Web herausgebildet, mit denen sich die auf vielen Rechnern im Internet verstreut liegenden Informationen komfortabel abfragen lassen. Archie ist ein Datenbanksystem, in dem Informationen über eine Vielzahl von anonymen FTP-Servern gespeichert werden und das gezielt nach Informationen durchsucht werden kann. Ein deutscher Anwender kann sich beispielsweise an die Adresse archie@th-darmstadt.de wenden, um herauszufinden, welche FTP-Server eine von ihm gesuchte Datei bereitstellen. Die Client-/Server-Anwendung gopher unterstützt den Benutzer ebenfalls bei der Suche nach bestimmten Informationen im Internet. Mit gopher kann sich der Anwender über einen hierarchisch strukturierten Menübaum zu den gewünschten Daten hangeln. gopher baut auf Anforderung des Benutzers eine Verbindung von der auf dem Rechner des Benutzers befindlichen Version des Programmes (Client) zum entsprechenden Programm des Rechners (Server) auf, der die gewünschte Information vorhält. Der Client erhält dann vom Server eine Auswahlliste der verfügbaren Informationen mit den Namen der entsprechenden Dateien. Aufgrund einer Schwachstelle kann – falls das Programm auf dem Server standardmäßig installiert ist – der gopher-Client so manipuliert werden, daß er Dateien anfordert, die vom gopher-Server gar nicht angeboten werden und auch nicht angeboten werden sollen. Die Vertraulichkeit der Dateien auf dem Server ist damit nicht mehr gewährleistet.

Mit Einführung der Client-/Server-Anwendung World-Wide-Web (WWW) gelang dem Internet der Durchbruch zum Massenkommunikationsmedium. WWW gilt aufgrund seiner intuitiven graphischen Oberfläche als einer der am einfachsten zu bedienenden Internet-Dienste. Das World-Wide-Web präsentiert dem Anwender alle verfügbaren Informationen in einem Netz von weltweit untereinander verknüpften WWW-Servern in Form von sogenannten „Hypertext“-Dokumenten. Hypertext-Dokumente erlauben über markierte Wörter oder Grafiken (Hyperlinks) den Aufruf weiterer Bildschirmseiten (Webpages), ohne daß sich der Anwender darum kümmern muß, auf welchem Rechner sich die gewünschten Informationen befinden. Diese Aufgabe übernehmen URLs (Uniform Resource Locator), die den Namen des Zielrechners, den Dateinamen und die Art des Dienstes festhalten. Der Zugriff auf die Informationen wird über HTTP (Hypertext Transfer Protocol) realisiert. Um im WWW zu navigieren, wird ein sogenannter „Browser“ benötigt, mit dem sich die WWW-Bildschirmseiten abrufen lassen. Die Software Netscape Navigator der amerikanischen Firma Netscape Communications Corp. ist derzeit der meistgenutzte Internet-Browser.

Wegen seiner Offenheit steht das Internet immer wieder in den Schlagzeilen. Der erste umfassende Angriff auf das Internet fand Ende 1988 statt. Seitdem reißt die

Kette der Angriffe nicht ab. Die Offenheit des Netzes beflügelt offenbar die kriminelle Phantasie vieler selbsternannter Hacker.

Der legendäre Internet-Wurm

Am 2. November 1988 infizierte ein sich selbst verbreitendes Computerprogramm, ein sogenannter „Wurm", im Internet über 6.000 SUN- und VAX-Computersysteme unter den Betriebssystemen SunOS und Ultrix (beides Derivate von BSD UNIX 4.2 oder 4.3) und verursachte dadurch einen Gesamtschaden von schätzungsweise 95 Millionen Dollar. Das Internet wurde damals noch überwiegend von Forschungseinrichtungen der amerikanischen Armee und Universitäten genutzt, die meist Rechner der Firmen DEC und Sun Microsystems einsetzten. Zu den Geschädigten gehörten viele berühmte Einrichtungen, wie

- die Raumfahrtbehörde NASA in Kalifornien,
- das Verteidigungsministerium in Washington,
- die Carnegie Mellon University in Pittsburgh,
- die Hochschulen Stanford und Berkeley,
- die Universitäten von Illinois und Wisconsin sowie
- das MIT in Boston.

Der Internet-Wurm konnte sich so rasant ausbreiten, weil er verschiedene Angriffsstrategien anwandte. Als erstes versuchte das Wurmprogramm über das UNIX-Kommando *rsh* in einen noch nicht infizierten Internet-Rechner einzudringen. Der Angriff über *rsh* war jedoch nur erfolgreich, wenn der Rechner die entfernte Ausführung des Kommandos *rsh* ohne Paßwort erlaubte. In den meisten Fällen nutzte der Internet-Wurm jedoch Schwachstellen in den Dienstprogrammen *sendmail* oder *fingerd* des Betriebssystems BSD UNIX aus.

Das Programm *sendmail* ermöglicht einem Benutzer ohne Login-Zugang Nachrichten und Daten von entfernten Rechnern zu empfangen oder an andere Rechner zu versenden. Über die wenig bekannte Debug-Option konnte *sendmail* veranlaßt werden, eine in einer Nachricht eingefügte Folge von Systemanweisungen (Shell-Script) nicht als elektronischen Brief, sondern wie ein Programm zu behandeln und an einen Befehlsinterpreter (Shell) weiterzuleiten. Diese Option nutzte der Internet-Wurm aus und sandte, nachdem durch ein Kommando die Adreßdaten im Kopf (Header) der elektronischen Nachricht entfernt worden waren, das verbliebene Shell-Script zum Interpreter. Der Interpreter übersetzte die Kommandoprozedur, wodurch ein zweites Shell-Script erzeugt wurde, das die Übertragung von rund 20 weiteren Programmdateien vom sendenden an den empfangenden Rechner veranlaßte. Diese ablauffähigen Programmdateien wurden dann mit der C-Programmbibliothek verbunden, als temporäre Datei abgelegt und unter dem Namen „sh" ausgeführt. Ergebnis: Ein neuer Wurm war entstanden!

Alternativ wurde vom Computerwurm auch das Dienstprogramm *fingerd* („Finger Daemon") verwendet, um den Befehlsinterpreter eines Rechners zur Reproduktion des Wurmes zu veranlassen. Das Dienstprogramm *fingerd* liefert Informationen über die aktiven Benutzer. *Fingerd* kann wie *sendmail* über ein sogenanntes „TCP-Kommunikationsport" ohne Autorisierung in Anspruch genommen werden. Das Dienstprogramm benutzt für die angeforderten Informationen einen 512 Byte großen Eingabepuffer, dessen Überschreitung aber nicht abgefangen wurde. Diesen Programmfehler nutzte der Internet-Wurm, indem er mit einer 536 Bytes langen Zeichenkette die hinter der 512-Byte Grenze liegende Dateispezifikation des auszuführenden Informationsprogrammes (*usr/usb*) durch den Namen des Standard-Befehlsinterpreters (*bin/sh*) ersetzte, der daraufhin aktiviert wurde. Wie bei *sendmail* konnten damit die übermittelten Daten interpretiert und weitere Objektdateien an den Zielcomputer übertragen werden.

Damit nicht genug: Der Internet-Wurm knackte anschließend auch noch die Paßwortdateien der infizierten Rechner, um sich höhere Benutzerrechte zu erschleichen. Dazu machte sich das Wurmprogramm die bereits beschriebene Schwachstelle der damaligen UNIX-Systeme zu nutze, daß nämlich die Datei *etc/passwd*, in der die Benutzerkennungen und die verschlüsselten Paßwörter stehen, von allen Benutzern gelesen werden kann. Eine Programmkomponente des Internet-Wurms las die Benutzerdaten aus der *etc/passwd* und versuchte, die verschlüsselt abgespeicherten Paßwörter nach der „Wörterbuchmethode" zu knacken. Dazu verglich das Programm die verschlüsselt abgespeicherten Paßwörter mit ebenfalls verschlüsselten Wörtern aus einem eigenen Wörterbuch, das eine Liste mit 432 gängigen Paßwörtern, wie „aaa", „batman", „computer", „disney", „einstein", „football", „garfield", „hello", „kermit", „master", „newton", „password", „rolex", „secret", „trivial" oder „zimmermann" enthielt sowie mit verschiedenen Kombinationen der Benutzerkennung, wie Vorname, Nachname und Spitzname etc. Falls ein Wörterbuch im Verzeichnis */usr/dict/words* vorhanden war, wurden auch dessen Einträge verschlüsselt und verglichen. Diese Methode der Paßwortkompromittierung war sehr erfolgreich, da die meisten Anwender ihr Paßwort offensichtlich nicht sehr sorgfältig gewählt hatten.

Das Ziel des aus 3.500 Zeilen C-Programmcode bestehenden Computerwurms war lediglich die unautorisierte Reproduktion. Der Wurm enthielt keine explizite Schadfunktion. Selbst die Reproduktion sollte kontrolliert ablaufen, da das Wurmprogramm feststellen konnte, ob sich weitere gleichartige Programme auf den jeweiligen Netzrechnern befanden und sich danach zum Teil selbst zerstörte. Die Aktivitäten des Internet-Wurms blockierten jedoch schneller als erwartet die Prozessor- und Speicherplatzkapazität der befallenen Computer. Landesweit mußten Tausende von Systembetreuern ihre UNIX-Rechner abschalten, vom Netz nehmen und zur Fehleranalyse schreiten.

Der Urheber des Internet-Wurms war ein amerikanischer Informatik-Student an der Cornell-Universität in Ithaca im Bundesstaat New York, Robert T. Morris. Pikanterweise beriet sein Vater als Chefinformatiker des National Computer

Security Center die US-Regierung in Sachen Datensicherheit. Morris wurde im Januar 1990 von einem Bundesgericht in Syracuse/New York wegen unberechtigten Eindringens in Rechner von öffentlichem Interesse zu einer dreijährigen Haftstrafe auf Bewährung, 400 Arbeitsstunden für soziale Einrichtungen und einer Geldstrafe in Höhe von 10.000 Dollar verurteilt. Basis des Urteils war der 1986 in Amerika eingeführte „Computer Fraud and Abuse Act".

Die Aussage des jungen Morris, daß die extensive Ausbreitung des Programmes nicht geplant gewesen sei, sondern durch einen Programmfehler verursacht worden war, berücksichtigte das Gericht, indem es Robert T. Morris vor Regreßansprüchen verschonte. Trotzdem wollten die Richter ein Exempel statuieren, denn zwischen Ende 1988 und Anfang 1990 sind in den Vereinigten Staaten allein fünf dokumentierte Fälle von Computerwürmern im Internet sowie im SPA-Net/DECnet aufgetreten.

Der zweite Internet-Wurm wurde beispielsweise im Herbst 1989 aus Protest gegen den Start der plutoniumbetriebenen Raumsonde „Galileo" im Internet verbreitet. Umweltschützer befürchteten eine verheerende radioaktive Verseuchung, wenn das Space Shuttle „Atlantis", das die Jupitersonde ins All transportieren sollte, in Erdnähe explodieren würde. Die NASA bestätigte im Oktober 1989 den Einbruch des Wurmes in drei ihrer Systeme; insgesamt sollen über 75 Rechner infiziert worden sein. Der „Propagandawurm" verursachte keine Schäden, sondern gab lediglich die Meldung „Worms Against Nuclear-Killers" auf dem Bildschirm aus.

Verwundbares Internet

Bis heute ist das weltweite Computerverbundnetz Internet zur kommerziellen Nutzung nur bedingt geeignet, weil fast alle Daten offen über zahlreiche Übertragungswege und Rechner (Netzknoten) laufen. Selbst Benutzerkennungen und -paßwörter werden von den meisten Internet-Diensten nur unverschlüsselt übertragen. Jeder Benutzer, der Zugriff auf Übertragungswege oder Netzknoten besitzt, kann aber Nachrichten theoretisch abfangen (Verfügbarkeit), lesen (Vertraulichkeit) oder manipulieren (Integrität).

Die Anfälligkeit vieler protokollabhängiger Dienste im Internet resultiert auch aus Konzeptionsschwächen der Protokollarchitektur TCP/IP, insbesondere gegenüber dem Herauskopieren von Paketen aus dem Informationsfluß und dem Versenden von Paketen mit einer falschen IP-Adresse (IP-Spoofing). So erfolgt bei vielen Diensten die Authentisierung der Rechner nur über die IP-Adresse, die leicht manipuliert werden kann. Aber selbst verschlüsselte Authentisierungsinformationen können durch Herauskopieren vom Angreifer für „Replay Attacks" verwendet werden. Unter Replay Attack wird das erneute Einspielen abgefangener Informationen für einen späteren Zugang verstanden. Darüber hinaus sieht TCP/IP nach erfolgreicher Authentisierung keine weitere Sicherung der Verbindung mehr vor, so daß ein Angreifer diese nach einer Benutzeranmeldung übernehmen kann (IP-Connection-Hijacking). Auch die Routing-Mechanismen, mit denen einem IP-Paket ein bestimmter Übertragungsweg vorgeschrieben werden kann, lassen sich vielfältig mißbrauchen.

Neben der unverschlüsselten und ungesicherten Datenübertragung sowie der TCP/IP-Konzeptionsschwächen, trägt auch die nachlässige Konfiguration von Programmen sowie der Einsatz von fehlerbehafteter Free- und Shareware im Internet zu seiner Verwundbarkeit bei. Dazu kommt die hohe Anzahl von Internet-Teilnehmern, die zu einem immer größeren Datenaufkommen und damit zur Überlastung des Internets beitragen. Bereits heute werden monatlich rund 30 Terabyte (30.000 Gigabyte) und rund eine Milliarde E-Mails übers Internet übertragen. In Analogie zum Straßenverkehr macht bereits das Wort vom „Dauerstau“ auf den Daten-Highways die Runde. Angesichts der erwarteten Zuwachsraten wird von einigen Experten in rund drei Jahren der Netzkollaps erwartet.

Die unerwartete Popularität und ungewollte Kommerzialisierung des Internets beginnt in den letzten Jahren auch seine Schattenseiten zu offenbaren. DEC registriert tagtäglich rund 30 Einbruchsversuche aus dem Internet in seine internen Datennetze. Mittlerweile betreffen über 80 Prozent aller Computervergehen, die das amerikanische FBI derzeit untersucht, das Internet. Nach Schätzungen der Zeitschrift „Newsweek“ wurde 1993 allein über das Internet lizenzrechtlich geschützte Software im Wert von zwei Milliarden Dollar illegal verbreitet.

Auch militante Rechtsextremisten nutzen inzwischen das Internet (ebenso wie Mailboxen, abhörsichere Mobilfunktelefone und andere moderne Kommunikationseinrichtungen), um Propagandamaterial zu verbreiten, konspirative Verbindungen zu erhalten und neue Mitglieder zu werben. Die elektronischen Nachrichtenbretter oder „Bulletin Boards“ sind dabei mit ausgefeilten Zugriffsschutzsystemen ausgestattet. Während selbst Sympathisanten ohne Codewort nur allgemeine Informationen abrufen können, werden brisante Informationen, wie „Schwarze Listen“ mit jüdischen Einrichtungen und Personen sowie geplante Aktionen, durch Zugangskennwörter geschützt. Auch die rassistische Terrorgemeinschaft KuKluxKlan und die neonazistische Skinhead-Bewegung verfügen in den Vereinigten Staaten über Bulletin Boards und elektronische Briefkästen, die nur mit geheimen Paßwörtern anwählbar sind. Selbst deutsche Rechtsradikale setzen inzwischen auf die digitale Kommunikation. Nach einem Bericht der Wirtschaftswoche verbreiten der nach Kanada ausgewanderte Deutsche Ernst Zündel ebenso wie der amerikanische Rechtsextremist Fred Leuchter ihre Zweifel am Massenmord in Auschwitz und am Holocaust im Dritten Reich immer noch ungestraft über das Internet, obwohl die Verbreitung der Auschwitz-Lüge in Deutschland verboten ist.

Neben Hackern, Rechtsextremisten und Softwarepiraten mißbrauchen das Internet aber auch Spanner, die pornographische Bilder und Texte im Netz austauschen, Datenzerstörer, die Viren im Netz verbreiten und sogar die Mafia, die Informationen über gestohlene Kreditkarten via Internet verschickt.

Alle diese Randgruppen tragen so zum schlechten Ruf des Internets bei und lassen die aufkommende Internet-Euphorie in einem anderen Licht erscheinen. Konkrete Beispiele der jüngsten Vergangenheit:

Im Oktober 1993 gelang es mehreren Hackern unabhängig voneinander, *sniffer*-Programme in fremden Rechnersystemen zu installieren. Paketschnüffler oder *sniffer*-Programme sind Programme, die den Datenstrom analysieren und gezielt Informationen, wie Benutzernamen und Paßwörter, herausfiltern und separat abspeichern. Durch die Paket-Schnüffler wurden die Paßwörter von Hunderten von Benutzern geknackt. Betroffenen waren u.a. die Systeme „Panix", ein öffentlich zugängliches Internet-System in New York, und „BARRnet", das System eines Diensteanbieters in Kalifornien.

Im Dezember 1993 gewann die Männerzeitschrift „Playboy" einen Prozeß gegen George Frena, der ohne Genehmigung über das Internet Original-Nacktfotos aus dem „Playboy" verkauft hatte.

Im Februar 1994 nutzten unbekannte Hacker erneut einen Fehler im Programm *sendmail*, um privilegierten Zugriff auf den Rechner der Rice University in Houston im Bundesstaat Texas zu erlangen. Die Hacker sandten per E-Mail ein Shell-Script an *sendmail* und ließen diese Kommandoprozedur ausführen. Die Ausführung des Shell-Skripts bewirkte, daß den Angreifern die Paßwortdatei des Rechners zugeschickt wurde. Mit Hilfe der Wörterbuchmethode entschlüsselten sie dann in aller Ruhe die Paßwörter und hatten danach über die *root*-Berechtigung unbeschränkten Zugang zum Universitätsrechner. Um ihre Aktivitäten zu verschleiern, modifizierten sie anschließend diverse Dienstprogramme und installierten einen Paketschnüffler, der die ersten 128 Tastatureingaben aller Verbindungen über FTP, Telnet und *rlogin* in einer geheimen Datei speicherte. Durch dieses Schnüfflerprogramm erhielten sie die Namen und Paßworte etlicher Benutzer innerhalb und außerhalb der Universität, da die Autorisierungsdaten im Klartext übertragen wurden. Als die Systemverwalter die illegalen Aktivitäten auf ihren Rechnern bemerkten, mußten sie die infizierten Rechner vom Internet trennen und ihr gesamtes Netz stillegen, um den ordnungsgemäßen Zustand wiederherzustellen. Die Hacker hatten nämlich auch Hintertüren (Trap Doors) installiert, um jederzeit wieder in das System einzudringen.

Im April 1994 entdeckte das Massachusetts Institute of Technology (MIT), daß einer ihrer Studenten, der 20jährige David LaMacchia, auf einigen Workstations der Universität eine Piraten-Mailbox betrieb. Die amerikanische Regierung schätzte, daß der junge MIT-Student raubkopierte Software im Wert von über einer Millionen US-Dollar via Internet vertrieben hatte. Da er jedoch keine kommerziellen oder finanziellen Vorteile aus seiner Tätigkeit erzielte, wurde er von einem amerikanischen Gericht freigesprochen. Im August 1994 wurde Richard D.

Kenadek angeklagt, weil er zuließ, daß über seine Mailbox im Internet Raubkopien verkauft wurden. Im September 1994 wurde der 22jährige Amerikaner Max Louarn festgenommen, weil er geklaute Kreditkartennummern über das Internet angeboten hatte. Im Oktober 1994 berichtete die Presse über Hacker, die einen Rechner der Florida State University als Speicher und Abrufstation für Raubkopien benutzt hatten. Im Herbst 1994 schmuggelten Hacker eine komplette Pornobibliothek in das Computernetz des berühmten Lawrence Livermore National Laboratory ein. Das Computernetz des Institutes aus Los Alamos, in dem einst die Atombombe entwickelt wurde, gilt als besonders sicher. Ende 1994 drangen Hacker über das Internet in die Rechner von General Electric (GE) ein. GE mußte die Rechner drei Tage lang vom Internet abkoppeln.

Im Januar 1995 wurde bekannt, daß ein 16jähriger britischer Teenager (Spitzname „Datastream") das zentrale Computersystem des amerikanischen Verteidigungsministeriums geknackt und die gewonnenen Geheimdienstinformationen, wie z.B. über die Nuklearkrise in Nordkorea, auf dem Internet verbreitet hatte. Dem Jungen war es gelungen, sich über einen Zeitraum von über sieben Monaten in die Rechner des Pentagons einzuklinken, ohne entdeckt zu werden. Er war dabei an Akten zur Raketenforschung, zum Flugzeugdesign sowie an Gehaltsabrechnungen und andere Personaldaten herangekommen. Die amerikanische Regierung betrachtete den Fall als einen der schwersten Verstöße gegen die Sicherheit ihrer Datenbanken in den vergangenen Jahren.

Anfang April 1995 präsentierte ein besorgter Vater dem FBI in Missouri eine Napalmbombe, die sein Sohn nach einer Bauanleitung aus dem Internet angefertigt hatte. Die amerikanischen Behörden zeigten sich aber machtlos gegen solche Internet-Beiträge, da das Grundrecht der Meinungsfreiheit auch die Verbreitung von Bauanleitungen für Bomben umfaßt. Allerdings belebte der Bombenanschlag von Oklahoma im April 1995 erneut die Diskussion, ob Anleitungen zum Bombenbau und ähnliches im Internet nicht doch durch eine Zensur verboten werden sollten. Auch die Briefbomben, die 1994 in Österreich explodierten, sollen nach Anleitungen gebaut worden seien, die über das Internet verbreitet worden sind.

Am 4. Juni 1995 waren die Systeme der deutschen und belgischen Niederlassung des Internet-Providers Eunet Angriffsziel von amerikanischen Hackern. Das internationale Network Operations Center des Internet-Providers in Belgien fand jedoch nach eigenen Angaben innerhalb von weniger als zehn Minuten heraus, welche Technik bei dem Angriff benutzt wurde. Die Hacker hatten sich Datenpakete aus dem Datenstrom kopiert und wieder versandt (IP-Spoofing/Replay). Die betroffenen internationalen Leitungen und Rechner wurden 15 Minuten später abgeschaltet.

Im Herbst 1995 warnte der Kreditkartenanbieter Mastercard vor der Verwendung von Kreditkarten bei der Bezahlung von Waren, die über Computernetze bestellt werden. Anlaß dieser Empfehlung war ein Vorfall, bei dem Hacker sich aus dem

Internet 1.400 Kreditkartennummern mit Gültigkeitsdatum, Namen und Adresse besorgten.

Im Dezember 1995 sperrte die deutsche Tochtergesellschaft des amerikanischen Online-Dienstes CompuServe Inc. seinen über 200.000 deutschen Abonnenten den Zugang zu rund 200 Bereichen des Internets mit pornographischen Inhalten. Anlaß war ein Ermittlungsverfahren des Münchener Amtsgerichtes gegen Angebote, bei denen der Verdacht auf Verbreitung kinderpornographischer Darstellungen besteht. Nach Auffasung der bayerischen Staatsanwaltschaft soll der Anbieter CompuServe mitverantwortlich für die über ihr Datennetz verbreiteten Inhalte sein. CompuServe selbst sieht sich jedoch lediglich als Vermittler ohne inhaltliche Verantwortung an.

Maßnahmen gegen Internet-Angriffe

IT-Systeme, die an das Internet angeschlossen sind, müssen einerseits vor Einbrüchen aus dem Internet geschützt werden, andererseits muß die Vertraulichkeit der über das Internet versandten Nachrichten sichergestellt werden.

Zum heutigen Zeitpunkt entstehen viele IT-Gefährdungen durch die Vielzahl neuer Programme für die unterschiedlichsten Zugänge und Dienste im Internet, die Programmierfehler enthalten oder einfach falsch konfiguriert sein können. In Hackerkreisen sprechen sich derartige Schwachstellen in der Regel schneller herum als unter Systembetreuern. So konnten mit dem WWW-Client mosaic, den der Student Marc Andreessen zusammen mit einigen Kommilitonen an der Universität von Illinois geschrieben hatte und der sich innerhalb weniger Monate zum Programmstandard auf dem Internet entwickelte, Shell-Skripte mit beliebigen Befehlsfolgen ausgeführt werden. Diese Option konnte allerdings bei der Installation auch ausgeschaltet werden.

Auch die Vielzahl der frei verfügbaren Informationen erleichtert Hackern Einbrüche in Rechnersysteme. Mit dem UNIX-Dienstprogramm *finger* lassen sich häufig Namen, Telefon- und Raumnummer etc. aller Benutzer herausfinden. Informationen, die für eine spätere Attacke zum Erraten der Paßwörter benutzt werden können. Weitere UNIX-Befehle, wie *showmount*, *rpcinfo* oder *netstat*, liefern darüber hinaus detaillierte Konfigurationsdaten. Programme, wie ISS (Internet Security Scanner) oder SATAN (Security Administrator Tool for Analyzing Networks), ermöglichen sogar technisch nicht so begabten Hackern, bekannte Schwachstellen auszunutzen. ISS testet Rechner auf häufig vorhandene Konfigurationsfehler, wie Benutzerkennungen ohne Paßwörter oder falsch exportierte Dateisysteme. SATAN erkennt vor allem netzbezogene Sicherheitsschwachstellen. Solche Programme sollten den Systembetreuern ursprünglich zum Sicherheitscheck der eigenen Rechner dienen, werden allerdings auch von der Gegenseite angewandt und sind deshalb sehr umstritten.

Insbesondere Unternehmen, die ihren Mitarbeitern den Internet-Zugang ermöglichen wollen, müssen Vorkehrungen treffen, um Einbrüche durch bekannte Schwachstellen abzuwehren. Eine erste Schutzmaßnahme ist die Unterweisung der Anwender, beispielsweise geeignete Paßworte zu wählen, um einfachste Angriffe, wie über ISS oder Wörterbuchattacken, auszuschließen oder bestimmte Dienste nicht zu nutzen. Größere Firmen kommen aber trotz aller Anwenderschulungen um die Installation einer sogenannten „Brandmauer“ (englisch „Firewall“) meist nicht herum, um ihr internes Netzwerk vor Angriffen von außen zu schützen. Firewalls sind Rechner, die zwischen Firmennetz und Internet geschaltet sind und die Kommunikation zwischen diesen beiden Netzen kontrollieren und einschränken. Firewall-Rechner können entweder nach frei programmierbaren Vorgaben bestimmte Dienstleistungen des Internets wie gopher und mosaic, die als unsicher gelten, sperren oder kontrollieren, daß keine Datenpakete mit sensitiven Inhalt das interne Firmennetz verlassen. Auch ein Datenaustausch mit unbekannten Kommunikationspartnern kann über eine Analyse der IP-Adressen von solchen Firewalls verhindert werden.

Der amerikanische Telekommunikationskonzern AT&T hat beispielsweise eine Firewall aus zwei dedizierten Rechnern installiert. Der „externe“ Computer analysiert alle ankommenden Datenpakete und leitet nur die als sicher eingestuften an die „interne“ Maschine weiter, die wiederum als einzige berechtigt ist, abgehende Datenpakete an die „externe“ Maschine weiterzuleiten. Auch Digital Equipment schützt sein internes Netz aus rund 80.000 Rechnern mit zwei Gateways vor unerwünschten Einbrüchen über das Internet. Durch den Internet-Boom und die steigende Zahl von Sicherheitsverletzungen im Internet bieten inzwischen zahlreiche Hersteller solche Firewalls an.

Gegen Bedrohungen der Vertraulichkeit bieten sich in erster Linie Verschlüsselungsverfahren an. Auf welchen wackeligen Füßen die Vertraulichkeit trotz Verschlüsselung im Internet stehen kann, zeigt das Nachfolgeprodukt des Web-Browsers mosaic. Dessen Erfinder, Marc Andreessen, gehört inzwischen dem Management des Börsenüberfliegers Netscape Communications Corp. aus Mountain View/Kalifornien an. Allerdings ist nicht mehr mosaic, sondern eine andere Software des Börsenneulings weltweiter Marktführer bei den Web-Browsern. Mehr als acht Millionen Anwender suchen mit Hilfe der Software „Netscape Navigator“ die für sie relevanten Informationen aus dem World-Wide-Web, dem modernsten Teil des Internets. Im September 1995 erlitt das Erfolgsprodukt der erfolgreichen Firmenneugründung jedoch einen empfindlichen Rückschlag. Die populäre Netscape-Software, die auch für Finanztransaktionen im Internet geeignet sein sollte, wies erhebliche Schwächen bei der Datenverschlüsselung auf. Zwei Informatik-Studenten der kalifornischen Berkeley-Universität, Ian Goldberg und David Wagner, verbreiteten am Sonntag, dem 17. September 1995, über Internet, wie der Datenverschlüsselungsalgorithmus von Netscape innerhalb von 60 Sekunden mit einem handelsüblichen Personalcomputer geknackt werden kann. Unter anderem werden mit diesem Algorithmus Online-Transaktionen, wie die Übertragung von Kreditkartennummern zwischen zwei

Teilnehmern, verschlüsselt. Dabei hatte Netscape die Lizenz des Verschlüsselungsalgorithmus von der renommierten kalifornischen Firma RSA Data Security Inc. aus Redwood City gekauft und in seine Software eingebaut. Die RSA-Verschlüsselung basiert auf dem als sicher geltenden symmetrischen Public-Key-Verfahren. Allerdings generierte der von Netscape verwendete Algorithmus zur Schlüsselerzeugung keine echten Zufallszahlen, sondern verwendete Elemente wie Zeit und Tag der Transaktion sowie andere Informationen über das Computersystem des Anwenders. Die beiden Studenten hatten das Prinzip der Schlüsselgenerierung schnell durchschaut und konnten mit Hilfe eines eigenen Programmes den richtigen Dechiffrierungsschlüssel innerhalb einer Minute errechnen. Nach der Demonstration der beiden Studenten änderte Netscape innerhalb weniger Tage seine Verschlüsselungstechnik. Unter anderem wurde die interne Zahl, die als Basis für die Schlüsselerstellung dient, von 30 auf 300 Bit vergrößert.

Bereits im August 1995 war es einem Hacker gelungen, den Verschlüsselungscode des Web-Browsers Netscape Navigator zu knacken. Der 27jährige Student Damien Doligez von der Pariser Ecole Polytechnique in Paris knackte den 40-Bit-Verschlüsselungscode einer mit dem Netscape Navigator übers Internet übermittelten und verschlüsselten Nachricht. Allerdings blockierte er zur Entschlüsselung knapp zwei Wochen lang zwei Supercomputer und 120 Workstations der Hochschule. Der Wert der benötigten Rechnerleistung betrug angeblich 15.000 Mark. Darüber hinaus wurde lediglich die Vertraulichkeit dieser einen Nachricht kompromittiert, da der gefundene Schlüssel nur ein temporärer „Session-key“ war. Dieser Vorfall diente Netscape noch als Beweis der hohen Sicherheit ihres Verschlüsselungsalgorithmuses.

Aufgrund der TCP/IP-Konzeptionsschwächen sind aber alle konventionellen Paßwortsysteme für die Authentifikation im Internet trotz ausgefeilter Verschlüsselungsverfahren extrem unsicher. Gegen IP-Spoofing und Replay Attacks helfen nur Zugangssysteme, die mit Einmal-Paßwörtern („One-Time-passwords“) oder „Challenge-Response-Verfahren“ arbeiten und bei denen die Authentifikationsinformationen nur für einen kurzen Zeitraum gültig sind. Einmal-Paßwörter, wie die TAN in Btx, werden vom Benutzer anhand einer Liste eingegeben, die von einem Computersystem zufällig erzeugt wird. Bei jeder Anmeldung wird ein Paßwort verbraucht und ist danach ungültig. Bei der Challenge-Response-Methode stellt der Rechner eine zufällig erzeugte Frage (challenge), auf die der Anwender die richtige Antwort (response) eingeben muß. Typischerweise besteht die Frage aus einer Zahl, die mit einer geheimen Zahl zu einer Antwort verknüpft werden muß. Der Benutzer benötigt bei kommerziellen Systemen zur Beantwortung der Frage jedoch ein taschenrechnerähnliches Gerät, in dem die zum Teil sehr langen Geheimzahlen eingespeichert sind und das wiederum durch eine Geheimzahl geschützt ist.

Einmal-Paßwörter, Challenge-Response-Verfahren oder Verschlüsselungssysteme für sensible Datenübertragungen setzen sich im Internet nur langsam durch.

Schon seit Jahren sind Bestrebungen im Gange, mit einheitlichen Verschlüsselungsstandards die Vertraulichkeit, Verbindlichkeit und Integrität von elektronischer Post zu gewährleisten (Privacy Enhanced Mail). Bereits heute kann ein als PGP (Pretty Good Privacy) bekanntes Verfahren für die Verschlüsselung elektronischer Post verwendet werden. Für das World-Wide-Web wird derzeit von verschiedenen Banken und Unternehmen ein „Public-Key"-Verschlüsselungsverfahren namens S-HTTP (Secure Hypertext Transport Protocol) entwickelt, damit zukünftig auch Bestellungen und Zahlungsverkehr sicher über das Internet abgewickelt werden können.

Allen diesen Bemühungen stehen aber juristische und politische Querelen um die Verschlüsselungssoftware entgegen. Einerseits wacht die Firma RSA Data Security über die Einhaltung des RSA-Patentschutzes, anderseits verbieten die Vereinigten Staaten den Export bestimmter Verschlüsselungssoftware, da die amerikanische Regierung sich offenbar vor Verschlüsselungssystemen fürchtet, die sie nicht selbst knacken kann. So darf Verschlüsselungssoftware für den Export maximal Schlüssellängen von 40 Bits verwenden und nicht die 128 Bits, die in den Vereinigten Staaten üblich sind, da sich mit jedem zusätzlichen Bit der Entschlüsselungsaufwand verdoppelt.

Die ideale Lösung für den amerikanischen Geheimdienst wäre die weltweite Einführung des Verschlüsselungsalgorithmus „Clipper", der den Sicherheitsbehörden das legale Abhören von verschlüsselten Datenströmen ermöglichen würde. Ein Clipper-Chip soll nach diesem Konzept in jedes Kommunikationsendgerät eingebaut werden, um die Daten mit Hilfe eines zufällig erzeugten Sitzungsschlüssels zu chiffrieren. Ein interner Schlüssel chiffriert wiederum den Sitzungsschlüssel, der ebenfalls übertragen wird. Dieser interne Schlüssel soll aber auch den amerikanischen Sicherheitsbehörden bekannt sein, damit sie in besonderen Fällen den Sitzungsschlüssel und damit die übertragenen Daten dechiffrieren können. Den amerikanischen IT-Anbietern erscheint der Clipper-Plan aber nicht praktikabel. Um Marktanteile zu sichern drängen sie die Regierung der Vereinigten Staaten daher verstärkt, wenigstens einen Verschlüsselungscode mit 64 Bits für den Export freizugeben.

CERT

Um die Datensicherheit im Internet zu gewährleisten wurde an der Carnegie-Mellon-Universität in Pittsburgh/Pennsylvania eigens eine Sicherheitsinstitution namens CERT (Computer Emergency Response Team) gegründet. CERT identifiziert Sicherheitsmängel im Internet, versucht diese abzustellen und informiert die Öffentlichkeit über Schwachstellen und Einbruchsversuche. CERT führt auch eine Statistik über registrierte Sicherheitsverletzungen. Danach hat sich die Zahl der Vorfälle seit 1990 jedes Jahr mindestens verdoppelt. 1994 wurden über 2.000 Sicherheitsverletzungen im Internet registriert. Die bekanntesten Schwachstellen wurden bereits erwähnt, andere sind nicht so offensichtlich, gefährden aber gleichermaßen die Vertraulichkeit, Verfügbarkeit und Integrität der Daten. Die Adresse von CERT, die auch eine Liste mit unbedingt zu sperrenden Diensten herausgibt:

Computer Emergency Response Team / Coordination Center (CERT/CC),
Software Engineering Institute
Carnegie Mellon University
Pittsburgh, PA 15213-3890
Tel.+1 412 268-7090
E-Mail: cert@cert.sei.cmu.edu oder cert@cert.org, ftp: cert.sei.cmu.edu (192.88.209.5)
CERT-Mitteilungen können über die News Groups comp.security.announce und info.nsfnet.cert sowie über Mailinglisten abgerufen werden. In Deutschland ist CERT unter folgender Adresse zu erreichen:
DFN-CERT
Universität Hamburg - Fachbereich Informatik
Vogt-Kölln-Str. 30
22527 Hamburg
Tel. 040-54715-262
Fax 040-54715-241
E-Mail: dfncert@cert.dfn.de (für Sicherheitslücken), win-sec-ssc@cert.dfn.de (für sicherheitsrelevante Informationen) und dfncert-request@cert.dfn.de (für Anfragen)

Berühmte Hacker, ihre Taten und Methoden

Kleine Hackerhistorie – vom Telefonpiraten zum Cyperpunk

Das Wort Hacker kommt aus dem amerikanischen Sprachraum. Studenten der Harvard University in Cambridge im Bundesstaat Massachusetts bezeichneten einen besonders gelungenen Streich als „hack". Mit dem Aufkommen des digitalen Zeitalters galt am Massachusetts Institute of Technology (MIT) in Boston derjenige als Hacker, der sich trickreich Zugang zum Großrechner der Hochschule verschaffen konnte, für den ansonsten nur einige Universitätsmitarbeiter Berechtigung erhielten.

Die ersten Hacker waren in erster Linie sogenannte „Phone Phreaks", zu deutsch Telefonhacker. Ihr Ziel war es, kostenlos Ferngespräche zu führen und die amerikanischen Telefongesellschaften um ihre Gebühren zu bringen. Dazu benötigten sie anfangs nur eine Kinderpfeife aus einer Cornflakes-Packung, die einen 2600-Hertz-Ton erzeugte. Der Pfeifton schaltete den Gebührenzähler in der Vermittlungsstelle ab, so daß die Leitung anschließend kostenfrei weiter verwendet werden konnte. Der Entdecker dieses Zusammenhangs, John Draper, wurde daher – nach dem Namen der Cornflakes-Marke – auch „Captain Crunch“ genannt. Später wurden kleine elektronische Geräte, sogenannte „Blue Boxes“, verwendet, die die erforderlichen Tonfolgen in den gewünschten Hertz-Bereichen erzeugten. Sogar Geschäftsleute hatten solche Blue Boxes im Einsatz. Bekannt geworden ist der Fall des international berüchtigten Finanzmaklers Bernie Cornfeld, dem die Behörden zwar keine Gesetzesverstöße bei seinen geschäftlichen Transaktionen nachweisen konnten, den sie 1976 aber trotzdem ins Gefängnis steckten, weil er mit einer Blue Box nachweislich 344 Überseegespräche im Wert von über 7.000 Dollar geführt hatte.

John Draper war eine der berühmtesten Figuren der amerikanischen Hackerszene. Ausgebildet als Nachrichtentechniker und mit einem regen Interesse ausgestattet, entdeckte er beispielsweise den Zugang zu Schaltungen, die von Telefontechnikern zur Unterbrechung von Gesprächen in Notfällen eingerichtet worden waren. Draper belauschte über diese internen Schaltungen Gespräche des Weißen Hauses, des FBI, des Pentagon und drang sogar ins militärische Kommunikationssystem AUTOVON ein, das dem Telefonverkehr zwischen US-Militärbasen und NATO-Ländern diente. Durch ein veröffentlichtes Interview in der Zeitschrift „Esquire“ im Oktober 1971 zog Draper sich jedoch den Groll der amerikanischen Bundesbehörden zu, die daraufhin sein Telefon anzapften und ihn in flagranti beim illegalen Telefonieren festnahmen. Draper wurde zu fünf Jahren Freiheitsstrafe auf Bewährung verurteilt.

Draper war aber nur die Spitze einer Telefonhackerbewegung, deren Anwachsen die US-Justiz und die Telefongesellschaften Anfang der siebziger Jahre sehr beunruhigte. Bereits in den Jahren davor, zwischen 1965 und 1970, soll die Telefongesellschaft AT&T mehr als 30 Millionen Telefongespräche überprüft haben, um Telefonpiraten zu überführen. In mehr als 25.000 Fällen konnte AT&T den Mißbrauch ihres Netzes nachweisen; in mehreren hundert Fällen wurde die Staatsanwaltschaft eingeschaltet. Die Behörden beschlagnahmten aufgrund dieser Hinweise über 1.000 Blue Boxen, in 270 Fällen wurden die Täter gerichtlich verurteilt.

Noch während seiner fünfjährigen Bewährungszeit wurde Draper erneut vom FBI wegen Telefonbetrugs überführt und diesmal zu einer Gefängnisstrafe ohne Bewährung verurteilt. Wieder in der Freiheit, spezialisierte er sich auf die Verbindung von Telefon und Computer und schrieb u.a. für seinen Apple II ein Scan-Programm, daß den Rechner selbständig Telefonanschlüsse anwählen ließ und alle Anschlüsse speicherte, wo sich der Piepston eines Modems meldete. Als Draper jedoch erneut beim Telefonbetrug erwischt wurde und für ein Jahr ins Gefängnis mußte, zeigte sich, daß die Telefongesellschaften technisch inzwischen mit den Hackern gleichauf gezogen hatten. Sie hatten elektronische Geräte installiert, die Blue Boxen identifizieren konnten. Der Einsatz dieser Prüfgeräte führte in den Vereinigten Staaten – nach Angaben von AT&T – allein im Jahr 1977 zu 1.093 Verhaftungen und 879 Strafurteilen wegen Telefonbetrugs.

Eine weitere amerikanische Hackerlegende ist der New Yorker Richard Cheshire. Cheshire begründete seine Hackerkarriere dadurch, daß er über den Zentralcomputer der Western Union in Virginia (Infomaster) in die Telexnetze eindrang. Später gab er die legendäre Zeitschrift „TAP“ heraus, eine Art Informationsdienst für Hacker. TAP war die Abkürzung für „Technological Assistance Program“. Das Verb „to tap“ bedeutet im Englischen doppeldeutig aber auch „anzapfen“. TAP veröffentlichte alles, was ein Hacker wissen mußte: geheime Telefonnummern, Anleitungen zum Knacken von Rechnersystemen und Netzwerken, Bauanleitungen für nützliche Zusatzgeräte und sogar Rezepturen für Molotow-Cocktails.

Als die Zeit der Blue Boxes durch den vermehrten Einsatz von Frequenzblockern in den Vereinigten Staaten endgültig zu Ende ging, erleichterte TAP den Telefonhackern die Erschließung eines neuen Betätigungsfeldes. Sie nutzten zukünftig Lücken und Fehler in den neuen digitalen Telefonsystemen aus, um kostenlos in die weite Welt telefonieren zu können. Einer der verbreitetsten Rechner bei den Telefongesellschaften war der PDP-11 der Firma DEC. Dieser Rechner lief unter dem Betriebssystem Resource Sharing Time System (RSTS), das von DEC mit dem Ziel höchster Anwenderfreundlichkeit entwickelt worden war. So hatten die Hacker wiederum ein leichtes Spiel.

Telefonpiraterie ist in den Vereinigten Staaten immer noch an der Tagesordnung. Nach eigenen Schätzungen gehen den amerikanischen Telefongesellschaften durch Schwarz-Telefonierer jährlich zwei bis drei Milliarden Dollar an Gebühreneinnahmen verloren. Erst im Oktober 1995 wurde ein 16jähriger Hacker festgenommen, der die Vermittlungszentrale der amerikanischen Telefongesellschaft Nynex Corp. geknackt und die Telekommunikationssysteme von Nynex-Kunden mißbraucht hatte, um auf deren Kosten Telefonkonferenzen mit gleichgesinnten Hackern aufzubauen.

Seit der zweiten Hälfte der siebziger Jahre war das „Hacken“ von Computern eine der beliebtesten Beschäftigungen unter amerikanischen Jugendlichen. 1979 zapfte ein 15jähriger das Rechenzentrum der University of California an, 1980 drangen vier 13jährige über den Computer einer New Yorker Schule in Computersysteme von 21 amerikanischen Organisationen ein, kurz danach hackte sich ein 19jähriger Physikstudent in über hundert Datenbanken und 1983 machte eine jugendliche Hackergruppe aus Milwaukee über 60 Computersysteme amerikanischer und kanadischer Firmen und Institutionen unsicher. Der letzte Vorfall ging auch als „Milwaukee Break-Ins“ in die Hackergeschichte ein.

Den Hacker-Pionieren ging es nur selten um irgendwelche finanzielle Vorteile aus ihrer Tätigkeit. Motiv war meist die Faszination an einer Art Katz-und-Maus-Spiel, das darin bestand, sich auf fremden Rechnern unerkannt zu bewegen und Zugangshürden spielerisch zu überwinden. Eine Ausnahme bildete jedoch der amerikanische „Dark-Side-Hacker“ Kevin Mitnick, der zahlreiche elektronische Rachefeldzüge gegen Unternehmen und Einzelpersonen führte, die er aufgrund irgendwelcher Vorfälle nicht leiden konnte. Einer seiner ersten bekanntgewordenen Hacks war der „U.S. Leasing-Hack“ im Dezember 1980. Dabei druckte er über Nacht meterweise Papier mit sinnlosen Kommentaren aus und löschte zahlreiche Dateien vom System. Der Hack kostete U.S. Leasing rund 250.000 Dollar. Seine Hackeraktivitäten gipfelten schließlich im Einbruch ins Easynet, dem damals 25.000 VAX-Rechner umfassenden internen Netzwerk der Firma DEC. Dort stahl Mitnick den geheimen Quellcode mehrerer DEC-Programme, darunter die VMS Version 5.0 und die Sicherheitssoftware XSAFE. Im Dezember 1988 wurde er auf frischer Tat von der amerikanischen Bundespolizei ertappt, festgenommen und zu einem Jahr Gefängnis verurteilt. Die Hackerei ist für Mitnick jedoch wie eine Sucht: Zuletzt wurde er nach über zweijährigen Ermittlungen im Februar 1995 erneut festgenommen, weil er 20.000 Kreditkartennummern elektronisch erspäht hatte.

Trotz solcher unrühmlichen Vorfälle genießen Hacker in Amerika noch heute einen besonderen Ruf. Der aktuell berühmteste Hacker der Vereinigten Staaten ist wohl der 22jährige Phiber Optik, mit bürgerlichem Namen Mark Abene. Für seine Einbrüche in die Computersysteme der Bank of America, einer Kreditfirma und mehrerer Telefongesellschaften wurde er im Herbst 1993 zu einem Jahr Gefängnis verurteilt. Obwohl seine Motive, wie Neugierde und die Offenlegung von Sicherheitsmängeln, eine Einstufung in die Kategorie der „nichtdestruktiven Hacker“ nahelegten, sah der Richter in dem damals 20jährigen eine reale Bedrohung für die Verwirklichung des amerikanischen Lieblingsprojektes, des „Super Information Highways“. Seine Entlassung feierte Phiber in der New Yorker Konzerthalle Irving Plaza. Phiber arbeitet seitdem für das New Yorker Bulletin Board „Echo“ und sorgt dort u.a. dafür, daß die Daten der Mitglieder des öffentlich zugänglichen elektronischen Nachrichtenbretts sicher sind.

Die Ausläufer der Hackerszene waren erst zu Beginn der achtziger Jahre nach Deutschland hinübergeschwappt und fanden mit der Gründung des Chaos Computer Club (CCC) ihren sichtbaren Anfang. Presseberichte über Hacker in Amerika und der amerikanische Spielfilm „War Games“, in dem ein Computerfreak namens David die Welt mit seinem Homecomputer an den Rand eines Atomkrieges bringt, lösten auch in Deutschland eine Welle der Hackerbegeisterung bei der computerinteressierten Jugend aus. Im Film dringt der junge David über das Telefonnetz in den Rechner seiner Schule ein, um seine Noten aufzubessern. Auf den Geschmack gekommen bucht er in einem anderen Computer zwei Flüge nach Paris und gelangt - auf der Suche nach Computerspielen - schließlich in WOPR, einen militärisch genutzten Großrechner des amerikanischen Verteidigungsministeriums, dessen Programme über den Einsatz von Atomwaffen entscheiden. David beginnt mit dem Rechner einen Atomkrieg durchzuspielen. Erst als es schon fast zu spät ist, erkennt David, daß der Computer nicht zwischen Realität und Fiktion unterscheiden kann.

Der Hamburger Chaos Club war das Resultat der Begleiterscheinungen einer technischen Revolution, die vielen Menschen unheimlich vorkam. Mit einer Art

„Hackerethik“ bezog der CCC sogar Position zur bevorstehenden Informationsgesellschaft. Es galt für die Freiheit der Daten zu kämpfen, für einen freien, unbehinderten und unkontrollierten Informationsaustausch und gegen Zensurmaßnahmen großer Institutionen sowie gegen das Postmonopol. Originalton aus der Präambel der CCC-Vereinssatzung: „Die Entwicklung zur Informationsgesellschaft erfordert ein neues Menschenrecht auf weltweite ungehinderte Kommunikation.“ Die Hacker bezeichneten sich auch euphemistisch als „Datenreisende“, „Netzflaneure“ oder „Touristen im globalen Dorf“. Sie wollten das Bewußtsein der Öffentlichkeit für die Probleme des Datenschutzes schärfen und Schwächen und Risiken von großen Computersystemen aufdecken. Die ersten Hacker sahen sich als eine Art „Robin Data“, die – wie Greenpeace oder Robin Wood – versuchten, das öffentliche Interesse für Datenschutz und Datenfreiheit durch aufsehenerregende Aktionen zu wecken.

Mit der Gründung des CCC fand die Hackerszene in Deutschland einen zentralen Anlaufpunkt. Im April 1986 wurde der Chaos Computer Club e.V. sogar ins Vereinsregister eingetragen und als gemeinnützig anerkannt. Neben der CCC-Vereinszeitschrift „Datenschleuder“, die eine Auflage von bis zu 3.000 Stück erreichte, standen angehenden Hackern auch die „Bayrische Hackerpost“, der Mitteilungsdienst einer Hackergruppe aus München, oder „Labor“, die „Zeitschrift für World Processing“ aus Hamburg, zur Verfügung. Über Mailboxen und beim alljährlichen „Chaos Communication Congress“ wurden Informationen in der Szene ausgetauscht und Freundschaften geschlossen. Spektakuläre Aktionen, wie

- der Einbruch ins Telebox-System der Deutschen Bundespost noch im Versuchsstadium,
- der Hamburger Sparkassen-Hack,
- der Einbruch ins Schweizer Videotex-System,
- die Veröffentlichung des NASA-Hacks und
- mehrere CD-ROM-Hacks,

machten die auch breite Öffentlichkeit auf den CCC und sein Anliegen aufmerksam.

Zwar wurden mit Inkrafttreten des 2. Gesetzes zur Bekämpfung der Wirtschaftskriminalität im August 1986 die Strafbestimmungen für Tatbestände der Computerkriminalität in Deutschland drastisch verschärft, jedoch hatte der deutsche Gesetzgeber die Hacker auch nicht überkriminalisiert. Hacker, die nur in Computersysteme eindringen und keine Daten erspähen oder gar kopieren, begehen keine strafbare Handlung (§ 202a StGB). Die Hackerei ging daher weiter, die Hacker wurden aber vorsichtiger.

Mit den CD-ROM-Hacks ist der CCC 1995 nach langer Pause wieder an die Öffentlichkeit gegangen. Nach der Aufdeckung des KGB-Deals und dem damit einhergehenden Unwohlsein in der Hackerszene, war es einige Jahre sehr ruhig um den Club geworden. Die Gründergeneration hat abgedankt: Andy Müller-

Maguhn hat mittlerweile die Vorstandsrolle von Wau Holland und Steffen Wernéry übernommen. Die Clubzeitschrift „Datenschleuder“ erscheint zwar immer noch im vierteljährlichen Rhythmus mit einer Auflage von rund 2.000 Stück, da die rund 300 Mitglieder, denen starre Strukturen seit eh und je verhaßt sind, ihren Vereinsobolus jedoch eher sporadisch zahlen, ist die Finanzierung des Vereinssitzes in Hamburg-Elmsbüttel und die Veranstaltung des jährlich stattfindenden „Chaos Communication Congress“ eigentlich ständig gefährdet.

Die Nachfahren der Hacker heißen seit dem Erscheinen des Science-fiction-Romans „Neuromancer“ von William Gibson 1984 „Cyperpunks“. Das Wort Cyperpunk setzt aus dem Wörtern Cypernetics und Punk zusammen. Cypernetics ist die Wissenschaft der Kommunikations- und Kontrolltheorie und als Punk wird ein Rowdy bezeichnet, der traditionelle gesellschaftliche Werte ablehnt. Die Cyperpunks des 20. Jahrhunderts nutzen die Möglichkeiten der digitalen Technik, um über die globalen Computer- und Telefonnetze, dem „Cyperspace“, miteinander zu kommunizieren. Die Cyperpunks des Romans sind Computerfreaks mit implantierten Chips, die sich direkt mit den Datennetzen verbinden können. In der trostlosen Zukunft des Romans sind – neben synthetischen Drogen – Ausflüge ins Cyperspace die einzige Fluchtmöglichkeit vor der Realität: Elektronik als bewußtseinserweiternde Droge. Die Fiktion des Romans ist für die Cyperpunks eher eine Vision. Sie lassen sich bereits heute durch einen „Datenhelm“ mit eingebautem Monitor künstliche Realitäten vorspielen und ihre Handbewegungen mittels eines „Datenhandschuhs“ in diese künstliche Realität übertragen.

Weltweite Hackereinbrüche

Hacker, Crasher, Cracker, Netzflaneure, Phone-Phreaks und Traveler sind Erscheinungsformen des Computerzeitalters. Die dahinterstehenden Personen nutzen Schwachstellen in Betriebssystemen, Programmen und Konfigurationen aus, um sich illegal Zugang zu fremden Rechnern, Daten und Dienstleistungen zu verschaffen. Sie sind eine Art eingeschworene Gemeinde. Ihre spektakulären Erfolge verdanken sie zu einem großen Teil der regen Kommunikation und Zusammenarbeit untereinander, denn häufig wird aus einer entdeckten kleinen Schwachstelle zusammen mit vielen anderen kleinen Schwachstellen eine große Schwachstelle. Das Strafrecht gruppiert diese Erscheinungsformen des Computerzeitalters in die unterschiedlichsten Kategorien ein. Da die meisten Hacker aber keine Spione, Betrüger oder Saboteure sind, sondern eher von einer Art intellektueller Neugierde getrieben werden, wird über Hackereinbrüche an dieser Stelle und nicht im Kapitel Computerkriminalität berichtet. Wie bereits erwähnt steht nach deutscher Rechtsprechung das reine Eindringen in ein Rechnersystem nicht unter Strafe, solange die Ausspähung von Daten für sich oder Dritte nicht nachgewiesen werden kann. Als Delikt käme in den meisten Fällen bestenfalls „Zeitdiebstahl“ in Frage, da durch die illegale Nutzung von IT-Systemen Rechenzeit sowie Platten- und Leitungskapazität beansprucht wird, die anderweitig dann nicht mehr zur Verfügung steht. Ausnahmen, wie der Fall des „Dark-Side-

Hackers“ Kevin Mitnick oder des Engländers Dominic Rymer sowie einiger Telefonpiraten, bestätigen lediglich die Regel.

Eine kleine Auswahl zeigt die Aktualität und Brisanz von Hackereinbrüchen, wobei der Leser bedenken sollte, daß nur ein verschwindend geringer Teil aller „Hacks“ (und von diesen meist nur die sensationellen) veröffentlicht werden.

Im Januar 1990 bestätigten amerikanische Regierungsstellen, daß drei Hacker beinahe drei Jahre lang - von Juni 1985 bis April 1988 - in militärischen Rechnersystemen spioniert und sich Zugang zu vertraulichen Unterlagen verschafft hatten. Die Täter waren Mitarbeiter der Beratungsfirma SRI International, die Behörden und Unternehmen auch in Sicherheitsfragen berät. Zwei Hacker sind später als Programmierer zu Sun Microsystems gewechselt. Neben vertraulichem Material aus Militärcomputern sollen die drei Hacker auch an FBI-Daten über den philippinischen Präsidenten Ferdinand Marcos sowie an zahlreiche geheime Telefonnummern gelangt sein. Darüber hinaus wird ihnen vorgeworfen, Telefongespräche abgehört, Zugangskarten gefälscht und IT-Equipment gestohlen zu haben.

Anfang 1990 wurden systematische Hacking-Versuche an VAX-Computern der Firma DEC beobachtet. Die betroffenen Rechner nahmen zum Teil sicherheitskritische Aufgaben wahr. Der Ursprung der Hackeraktivitäten konnte bis nach Libyen zurückverfolgt werden. Alle über Datennetze erreichbaren VAX-Betreiber wurden daraufhin gewarnt.

Während des Golfkrieges 1991 drangen niederländische Jugendliche via Internet in einen Großrechner des Pentagons ein. Sie gelangten dabei an geheime Informationen über Truppenbewegungen und die Anzahl der eingesetzten Waffeneinheiten. Bereits vorher waren sie in über 30 Datenbanken mit geheimen Forschungsdaten eingebrochen. Auch ein 18jähriger Student aus Israel soll während des Golfkrieges die Rechner des amerikanischen Verteidigungsministeriums geknackt haben. Er war besonders an geheimen Informationen über das Patriot-System interessiert.

Im Sommer 1993 wurden zwei Hacker zu sechs Monaten Gefängnis verurteilt, die u.a. in Systeme des britischen Verteidigungsministeriums (Ministry of Defence) und der NASA eingedrungen waren. Die 22 und 24 Jahre alten Täter sollen einen Schaden von rund 250.000 Dollar verursacht haben.

1994 wurde in England der 25jährige Hacker Dominic Rymer zu 12 Monaten Gefängnis verurteilt, weil er einen Patienten des Arrowe Park Hospitals auf der Halbinsel Wirral bei Liverpool in eine lebensgefährdende Situation gebracht hatte. Der als Pfleger im Krankenhaus beschäftigte Hacker erspähte von einem Arzt das Paßwort für den Zugang zum Klinikrechner. Dadurch konnte sich Rymer Zugang zum Krankenhaus-Informationssystem verschaffen und veränderte die Programmdaten für die Steuerung der Medikamentenausgabe an die Patienten.

Durch diesen Eingriff sollte einem neunjährigen Jungen eine tödliche Mixtur aus Atenolol, Temazepam, Bendroflumethiazid und Coproxamol verabreicht werden. Durch Zufall entdeckte eine aufmerksame Krankenschwester bei der Kontrolle der Computerliste die ungewöhnliche Rezeptänderung. Als Motiv für seine Tat konnte Rymer nur das Machtgefühl, das ihm der Rechner verlieh, angeben. Die Verteidigung führte strafmildernd eine schwerwiegende Persönlichkeitsverletzung Rymers seit einem Autounfall im Jahre 1985 an, die Anklagevertretung sprach von Rücksichtslosigkeit und gezielter Böswilligkeit. Dieser Fall verdeutlicht besonders anschaulich die Notwendigkeit manueller Kontrollen. Zwar ließ die Krankenhausleitung nach diesem Vorfall die Zugangsprozeduren ändern; sie kann aber letztendlich nur hoffen, daß ein nochmaliger Systemmißbrauch in Zukunft nicht mehr auftreten wird.

Im gleichen Jahr entlockte der schottische Journalist Steve Fleming einem Kundencomputer der Telefongesellschaft British Telecom (BT) die geheimen Nummern der Privatanschlüsse des englischen Premierministers John Major, des britischen Königshauses, des Geheimdienstes MI5 sowie Nummern wichtiger Kommunikationseinrichtungen, zahlreicher Regierungsstellen und der Armee. Fleming hatte sich als Zeitarbeiter bei BT anstellen lassen und dort die Zugangskennungen und Paßwörter herausgefunden, um an die sensiblen Daten zu gelangen. Angeblich waren die benötigten Kennungen und Paßwörter an Pinwände geheftet oder lagen offen in den Büros der BT-Mitarbeiter herum. Fleming kopierte die geheimen Daten und veröffentlichte später einen Artikel über einen angeblichen Hackereinbruch in das Rechenzentrum von BT.

Nach einer Hausdurchsuchung und mehreren Verhören gab Fleming jedoch den wahren Tathergang zu. Mit den gestohlen Informationen wäre er in der Lage gewesen, die geheimen Telefonleitungen auch abzuhören. Zwar bestritten das Verteidigungs-ministerium und BT die Brisanz der Affäre, trotzdem verdeutlicht der Fall, wie leicht potentielle Hacker an die benötigten Informationen gelangen können.

Im Januar 1995 berichtete das Wochenmagazin „FOCUS" über mehrere Firmen in Deutschland, die durch Telefonhacker um jeweils mehr als 100.000 Mark geschädigt wurden. Zum Kreis der Geschädigten sollen illustre Firmen, wie Hewlett-Packard in Ratingen, BASF in Ludwigshafen, IBM in Hannover, Dell in Langen/Hessen, DeTeMobil in Bonn und Northern Telecom in München, gehören. Erstmals hatte sich das Münchener Unternehmen Baxter Deutschland GmbH öffentlich über kriminell hohe Telefonrechnungen beschwert.

Im November 1994 verdreifachte sich die Firmenrechnung von 90.000 auf 280.000 Mark. Nach Angaben der Baxter Deutschland GmbH gingen rund 200.000 Mark auf ausländische Sex-Telefonate und inländische 0190-Angebote zurück, die über die Firmen-Mailbox liefen. Die Firma vermutet, daß die Anrufe von Telefonhackern über die Nebenstellenanlage produziert worden waren.

Anfang 1995 wurden nach weltweiten Ermittlungen in Großbritannien vier Hakker festgenommen, die den amerikanischen Telefongiganten AT&T um 100 Millionen US-Dollar betrogen haben sollen. Die Hacker verschafften sich elektronischen Zugriff auf die Zugangsnummern zahlreicher von AT&T angebotenen und vorausbezahlten Telefonkarten, mit denen Telefonate bis zu einem bestimmten Höchstbetrag geführt werden können.

Anfang 1995 drangen Hacker auch in das interne Netz der britischen Niederlassung der Apple Inc. ein und hinterließen zahlreiche pornographische Darstellungen in digitaler Form. Über eine kostenlose Telefonverbindung, die als Informationsservice von der Apple-Niederlassung zur Verfügung gestellt worden war, hatten sich britische Hacker Zugang zum Rechner des Apple-Servicezentrums verschafft. Die Hacker gelangten an die verschlüsselt gespeicherten Zugriffscodes, weil der Systembetreuer wichtige Sicherheitsmaßnahmen abends deaktiviert hatte, da er annahm, daß niemand den Rechner außerhalb der Geschäftszeiten nutzen würde.

Mitte 1995 wurde der Hacker Anthony Zboralski in Frankreich festgenommen, weil er in das Computersystem des amerikanischen Bundeskriminalamtes Federal Bureau of Investigation (FBI) eingedrungen war und dessen Kommunikationsleitungen genutzt hatte. Neben dem Vertrauensschaden sollen allein die dabei aufgelaufenen Telefongebühren eine halbe Millionen Mark betragen haben. Der 20jährige Zboralski gilt als Star der französischen Hackerszene. Sein letzter Coup brachte ihn jedoch für ein halbes Jahr in Untersuchungshaft. Zboralski hatte bereits vorher die Computersysteme namhafter Firmen wie General Motors, Nintendo und France Telecom unsicher gemacht. Der französische Geheimdienst nahm den jugendlichen Hacker bereits mehrmals fest, zu einer Verurteilung reichte es jedoch bisher nie. Mittlerweile sind mehrere Prozesse gegen Zboralski anhängig, jedoch hofft der Franzose auf fehlende Beweise für seine Hackereien und vermarktet derweil seine Berühmtheit: Einen Buchvertrag hat er bereits in der Tasche.

Im Juli 1995 sollen unbekannte Hacker nach einem Bericht der französischen Wochenzeitschrift „Le Canard enchaîné“ in das geheime Computersystem der französischen Kriegsmarine eingedrungen sein. Die Hacker gelangten dort an die Daten zur akustischen Identifizierung der Maschinengeräusche zahlreicher Kriegsschiffe. Daten über die Maschinengeräusche erleichtern der Marine die Schiffserkennung, insbesondere die Erkennung von Unterseebooten. In der Datenbank befanden sich jedoch nicht nur die Antriebsgeräusche eigener Schiffe, sondern auch die Daten über die Kriegsschiffe verbündeter Nationen. Unter anderem sind die Geräuschdaten der vier amerikanischen Atomunterseeboote und des Flugzeugträgers „Roosevelt“ preisgegeben worden.

Mit der Verbreitung der Personalcomputer in Privathaushalten nehmen auch die Hackeraktivitäten in jüngster Zeit deutlich zu. Allein 1994 registrierte die US-Behörde DISA (Defense Information System Agency) 255 Einbruchsversuche in

Regierungscomputer. Angesichts der immer jünger werdenden Hacker sollen in den Vereinigten Staaten nun bereits Kinder im Vor- und Grundschulalter mit dem Thema „Computerethik und Datensicherheit" vertraut gemacht werden. Dazu wurde von Computersicherheits-Experten des Lawrence Livermore National Laboratory in Kalifornien ein 30minütiges Puppenstück entwickelt, das amerikanischen Jugendlichen künftig den verantwortungsbewußten Umgang mit Computern nahebringen soll.

Wie gelangen Hacker an Paßwörter?

Hacker verfolgen eine Vielzahl von Strategien, um an die begehrten Zugangskennungen und Paßwörter zu gelangen. Eine bekannte Methode heißt „trashing" oder „dumpster diving". Darunter wird das Durchsuchen von Altpapier und Müll verstanden, um mehr über ein Unternehmen und seine IT-Systeme herauszufinden. Insbesondere alte Systemhandbücher enthalten neben interessanten Informationen über Standardpaßwörter oft wichtige Hintergrundinformationen.

Begabte Hacker erfahren Paßwörter häufig auch im persönlichen Gespräch mit Angestellten, meist am Telefon. Bei dieser Technik, die auch als „Social Engineering" bezeichnet wird, geben sich die Hacker als Mitarbeiter, Vorgesetzte oder Servicetechniker aus und entlocken ihren Gesprächspartnern Telefonnummern von externen Modemverbindungen, Benutzerkennungen und Paßwörter. Hierbei sind ihnen besonders die aus alten internen Telefonverzeichnissen der Gesellschaft, aus Zeitungsartikeln, Broschüren oder durch öffentliche Führungen gewonnenen Informationen von Nutzen, mit deren Kenntnis sie dem Gesprächspartner vorspielen, ein Insider zu sein.

Auch durch Ausspähen gelangen Hacker auf Computermessen und bei Nebentätigkeiten in datenverarbeitenden Unternehmen an Modemnummern oder an Benutzerkennungen und -kennworte, die nach Beendigung der Messe oder der Aushilfstätigkeit nicht geändert werden.

Eine weitere Methode ist die Verwendung vorinstallierter Benutzerkennungen, die mit Standardpaßwörtern bei der Erstinstallation des Rechnersystems automatisch angelegt werden und häufig vom Systembetreuer aus Unwissenheit oder Bequemlichkeit nicht mehr geändert werden.

Eine Auswahl für solche vorinstallierten Benutzerkennungen (Tabelle 9), deren dazugehörige Paßwörter in Hackerkreisen hinlänglich bekannt sind, zeigt, wie einfach Paßwortattacken auch ohne Wissen um das Standardpaßwort sind.

Eine weitere Strategie ist das Erraten von Paßwörtern. Häufig verwenden Benutzer als Paßwort Abwandlungen ihrer Benutzerkennung, ihren Vor- oder Nachnamen oder sonstige leicht zu erratene Wörter, wie Namen von bekannten Personen oder Orten. Anfang der achtziger Jahre soll beispielsweise das Paßwort „Snoopy"

AS/400 der Firma IBM	
Musterbenutzerprofil	**Paßwort**
QSECOFR	QSECOFR
QPGMR	QPGMR
QUSER	QUSER
QSYSOPR	QSYSOPR
QSRVBAS	QSRVBAS
QSRV	QSRV
Netware der Firma Novell	
Musterbenutzerprofil	**Paßwort**
SUPERVISOR	-
GUEST	-
UNIX-Derivat SINIX der Firma Siemens Nixdorf	
Musterbenutzerprofil	**Paßwort**
ROOT	SNI
Standardsoftware R/2 und R/3 der Firma SAP	
Musterbenutzerprofil	**Paßwort**
SAP*	PASS
VMS der Firma DEC	
Musterbenutzerprofil	**Paßwort**
SYSTEM	MANAGER
FIELD	SERVICE
SYSTEST	UETP
CLIG	CLIG
DEFAULT	DEFAULT
USER	USER
USERP	USERP
NETNOPRIV	DECNET
POSTMASTER	DECMAIL
DECNET	DECNET

Tabelle 9: Gängige Standardpaßwörter

in den Vereinigten Staaten eines der gängigsten Paßwörter gewesen sein. Für diese Angriffsstrategie wählen die Hacker ein gängiges Paßwort und probieren dieses für alle Benutzerkennungen durch. Die Hacker testen dabei aber nicht jede Kennung mühsam manuell aus, sondern lassen dies durch ein Programm, sei es selbstgeschrieben oder frei verfügbar, wie das Public Domain Programm *crack* für UNIX-Systeme, vornehmen.

Daneben verwenden Hacker auch die vorgestellten Methoden des passiven Angriffs auf Netze, insbesondere wenn die Paßwörter unverschlüsselt übertragen werden. Weiterhin nutzen sie Fehler bei der systemseitigen Paßwortüberprüfung aus. Bei manchen Login-Programmen konnte früher durch eine Feldgrößenüberschreitung die Autorisierungsprüfung einfach umgangen werden. Dazu mußte lediglich ein überlanges Paßwort, gefolgt von seiner verschlüsselten Form, eingegeben werden. Die verschlüsselte Eingabe des überlangen Paßwortes überschrieb dabei das intern gespeicherte Paßwort.

Für den Zugang zu einigen IT-Systemen ist nicht einmal die Eingabe eines Paßwortes erforderlich. Ein Beispiel ist das UNIX-Programm .rhost, das jedem Benutzer im Systemverbund erlaubt, sich ohne Paßwortüberprüfung auf einem anderen Rechner anzumelden. Ist ein Hacker aber einmal in einen Rechner eingedrungen, eröffnen sich ihm meist neue Möglichkeiten und sei es nur, durch die meist umfangreichen Hilfesysteme weitere Informationen über das IT-System zu erhalten.

Datensicherheit in Computernetzen

Um die Sicherheit in vernetzen IT-Systeme zu gewährleisten, müssen die möglichen Bedrohungen durch eine sorgfältige Analyse ermittelt und entsprechende Sicherheitsmaßnahmen installiert werden. Ziel einer sinnvollen Sicherheitsstrategie ist es, die als kritisch eingestuften Angriffsformen durch geeignete präventive Maßnahmen zu verhindern oder sie zumindest durch Kontrollen rechtzeitig zu erkennen. Um jedoch eine Sicherheitsstrategie beurteilen zu können, muß der Leser mit den wichtigsten theoretischen Grundbegriffen vertraut sein.

Sicherheitsmaßnahmen gegen Angriffe auf vernetze IT-Systeme werden durch sogenannte Sicherheitsdienste bereitgestellt, die wiederum durch Sicherheitsmechanismen realisiert werden. Die wichtigsten Sicherheitsdienste sind:

Authentifikation
Unter Authentifikation oder Authentifizierung wird die Identifikation (z.B. durch eine Benutzerkennung) und anschließende Verifikation (z.B. durch ein Benutzerkennwort) verstanden. Durch die Authentifikation wird sichergestellt, daß tatsächlich die gewünschten Partner miteinander kommunizieren. Zur Authentifikation von Benutzern lassen sich grundsätzlich drei Varianten unterscheiden:

Authentifikation auf der Basis von Wissen, Besitz und biometrischer Eigenschaften.

Die verbreitetste Variante ist die Authentifikation auf der Basis von Wissen (Paßwort, zufällige Merkmalsabfrage). Die kostengünstige Implementierung und die leichte Handhabbarkeit haben diese Methode – trotz aller Gefahren wie Ausspähen, Abhören oder Maskerade – zum Standardschutz für die meisten IT-Systeme erhoben. Allerdings bestimmt jeder einzelne Anwender das Sicherheitsniveau des Verfahrens durch Handhabung (Wird das Paßwort weitergegeben?) und Wahl (Konflikt zwischen sicherem und leicht zu merkendem Paßwort) seines Kennwortes.

Die Kombination des wissensbasierten Verfahrens mit der Authentifikation auf Basis von Besitz bedeutet einen zusätzlichen Sicherheitsgewinn. Beim besitzbasierten Verfahren authentifiziert sich der Benutzer gegenüber dem Rechner mit einem sogenannten „Token“, beispielsweise einer Magnetstreifen- oder Chipkarte. Da diese Methode wegen der offensichtlichen Verlustgefahr allein sehr unsicher ist, wird sie in der Praxis mit der ersten Methode kombiniert. Die bekannteste Anwendung einer Kombination aus wissens- und besitzbasiertem Verfahren ist die EC-Automatenkarte mit PIN.

Die dritte Methode, die Authentifikation auf der Basis von biometrischen Eigenschaften, wie Stimm- oder Fingerabdruckerkennung, Messung der Fingerlänge, optische Abtastung des Retinamusters (Augenhintergrund) oder Unterschriftsprüfung, wird - wegen der Aufwendigkeit der benötigten technischen Einrichtungen und der teilweise fehlenden technischen Reife und mangelnden Benutzerakzeptanz - nur in hochsensiblen Bereichen angewandt.

Zugriffskontrolle
Dieser Sicherheitsdienst gewährleistet, daß autorisierte Subjekte (Benutzer, Programme, Prozesse) nur auf eine definierte Art und Weise auf Objekte (Daten, Programme, Rechner) zugreifen können. Die entsprechenden Sicherheitsmechanismen bestehen in der Verwaltung und Überprüfung von Zugriffsrechten anhand spezieller Listen, die entweder nach Objekten (Access Control List) oder nach Subjekten (Capability List) geordnet sind.

Vertraulichkeit
Unter Vertraulichkeit wird die Geheimhaltung der Existenz und des Inhalts von Daten gegenüber Unbefugten verstanden. Zur Realisierung dieses Dienstes werden kryptographische Verfahren eingesetzt.

Datenintegrität
Unter Datenintegrität wird die Unversehrtheit von Daten verstanden. Bekannte Mechanismen zur Sicherstellung der Datenintegrität sind digitale Unterschriften und kryptographische Prüfsummen.

Kommunikationsnachweis
Der Nachweis einer Kommunikationsbeziehung umfaßt das Senden, Übermitteln und Empfangen von Daten und beinhaltet sowohl Authentizitäts- und Verbindlichkeitsaspekte. Zur Realisierung dieses Dienstes werden ebenfalls kryptographische Verfahren eingesetzt.

Kryptographie

Die Kryptographie besitzt eine herausragende Stellung zur Sicherung der Vertraulichkeit und Integrität von digitalen Daten sowie für den Nachweis der Kommunikation. Im Bereich der vernetzten Rechnerwelten sollten grundsätzlich alle Datentransfers verschlüsselt werden. Nur dadurch lassen sich Daten geheimhalten und Verfälschungen nachweisen. Aber auch auf lokalen „Stand-alone"-Rechnern und externen Datenträgern sollten sensitive Daten verschlüsselt werden, damit ein unberechtigter Zugang zum lokalen Arbeitsplatzcomputer oder der Verlust des Datenträgers nicht gleich die Kompromittierung der auf diesem enthaltenen Informationen bedeutet.

In vielen Bereichen werden bereits - unbemerkt vom Endbenutzer - Verschlüsselungstechniken eingesetzt. Die Mobilfunknetze D1 und D2 verwenden kryptographische Verfahren zur Verschlüsselung der Telefonate und zum Nachweis der berechtigten Benutzung. Die Banken schützen die Personal Identification Number (PIN) auf der EC-Karte mit Hilfe des sogenannten „DES-Verschlüsselungsalgorithmus". Pay-Fernsehsender, wie Premiere oder Sky, verschleiern ihre Ausstrahlungen vor den nichtzahlenden Zuschauern.

Zwar ist kein Verschlüsselungsverfahren absolut sicher - zumal unter Wissenschaftlern ein regelrechter Wettbewerb entbrannt ist, die angeblich sicheren Codierverfahren eines Kollegen zu knacken -, jedoch ist jede Verschlüsselungsmaßnahme vor dem Hintergrund des Aufwandes zu bewerten, den ein Unbefugter betreiben muß, um an die klartextlichen Daten zu gelangen. Aufgrund der Bedeutung von kryptographischen Verfahren werden die prinzipiellen Unterschiede sowie die Vor- und Nachteile der beiden wichtigsten Verschlüsselungsverfahren kurz skizziert.

Symmetrische Verfahren

Beim symmetrischen Verfahren wird zur Ver- und Entschlüsselung ein geheimer Schlüssel verwendet, den der Sender und der Empfänger der Nachricht vorher vereinbaren müssen. Der bekannteste Vertreter der symmetrischen Chiffreverfahren ist der Data Encryption Standard (DES). Der von IBM entwickelte DES wurde erstmals 1977 vom amerikanischen National Bureau of Standards (NBS) veröffentlicht und damit zur Norm der US-Regierung erhoben. Vor allem die amerikanischen Banken setzen den DES ein, um den Datenverkehr untereinander zu verschlüsseln. Der DES-Algorithmus verwandelt jeweils 64 Bits Klartext durch die sechzehnfache Anwendung einer Mischprozedur in eine ebenso lange Bitfolge chiffrierten Text.

1991 bekam der DES Konkurrenz, als Lai und Massey ein neues symmetrisches Verschlüsselungsverfahren namens IDEA zum Patent einreichten. IDEA (International Data Encryption Algorithm) verwendet einen 128-Bit-Schlüssel und ist mit 2 möglichen Schlüsseln erheblich sicherer als der DES-Schlüssel mit „nur“ 56 Bits (8 Bits dienen der Fehlerkorrektur), also „nur“ 2 (ungefähr 72 Billiarden) möglichen Schlüsseln.

Die Kommunikation beim Einsatz eines symmetrischen Verschlüsselungssystems läuft folgendermaßen ab:

1. Der Sender S und der Empfänger E einigen sich vorab auf einen gemeinsamen, geheimen Schlüssel k, den sie vor Beginn einer Kommunikation über einen sicheren Weg austauschen. Da nur S und E im Besitz dieses gemeinsamen Schlüssels sind, kann neben der Vertraulichkeit auch die Authentizität der übertragenden Daten sichergestellt werden.
2. S verschlüsselt mit einem Chiffrierprogramm die klartextliche Nachricht n mit dem geheimen Schlüssel k in eine verschlüsselte Nachricht v.
3. S versendet die verschlüsselte Nachricht v über einen öffentlichen Nachrichtenkanal zu E.
4. E entschlüsselt die verschlüsselte Nachricht v mittels seines Chiffrierprogrammes und dem geheimen Schlüssel k und erhält damit die klartextliche Nachricht n.

Die symmetrischen Verfahren eignen sich besonders, wenn hohe Verschlüsselungsraten gefordert sind (über ein Mbyte/s), da die Chiffrierung sehr schnell erfolgt.

Einen Nachteil der symmetrischen Verfahren stellt die schnell ansteigende Zahl der Schlüssel bei mehreren Teilnehmern dar. Für jedes Teilnehmerpaar wird genau ein Schlüssel benötigt, so daß nach der Formel

$$n * \frac{(n-1)}{2}$$

bereits bei 100 Teilnehmern 4.450 Schlüssel erforderlich sind. Ein weiterer Nachteil ist der vor jeder erstmaligen Kommunikation notwendige Schlüsselaustausch. Da sich die verbreiteten Broadcastnetze wegen ihrer leichten Abhörbarkeit nicht zum Schlüsselaustausch eignen, müssen die Schlüssel entweder über einen sicheren Kanal, z.B. per Kurier, ausgetauscht oder mit Hilfe des asymmetrischen Verfahrens geschützt werden.

Asymmetrische Verfahren

Beim asymmetrischen Verfahren kennt der Sender den geheimen Schlüssel des Empfängers nicht, sondern verwendet zur Verschlüsselung seiner Nachricht einen öffentlichen Schlüssel („Public Key") des Empfängers, den er aus einer jedem zugänglichen Datenbank („Schlüsselbuch") entnimmt. Den zum Entschlüsseln notwendigen privaten Schlüssel besitzt nur der Empfänger. Der bekannteste Vertreter der asymmetrischen Verfahren ist das nach seinen Erfindern Ronald Rivest, Adi Shamir und Leonard Adleman benannte „RSA-Verfahren", das 1978 erstmals veröffentlicht wurde. Ein anderes verbreitetes asymmetrisches Signaturverfahren ist das 1991 von der National Security Agency (NSA) entwickelte DSA-Verfahren (Digital Signature Algorithm).

Die Sicherheit der asymmetrischen Verfahren basiert auf der praktischen Unmöglichkeit, große Zahlen in kurzer Zeit in ihre Primfaktoren zu zerlegen. Bei kleinen Zahlen erscheint das Problem trivial: Die zweistellige Zahl 15 läßt sich sogar im Kopf in ihre Primfaktoren 3 und 5 zerlegen. Die Berechnung der Primfaktoren einer Zahl mit über 100 Stellen bereitet jedoch selbst einem Supercomputer erhebliche Probleme. Entsprechend besteht bei der asymmetrischen Chiffrierung der private Schlüssel aus zwei großen Primzahlen, deren Produkt wiederum den öffentlichen Schlüssel bildet. Der Besitzer des öffentlichen Schlüssels kann zwar Nachrichten mit dem Primzahlenprodukt chiffrieren, aber nur der Besitzer der Primfaktoren kann diese Mitteilungen entziffern.

Allerdings wird mit steigender Rechnerleistung die zur Faktorisierung notwendige Zeitspanne immer kürzer. Bereits heute können Zahlen mit 20 Dezimalstellen von jedem Personalcomputer innerhalb von Sekunden zerlegt werden, so daß für den RSA-Algorithmus Primzahlenprodukte mit mindestens 512 Bits (155 Dezimalstellen) empfohlen werden.

Die Kommunikation beim Einsatz eines asymmetrischen Verschlüsselungssystems läuft folgendermaßen ab:

1. Der Sender S und der Empfänger E einigen sich vorab auf ein gemeinsames Public-Key-Kryptosystem. Da neben S auch andere Teilnehmer Kenntnis des Public-Keys haben, kann nur die Vertraulichkeit, nicht aber die Authentizität der übertragenden Daten sichergestellt werden.
2. E generiert seine persönlichen Schlüsselparameter, die aus einem öffentlichen Schlüssel ök und einem geheimen Schlüssel gk bestehen. Der öffentliche Schlüssel ök wird von einer autorisierten Stelle in eine öffentliche Schlüsseltabelle eingetragen, den geheimen Schlüssel gk hält E geheim.
3. S verschlüsselt mit dem vereinbarten Public-Key-Chiffrierprogramm die klartextliche Nachricht n mit dem ihm zugänglichen öffentlichen Schlüssel ök in eine verschlüsselte Nachricht v.
4. S versendet die verschlüsselte Nachricht v über einen öffentlichen Nachrichtenkanal zu E.

5. E entschlüsselt die verschlüsselte Nachricht v mit Hilfe des vereinbarten Public-Key-Chiffrierprogrammes und des geheimen Schlüssel gk und erhält damit die klartextliche Nachricht n.

Durch leichte Abwandlungen haben sich die asymmetrischen Verfahren auch bei Verfahren zur Gewährleistung der Authentizität und Verbindlichkeit im Geschäftsleben durchgesetzt. Mit dem Konzept der „digitalen Unterschrift“ (auch als „elektronische Unterschrift“ oder „digitale Signatur“ bezeichnet) liefert die Kryptographie ein digitales Funktionsäquivalent zur handgeschriebenen Unterschrift. Die elektronische Unterschrift beruht auf einer zusätzlichen Signatur, die nur vom autorisierten Unterzeichner erzeugt, aber von jedem Benutzer geprüft werden kann.

Die Kommunikation beim Einsatz eines Signaturverfahrens läuft folgendermaßen ab:

1. Der Sender S und der Empfänger E einigen sich vorab auf ein gemeinsames Public-Key-Kryptosystem.
2. S generiert seine persönlichen Schlüsselparameter, die aus einem öffentlichen Schlüssel ök und einem geheimen Schlüssel gk bestehen. Der öffentliche Schlüssel ök wird von einer autorisierten Stelle in eine öffentliche Schlüsseltabelle eingetragen, den geheimen Schlüssel gk hält S geheim.
3. S erstellt mit dem vereinbarten Public-Key-Chiffrierprogramm aus der klartextlichen Nachricht n und dem geheimen Schlüssel gk eine verschlüsselte Signatur s.
4. S versendet die klartextliche Nachricht n und die verschlüsselte Signatur s über einen öffentlichen Nachrichtenkanal zum Empfänger E.
5. E entschlüsselt die verschlüsselte Signatur s mit Hilfe des vereinbarten Public-Key-Chiffrierprogrammes und des öffentlichen Schlüssels ök und vergleicht die entschlüsselte Signatur mit der klartextlichen Nachricht n. Sind entschlüsselte Signatur und klartextliche Nachricht n identisch, so kann n nur von S stammen, da nur S den zur Berechnung der Signatur s erforderlichen geheimen Schlüssel gk kennt.

Hauptnachteil der asymmetrischen Verfahren ist, daß sie gegenüber den symmetrischen Verfahren erheblich rechenintensiver sind und sich daher nicht für zeitkritische Anwendungen eignen.

Kerberos und die Netzwerksicherheit

In der griechischen Sage bewacht der dreiköpfige Hund noch den Eingang zur Unterwelt; im Zeitalter des Cyperspace bewacht Kerberos das Netzwerk der bedeutenden amerikanischen Forschungsstätte Massachusetts Institute of Technology (MIT) in Cambridge nordwestlich von Boston. Im Rahmen des Projektes Athena, das mit Unterstützung der Computerhersteller IBM und DEC das Ziel verfolgt, den Institutsangehörigen und Studenten fortschrittlichste Computertechnik zur Verfügung zu stellen, wurde als Herzstück der Systemsicherung das Verifikationssystem Kerberos entworfen. Kerberos läuft in der Version 4 seit 1987 beim MIT und viele andere Einrichtungen haben Kerberos übernommen. Auch dient Kerberos heute als Vorbild für viele Sicherheitsprodukte kommerzieller Hersteller im Client-/Server-Bereich und die Open Software Foundation hat die neue betriebssystemunabhängige Version 5 zum Standard für verteilte Rechnerumgebungen erhoben. Selbst die weltweite Datenübertragung im Internet könnte mit Kerberos gesichert werden, denn das MIT verbreitet seine Software grundsätzlich kostenlos.

Kerberos ist beim MIT auf jedem Rechner im Netz installiert und überprüft einerseits die Berechtigung der einzelnen Rechner und sorgt andererseits durch Verschlüsselung für einen geschützten und unverfälschten Datenaustausch. Als Verschlüsselungsalgorithmus wird der DES verwendet. Jeder Rechner im Netz, ob Workstation oder Server, besitzt einen geheimen 56-Bit-Schlüssel. Zusätzlich sind alle Schlüssel auch einem besonders geschützten Rechner bekannt, der als Ausweisausgabestelle (Key Distribution Center, KDC) dient.

Der Benutzer merkt von der Komplexität des Verifikationssystems nichts. Er meldet sich an seinem Arbeitsplatzrechner mit seiner Benutzerkennung an, die dem System bekannt ist. Der Benutzername wird im Klartext über das Netz gesendet. Als nächstes fordert der Benutzer in der Regel eine Leistung an, beispielsweise den Einblick in eine Datei auf einem zentralen Rechner (Server). Das KDC erzeugt nun ein sogenanntes „Ticket“, das den Benutzernamen, Datum und Uhrzeit, Gültigkeitsdauer, Namen der Workstation sowie einen geheimen DES-Sitzungsschlüssel (Session Key) enthält. Dieses Ticket wird einerseits mit dem geheimen Schlüssel des Servers verschlüsselt und an den Server weitergeleitet, andererseits fügt das KDC dem verschlüsselten Ticket erneut den geheimen Sitzungsschlüssel hinzu, verschlüsselt dieses neue Ticket mit dem geheimen Schlüssel des Benutzers und versendet es an dessen Workstation.

Die Workstation fordert den Benutzer daraufhin zur Eingabe seines Paßwortes auf, wandelt das Paßwort in den geheimen DES-Schlüssel um und dechiffriert mit diesem das eingegangene Ticket, so daß der Workstation nun das einfach verschlüsselte Ticket und damit der geheime Sitzungsschlüssel bekannt ist. Dieses einfach verschlüsselte Ticket sendet die Workstation, zusammen mit einem weiteren Datenpaket, dem sogenannten Echtheitsnachweis (Authenticator) an den Server. Der Echtheitsnachweis besteht aus dem Benutzernamen, dem Namen der Workstation sowie der Uhrzeit und wird mit dem geheimen Sitzungsschlüssel chiffriert, den – abgesehen vom KDC und dem Server – nur die Workstation kennt.

Der Server hat bereits mit seinem Geheimschlüssel das KDC-Ticket entschlüsselt und dadurch den geheimen Sitzungsschlüssel erhalten, mit dem nun der Echtheitsnachweis der Workstation dechiffriert werden kann. Anschließend überprüft der Server, ob die Namen des Benutzers und der Workstation auf beiden Tickets übereinstimmen und ob die Zeitangabe im Echtheitsnachweis innerhalb der Gültigkeitsgrenzen des Tickets liegen.

Durch dieses Verfahren verschafft sich der Server Gewißheit, daß der Benutzer beim KDC akkreditiert ist, ohne daß er sich beim KDC rückversichern muß und ohne daß unchiffrierte Paßwörter oder Schlüssel ausgetauscht werden. Der Sitzungsschlüssel kann über seine Ausweisfunktion hinaus auch zum Verschlüsseln der übertragenen Daten verwendet werden.

Damit das Benutzerpaßwort nicht auf der Workstation gespeichert werden bzw. der Benutzer nicht bei jeder Anforderung einer Server-Dienstleistung sein Paßwort erneut eingeben muß, dient meist ein spezielles Programm als Ticket-Ausgabeschalter (Ticket-Granting Service, TGS). Das KDC verschlüsselt bei dieser Variante das Ticket nicht mit dem geheimen Schlüssel des Servers, sondern mit dem geheimen Schlüssel des TGS, fügt dann den Sitzungsschlüssel hinzu und chiffriert das ganze Datenpaket mit dem geheimen Benutzerschlüssel. Die Workstation dechiffriert das eingegangene KDC-Ticket und sendet dieses einfach dechiffrierte KDC-Ticket dem TGS zusammen mit dem chiffrierten Echtheitsnachweis zu. Der TGS dechiffriert mit Hilfe seines geheimen Schlüssels das KDC-Ticket und mit dem so gewonnenen Sitzungsschlüssel den Echtheitsnachweis des Benutzertickets und überprüft, ob die Namen des Benutzers und der Workstation auf beiden Tickets übereinstimmen und ob die Zeitangabe im Echtheitsnachweis innerhalb der Gültigkeitsgrenzen des KDC-Tickets liegen.

Nach erfolgreicher Ticketprüfung erstellt der TGS ein neues Ticket mit einem neuen Sitzungsschlüssel, verschlüsselt dieses Ticket mit dem geheimen Schlüssel des Servers (das bekannt sein muß) und schickt das Ticket zum Server. Anschließend fügt der TGS dem bereits einmal verschlüsselten Ticket den neuen Sitzungsschlüssel erneut hinzu und verschlüsselt beides mit dem ursprünglichen Sitzungsschlüssel, um es an die Workstation zu schicken. Die Workstation dechiffriert das doppelt kodierte TGS-Ticket mit dem ursprünglichen Sitzungsschlüssel, erhält so den neuen Sitzungsschlüssel, mit dem es wiederum den Echtheitsnachweis chiffriert und an den Server sendet. Der Server seinerseits dekodiert das einfach verschlüsselte TGS-Ticket mit seinem geheimen Schlüssel, gewinnt den neuen Sitzungsschlüssel und dekodiert mit diesem den Echtheitsnachweis. Nach der obligatorischen Übereinstimmungsprüfung sendet der Server die angeforderte Datei an die Workstation.

Durch diese Verfahren muß nicht das Benutzerpaßwort, sondern nur der Sitzungsschlüssel auf der Workstation des Benutzers gespeichert werden. Das geheime Benutzerpaßwort wird nur benötigt, um das erste KDC-Ticket zu dechiffrieren.

Der Hauptnachteil von Kerberos liegt in der Komplexität des Systems und in der Abhängigkeit vom zentralen Server, der ständig verfügbar sein muß. Daher sind auch andere Konzepte entwickelt worden, wie der Authentifikationsdienst SELANE der Universität Karlsruhe, der auf einem asymmetrischen Verschlüsselungssystem basiert und keinen zentralen Server benötigt. Eine Darstellung aller Verifikationssysteme würde den Rahmen dieses Buches aber sprengen. Der Leser sollte nur die Grundprinzipien solcher Verifikationssysteme verstanden haben.

Weitere Schutzmaßnahmen

Neben der Datenverschlüsselung wurden weitere Sicherungsmaßnahmen, wie die Rückrufmethode, um die Echtheit des Anrufenden zu verifizieren, oder die Erzeugung von digitalem Rauschen (Datenmüll), damit ein Angreifer keine Rückschlüsse aus dem Kommunikationsaufkommen ziehen kann, bereits in den Abschnitten über aktive und passive Angriffe dargestellt.

Da die öffentlichen Netze nicht im Einflußbereich des Anwenders liegen, beschränken sich weitere Sicherheitsmaßnahmen auf das lokale Netz, bei dem sich in erster Linie durch physische und organisatorische Maßnahmen eine höhere Datensicherheit erreichen läßt.

Zusätzlich zu den bereits erwähnten klassisch-materiellen Raum- und Gebäudeabsicherungsmaßnahmen, die bereits im Kapitel über Hardware erläutert worden sind, können folgende Maßnahmen, die teilweise bereits in den vorhergehenden Abschnitten angesprochen wurden, die physische Sicherheit eines lokalen Netzes erhöhen:

- Verlegung geeigneter Kabeltypen in ausreichend dimensionierten und gesicherten Trassen (Schächten, Kanälen oder Gasdruckrohren),
- geschützte Aufstellung von Netzkomponenten (Server, Gateways, Bridges),
- abschließbare Installationsschränke für Verteilereinrichtungen (Patchfelder, Repeater, Multiplexer),
- Sicherung ungenutzter Anschlußpunkte und Leitungen sowie
- Einschränkung des unkontrollierten Datenflusses in Diffusionsnetzen durch Filterfunktionen.

Daneben stellen organisatorische Maßnahmen die wichtigsten IT-Sicherungsmaßnahmen dar. Wie besonders im Fall der manipulierten Medikamentenausgabe im Arrowe Park Hospital deutlich wurde, nutzen noch so ausgefeilte kryptographische und technische Sicherungen nichts, wenn ein Anwender sich sein Paßwort erspähen läßt. Für diese Risiken muß der Anwender allem voran sensibilisiert werden. Darüber hinaus können durch eine dem Kenntnisstand des Mitarbeiters entsprechende Schulung Dateninkonsistenzen, die durch eine unsachgemäße Programmbedienung entstehen können, vermieden werden.

Die Verfügbarkeit und Integrität von Daten muß auch durch ein vorausschauendes Netzwerkmanagement, das den Netzverkehr überwacht und frühzeitig Fehler,

Engpässe und Sicherheitsmängel entdeckt, sowie durch die eindeutige Zuweisung von wichtigen Aufgaben, wie die regelmäßige Datensicherung, die gesicherte Datenübertragung, aktuelle Zugangs- und Zugriffsberechtigungen und die Entwicklung eines angemessenen Notfallkonzeptes, sichergestellt werden. Verbindliche Organisationsanweisungen sollten außerdem entsprechende Vertretungsregelungen festlegen.

Kleines Bedrohungsvokabularium

In Anlehnung an das Comité Consultatif International Télégraphique et Téléphonique (CCITT), der Organisation der öffentlichen Netzbetreiber und Postverwaltungen, werden nochmals die wichtigsten Gefährdungen, gegen die Netzwerke geschützt werden sollten, alphabetisch aufgelistet:

Crasher — Als Crasher wird ein Computervandale bezeichnet, der aus purem Zerstörungstrieb in Computersysteme eindringt und Daten zerstört.

Denial of Service — Beim Denial of Service (Störung/Sabotage) verhindert, unterbricht oder verzögert ein Unbefugter die Kommunikation durch Einspeisen von Fehlermeldungen oder Überlastung des Netzes durch Datenmüll oder Kettenbriefe.

Hacker — Hacker sind Eindringlinge in fremde Computersysteme, die aus sportlichem Ehrgeiz, Neugier oder Spielleidenschaft handeln, aber keine bewußte Schädigungsabsicht haben.

Identitätsausforschung — Bei der Identitätsausforschung (Identity Interception) wird die Identität von Benutzern für mißbräuchliche Zwecke ausgeforscht. Ein Beispiel wäre die Aufzeichnung der anrufenden Telefonnummern bei Beratungsstellen wie „Anonyme Alkoholiker" etc.

Lauschangriff — Beim Lauschangriff (Data Interception) hört ein Benutzer während einer Kommunikation nicht für ihn bestimmte Daten ab. Das Abhören der beliebten schnurlosen Telefone fällt in diese Kategorie.

Manipulation — Bei der Manipulation werden Daten verändert, hinzugefügt oder gelöscht. Insbesondere die Manipulation von Zahlungsanweisungen kann erhebliche Vermögensverluste nach sich ziehen.

Maskerade

Bei der Maskerade (Impersonation) täuscht der Kommunikationspartner eine falsche digitale Identität vor, um an Informationen zu gelangen oder besondere Privilegien zu erwerben. Ein Beispiel wäre die Verwendung von erspähten oder abgehörten Paßwörtern.

Mis-Routing

Wenn Daten an einen falschen Adressaten geleitet werden, spricht man von Mis-Routing (Fehlleitung). Insbesondere beim Fax-Versand kommen Fehlleitungen immer wieder vor.

Replay

Beim Replay (Wiederholung) wird eine Nachricht aufgezeichnet und später wiederholt. Ein Beispiel wäre das Wiedereinspielen einer gespeicherten Zahlungsanweisung.

Repudiation

Repudiation (Zurückweisung) bedeutet, daß ein Benutzer abstreitet, eine bestimmte Nachricht abgeschickt (Repudiation of Origin) oder empfangen (Repudiation of Receipt) zu haben. Das nachträgliche Widerrufen von Aufträgen nach mißlungenen Börsenspekulationen wäre eine Repudiation.

Verkehrsanalyse

Die Beobachtung von Verkehrsparametern und deren Auswertung wird als Verkehrsanalyse (Traffic Analysis) bezeichnet. Insbesondere im militärischen Bereich lassen Veränderungen in der Art und Häufigkeit des Kommunikationsverhaltens Rückschlüsse auf aktuelle Vorgänge zu.

5
Digitale Kriminalität

„If I were a professional crook, I would do it with computers these days."
(Robert Fane, Massachusetts Institute of Technology)

Die Organisation für wirtschaftliche Zusammenarbeit und Entwicklung (OECD) definierte 1983 Computerkriminalität allgemein als „alle gesetzwidrigen, ethisch verwerflichen oder unerlaubten Verhaltensweisen, die automatische Datenverarbeitungs- oder Datenübertragungssysteme berühren". Dementsprechend lassen sich sechs wichtige Erscheinungsformen von Computerkriminalität unterscheiden:

- unbefugte Datenveränderungen (Computermanipulation),
- Computersabotage und -erpressung,
- Ausspähen von Daten (Computerspionage),
- Software-Piraterie,
- unbefugte Nutzung von Datenverarbeitungsanlagen (Zeitdiebstahl) und
- unbefugter Zugriff über Datenübertragungsleitungen (Computerhacking).

In diesem Kapitel werden unter dem Begriff „Computerkriminalität" lediglich alle deliktischen Handlungen subsumiert, bei denen ein digitaler Rechner Werkzeug/Mittel oder Ziel der Tat ist (Computerhacking wurde bereits in vorhergehenden Kapitel behandelt). Ist dabei ein Rechnersystem lediglich Mittel zur persönlichen Zielerreichung des Täters – wie bei Computermanipulationen und Zeitdiebstahl – so spricht man von indirekter Computerkriminalität. Bei der direkten Computerkriminalität ist das digitale System selbst Tatziel. Software-Piraterie, Computerspionage und -sabotage sind Erscheinungsformen der direkten Computerkriminalität.

Computerkriminalität im Aufwind

Computerkriminalität gehört zur Kategorie der „White-Collar Crimes" („Weiß-Kragen-Kriminalität"), unter die auch Steuer- und Umweltschutzdelikte sowie Wettbewerbs- und Kartellverstöße fallen. Die Täter handeln aus unterschiedlichsten Beweggründen heraus. Typische Tatmotive sind die Verbesserung der wirtschaftlichen Situation, Vorteilsnahme im internationalen Konkurrenzkampf sowie der Ehrgeiz, die digitale „Maschine" auszutricksen. Dabei werden die meisten Delikte im Bereich der Computerkriminalität von Insiderkriminellen begangen, die vor allem von ihren detaillierten Systemkenntnissen und vom leichten Zugang zum Tatobjekt profitieren. Weniger als 20 Prozent aller Computerstraftaten gehen auf das Konto von Outsiderkriminellen.

Die volkswirtschaftlichen Auswirkungen sind enorm: Bereits 1982 wurde der Schaden durch Computerkriminalität allein in Deutschland auf mehrere Milliarden Mark geschätzt. Experten, wie Professor Allen von der Universität Virginia, schätzen den weltweit entstandenen Schaden mittlerweile auf jährlich 40 Milliarden. Auch in Deutschland stellt Computerkriminalität ein wachsendes Problem dar. Nach der jüngsten polizeilichen Kriminalstatistik ist die Anzahl der computerbezogenen Ermittlungsverfahren 1994 gegenüber 1993 um über 50 Prozent gestiegen und hat damit ein neues Rekordniveau erreicht. Die größten Zuwächse konnten die Deliktformen Computermanipulation durch Kartenkriminalität sowie das unbefugte Ausspähen von fremden, vertraulichen Daten verzeichnen. Die offizielle polizeiliche Kriminalstatistik, die mit knapp 21.000 Fällen absolut eine relativ geringe Computerkriminalität darstellt, muß allerdings um eine nicht unerhebliche Dunkelziffer ergänzt werden. Das Ausmaß dieses Dunkelfeldes wird von Fachleuten mit 500 bis 1.000 Prozent angegeben. Die hohe Dunkelzifferrate wird damit begründet, daß die meisten Fälle nur durch Zufall aufgedeckt werden und daß die geschädigten Einrichtungen auf eine imageschädigende Strafanzeige meist verzichten.

Als Hauptgrund für die steigende Computerkriminalität wird die Zunahme des theoretischen Betrugspotentials durch immer neue Anwendungsgebiete der digitalen Technik gesehen. Parallel zur Durchdringung aller Lebensbereiche mit IT-Systemen steigen auch die Möglichkeiten für digitale Angriffe, zumal die existierenden IT-Sicherheitsstandards von Unternehmen und Behörden in vielen Bereichen als unzureichend gelten. Daneben erleichtert auch die Anonymität der Rechner und der dahinterstehenden Organisationen die Tatdurchführung. Während viele Menschen Hemmungen hätten, einen anderen Menschen zu betrügen, nehmen diese Hemmungen gegenüber Behörden, Banken, Konzernen und Maschinen rapide ab. Von Dritten wird Computerkriminalität häufig im Licht des Mythos der Komplexität des digitalen Fortschritts gesehen. Die Täter werden mit Attributen wie „begabt", „genial" oder „versiert" in Verbindung gebracht. Durch diese Einstellung zum Straftatbestand Computerbetrug („Crimes without Victims") erfahren solche Straftaten nur eine geringe gesellschaftliche Ablehnung. Darüber hinaus zeigte eine anonyme Umfrage der Georgia-Universität in Milledgeville unter 200 Mitarbeitern des EDV-Bereiches bei neun amerikanischen Großunternehmen, daß auch das Rechtsempfinden beim DV-Personal nur schwach ausgeprägt ist. Danach kopieren 41 Prozent der Befragten gelegentlich illegal Software für den Hausgebrauch, zehn Prozent der Programmierer würden gern einen Computervirus ins Netzwerk einschleusen und ebenso viele betrachten die Überwindung von Sicherheitssystemen – insbesondere von neu eingeführten – als eine besondere Herausforderung.

Amerikanische Sicherheitsfachleute wie Donn B. Parker oder Leonhardt I. Kraus/Aileen MacGahan haben seit den sechziger Jahren Tausende Fälle von

Computerkriminalität zusammengetragen und veröffentlicht. Hierzulande decken Firmen und staatliche Institutionen Ereignisse digitalen Versagens lieber mit dem großen Deckmantel des Schweigens zu. Daher mußte in diesem Kapitel auf zahlreiche Beispiele aus den Vereinigten Staaten zurückgegriffen werden, wo Unternehmen und Behörden offenbar weniger gehemmt über Schäden sprechen, die ihnen durch Computermißbrauch zugefügt wurden. Die dargestellten Fälle sollen dem Leser das vielfältige Spektrum der Computerkriminalität aufzeigen und ihm die Möglichkeit bieten, sich ein eigenes Urteil vom Ausmaß dieser jungen Form der Kriminalität zu bilden.

Computermanipulation

Computermanipulation stellt die häufigste Form der Computerkriminalität dar. Bedingt durch die Komplexität heutiger IT-Systeme können Computermanipulationen meist nur schwer festgestellt und nachgewiesen werden, führen aber aufgrund der automatisierten Wiederholung von EDV-Abläufen oft zu hohen finanziellen und wirtschaftlichen Schäden. Die verbreitetste Form der Computermanipulation ist die Veränderung von Daten im weitesten Sinne. Dabei verändern die Manipulateure Stammdaten, wie Provisions- oder Rabattsätze, Überstunden oder Gehaltsstufen, kennzeichnen offene Rechnungen digital als „bezahlt", lösen fiktive Transaktionen aus oder verfälschen elektronische Zahlungsaufträge.

Bei allen Formen der Computermanipulation nutzen die Täter letztendlich aber nur Schwächen von internen Verfahren und Schwachstellen im internen Kontrollsystem aus. Den Entscheidungsträgern fehlt häufig das notwendige Verständnis für die IT-Risiken, um wirkungsvolle Kontrollsysteme aufzubauen.

Datenmanipulationen können in allen Phasen der klassischen Datenverarbeitung auftreten, also bei der Eingabe, Verarbeitung und bei der Ausgabe (EVA-Prinzip). Entsprechend lassen sich folgende Formen der Computermanipulation unterscheiden:

- Eingabemanipulationen,
- Programmanipulationen und
- Ausgabemanipulationen.

Bei der Eingabemanipulation gibt der Täter unrichtige Daten in ein Programm ein, die anschließend ordnungsgemäß verarbeitet werden und damit zum beabsichtigten Ergebnis führen. Die unrechtmäßigen Kindergeldnachzahlungen, die ein Sachbearbeiter der Kindergeldstelle eines bayerischen Arbeitsamtes veranlaßte, sind ein berühmtes Beispiel für Eingabemanipulationen.

Bei Programmanipulationen ändert der Täter ein bestehendes Programm oder fügt einer Programmkette ein Programm hinzu, so daß aus dem Datenverarbeitungsvorgang ein für ihn günstiges Ergebnis resultiert. Klassische Programmanipulationen sind Abrechnungsmanipulationen von Gehalts- und Rechnungszahlungen, Manipulationen der Berechnungen von Zinsen oder Steuern sowie Kontostands- und andere Zahlungstransaktionsmanipulationen. In einem häufig zitierten Fall sollen zwei Programmierer eine von ihnen installierte Bankensoftware dergestalt modifiziert haben, daß von jeder Transaktion die Nachkommastellen hinter den Pfennigbeträgen auf ihr eigenes Konto gebucht wurden. Der Betrug flog nur durch Zufall auf, weil der Betrag schneller als erwartet anwuchs und einem Bankangestellten die hohen Kontensalden verdächtig vorkamen.

Bei Ausgabemanipulationen wird das Ergebnis eines ordnungsgemäßen Datenverarbeitungsvorganges verfälscht. Der vorzeitige Verarbeitungsabbruch nach der Erstellung der Bestätigungsschreiben im bereits geschilderten Herstatt-Fall ist ein Beispiel für eine Ausgabemanipulation.

Strafrechtlich werden Fälle, bei denen sich jemand Vermögensvorteile durch Manipulationen an Rechnern oder Programmen verschafft, unter dem Begriff Computerbetrug subsumiert. In Deutschland wird nach § 263 a StGB mit Freiheitsstrafe bis zu fünf Jahren oder mit Geldstrafe bestraft, wer das Vermögen eines anderen beschädigt, indem er das Ergebnis eines Datenverarbeitungsvorganges manipuliert. Allerdings setzt der § 263 a Rechtswidrigkeit und Vorsatz, also das bewußte und gewollte Handeln, voraus. Computerbetrug gilt als Offizialdelikt, bei dem der Betroffene keinen Strafantrag stellen muß, sondern das von Amts wegen verfolgt wird.

Die meisten digitalen Betrügerei werden jedoch den Behörden nie bekannt. Joachim Soyka schildert in seinem Buch „Computer-Kriminalität" den Fall eines Verkaufsdirektors einer englischen Bank, der 50.000 Pfund illegal auf sein Konto transferierte. Erwischt und von sofortiger Entlassung bedroht, weigerte sich der Bankdirektor jedoch, seinen Posten zu räumen und verlangte wenigstens ein tadelloses Zeugnis. Um den guten Ruf des Hauses zu bewahren, wurde dem Mann das gewünschte Arbeitszeugnis ausgestellt. Das gute Zeugnis half dem Bankdirektor, bald einen Posten als Direktor für den EDV-Bereich eines anderen Geldinstituts zu finden. Bei seinem neuen Arbeitgeber gelang es dem Herrn Direktor erneut, auf illegale Weise innerhalb von dreieinhalb Jahren seinen Kontostand zu erhöhen, diesmal um 150.000 Pfund. Auch von dieser Bank erhielt er nach Aufdeckung seiner Manipulationen ein einwandfreies Zeugnis.

Beliebte Opfer: Banken und Versicherungen

Banken und Versicherungen bewegen täglich Milliardenbeträge über digitale Systeme und Netze. Die Verlockung, davon durch wenige Manipulationen einbis zweistellige Millionenbeträge abzuschöpfen, zieht Computerkriminelle verständlicherweise an und verleitete auch schon manchen langjährigen Angestellten zum Computerbetrug.

Historische Computermanipulationen

Der Tatort einer der frühsten amerikanischen Fälle von Computerbetrug war eine New Yorker Sparkasse. Ein Kassierer der Union Dime Savings Bank unterschlug von 1970 bis 1973 insgesamt 1,5 Millionen Dollar durch die Eingabe von Berichtigungsbuchungen. Seinen Anfang nahm der Computerbetrug mit der Entnahme von 5.000 Dollar aus der Kasse, die der Kassierer am Rennplatz vermehren und am nächsten Tag wieder zurücklegen wollte. Leider verlor er an jenem Abend. Um seinen Verlust wieder auszugleichen, manipulierte er über die Kassenterminals, die online mit dem Zentralrechner verbunden waren, die Kundendaten. Dazu prüfte er abends die täglichen Einzahlungen und nahm bei hohen Einzahlungsbeträgen Korrekturbuchungen vor, so daß beispielsweise eine ursprüngliche Einzahlung von 50.000 Dollar nur noch 25.000 Dollar betrug. Die Differenz entnahm er der Kasse in bar.

Für seine Manipulationen wählte der Mitarbeiter solche Konten, auf denen in der Vergangenheit wenig Bewegung stattfand und bei denen er annahm, daß die Inhaber das Defizit erst einmal nicht bemerken würden. Er wußte von einigen Kunden, daß sie erst wiederkamen, um ihre Zinsen gutschreiben zu lassen. Kurz bevor der Kunde wiederkam glich der Kassierer dann das Defizit auf dem Kundenkonto per Korrekturbuchung aus, indem er den Betrag einfach von einem anderen Konto nahm. Erschien nun doch einer der geschröpften Kunden überraschend in der Bank, so mußte er den Fehlbestand sehr schnell ausgleichen. Da er Aufseher der Kassenabteilung war, flog der Betrug aber selbst dann nicht auf, wenn der Kunde an einem anderen Kassenterminal von einem Kollegen bedient wurde. Die meist jüngeren und wenig erfahrenen Kollegen kamen bei Schwierigkeiten immer zu ihm. Der Kassierer beruhigte in solchen Fällen den Kunden und glich den Fehlbetrag auf die gewohnte Weise - unter Hinweis auf den störanfälligen Computer oder unerfahrene Kollegen - aus. Zeitweise jonglierte er mit über 50 Konten und konnte sich keinen Tag Abwesenheit in der Bank erlauben. Um wieder etwas ruhiger schlafen zu können, unterschlug er zum Schluß bevorzugt Sparbriefe mit längeren Laufzeiten, indem er die notwendigen Unterlagen zwar ordnungsgemäß ausfüllte, die Transaktion jedoch nicht in den Computer eingab. Trotz zahlreicher Fehler, die ihm unterliefen, fielen seine Manipulationen jahrelang niemandem auf. Erst seine Wettleidenschaft brachte den Betrug an den Tag. Als die Polizei die Unterlagen eines Buchmachers, der des Wettbetrugs verdächtigt wurde, beschlagnahmte, fiel ihnen ein Kunde mit ungewöhnlich hohen Einsätzen auf. Die Beamten informierten daraufhin die Bank.

Einer der umfangreichsten Fälle von Eingabemanipulationen wurde 1973 aufgedeckt. 22 Mitarbeiter der Versicherungsgesellschaft Equity Funding Corporation of America (EFCA) in Kalifornien hatten Tausende von Versicherungsverträgen gefälscht. Der Fall begann als typische Erfolgsstory: In den sechziger Jahren bot eine kleine Versicherungsagentur in Los Angeles ihren Kunden ein ganz legales Kopplungsgeschäft an, dessen geistiger Vater der EFCA-Chef Stanley Goldblum war. Die Kunden kauften Investmentpapiere von EFCA und schlossen gleichzeitig eine Lebensversicherung ab, deren Raten sie aus einem Darlehen bezahlten, das sie von EFCA gegen die Sicherungsübereignung der erworbenen Investmentpapiere erhielten. Die Gewinne der Investmentpapiere sollten dabei die Rückzahlung des Darlehens finanzieren. Die Idee war bestechend: Nach zehn Jahren sollten die Käufer schuldenfreie Besitzer der Investmentpapiere und der Lebensversicherungspolice sein. Voraussetzung war allerdings, daß die Investmentpapiere sich entsprechend entwickelten und die Kunden immer neue Anteile erwarben.

Anfangs lief das Geschäft glänzend. EFCA legte mehrere Investmentfonds auf und gründete eine eigene Versicherungsgesellschaft (Equity Funding Life Insurance Company). Goldblum galt als Vorzeigeunternehmer der US-Versicherungsbranche. Als sich dann die Fonds nicht wie erwartet entwickelten und der Absatz stagnierte, legte EFCA einfach neue Fonds auf und gründete Banken, Versicherungen und Scheinfirmen in Übersee, die die Versicherungspolicen der Equity Funding Life Insurance Company (EFLIC) aufkauften, um über die zurückfließende Liquidität die Bilanzen der Mutter aufzubessern. Als die Kurse der EFCA-Papiere 1970 jedoch drastisch sanken, geriet der Verkauf von Anteilscheinen völlig ins Stocken. EFCA benötigte nun dringend Liquidität, die auch durch die Verschiebereien unter den Tochterfirmen nicht mehr ausreichend bereitgestellt werden konnte. So kam Stanley Goldblum auf die rettende Idee, neue Liquidität durch den Verkauf von EFLIC-Versicherungspolicen an fremde Rückversicherer, wie beispielsweise die Pennsylvania Life Insurance Company, zu erzielen. Da der eigene Bestand an zu liquidierenden Verträgen mittlerweile aber nicht mehr allzu hoch war, entschied sich Goldblum dazu, Karteileichen zu verkaufen.

Ein Kreis von 22 Mitarbeitern der EFCA manipulierte daraufhin Computerdaten und -programme sowie bei Bedarf auch Originalunterlagen und erfand zwischen 1970 und 1973 rund 64.000 Versicherungspolicen. Der Hauptdatei mit den wichtigsten Versicherungsdaten („Master File") des EFLIC-Computersystems wurden einfach Daten von fiktiven Versicherungsverträgen hinzugefügt. Verlangten die Geschäftspartner Einblick in die Originalunterlagen, wurde der Anfrager - unter dem Hinweis, daß sich die Unterlagen gerade im Umlauf befänden - auf den nächsten Tag vertröstet. In nächtlichen Sitzungen („Forgery Parties") fälschte der eingeschworene Mitarbeiterkreis dann die angeforderten Originalunterlagen. Dabei mußten Namen, Lebensläufe und medizinische Gutachten erfunden werden.

Um die Eingabe neuer Versicherungsverträge zu automatisieren, schrieben die Mitarbeiter sogar ein Programm, das die Daten alter Verträge nach mathematischen Zufallsprinzipien mischte und neue Versicherungsnehmer erfand. Der klassische Fall von Wirtschaftskriminalität, die Abtretung von Scheinforderungen, erhielt durch den Einsatz des Computers eine neue Dimension. Die Kundendatei blähte sich immer weiter auf. Da die Betrüger für jeden Scheinkunden die anfallenden Prämien bezahlen mußten, waren sie gezwungen, immer neue Scheinverträge zu erfinden, um durch deren Verkauf die notwendige Liquidität zu erhalten. Ein Teufelskreislauf war entstanden.

Die Eingabemanipulationen fielen selbst den hochbezahlten Wirtschaftsprüfern nicht auf, obwohl Gutachter bei den nächtlichen Sitzungen schon mal phantasievolle Namen wie „Doctor Save T. First“ erhalten hatten. Erst als ein gekündigter Angestellter im März 1973 der Staatsanwaltschaft einen Tip gab, flog der ganze Schwindel auf. Im April 1973 mußte EFCA Konkurs anmelden und hinterließ Schadenersatzforderungen von rund einer Milliarde Dollar. Stanley Goldblum wurde zu acht Jahren Gefängnis und einer Geldstrafe von 20.000 Dollar verurteilt.

Nach Goldblum ging Stanley Mark Rifkin im Oktober 1978 in die Annalen der Geschichte der amerikanischen Computerkriminalität ein. Tatort seines historischen Computerbetruges war die ehemals zehntgrößte Bank der Vereinigten Staaten, die Security Pacific National Bank in Los Angeles. Der 32jährige Berater Stanley Mark Rifkin, der im Auftrag der Bank deren Computersystem verbessern sollte, nutzte seine Kenntnisse der internen Verfahrensabläufe, um einen der spektakulärsten Fälle von Computerbetrug in den USA durchzuführen. Rifkin suchte dazu als vermeintlicher Vertreter der Federal Reserve Bank das Datenübertragungszentrum der Security Pacific National Bank auf und erklärte, daß er im Auftrag der Bank eine Schwachstellenanalyse des Computersystems durchführe. In dem Datenübertragungsraum wickelten rund 40 Angestellte den gesamten in- und ausländischen Zahlungsverkehr der Bank ab. Die Bank war an das Datennetz FEDWIRE angeschlossen, über das damals 435 Kreditinstitute in den USA ihre finanziellen Transaktionen abwickelten. Rifkin durchschaute bald das System: Jeder telefonische Auftrag wurde nur dann ausgeführt, wenn der Auftraggeber das täglich wechselnde Codewort nannte. Aus Bequemlichkeit notierten die Angestellten den täglich wechselnden Geheimcode für das elektronische Zahlungssystem der Security Pacific National Bank auf einem kleinen Zettel, den sie an die Pinwand hefteten. Am 25. Oktober besuchte Rifkin den Datenübertragungsraum ein letztes Mal. Er notierte sich einige Kontonummern und den gültigen Code und veranlaßte noch am gleichen Tag von einer Telefonzelle aus eine Überweisung in Höhe von 10,2 Millionen US-Dollar zu Gunsten der Irving Trust Company in New York, wobei er sich als Mitarbeiter der internationalen Abteilung der Bank ausgab. Als Zeitpunkt für sein Telefonat wählte er den späten Nachmittag, wenn üblicherweise Hochbetrieb im Datenübertragungsraum herrschte.

Von New York transferierte Rifkin das Geld nach Zürich in die Schweiz, wo er bereits Diamanten im Wert von zehn Millionen Dollar geordert hatte. Er selbst flog nach Genf, nahm über einen Mittelsmann die Diamanten in Empfang und flog wieder in die USA zurück. Anschließend vertraute er sich seinem Anwalt an, der die wertvollen Steine verkaufen sollte. Sein Anwalt half ihm allerdings nicht, die Diamanten wieder in Dollar zu verwandeln, sondern informierte die amerikanische Bundespolizei. Als die Beamten des FBI daraufhin die Security Pacific National Bank eine Woche nach der Millionenüberweisung über die Festnahme des Täters informierten, war der Betrug dort noch niemandem aufgefallen. Rifkin wurde im März 1979 zu acht Jahren Gefängnis verurteilt.

Ein weiterer spektakulärer Computerbetrug fand bei der Wells Fargo Bank in San Francisco statt. Von 1978 bis 1981 unterschlug ein Angestellter der damals elftgrößten Bank Amerikas einen Rekordbetrag von über 20 Millionen Dollar. Der Täter, Ben Lewis, war für die technische Abwicklung von Bankgeschäften in einer Wells Fargo-Filiale in Beverly Hills verantwortlich. Lewis, der auch dem Aufsichtsrat des Boxveranstalters „Muhammed Ali Professional Sports" (MAPS) angehörte, benutzte deren zahlreiche Konten für seine betrügerischen Manipulationen. Zu Lasten eines internen Verrechnungskontos hob Lewis von den MAPS-Konten innerhalb von mehr als zwei Jahren insgesamt 21,3 Millionen Dollar ab.

Das interne Verrechnungskonto diente den über 300 Wells Fargo-Filialen, um Ein- und Auszahlungen für Konten von anderen Filialen untereinander auszugleichen. Wenn beispielsweise ein Kunde Geld bei einer Filiale einzahlte, die nicht sein Konto führte, wurde der Einzahlungsbetrag dem Kundenkonto über das Verrechnungskonto direkt gutgeschrieben. Als Dokumentation wurde ein entsprechender Beleg an die kontoführende Filiale geschickt, die daraufhin das Verrechnungskonto gegen das Kundenkonto ausglich. Erhielt die kontoführende Filiale diesen Einzahlungsbeleg nicht, blieb der Betrag über das Verrechnungskonto offen. Ebenso wurden auf andere Filialen gezogene Schecks, die in irgendeiner Niederlassung der Bank eingelöst wurden, zwar über das Verrechnungskonto sofort dem Kundenkonto belastet, der Ausgleich des Verrechnungskontos fand aber erst aufgrund der bei der kontoführenden Stelle eingereichten Dokumente statt.

Dem elektronischen Verrechnungskonto lagen Formulare (sog. „Tickets") zugrunde, auf denen die Summe vermerkt wurde, die der einen Filiale gutgeschrieben und der anderen belastet werden sollte. Ein solches Ticket bestand aus einem Gutschriftteil (Credit) und einem Lastschriftteil (Debit). Die Gutschrift blieb bei der auszahlenden Filiale und erhöhte über das interne Verrechnungskonto deren Forderung um den Betrag, den der Kunde abgehoben hatte. Die Lastschrift wurde zur anderen Filiale geschickt, die daraufhin die Forderung auf dem Verrechnungskonto ausglich. Durch den Postweg vergingen jedoch zwischen einer Einzahlung oder einer Scheckeinlösung und dem entsprechenden internen Belastungsausleich mehrere Werktage.

Lewis, der die Abläufe und Kontrollen in der Bank genau kannte, nutzte die zeitliche Differenz zwischen Geschäftsvorfall und Kontoausgleich zu seinen Gunsten aus. Dazu stellte er beispielsweise ein Ticket über einen bestimmten Betrag aus und schrieb diesen Betrag einem MAPS-Konto in Beverly Hills gut, von dem er das Geld dann abhob. Der gutgeschriebene Betrag sollte, so vermerkte Lewis auf dem Formular, von einem anderen MAPS-Konto in einer anderen Filiale, etwa aus Santa Monica, kommen. Lewis gab jedoch nur die Gutschrift weiter; die Lastschrift hielt er zurück, so daß der Betrag zwar dem Beverly Hills Konto gutgeschrieben, aber dem MAPS-Konto in Santa Monica nicht belastet wurde. Lewis wußte auch, daß dem automatischen Prüfsystem der Bank erst Beträge, die eine Million Dollar überstiegen oder länger als fünf Tage über das Verrechnungskonto offen blieben, auffielen. Daher erstellte er vor dem fünftem Tag ein neues Ticket, diesmal um einen höheren Betrag, dessen Gutschriftteil er zusammen mit der zurückgehaltenen Lastschrift zur Filiale nach Santa Monica sandte, so daß die neue Gutschrift die Unterdeckung durch die alte Lastschrift sofort ausglich.

Nach diesem Schema belastete und entlastete Lewis die Konten von MAPS über Jahre mit Luftgeschäften. Dabei verteilte er seine Unterschlagungen im Laufe der Zeit auf immer mehr Konten. Gleichzeitig erhöhte er auch jedesmal die unterschlagenen Beträge. Zum Schluß drohte ihm schon der Überblick über seine betrügerischen Transaktionen verloren zu gehen. Eine längere Abwesenheit von der Bank konnte er sich nicht mehr leisten. Der Dauerstreß führte wohl dazu, daß ihm im Januar 1981 ein folgenschwerer Fehler unterlief. Er versandte versehentlich den falschen Teil des Tickets. Anstatt mit einer Gutschrift das Konto auszugleichen, wurde der offene Betrag durch eine neue Lastschrift weiter erhöht, so daß das interne Kontrollsystem der Bank Alarm schlug. Bei den ausgelösten Nachforschungen entdeckte die interne Revision insgesamt 25 Lufttransaktionen mit einer durchschnittlichen Größenordnung von 900.000 Dollar.

Der 47jährige Lewis wurde nach einem kurzen Fluchtversuch verhaftet. Das unterschlagene Geld blieb jedoch verschwunden, weil der Betrüger es bereits mit Freunden verjubelt oder in zweifelhafte Investments gesteckt hatte

Weitere Betrugsfälle
Banken und Versicherungen werden aber nicht nur durch Eingabemanipulationen, sondern auch durch Programmanipulationen betrogen. Schon 1966 soll ein externer Programmierer bei einer Bank in Minneapolis durch eine Programmänderung dafür gesorgt haben, daß sein Konto beim Ausdruck der Liste aller überzogenen Konten nicht erschien. Da die Programmänderung niemand bemerkt hatte, entdeckte die Bank das weit überzogene Konto erst, als eines Tages das Rechnersystem zusammenbrach und die Kontoführungsarbeiten übergangsweise wieder per Hand erledigt werden mußten.

Immer wieder werden in der Literatur in groben Umrissen Fälle geschildert, bei denen Bankangestellte oder externe Mitarbeiter die komplizierten Berechnungen bei Zinszahlungen und Fremdwährungsgeschäften oder bei der Lohnsteuerermittlung manipuliert und die Differenzbeträge auf ihre eigenen Konten überwiesen haben sollen. Da die betroffenen Banken in der Regel kein Interesse an der öffentlichen Diskussion ihrer Betrugsfälle haben, stellen sie keinen Strafantrag, so daß diese Fälle meist nur über Umwege und anonymisiert in die Öffentlichkeit dringen. Damit läßt sich aber auch kaum Fiktion von Realität unterscheiden.

1968 soll ein Angestellter einer amerikanischen Bank 1,5 Millionen Dollar durch Programmanipulationen ergaunert haben, indem er Kundengelder zu bestimmten Stichtagen von normalen Sichtkonten auf Festgeldkonten überwies. Diese Stichtage lagen immer einen Tag vor Fälligkeit, damit das Zinsberechnungsprogramm für diese Beträge die vollen Festgeldzinsen berechnete. Am Tag nach dem Zinsberechnungslauf buchte der Mitarbeiter die entsprechenden Beträge wieder zurück und hob die Zinsen ab, die er auf ein separates Konto umgeleitet hatte.

1971 wurde ein Fall bekannt, bei dem ein Angestellter einer amerikanischen Bank ein Konto auf den ungewöhnlichen Namen „Mr. Zzwicke" eingerichtet hatte. Auf dieses Konto, das am Ende der alphabetischen Auflistung im Rechenprogramm stand, wurden alle ganzen, zehntel, hunderstel und tausendstel Cents überwiesen, die durch eine Programmanipulation täglich abgezweigt wurden. Der Betrug wurde angeblich durch Zufall entdeckt, als die Marketingabteilung der Bank zu Werbezwecken den ersten und letzten Kunden im Alphabet präsentieren wollte und feststellte, daß es einen „Mr. Zzwicke" gar nicht gab.

Ein ähnlicher Fall soll sich in Frankreich ereignet haben. Ein Angestellter einer französischen Bank überwies sich durch Programmanipulationen regelmäßig jeweils einen halben Franc von allen Zinserträgen der Kundenkonten. Der Betrug wurde ebenfalls nur durch Zufall entdeckt: Durch einen Stromausfall wurden die Speichermedien des Bankrechners beschädigt und bei der anschließenden Neuinstallation stießen die EDV-Mitarbeiter auf die illegale Programmänderung.

Einer ganz anderen Art von Computerbetrug entging die New Yorker Bank Morgan Guaranty 1980 nur knapp. Ein gefälschtes Telex der Zentralbank von Nigeria, mit dem eine Geldüberweisung in Höhe von 21 Millionen Dollar angewiesen wurde, erkannten die Bankmitarbeiter nicht als Fälschung. Das Geld wurde daher von Morgan Guaranty – aufgrund von späteren Weisungen – elektronisch an drei weitere Banken weitergeleitet. Zum Glück scheiterte jedoch der Versuch, das Geld auf ein neu eingerichtetes Konto bei der kalifornischen Santa Ana Bank zu überweisen. Nachforschungen ergaben dann, daß das Telex nicht echt war.

Nicht nur die Vereinigten Staaten, auch Japan erlebte zahlreiche Fälle von Computerbetrug. Allein 1981 wurden über hundert Computerverbrechen bei japanischen Banken aufgedeckt, bei denen die Täter über 20 Millionen Mark ergaunerten. Prominentestes Opfer war die Sanwa-Bank in Tokio. Ein Bankangestellter ließ auf das Konto einer Komplizin umgerechnet 3,5 Millionen Mark überweisen. Der kriminelle Angestellte, der das EDV-System der Bank gut kannte, rief einen Schalterbeamten der Zentrale an und gab sich als Mitarbeiter der Computerzentrale aus. Er bat den Schalterbeamten – nach Nennung eines Codes – testweise einen Betrag von 3,5 Millionen auf das Konto seiner Komplizin zu überweisen, da er einen Fehler im System suche, der sich im Test nicht nachvollziehen ließe. Neun Minuten nach dem Telefonanruf, als das Geld überwiesen war, hob die Komplizin, die das Konto erst vor wenigen Tagen eröffnet hatte, das Guthaben von ihrem Konto ab.

In Deutschland sind nur wenige Fälle von Computermanipulationen bei Banken publik geworden. Bei einer dieser Fälle erleichterten eine 29jährige Kassiererin und ihr 26jähriger Bekannter die Stadtsparkasse Mannheim am 3. Februar 1983 durch eine unberechtigte Online-Transaktion um 1,3 Millionen Mark. Eingeleitet wurde der Millionenbetrug bereits am Vortag durch einen Anruf des Bekannten bei der Mannheimer Stadtsparkasse, bei dem er sich als Angestellter eines Firmenkunden ausgab und den Sachbearbeiter bat, am nächsten Tag in der Hauptstelle ausreichend Bargeld zur Verfügung zu halten, da seine Firma einen größeren Betrag abheben wollte.

Am nächsten Vormittag schrieb die Kassiererin über ihr Online-Terminal dem Konto ihres Freundes eine unbare Gutschrift in Höhe von 1,3 Millionen Mark gut. Der Kontostand wurde sofort aktualisiert. Die Kassiererin, die seit zehn Jahren bei der Stadtsparkasse beschäftigt war, wußte, daß die Kontomanipulation erst später bemerkt werden würde, da der Kontrollstreifen ihres Bildschirmterminals immer mittags kontrolliert wurde. Kurze Zeit später hob der junge Komplize mit mehreren Schecks 1,28 Millionen Mark an der Kasse der Hauptstelle ab. Eine Auszahlung in dieser Größenordnung war aber nur im Vier-Augen-Prinzip möglich und mußte daher von einem anderen Mitarbeiter kontrolliert werden. Diesem fiel aber nichts Ungewöhnliches auf, da der Kunde mit seiner Barabhebung im Rahmen seines Guthabens blieb. Der junge Mann erhielt den gewünschten Betrag ausgezahlt. Kurze Zeit später verließ die Kassiererin wegen eines angekündigten Arzttermins die Bank. Das Gaunerpärchen wurde nie mehr wieder gesehen; vermutlich gelang es den beiden, sich mit dem Geld ins Ausland abzusetzen.

Im Sommer 1988 sollten in Deutschland noch zwei größerere Millionencoups stattfinden. Ein 32jähriger Computerfachmann hatte im Juni das Datenverarbeitungssystem der Frankfurter Niederlassung der Chase Manhattan Bank manipuliert und von zwei New Yorker Kundenkonten 2,8 Millionen Dollar abgebucht, die er nach Hongkong überwies, wo sein gleichaltriger Komplize bereits drei Konten eröffnet hatte. Obwohl die Chase Manhattan Bank den Betrug innerhalb weniger Tage entdeckte und die Konten sofort sperren ließ, hatten die beiden Täter bereits eine Millionen Dollar abgehoben. Bei der späteren Festnahme konnte die Polizei jedoch nur noch 500.000 Dollar sicherstellen. Die 12. Strafkammer des Landgerichtes Frankfurt verurteilte die beiden zu einer Freiheitsstrafe von dreieinhalb Jahren wegen Computerbetrugs nach § 263 a StGB.

Im Juli 1988 versuchte sich ein 34jähriger Unternehmensberater für Datenverarbeitung, der gerade für eine Stuttgarter Bank tätig war, durch Programmanipulationen innerhalb weniger Tage insgesamt 2,8 Millionen Mark zu überweisen. Zur Vorbereitung seines Coups eröffnete er bei verschiedenen anderen Banken Konten, auf die er anschließend jeweils rund 50.000 Mark durch Manipulationen an einem von ihm mitentwickelten Programm transferieren ließ. Der Betrugsversuch wurde nur entdeckt, weil der Berater überschuldet war und die Banken die Konten nach der negativen Schufa-Auskunft teilweise wieder gekündigt hatten. Dadurch gingen die überwiesenen Beträge an den Absender zurück. Trotzdem konnte er bis zu seiner Festnahme noch 715.000 Mark abheben. Der Täter wurde vom Landgericht Stuttgart am 22. November wegen Computerbetrugs (§ 263 a StGB) zu einer dreijährigen Freiheitsstrafe verurteilt.

Die Täter der Neunziger
Die Täter der neunziger Jahre bedienen sich auch der Technik der neunziger Jahre, insbesondere der Kommunikation über Datennetze. Dabei ermöglicht die zunehmende Vernetzung auch externen Computerkriminellen, IT-Systemumstellungen auszunutzen, den Datenverkehr zwischen den Banken zu manipulieren oder in Bankrechner einzudringen.

Die Postbank erlebte nach frühen Kontostandsmanipulationen in den achtziger Jahren Ende 1994 ein regelrechtes Sicherheitsfiasko im Rahmen einer IT-Systemumstellung. Bereits im Herbst 1981 hatte ein 45jähriger Postamtsmann im Rechenzentrum des Postscheckamtes Berlin eine Kontrollschwäche im EDV-Verfahren ausgenutzt und 5,8 Millionen Mark auf sein eigenes Konto umgeleitet. Knapp fünf Jahre später manipulierte ein anderer Postbeamter den Geldüberweisungsteil eines Computerprogrammes, so daß seinem Konto über fünf Millionen Mark gutgeschrieben wurden. Im November 1994 kam die Postbank erneut in die Schlagzeilen: Betrüger nutzten die Umstellung auf ein neues IT-System für die Kontostandsabfrage am Postschalter, um sich in großem Umfang ungedeckte Schecks auszahlen zu lassen. Wenn ein Kunde früher am Postschalter von seinem Girokonto Geld abheben wollte, fragte der Postbeamte über eine Bildschirmtextverbindung ab, ob das Konto gedeckt war. Da Ein- und Auszahlungen bei diesem System aber erst mit Verzögerungen registriert wurden, entschloß sich die Postbank, ein neues Kundenbediensystem (KBS) zu installieren, das eine Online-Verbindung und eine Kontoführung in Echtzeit sicherstellen sollte. Dazu wurden nach und nach Lesegeräte aufgestellt, in die der Kunde seine Postbank-Card oder Eurocheque-Karte steckt und seine persönliche Identifikationsnummer eingibt. In der Umstellungsphase trat jedoch öfters die Situation ein, daß das alte Abfragesystem bereits abgeklemmt, das neue aber noch nicht betriebsbereit war oder es zu Ausfällen des neuen Abfragesystems kam. Der Postbankangestellte hätte in diesem Fall bei Abhebungen den Kontostand jeweils telefonisch erfragen müssen, was aber regelmäßig unterblieb, um lange Wartezeiten für die Schalterkunden zu vermeiden. Insider, im Volksmund auch „Maulwürfe“ genannt, hatten Betrügern vermutlich Listen mit solchen Postämtern zugespielt, so daß diese Drogensüchtige und Obdachlose anwerben konnten, die ein Girokonto eröffneten und mit Hilfe der Postbank-Card und 50 (!) Auszahlungsschecks in kürzester Zeit an verschiedenen Postämtern Geld abhoben, ohne daß die Schecks gedeckt waren. Als die Postbank hinter die systematischen Betrügereien kam, war nach einem Bericht des Magazins „Stern“ schon ein Schaden in Höhe von 52 Millionen Mark entstanden. Inzwischen gibt die Postbank nur noch 20 Auszahlungsschecks auf einmal an ihre Kunden aus.

In Italien wurden Anfang der neunziger Jahre einige Banken durch gefälschte Deckungsbestätigungen um mehrere Milliarden Lire geschädigt. Die unbekannten Täter schalteten sich in das Kommunikationsnetz der italienischen Banken ein, um den Aufbau der Deckungsbestätigungen für Kundenkonten zu untersuchen. Gleichzeitig eröffneten Komplizen der Lauscher mit Hilfe von gefälschten Dokumenten bei verschiedenen italienischen Banken Konten. Nachdem die Täter den Aufbau der Deckungsbestätigungen durchschaut hatten, lösten die Komplizen ungedeckte Schecks in Filialen ein, die weit von der Zweigstelle entfernt lagen, in der das Konto eröffnet worden war. Die Filialen überprüften routinemäßig den eingereichten Scheck, indem sie eine Deckungsbestätigung von der kontoführenden Zweigstelle anforderten. Die Täter fingen jedoch die digitale negative Antwort ab und schleusten statt dessen eine selbsterstellte positive Deckungsbestätigung ins Netz ein. Die Schecks wurden daraufhin eingelöst.

Anfang 1994 drang ein Unbekannter mehrmals in das Datensystem der Frankfurter Niederlassung der weltweit drittgrößten Kreditkartenorganisation American Express ein und leitete Zahlungen in Millionenhöhe auf andere Bankkonten um. Auftraggeber war ein Berliner Rechtsanwalt, dessen Konten auch zu den begünstigten des Coups gehörten. Eine aufmerksame Bankmitarbeiterin bemerkte jedoch die seltsamen Transaktionen und informierte daraufhin American Express. Das noble Kartenunternehmen konnte den Verlust dadurch auf 1,5 Millionen Mark begrenzen. Der Berliner Rechtsanwalt wurde 1996 wegen Computerbetrugs zu zwei Jahren und neun Monaten Haft verurteilt.

Im Sommer 1994 gelang einem russischen Computerfachmann, mehrmals in den Wall-Street-Computer der New Yorker Citibank einzubrechen und sich von Firmenkunden-Konten insgesamt 2,78 Millionen Dollar auf eigene Konten zu überweisen. Der 24jährige Mathematiker Vladimir Levin benutzte für seinen spektakulären Computerbetrug den Computer seines Arbeitgebers, der Softwarefirma AO Saturn aus St. Petersburg. Nachdem er bereits im Frühsommer mehrmals das Sicherheitssystem des Citibank-Computers überlisten konnte und dabei kleinere Beträge auf verschiedene Konten in Finnland und San Francisco überwiesen hatte, transferierte Levin im August 1994 zusammen mit einem Komplizen die Summe von rund vier Millionen Mark an Konten in Kalifornien und Israel. Allerdings entdeckt die Citibank zufällig den illegalen Geldtransfer und erstattete Anzeige gegen Levin. Der Russe wurde daraufhin Anfang 1995 in England verhaftet. Die US-Behörden haben inzwischen einen Auslieferungsantrag gestellt. Bei den Auslieferungsverhandlungen vor einem Londoner Gericht im August 1995 wurden erstmals Details des Coups veröffentlicht. Der Vorfall hatte unter den amerikanischen Banken bereits verschwiegene Diskussionen über die Sicherheit ihrer Computersysteme ausgelöst.

In jüngster Zeit gehen vor allem Mißstände im Handelsbereich durch die Presse, deren tiefere Ursachen auch in unzureichenden Überwachungssystemen liegen. Bereits 1984 verlor die New Yorker Niederlassung der japanischen Fuji Bank zwischen April und Juli durch unautorisierte Devisengeschäfte ihres Chefhändlers 47 Millionen US-Dollar. Die bankeigene Revision konnte die Überziehung des Handelslimits in zwei aufeinanderfolgenden Monaten nicht entdecken, weil gerade ein neuer Computer installiert wurde und keine Möglichkeit bestand, die gemeldeten Positionen zu überprüfen. Obwohl in den aktuellen Spekulationsfällen, wie der Barings-Pleite in London und dem Daiwa-Fall in New York, kein Computerbetrug vorlag, hätte ein effizientes IT-Risikoüberwachungssystem den

Schaden von beiden Banken sicherlich früher abwenden können. Das Bundesaufsichtsamt für das Kreditwesen fordert daher auch in der aktuellen Verlautbarung über „Mindestanforderungen an das Betreiben von Handelsgeschäften der Kreditinstitute“ vom 27. Oktober 1995, daß die „Leistungsfähigkeit der eingesetzten DV-Systeme“ dem „Art und Umfang der Handelsaktivitäten entsprechen“ muß. Ein weiteres Problem in den Handelsabteilungen der meisten Banken ist auch das mangelnde Risikobewußtsein beim Umgang mit den computergestützten Handelssystemen. Symptomatisch ist in diesem Zusammenhang das Paßwort des Urhebers der Barings-Pleite, Nick Leeson: Es lautete „Superman“.

Computerbetrug bei Nicht-Banken

Auch Nicht-Banken waren und sind immer wieder Opfer von Computerbetrügern. Einer der ersten digitalen Betrüger war der amerikanische Physikstudent Jerry Neal Schneider. Er mißbrauchte 1971 das computerbasierte Lagerhaltungssystem der Telefongesellschaft Pacific Telephone and Telegraph Company (PT&T), um auf deren Kosten lastwagenweise Waren zu beziehen und diese weiter zu verkaufen. Schneider kannte das Bestellverfahren von PT&T genau. Die notwendigen Informationen hatte er aus den Müllcontainern der Gesellschaft und – als Reporter getarnt – aus Gesprächen mit nichtsahnenden Mitarbeitern erhalten. Ein PT&T-Rechner vom Typ IBM 360 nahm täglich die Bestelldaten der Niederlassungen über das Telefonnetz entgegen. Die bestellten Geräte wurden dann gegen Mitternacht verladen und in aller Frühe ausgeliefert. Schneider hatte von einem Angestellten sogar die geheime Telefonnummer für die Datenfernübertragung und den benötigten Berechtigungscode erfahren. Er besorgte sich daraufhin von einem ehemaligen Mitarbeiter einen Generalschlüssel und auf einer Versteigerung einen alten PT&T-Lastwagen. In den folgenden sieben Monaten rief er mit seinem Akustikkoppler beim PT&T-Rechner an und orderte Waren für irgendwelche entlegenen Depots. Die bestellten Waren konnte er mit dem Generalschlüssel und dem ersteigerten Lieferwagen der Gesellschaft frühmorgens abholen, da die Geräte bereits gegen zwei Uhr geliefert und im Hof der Niederlassung abgestellt worden waren. Mit diesen Waren belieferte er wiederum die Kunden seines Großhandelsgeschäftes „Creative Systems“. Der Betrug flog erst auf, als ein Gehilfe, den er eingeweiht hatte, ihn verpfiff. In den sieben Betrugsmonaten hatte er auf diese Weise IT-Equipment im Wert von mindestens einer Viertel Million Dollar bestellt und weiterverkauft.

In einem anderen frühen Fall von Computerbetrug konnten zwölf Mitarbeiter in einem Möbellager der amerikanischen Möbelfirma Wickes Mitte der siebziger Jahre durch Manipulationen am computergesteuerten Lagerkontrollsystem Einrichtungsgegenstände im Wert von rund einer halben Millionen Mark entwenden. Die Täter gaben als Lagerplatz für die entwendeten Möbel am Terminal einfach „misplaced“ ein, wenn diese zur Auslieferung angefordert wurden. Dies war in einem gewissen Rahmen durchaus üblich, da in einem großen Lager ein Möbelstück schon mal nicht gefunden werden konnte. In der Chicagoer Zentrale des

Möbelhauses fielen die zahlreichen „misplaced"-Meldungen nicht auf, da die Mitarbeiter die unauffindbaren Teile nach einiger Zeit regelmäßig wieder einmeldeten. Dies geschah immer dann, wenn sie das gleiche Möbelstück an einem anderen Lagerplatz gefunden hatten. Dafür war dieses Stück später wieder „misplaced". So blieb kein Einrichtungsgegenstand über einen ungewöhnlich langen Zeitraum unauffindbar. Der Computerbetrug flog erst nach über 18 Monaten auf, als die Frau eines Angestellten ungewöhnliche Verladevorgänge auf dem Hof des Möbellagers beobachtete, während sie auf ihren Mann wartete.

1983 verklagte die amerikanische Börsenaufsicht drei Manager eines amerikanischen Kopiergeräteherstellers wegen Bilanzfälschung. Die leitenden Angestellten konnten 14 Jahre lang Millionenverluste durch umfangreiche Computermanipulationen verbergen. Der Präsident von Saxon Industries Inc., Stanley Lurie, und zwei Vizepräsidenten führten mit ihren Bilanzmanipulationen auch die Wirtschaftsprüfer an der Nase herum, die – im blinden Vertrauen auf die EDV-Auswertungen – die Programm- und Eingabemanipulationen nicht bemerkten. Die Angeklagten hatten mit Hilfe von Computerprogrammen die Lagerbestände über Jahre systematisch überbewertet. Außerdem hatten sie regelmäßig nach der Inventur noch Lagerbestände nachgebucht, die überhaupt nicht existierten. Die Falschbuchungen hatten 1983 eine Höhe von 75 Millionen Dollar erreicht.

Auch in Deutschland sind einige Computerbetrugsfälle bei Nicht-Banken bekanntgeworden, obwohl die deutschen Unternehmen sich gewöhnlich weitestgehend über solche Fälle ausschweigen. Einer der ersten berühmten Fälle war die Erstellung unrichtiger Eingabedaten zur Kindergeldmanipulation im Zeitalter der Lochkartenverarbeitung. Ein Sacharbeiter der Kindergeldstelle des Hofer Arbeitsamtes und seine Familienangehörigen kassierten zwischen Dezember 1971 und Juli 1972 unberechtigte Kindergeldnachzahlungen in einer Gesamthöhe von 257.741 Mark. Zu den Aufgaben des Sachbearbeiters gehörte nicht nur die Bearbeitung von Kindergeldanträgen, sondern auch die Aufbereitung der Antragsdaten, damit diese auf Lochkarten übertragen werden konnten. Die Lochkarten wurden dann von ihm und der Datentypistin abgezeichnet und zur Bundesanstalt für Arbeit nach Nürnberg gesandt. Der Nürnberger Computer errechnete aus diesen Daten die Zahlungen und druckte entsprechende Eingangs- und Geldzahllisten. Die Ausdrucke wurden anschließend vom jeweils zuständigen Sachbearbeiter des beantragenden Arbeitsamtes stichprobenweise kontrolliert. Wenn der Sachbearbeiter nichts beanstandete, wurde das Kindergeld überwiesen. Im Oktober 1971 fertigte der betrügerische Sachbearbeiter erstmals Lochkarten über Kindergeldnachzahlungen an sich selbst sowie zwei seiner Verwandten an und fälschte das Handzeichen der Datentypistin. Eine Woche später hatte er die Kontrollisten auf seinem Schreibtisch. Seine Strategie war aufgegangen: Die Bundesanstalt für Arbeit überwies die ergaunerten Kindergeldnachzahlungen auf die angegebenen Konten. In den folgenden zehn Monaten fälschte der Sachbearbeiter weitere 26 Lochkarten für Kindergeldnachzahlungen an alle möglichen Familienmitglieder. Aufgedeckt wurde der Betrug nicht durch programmierte Plausibilitätsprüfungen, die etwa eine Kindergeldnachzahlung an die 80jährigen Großeltern zur Kontrolle ausgewiesen hatten, sondern durch Zufall: Stammtischbruder Bankdirektor zog eines Abends seinen Stammtischbruder Arbeitsamtleiter mit den reichen Kindergeldbeziehern auf. Auf Nachfrage berichtete der Bankdirektor dem Arbeitsamtleiter von den hohen Kindergeldnachzahlungen eines seiner Kunden. Bei der Überprüfung der Kontrollisten am nächsten Tag flog die Unterschlagung auf. Der Sacharbeiter wurde festgenommen und zu einer Freiheitsstrafe von drei Jahren verurteilt.

Ein weiterer berühmter Fall ging 1975 durch die Presse. Durch Programmanipulationen hatte ein 39jähriger Systemanalytiker der Firma Linde AG aus München über einen Zeitraum von eineinhalb Jahren, von März 1974 bis November 1975, seinen Arbeitgeber um insgesamt 192.966,05 Mark erleichtert. Der Täter veränderte das Lohnbuchhaltungsprogramm, so daß die Gehälter von ausgeschiedenen Mitarbeitern weiterhin überwiesen wurden, jedoch auf Konten, die der Betrüger zu diesem Zweck bei verschiedenen Banken eröffnet hatte. Um den zusätzlichen Geldabgang zu vertuschen kürzte er im Vertrauen auf die komplizierten deutschen Steuergesetze die Steuerzahlungen der Firma um den gleichen Betrag. Dies war offensichtlich eine geschickte Wahl, denn der zuständigen Finanzbehörde fielen die verkürzten Steuerzahlungen nicht auf. Eine interne Revision entdeckte schließlich die Programmanipulationen, als sie die Einzelbeträge der 3.000 Gehaltsposten mit der Summe auf dem Sammelüberweisungsträger für den beleglosen Zahlungsverkehr verglich und dabei eine Differenz von 10.000 Mark feststellte. Der Systemanalytiker, der seit zehn Jahren bei Linde tätig war, gestand daraufhin seine Manipulationen, tauchte später aber unter. Erst über zwei Jahre später, im Juli 1978, wurde er von der Münchener Kriminalpolizei festgenommen.

Über einen Programmfehler stolperte 1975 dagegen ein Verwaltungsangestellter der Landesversicherungsanstalt (LVA) Schleswig-Holstein in Lübeck. Seine Computerbetrügereien fingen mit einer Datenmanipulation an: Der 23jährige konstruierte aus einem Totenfall wieder einen neuen Rentenfall, legte die Akte heimlich zu den genehmigten und noch zu erfassenden Fällen und ließ sich dadurch auf das Konto eines Komplizen Rentennachzahlungen für die drei Jahre seit dem Tod des Rentners überweisen, insgesamt rund 38.000 Mark. Außerdem gewährte er dem fiktiven Rentner fortan eine monatliche Rente von 664,60 Mark. Als zu gierig erwies sich jedoch der Versuch, für die angeblich 11 Kinder des Rentners Kinderzuschläge zu erhalten. Das Programm konnte fehlerbedingt nur einstellige Kinderzahlen verarbeiten. Der Geschäftsvorfall erzeugte ein Fehlerprotokoll und die Akte mußte manuell nachbearbeitet werden. Dabei wurde der Betrug entdeckt.

Das Ergaunern von staatlichen Beihilfen, zusätzlichen Gehalts- oder Reisekostenzahlungen sowie von Versicherungsleistungen war mit der Einführung der EDV in den siebziger Jahren wesentlich verlockender als vorher, da entsprechende IT-Kontrollmechanismen noch nicht etabliert waren. Aber auch in den achtziger und neunziger Jahren kamen und kommen solche Fälle immer wieder vor, auch wenn die Unternehmen die Veröffentlichung dieser Betrugsfälle inzwischen besser zu verhindern wissen. Da geben Angestellte von privaten Krankenversicherungen fingierte Abrechnungen ein, manipulieren Mitarbeiter von Schiffsbetankungsanlagen am Mengenausweis, löschen EDV-Leiter offene Posten sowie die dazugehörigen Forderungen und rechnen Angestellte getätigte Personaleinkäufe nicht ab. Beim Springer Verlag in Hamburg reguliert eine Buchhalterin fingierte Lieferantenrechnungen über ihr eigenes Konto und unterschlägt somit unbemerkt 1,1 Millionen Mark. Die Vorgesetzten merken entweder nichts oder sind selbst beteiligt; meist entdeckt erst Kommissar Zufall oder die interne Revision den illegalen Geldabfluß.

Wie die polizeiliche Kriminalstatistik der letzten Jahre zeigt, steigt die Anzahl der Ermittlungsverfahren beim Tatbestand Computerbetrug auch in den neunziger Jahren jedes Jahr zweistellig an. Ein plastisches Beispiel für die kaum beherrschbaren Betrugsrisiken der elektronischen Datenverarbeitung liefert ein Bericht über eine Schwachstellenanalyse in einem Industrieunternehmen in der Zeitschrift KES 5/93. Die Schwachstellenanalyse bezog sich auf ein Scheckschreibungssystem, bei dem aus einem Vormodul „Rechnungssätze" eingelesen, von einem Programm „PX100" aufbereitet und in drei Zwischendateien eingestellt werden:

1. eine Datei für die Abstimmung mit der Rechnungssatz-Datei des Vormoduls,
2. eine Datei für die Schecksummenliste und
3. eine Datei für den Scheckdruck.

Die Analyse des Programmes PX100 ergab, daß eine einfache Modifikation, wie die Einstellung eines neuen Scheck-Datensatzes, zu beträchtlichen Vermögensschäden führen könnte, da Schecks kleiner 80.000 Mark mit einer Faksimile-Maschine unterschrieben und nicht mehr kontrolliert wurden. Die einzige Kontrolle für solche „Kleinstbeträge" war die Abstimmungskontrolle gewesen. Diese hätte aber durch Eliminierung des Datensatzes in der Abstimmungsdatei (1) oder durch einen sogenannten „Null-Delta-Befehl" im Abstimmungsprogramm, der immer die Differenz Null ausgegeben hätte, unterlaufen werden können. Für eine solche Manipulation hätten also zwei einfache Eingriffe ausgereicht. Dieses Beispiel scheint mir exemplarisch für die inhärenten Risiken der elektronischen Datenverarbeitung zu sein, die aufgrund ihrer Vielfältigkeit und Komplexität immer schwerer zu kontrollieren sind.

Kartenkriminalität

Eine besondere Form indirekter Computerkriminalität ist die Kartenkriminalität, bei der als Tatwerkzeug neben den klassischen Magnetstreifenkarten Kredit- und EC-Karte inzwischen auch einfache Speicherkarten verwendet werden, wie die Telefonkarte und die Krankenversicherungskarte. Die Mißbrauchsmöglichkeiten mit den letzteren Kartentypen wurden bereits in früheren Kapiteln beleuchtet.

Kartenkriminalität ist eine weltweit prosperierende Deliktart: Nach Schätzungen von Experten verursacht Kartenbetrug jährlich Schäden von über drei Milliarden Mark.

Kreditkarten
Beim Stichwort „Kartenkriminalität" denken die meisten Bundesbürger zu Recht in erster Linie an Kreditkartenmißbrauch. Zwar lag nach der offiziellen Statistik des Bundeskriminalamtes (BKA) der Anteil der Kreditkartenkriminalität 1993 in den alten Bundesländern nur bei 27 Millionen Mark gegenüber einer Gesamtschadenssumme von 137 Millionen wegen - wie es im Amtsdeutsch heißt - „Betrugs mittels rechtswidrig erlangter unbarer Zahlungsmittel" (der größte Teil dieser Schadenssumme stammt aus der Scheckkriminalität), allerdings zeichnet die offizielle Kriminalstatistik beim Kreditkartenmißbrauch ein verzerrtes Bild der wirklichen Gegebenheiten, da die meisten Betrügereien von den Kreditkartenorganisationen mit Rücksicht auf das laufende Geschäft verschwiegen werden. Selbst die Experten des BKA schätzten den Schaden durch Kreditkartenmißbrauch in Deutschland 1993 auf über 120 Millionen Mark, aktuellere Schätzungen sprechen sogar von 200 Millionen. Zu je einem Drittel, so wird vermutet, seien die Karteninhaber selbst, fremde Einzelpersonen und organisierte Banden die Täter. Die Bandbreite der Mißbrauchsmöglichkeiten reicht von der einfachen Verwendung gestohlener Kreditkarten über Magnetstreifenmanipulationen bis zur Herstellung gefälschter Kreditkarten. In Deutschland leben ganze Betrügerringe von gefälschten oder gestohlenen Kreditkarten. Besonders aktiv ist eine mafiaähnliche Betrugsorganisation, bei der „Paten" aus Nigeria die Fäden in der Hand halten. Viele Mitglieder dieser „Mafia nera" genannten Organisation leben in Asylbewerberheimen und bessern ihren Lebensstandard durch Einkaufstouren mit gestohlenen oder gefälschten Kreditkarten auf. In England, wo bereits 25 Prozent aller Kreditkartenvergehen von Nigerianern begangen werden, sollen auf den Londoner Flughäfen täglich Pendelkuriere mit neuem Plastikgeld ankommen. Experten gehen davon aus, daß durch den Betrug mit Kreditkarten weltweit ein Schaden von rund drei Milliarden Mark angerichtet wird.

Der Computerbetrug mit Kreditkarten ist extrem einfach, da der illegale Kreditkartenbesitzer sich zum Gebrauch der Kreditkarten als Zahlungsmittel in den meisten Geschäften oder Restaurants nicht einmal mit einer Geheimzahl legitimieren muß. Um ein Duplikat anzufertigen, benötigen die Betrüger nur kurzzeitigen Zugriff auf eine echte Kreditkarte. Ein solcher Zugriff ist beispielsweise meist in Restaurants möglich, in denen der Gast seine Kreditkarte dem Kellner für gewöhnlich überläßt, damit dieser den Quittungsbeleg erstellt. Der Kreditkartenbesitzer hat dabei keine Möglichkeit festzustellen, ob der Kellner nur einen Quittungsbeleg erstellt oder ob er gleichzeitig auch die Informationen auf dem dünnen Magnetstreifen kopiert hat. Mit einem einfachen Magnetkartenleser und der entsprechenden Software können innerhalb von Sekunden die Daten des Magnetstreifens ausgelesen und gespeichert werden. Einfache Magnetkartenleser sind als Bausatz für unter 200 Mark im Elektronik-Fachhandel erhältlich, die Aufzeichnungsverfahren sind weitestgehend genormt. Die Gangster kopieren die gewonnenen Kreditkartendaten dann auf Kartenrohlinge, die meist durch Einbrüche besorgt werden. Anschließend wird die Kreditkartennummer mit einer Prägemaschine auf die Vorderseite gedruckt und fertig ist das Duplikat.

Die imageträchtigen Kreditkarten, deren Herstellungspreis bei rund 60 Pfennig liegt, verfügen meist über keine ausgefeilten Kopierschutzmechanismen, wie dies bei den fast zehnmal teureren EC-Karten der Fall ist. Schließlich dient die Kreditkarte in erster Linie der Bequemlichkeit und dem Statusbewußtsein des Kunden. Auf dem Magnetstreifen sind im wesentlichen die Daten von der Vorderseite der Kreditkarte gespeichert. Der Kunde könnte dem Kellner seinen Namen und seine Kreditkartennummer ebenso gut diktieren.

Kreditkarten werden aber auch gern beim Versand an die Kunden gestohlen. Nach Schätzungen der Gesellschaft für Zahlungssysteme (GZS) mbH in Frankfurt am Main gehen jährlich rund 10.000 Kreditkarten bereits auf dem Postweg verloren. Allein Eurocard, das mit über sechs Millionen Kunden führende Kartenunternehmen in Deutschland, verschickt täglich über 15.000 neue Kreditkarten. Einige Postbedienstete, die Eurocard-Kreditkartensendungen leicht am Absender (Postfach 11 07 11) erkennen können, verbessern ihr Einkommen regelmäßig durch den Verkauf der unterschriftslosen Blankokarten. 400 Mark zahlten Betrüger, die im März 1993 vor Gericht standen, Wiesbadener Briefträgern pro Kreditkarte. Da eine jungfräuliche Kreditkarte in Hehlerkreisen zu Preisen zwischen 2.000 und 4.000 Mark gehandelt wird, machten die Betrüger bei diesem Zwischenhandel noch einen satten Gewinn. Aber auch in den Sortier- und Versandzentren der Deutschen Post werden Briefe dieses Absenders entwendet. Bereits für die Adresse eines Kreditkartenempfängers zahlen die Betrüger Prämien. Der begehrte Brief wird dann am nächsten Tag aus dem Briefkasten des Empfängers entwendet. Meist stopfen die Täter dazu die Briefkästen vor dem Postboten mit Werbesendungen so voll, daß der Kreditkartenbrief dem Briefkasten ohne Aufbrechen entnommen werden kann. Mittlerweile haben die Kartenorganisation auch gegen die sich häufenden Postwegverluste verschiedene Maßnahmen ergriffen. Das Absenden von unterschiedlichen Postämtern, ein späterer Gültigkeitsbeginn der Karte und die Bitte um Rückruf bei Erhalt der neuen Kreditkarte sollen den Mißbrauch deutlich vermindern.

In der Vergangenheit konnten Betrüger bei telefonischen Bestellungen sogar Waren erschwindeln, indem sie zur Bezahlung eine Kreditkartennummer angaben, die sie von Werbeprospekten abgelesen hatten. Als Gegenmaßnahme hat die GZS Mitte 1995 spezielle Muster-Kartennummern für die Werbung der vier deutschen Bankenverbände erstellt. Andere Nummern dürfen in der Werbung seitdem nicht mehr verwendet werden. An die entscheidenden Kreditkarteninformationen können gewiefte Betrüger aber auch durch Abhören oder Ausspähen von telefonischen oder schriftlichen Bestellungen gelangen, die durch Angabe der Kartennummer bezahlt werden. In den Vereinigten Staaten wurden im Juli 1987 mehrere Studenten aus Pennsylvania verhaftet, die sich Waren und Dienstleistungen im Wert von mehreren Millionen Dollar erschlichen haben, indem sie zur

Bezahlung fremde Kreditkartennummern benutzten, die sie über die Telefonleitung abgehört hatten.

Um dem zunehmenden Kreditkartenmißbrauch Einhalt zu gebieten, überwachen die meisten Kreditkartenorganisationen das Zahlungsverhalten ihrer Kunden mittlerweile mit Computerprogrammen, die Auffälligkeiten aufspüren sollen. So hat die GZS, die in Deutschland für die Zahlungsabwicklung der Kreditkarte Eurocard/Mastercard verantwortlich ist, das Schadenspräventionssystem „Falcon" eingeführt. Falcon vergleicht beim Online-Verfahren, also wenn über Datenleitung eine direkte Verbindung zwischen Vertrags- und Kartenunternehmen hergestellt wird, anstehende Transaktionen mit dem bisherigen Zahlungsverhalten des Karteninhabers und verlangt bei ungewöhnlichen Transaktionen eine Identifikation des Karteninhabers.

Ein ähnliches Identifikationssystem setzt Konkurrent Visa ein. Deren System „Cris" basiert auf der Technik neuronaler Netze und errechnet auf Basis internationaler Betrugsmuster für jede Transaktion eine Risikozahl, die die Wahrscheinlichkeit eines Betrugs angibt. Übersteigt die Risikozahl einen bestimmten Schwellwert, kontaktiert die Bank den Karteninhaber und überprüft die Echtheit der Transaktion. Darüber hinaus führte die weltweit größte Kartengesellschaft Visa im April 1993 den sogenannten „Card Verification Value" (CVV) ein. Der CVV ist ein auf dem Magnetstreifen verschlüsselter Code, der vom Zentralrechner der Kartenorganisation überprüft werden kann. Nachteil der vorgestellten Verfahren: Falcon, Cris und CVV greifen nur, wenn eine Online-Verbindung bei der Zahlung hergestellt wird.

Das billigste und einfachste Verfahren zur Lösung vieler Mißbrauchsvarianten wird von den Kartenorganisationen dagegen als zu kundenunfreundlich erachtet. Bei jeder Zahlung mit Kreditkarte könnte die Kreditkartenorganisation vom Vertragspartner eine Identitätsüberprüfung durch Vorlage des Personalausweises/Reisepasses verlangen oder bei Online-Transaktionen durch eine Geheimzahl.

Bisher benötigt der Kreditkartenbesitzer lediglich zum Abheben von Bargeld am Geldausgabeautomaten (GAA) zusätzlich eine Geheimzahl (PIN), die nicht auf der Karte abgespeichert ist, sondern über eine Datenleitung an die Kreditkartenzentrale geschickt und überprüft werden muß. Nach der jüngsten Computerpanne erscheint aber auch diese Sicherung löchrig zu sein. Die Computerpanne, die vorher kein deutsches Gericht und nur wenige Sicherheitsexperten für möglich gehalten hätten, unterlief ausgerechnet der Citicorp Deutschland AG (Citibank), die als erstes Institut auf der Rückseite ihrer Kreditkarte als Sicherheitsmerkmal ein Foto des Karteninhabers abgebildet hatte. Im Juli 1995 konnten Citibank-Kunden mit ihrer VISA-Karte auch ohne ihre Geheimzahl Geld von jedem GAA abheben. Aufgrund eines technischen Fehlers im zentralen Computersystem der Citibank waren mit jeder willkürlichen Zahlenkombination Geldabhebungen möglich. Ein Bericht des ZDF-Fernsehmagazins „Wiso" vom 19. Juli 1995 brachte den Computerfehler an die Öffentlichkeit.

Eine Konzeptionsschwäche des Systems zur Geldabhebung am Automaten brachte das Institut bereits 1981 in die Schlagzeilen. Über hundert Kunden der amerikanischen Citibank hatten an den bankeigenen Geldausgabeautomaten durch unautorisierte Abbuchungen in Höhe von jeweils 200 bis 600 Dollar beträchtliche Summen verloren. Die Betrüger hatten einfach das komplizierte Citibanksystem ausnutzt: Der Kunde mußte den Citibank-Automaten zu jener Zeit durch das Einschieben seiner Kundenkarte zuerst aktivieren. Anschließend gab er den Auszahlungsbetrag und seinen persönlichen Geheimcode ein und steckte zur Autorisierung seine Karte erneut in den Schlitz. Das System war offensichtlich so kompliziert, daß die Citibank neben den Geldautomaten ein Telefon aufgestellt hatte, damit die Kunden bei Problemen mit der Bedienung der Automaten eine Servicenummer anrufen konnten. An solchen Telefonen, die meist zwischen zwei Geldautomaten angebracht waren, stand der Trickbetrüger, wenn die ahnungslosen Opfer an den GAA traten und ihn aktivierten. Der vermeintlich telefonierende Gauner teilte dem Kunden nach der Aktivierung mit, daß der Automat defekt sei und er deswegen gerade den Kundenservice anrufe. Die Opfer nutzten dann in der Regel den anderen Automaten und gaben dort ihre Geheimzahl ein, die der Betrüger ausspähte. Die erspähte Geheimzahl gab er anschließend in den vermeintlich defekten Automaten ein und bat die Opfer, ihre Karte erneut in den Schlitz zu stecken, da seine eigene offensichtlich kaputt sei und der Kundenservice ihm geraten hätte, eine andere Karte auszuprobieren. Viele leichtgläubige Kunden halfen dem Gauner mit ihrer Karte aus und merkten nicht, daß die folgende Bargeldabhebung zu Lasten ihres Kontos ging.

Ähnlich wie die Kreditkarten können auch die meisten anderen Magnetkarten, wie Betriebsausweise oder Kundenkarten, mit jedem gewöhnlichen Kartenleser leicht gefälscht, kopiert oder verändert werden. In großem Umfang werden beispielsweise die Magnetstreifen der Fahrkarten für die öffentlichen Verkehrsmittel in Washington (Metro) und San Francisco (Bay Area Rapid Transit) manipuliert. Die dort verwendeten Fahrausweise speichern auf dem Magnetstreifen eine bestimmte Summe, die bei jeder Benutzung verringert wird. Zwar sind die Wertinformationen verschlüsselt auf dem Magnetstreifen abgelegt, allerdings können die Daten einer vollen Magnetstreifenkarte einfach auf den Streifen einer fast leeren Karte kopiert werden.

EC-Karten
Der Betrug von anonymen Geldausgabeautomaten (GAA) mit Hilfe gefälschter oder geklauter EC-Karten ist ungleich schwieriger als der Kreditkartenbetrug, da einerseits das Fälschen von EC-Karten technisch sehr aufwendig ist und der Bankomatenbetrüger auch noch die passende Geheimzahl (Persönliche Identifikations-Nummer, PIN) benötigt.

Das Anfertigen von Kartenkopien wird bei der EC-Karte insbesondere durch unsichtbare maschinenlesbare Merkmale (MM) auf der Magnetstreifenkarte erschwert. Die maschinenlesbaren Merkmale sind im Laminat der EC-Karte als infrarotlesbarer EAN-Code eingelassen. Über ein MM-Modul im GAA, das vom bekannten Münchener Gelddruckkonzern Giesecke & Devrient erfunden wurde, werden diese individuellen Merkmale, die zusätzlich über einen Schlüssel mit der PIN verknüpft sind, bei jeder Abhebung abgefragt. Allerdings sind insbesondere außerhalb von Deutschland noch nicht alle Geldausgabeautomaten mit einem MM-Modul ausgestattet.

Anders als bei der billigen Kreditkarte ist bei der EC-Karte die PIN einwegverschlüsselt auf dem Magnetstreifen abgespeichert und kann vom GAA selbst dann abgeprüft werden, wenn keine Verbindung zum Zentralrechner besteht. Dazu verschlüsselt der GAA die klartextlich eingegebene Geheimzahl des Kunden und vergleicht das Ergebnis des Verschlüsselungsprozesses mit der verschlüsselt abgespeicherten PIN auf dem Magnetstreifen. Nur wenn beide Werte übereinstimmen, erhält der Kunde den gewünschten Betrag im Rahmen der gültigen Höchstgrenzen. Um die Höchstgrenzen zu überwachen, erhält der Magnetstreifen nach jeder Abhebung eine neue Kennung; zusätzlich wird das Datum, die Uhrzeit und der erlaubte Restbetrag zurückgeschrieben. Ein Betrüger könnte diese Höchstbetragsgrenzen nur umgehen, wenn er den Magnetstreifen nach jeder Abhebung mit der alten Information überschreibt, die er vorher mit einem Kartenleser abgetastet und gespeichert hat. Um auch diese Manipulationsmöglichkeit auszuschließen, haben sich die Kreditinstitute zu einem nationalen Online-Verbund zusammengeschlossen.

Der PIN-Verschlüsselungsalgorithmus gilt als sehr sicher. Bisher ist noch kein Fall bekanntgeworden, bei dem die klartextliche PIN aus der verschlüsselten Geheimzahl auf dem Magnetstreifen errechnet werden konnte. Bei Fällen von EC-Karten-Betrug gelangten die kriminellen Täter immer über andere Wege an die Geheimnummer: Ein leichtes Spiel haben Diebe beispielsweise bei Karteninhabern, die ihre Geheimnummer in der Nähe der EC-Karte aufbewahren oder sich bei der Eingabe ihrer Geheimzahl beobachten lassen. Häufig wußten aber auch Freunde oder Verwandte die Geheimzahl, die dann ohne Wissen des Karteninhabers Geld mit seiner EC-Karte abhoben. Videoaufnahmen konnten den ungläubigen Geschädigten diese Fälle von Vertrauensbruch schon in mehreren Fällen dokumentieren. Auch bei Trickanrufen, bei denen die Betrüger vorgeben, Bankangestellte oder Polizeibeamte zu sein, gab schon mancher Bankkunde seine Geheimnummer preis.

Eine andere Technik an Geheimnummern von EC-Karten zu gelangen, demonstrierte ein Kölner Bankangestellter im Frühjahr 1989. Mit Hilfe gefälschter Magnetstreifenkarten hob er im deutsch-holländischen Grenzgebiet über 100.000 Mark von verschiedenen Geldausgabeautomaten ab. Der Täter hatte Ende Februar/Anfang März 1989 in einer Filiale der Stadtsparkasse Köln mit Hilfe von ihm entwickelter Geräte an einem GAA zahlreiche Kartendaten und Geheimnummern von codierten Automatenscheckkarten abgehört und gespeichert. Diese Daten übertrug er mit einem Codiergerät auf Scheckkarten-Blanketten und hob mit diesen Blanketten in der Zeit von April bis Juli 1989 an Geldautomaten in Köln und in den angrenzenden Niederlanden insgesamt 140.000 Mark ab. Nach Aussage der Banken waren die mißbräuchlichen Geldabhebungen allerdings nur möglich, weil die benutzten GAA noch nicht mit dem MM-Sicherheitssystem ausgestattet waren, das mit diesem Verfahren erstellte Kartenkopien identifizieren kann. Der Angeklagte wurde vom Landgericht Köln am 22. November 1991 zu einer Freiheitsstrafe von zwei Jahren und sechs Monaten wegen fortgesetztem Computerbetrug (§ 263 a StGB) und fortgesetzter Fälschung beweiserheblicher Daten (§ 269 ff. StGB) verurteilt.

Zukünftige Kartenkonzepte
Die größtmögliche Sicherheit versprechen zur Zeit mit einem Mikroprozessor ausgerüstete Zahlungs- oder Ausweiskarten, bei denen ein unberechtigter Zugang zum Speicherinhalt durch spezielle Schutzschichten verhindert wird. Der Kartenchip enthält dabei einen Prozessor mit eigenem Betriebssystem sowie einen Fest- und Arbeitsspeicher. Da diese „SmartCards" dadurch auch größere Datenmengen speichern und verwalten können, bieten sie neben der höheren Sicherheit auch mehr Verwendungsmöglichkeiten, wie beispielsweise als elektronische Geldbörse, mit der Kleinstbeträge für Einkäufe, Fahrkarten, Parkgebühren oder Telefonate von einem vorher eingestellten Guthaben abgebucht werden können. Das Bezahlen von Waren und Dienstleistungen soll durch die Prozessor-Chipkarten flexibler werden, weil zum Geschäftsabschluß keine Bonitätsprüfung am Zentralrechner mehr notwendig ist, sondern lediglich lokal – über die Eingabe einer Geheimnummer – die Abbuchung des gewünschten Betrages von der Chipkarte überprüft werden muß.

Inzwischen testen verschiedene Kaufhäuser, Verkehrsbetriebe, Kreditkarteninstitute und Finanzverbände in mehreren Ländern unabhängig voneinander verschiedene Kartenkonzepte. So starteten die österreichischen Geldinstitute bereits Ende 1994 ein Pilotprojekt in Eisenstadt bei Wien. Die britischen Banken National Westminster und Midland erproben in Kooperation mit British Telecommunications plc. in der Kleinstadt Swindon unter dem Namen „Mondex" eine digitale Geldbörse. Der Verkehrsverbund Rhein-Main blickt auf erste Erfahrungen eines Smartcardprojektes in Marburg zurück und die Pariser Metro hat digitale Fahrausweise sogar schon eingeführt. Auch der Zentrale Kreditausschuß (ZKA) der deutschen Geldinstitute hat zusammen mit der Telekom ein Konzept für eine multifunktionale Chipkarte („Geldkarte") entwickelt, das in Ravensburg und Weingarten getestet wird und bis 1999 alle herkömmlichen EC-Karten ablösen soll. Allerdings konnte sich der ZKA nicht mit den Kartenunternehmen Europay, Mastercard International und Visa (EMV) auf eine einheitliche und systemoffene Lösung einigen. Die Kartenunternehmen EMV starten während der Olympischen Spiele 1996 in Atlanta daher einen eigenen Großversuch mit Chipkarten als elektronische Börse. Die Chance einer einheitlichen Chipkartenlösung dürfte damit vertan sein und der Verbraucher wird wohl auch in Zukunft für die verschiedenen Anwendungen in unterschiedlichen Ländern jeweils eine andere Chipkarte benötigen. Darüber hinaus lassen die bekanntgewordenen Manipulationsmöglichkeiten bei der Telefonkarte und bei der bundesweit eingeführten Krankenversichertenkarte vermuten, daß auch zukünftige Chipkarten keine hundertprozentige Sicherheit bieten werden.

Betrug von Geldspielautomaten

Als Exot im Bereich der Computerkriminalität gilt der Betrug von Geldspielautomaten mit Hilfe von Computerprogrammen. Juristisch stellt diese Betrugsart eine unbefugte Einwirkung auf den Ablauf eines Datenverarbeitungsvorganges gem. § 263 a Abs.1 StGB dar. Die Täter nutzen dabei ihr Wissen um die Steuerung des Spielablaufs aus, um einen finanziellen Vorteil zu erzielen. Geldspielgeräte enthalten in der Regel einen Mikrochip, auf dem die Instruktionen der Herstellerfirma für den Spielverlauf gespeichert sind. Die auf diesem Chip abgelegten Programme arbeiten jedoch meist tabellengesteuert, so daß die Spielergebnisse sich nach einer gewissen Anzahl von Spielen oder nach bestimmten Spielkonstellationen wiederholen und vorhersagbar werden.

Nach dieser Methode überlistete beispielsweise 1994 ein Betrüger einen Geldspielautomaten in Bayern. Der Täter erwarb in Stuttgart illegal ein Computerprogramm, das den Spielverlauf der Geldspielautomaten Triomint-Jacky-Jackpot simulierte. In Donauwörth spielte er dann mit Hilfe der Daten aus dem laufenden Programm, das auf einem tragbaren Personal Computer installiert war, ein Geldspielgerät des erwähnten Typs leer. Das Programm berechnete den Spielverlauf im voraus, so daß der Betrüger durch gezieltes Drücken der Risikotaste ein bestimmtes Gewinnbild herbeiführen konnte.

Computersabotage

Unter Computersabotage wird die vorsätzliche Beschädigung oder Vernichtung von Komponenten eines IT-Systems verstanden. Da IT-Systeme sich nicht hundertprozentig gegen Computersabotage schützen lassen und die Abhängigkeit der Firmen von funktionierenden IT-Systemen immer weiter zunimmt, stellt diese Form der Computerkriminalität für die meisten Unternehmen ein großes Risiko dar. Eine Vernichtung sämtlicher Daten oder ein Ausfall des gesamten EDV-Systems ist bereits heute für fast alle großen Betriebe existenzbedrohend.

Einige Formen der Computersabotage sind bereits an verschiedenen Stellen dieses Buches angesprochen worden. Sabotagehandlungen an der maschinentechnischen Ausstattung eines Datenverarbeitungssystems wurden im Kapitel Hardwaremängel dargestellt, die im Kapitel über Betriebssysteme behandelten Computerviren können letztendlich als Sabotageprogramme für Software oder Daten betrachtet werden und Beispiele für Sabotage an Daten und Kommunikationseinrichtungen lieferte das vorherige Kapitel. Dieser Abschnitt zeigt einige weitere

Aspekte dieser Bedrohungsform auf und stellt darüber hinaus den Tatbestand der Computererpressung vor.

Ein ungewöhnlicher Fall von Computersabotage ereignete sich 1971 bei der Metropolitan Life Insurance Company (MLIC) in New York. Die amerikanische Lebensversicherungsgesellschaft verlor auf unerklärliche Weise wochenlang die Daten ihrer lokalen Vertriebsbüros. MLIC hatte zuvor die Computerfirma Honeywell beauftragt, alle Außenbüros an das zentrale Computersystem in New York anzuschließen. Über Nacht wurden seitdem die Abschlußdaten der einzelnen Büros in einen Rechner vom Typ Honeywell 1800 per Datenfernübertragung eingespielt. Der Zentralrechner wählte dafür die örtlichen Agenturen an und ließ sich die dort bereitliegenden Magnetbänder mit allen Verkaufsdaten des Tages überspielen. Anschließend führte die EDV-Anlage mit diesen Daten die notwendigen Berechnungen durch und schickte die Verarbeitungsergebnisse wieder an die Außenbüros zurück. Aus unerfindlichen Gründen fehlten jedoch einzelnen Agenturen morgens die Verarbeitungsergebnisse. Die Datenübermittlung mußte dann nachträglich durch Datenträgertransport mittels Kurier vorgenommen werden. Vier Wochen suchten die EDV-Spezialisten der Versicherungsgesellschaft bis sie die Ursache entdeckten: Unzufriedene Honeywell-Mitarbeiter, die das System in- und auswendig kannten, hatten täglich kurz vor dem Zentralrechner einige Außenstellen von MLIC angerufen und sich die Daten überspielen lassen. Da die Magnetbänder nach dem Datenabruf aber nicht zurückgespult wurden, las der Zentralrechner kurz darauf nur noch leere Bandbereiche.

Im Grenzbereich zur Sabotage liegen die Fälle von jugendlichen Hackern, die bei ihren Einbrüchen mehr oder weniger versehentlich Dateien löschen. „Dark-side-Hacker" à la Kevin Mitnick oder Dominic Rymer sind dabei eher der Kategorie Computersaboteur zuzuordnen als beispielsweise jene jugendlichen Studenten der Dalton School aus Manhattan, die 1980 über die Computerterminals in ihrem Klassenraum in ein kanadisches Fernverarbeitungsnetz eindrangen. Die Studenten sollen dabei Dateien von zwei Firmenkunden zerstört haben; betroffen war u.a. der Getränkekonzern PepsiCo Inc. Ein Ermittler wurde im amerikanischen Wirtschaftsblatt „Business Week" mit den Worten zitiert: „They took complete control of the machine and shut down all other computer operations."

Die meisten Sabotagefälle werden aber von frustrierten, verärgerten oder rachsüchtigen (ehemaligen) Mitarbeitern durchgeführt. In diese Kategorie der Computersabotage fällt auch die Tat eines Angestellten der Southeastern Color Lithographers (SCL) in Athens im US-Bundesstaat Georgia. Der Täter hatte 1989 die Zahlungsverkehrs- und Rechnungswesendaten auf dem firmeneigenen Xenix-System gelöscht. Dadurch entstand SCL ein Schaden von mindestens 400.000 Dollar. Aufgrund des Systemprotokolls (System Audit Trail) konnte nachgewiesen werden, daß das Löschkommando vom Terminal dieses Mitarbeiters eingegeben worden war. Prescott Valley im amerikanischen Bundesstaat Arizona konnte eine Sabotagehandlung dagegen nur vermuten. Kurz vor der neuen Budgetplanung waren alle Finanzdaten aus dem IT-System verschwunden. Der Sabotageverdacht konnte aber nicht bewiesen werden, da die Aktionen der Benutzer nicht protokolliert wurden. Auch die Datenbank der berühmten Encyclopaedia Britannica wurde Opfer einer Computersabotage. Ein ehemaliger, verärgerter Angestellter vertauschte Wörter im geplanten Text für die Ausgabe 1988. Die Änderungen wurden aber rechtzeitig vor der Veröffentlichung entdeckt. Größer war der Schaden dagegen beim Dornberger Verlagshaus Zöllner bei Koblenz, wo ein Datensaboteur ganze Zeitungsausgaben unwiederbringlich vernichtete.

Eine heimtückische Form der Computersabotage ist das Einbringen von Sabotageprogrammen, die zu einem Stichtag automatisch wichtige Datenbestände löschen. Neben den bereits behandelten Computerviren, die letztendlich nur eine Variante von Sabotagesoftware darstellen, können auch nicht vermehrungsfähige Minenprogramme enorm gefährlich sein. Ein Programmierer der Rüstungsfirma General Dynamics in San Diego/Kalifornien, Michael John Lauffenberger, plazierte kurz vor seiner Kündigung eine solche „logische Bombe" in ein Steuerungsprogramm für Raketen. Das Sabotageprogramm sollte am 28. Mai 1991 aktiv werden und wichtige Daten zerstören. Allerdings entdeckte die DV-Revision bei einer Systemprüfung kurz vorher das Programm mit dem Namen „cleanup". Ein ähnlicher Fall hatte sich bereits 1982 bei der kalifornischen Firma Collins Food Company ereignet. Zwei Mitarbeiter versahen das Computersystem kurz vor ihrer Kündigung mit einer zeitgesteuerten logischen Bombe, die am 7. Juni 1982 den gesamten Datenbestand gelöscht hätte, wenn nicht ein anderer Programmierer eine Woche vor dem schicksalhaften Datum den ungewöhnlichen Programmcode bemerkt hätte. Ein häufig anonym zitierter Fall von Computersabotage beschreibt einen Programmierer, der in die Software eines Personalsystems eine Routine eingebaut hat, die das gesamte Programmsystem löschen sollte, sobald sein eigener Name in der Personalliste nicht mehr auftauchte. Unabhängig von der Authentizität dieses Falles verdeutlicht die dahintersteckende Idee doch die Brisanz der Computersabotage.

Der bekannteste Fall von Softwaresabotage in Deutschland ist der sogenannte „GURUGS-Fall". Die Bundeswehr-Hochschule in München verlor dabei in der Neujahrsnacht 1985 ein mit großem Aufwand entwickeltes Programm namens „Geräte- und Rechner-unabhängiges Graphik-System" (GURUGS). Ein Mitarbeiter hatte in das Programm eine Löschroutine versteckt, die – an die Systemuhr gekoppelt – zu einem vorgegebenen Zeitpunkt das Programm löschte. Tatmotiv waren Meinungsverschiedenheiten zwischen dem Programmierer und seinem Arbeitgeber über urheberrechtliche Ansprüche, da der Programmierer seine Entwicklung auch anderweitig verwerten wollte. Zum Beweis seiner geistigen Urheberschaft fügte er eine Löschroutine mit Zeitschalter in das Programm ein und informierte die Bundeswehr-Hochschule über seine Absichten. Trotz dieser Vorwarnung scheiterte die Entschärfung des tückischen Programmabschnittes, da den beauftragten Programmierern die tieferen Systemkenntnisse fehlten.

Im immer härter werdenden Wettbewerb werden Sabotageprogramme inzwischen sogar gegen die Konkurrenz eingesetzt. Ein Manager eines größeren PC-Herstellers in Japan hatte im Frühjahr 1990 über eine Mailbox studentische Programmierer gesucht, die Computerviren entwickeln sollten, die ausschließlich Personalcomputer der Firma Sharp befallen. Für die Erstellung der Viren erhielt jeder engagierte Student rund 250 Mark. Schon im April 1990 tauchten zwei der in Auftrag gegebenen Computerviren, „Naniwa Nr. 1" und „Naniwa Nr. 2", auf den ersten Sharp-Rechnern auf. Die Schadprogramme infizierten das Computerspiel „Farside Moon" der Firma Art Dink, das nur auf Rechnern vom Typ Sharp X-68000 lief, und verursachten schwerwiegende Datenverluste: „Naniwa Nr. 1" löschte beispielsweise ab Juli 1990 monatlich alle Dateien auf der Spielediskette.

Eine eigennützige Form der Computersabotage stellt der Diebstahl oder die Vernichtung wichtiger digitaler Daten und Programme mit anschließender Lösegeld-Erpressung dar. Im Amerika wird eine solche Computererpressung auch als „Bitnapping" bezeichnet. Mit dieser speziellen Variante der Computersabotage ging die niederländische Tochter des britischen Chemiekonzerns Imperial Chemical Industries (ICI) in die Geschichte der Computerkriminalität ein. Der dortige EDV-Leiter Rodney Cox und der Systemanalytiker Peter Jenkins transportierten am Wochenende vom 7. bis 9. Januar 1977 aus der Europa-Hauptverwaltung in Rozenburg sowie aus dem ausgelagerten Firmenarchiv heimlich 540 Magnetbänder und 48 Plattenstapel in eine eigens dafür angemietete Wohnung in Antwerpen. Ein gefälschter Berechtigungsschein reichte dem Wachpersonal als Legitimation aus. Damit hatten die Datendiebe sowohl wichtige Originaldaten als auch deren Sicherungskopien an sich genommen. Anschließend verlangten sie für die unversehrte Herausgabe des gestohlenen Datenmaterials 275.000 Pfund Sterling in kleinen, gebrauchten Scheinen. Die Rekonstruktion der Daten hätte ein mehrfaches gekostet, außerdem befanden sich auf den Datenträgern neben wichtigen Bilanzdaten auch Gehaltszahlen und andere vertrauliche Informationen. Der Chemiekonzern ging daher scheinbar auf die Erpressung ein und schickte einen ICI-Direktor mit einem Koffer voll Geld nach London. Bei der vereinbarten Geldübergabe in der Oxford-Street wurden die Täter allerdings von Beamten des eingeschalteten Scotland Yard verhaftet. 1978 verurteilte ein Londoner Gericht die beiden Täter zu fünf bzw. sechs Jahren Freiheitsstrafe, nach Berufung wurde die Strafe 1979 auf vier bzw. drei Jahre herabgesetzt.

Ein ähnlicher Fall ereignete sich auch bei der Structural Dynamics Research Inc. Dort stahl ein Praktikant Computerbänder mit Daten im Wert von rund einer Millionen Dollar. Anschließend bot er der Firma den Rückkauf der Bänder für günstige 34.000 Dollar an. Einen anderen Weg ging ein leitender Angestellter der englischen Versicherung Golden Eagle Group Ltd. Der ausscheidende Mitarbeiter forcierte die Ausstellung eines guten Zeugnisses und die Zahlung einer angemessenen Abfindung, indem er das Computersystem durch ein Paßwort schützte, das nur ihm bekannt war.

Im Dezember 1989 fand eine der umfangreichsten Computererpressungen in der Geschichte der Computerkriminalität statt. Rund 20.000 Institutionen und Personen erhielten von London aus Disketten mit einem „AIDS"-Programm zugeschickt, das Informationen zu der Immunschwächekrankheit und ein Modul zur Berechnung des eigenen Aids-Risikos enthielt. Die Umschläge waren unscheinbar, korrekt mit einer 20p-Marke frankiert und enthielten eine 5¼-Zoll-Diskette mit der Aufschrift „AIDS-Information Introductory Diskette Version 2.0". Der Diskette war auch ein Begleitblatt beigelegt mit einer kleinen Einführung zum Zweck der Sendung, einer Installationsanweisung, einer Garantiebegrenzung und einer Lizenzvereinbarung. Auf dem Datenträger selbst befanden sich zwei Dateien: INSTALL.EXE und AIDS.EXE. Soweit schien alles in Ordnung und durchaus üblich zu sein. Ohne das Begleitblatt genauer zu lesen, haben die meisten Anwender wahrscheinlich eine Demo-Version der Software erwartet.

Was die Anwender aber nicht wußten: Das Programm INSTALL.EXE war ein Trojanisches Pferd, da es nicht nur – wie erwartet – AIDS.EXE auf die Festplatte kopierte, sondern auch die DOS-Startdatei AUTOEXEC.BAT modifizierte und eine Datei namens REM$.EXE installierte. Die Änderung der Startdatei bewirkte bei jedem zukünftigen Start des infizierten Rechners, daß zuerst das Programm REM$.EXE durchlaufen wurde. REM$.EXE enthielt eine Schadfunktion, die nach 90 (in einigen Fällen bereits nach neun) Systemstarts ausgelöst wurde. Der verdutzte Anwender bekam dann auf dem Bildschirm eine Meldung angezeigt, daß er 30 Minuten warten solle und einen Warnhinweis, den Rechner nicht auszuschalten. Das Manipulationsmodul fing gleichzeitig an, die Namen der Dateien auf der Festplatte zu verschlüsseln, den freien Speicherplatz der Festplatte mit einer neu angelegten Datei zu blockieren und alle Dateien und Verzeichnisse mit dem DOS-Datei-Attribut H(idden) zu versehen. Brach der Anwender diesen Vorgang ab und startete er den Rechner erneut, wurde über die AUTOEXEC.BAT wieder die Schadfunktion aktiviert. Wenn alle Aktionen des Manipulationsmoduls beendet waren, wurde der Anwender aufgefordert, seinen Drucker einzuschalten. Das Schadprogramm gab anschließend auf dem Drucker eine Rechnung über eine Registrierungsgebühr von 189 US-Dollar (Ein-Jahres-Lizenz) bzw. von 378 US-Dollar (Lizenz für die Lebensdauer der Festplatte!) aus. Der Betrag sollte auf ein Konto in Panama überwiesen werden.

Das Schadprogramm auf der Diskette, das wegen seines fehlenden Reproduktionsmoduls eigentlich kein klassischer Virus ist, enthielt ein Aktivierungsmodul, das wie eine „Zeitbombe" wirkte, um nach „Zündung" die gespeicherten Daten auf der Festplatte zu verstümmeln und den Benutzer dann zu erpressen. Der aufmerksame Leser der Lizenzvereinbarungen wäre allerdings bereits vor der Installation stutzig geworden, da es dort bereits hieß: „These programs are provided for your use as described above on a leased basis to you; they are not sold. You may choose one of the following types of lease (a) a lease for 365 user applications or (b) a lease for the lifetime of your hard disk drive or 60 years, whichever is the lesser...In the case of your breach of this license agreement, PC Cyborg Corporation reserves the right...to use the program mechanisms to ensure termination of your use of the programs. These program mechanisms will adversely affect other computer appplications on microcomputers. You are hereby advised of the most serious consequences of your failure to abide by the terms of this license agreement: your conscience may haunt you for the rest of your life;...; and your microcomputer will stop functioning normally."

Aber wer liest schon Lizenzvereinbarungen, zumal kleingedruckt und in langweiligem Rechtsjargon geschrieben? Viele Anwender haben in ihrer Verzweiflung die Festplatte formatiert. Allerdings hätten die Schadprogramme nach Booten mit einer Systemdiskette durch einfache DOS-Befehle beseitigt werden können. Zwei einfache Löschaktionen wären ausreichend gewesen: Das Löschen des Aufrufs des Programmes REM$.EXE in der AUTOEXEC.BAT und das Löschen des Programms REM$.EXE. Mühsame Kleinarbeit war jedoch angesagt, um die verschlüsselten Datei- und Verzeichnisnamen wieder umzubenennen.

Im Frühjahr 1990 wurde der Absender der 20.000 Disketten, der amerikanische Anthropologe Joseph Popp, verhaftet. Popp wollte durch diese Aktion Geld für die Aids-Forschung sammeln. Als Adressenpool verwendete Popp die Teilnehmerliste eines Aids-Kongresses sowie Abonnentenlisten von PC-Zeitschriften. Insgesamt hat ihn die Aktion rund 150.000 Dollar gekostet.

Computerspionage

Unter Computerspionage wird in erster Linie die vorsätzliche Beschaffung und/oder Verwertung von digitalen Daten für eine fremde Macht oder einen Konkurrenten verstanden. Ziel der kriminellen Spionageaktivitäten sind meist Daten des Rechnungswesens, wie Bilanzen oder Kalkulationen, Kundendateien sowie Forschungs- und Entwicklungsdaten. Neben den reinen Informationsdaten sind aber auch Computerprogramme ein begehrtes Tatziel. Die Entwicklung komplexer Software verschlingt leicht Millionenbeträge, die der Täter bzw. Auftraggeber mit einer unberechtigten Kopie einsparen kann.

Die allgegenwärtigen IT-Systeme eröffnen den Computerspionen ein lukratives Betätigungsfeld, da enorme Datenmengen mit geringem Aufwand direkt in komprimierter Digitalform entwendet werden können. Die Größe des Tatobjektes steht dabei in keinem Verhältnis zu seinem Wert. Eine Diskette oder ein Magnetband für ein paar Mark kann Programme oder Datenbestände im Wert von mehreren Millionen Mark enthalten. Wenn der Täter dazu die Daten nur als Kopie entwendet und der Eigentümer den digitalen Diebstahl womöglich nicht einmal bemerkt, ist auch die Chance, erwischt zu werden, relativ gering.

Darüber hinaus bieten IT-Systeme den Computerspionen vielfältige Angriffsmöglichkeiten. Die Täter können Kopien von Daten und Programmen entweder in den Räumen der betroffenen Einrichtung selbst oder über Datenfernübertragung von jedem beliebigen Ort aus anfertigen; Datenübertragungen und Bildschirmabstrahlungen können abgehört oder Restdaten, wie Datenverarbeitungslisten oder ausrangierte Datenträger, ausgewertet werden.

Fachleuten zufolge soll insbesondere die verdeckte Computerspionage inzwischen ungeahnte Dimensionen erreicht haben. Mitarbeiter nehmen beim Stellenwechsel häufig nicht nur ihr Wissen, sondern oft auch (illegalerweise) Programme und Daten zum neuen Arbeitgeber mit. Korrupte Angestellte versuchen aus betrieblichen Daten zusätzlichen Profit zu schlagen. Freiberufler, Berater und Wirtschaftsprüfer profitieren von Eigenentwicklungen ihrer Auftraggeber und kopieren sich häufig interessante Daten, um bei ihrem nächsten Auftraggeber als kompetenter Partner aufzutreten. Mittlerweile setzen Nachrichtendienste und Konkurrenzunternehmen sogar gezielt solche externen Berater für die Beschaffung von Informationen ein. Im Gegensatz zum eingeschleusten Spion werden dem teuren Externen sensible Informationen und Unternehmensinternas förmlich aufgedrängt.

Während der Zeit des Kalten Krieges existierte noch eine weitere Form der Computerspionage: Die illegale Ausfuhr von IT-Technologie. Kriminelle Geschäftsleute transportierten heimlich containerweise handelsübliche Hardware und Software mit hohem Gewinn in Gebiete jenseits von Oder und Neiße. Die Rechner gingen über Tarnfirmen per Schiff oder Lastwagen Richtung Moskau, die Software wurde meist auf dem Luftweg nachgeliefert. Grundlage des gewinnträchtigen Handels waren die Ausfuhrverbote der COCOM-Bestimmungen aus dem Jahre 1949. Die NATO-Länder, Japan und die USA hatten damals ein „Coordinating Committee for Multilateral Export Controls“ (COCOM) gegründet, das den Ost-West-Handel kontrollieren sollte. Alle sensitiven militärisch-strategischen Güter wurden auf einer sogenannten „COCOM-Liste“ erfaßt und durften nur mit besonderer Genehmigung in den Osten ausgeführt werden. Unter Ronald Reagan kamen zu den reinen Waffen auch alle möglichen Elektronikartikel, da auch diesen nach dem „dual use“-Konzept eine indirekte militärische Bedeutung beigemessen wurde.

Trotzdem fanden gewiefte Händler immer wieder Wege, um die lukrativen Exporte zu ihren östlichen Abnehmern fortzusetzen. Gelegentlich konnten die illegalen Exporte aber noch rechtzeitig verhindert werden, wie am 20. November 1983, als schwedische Beamte bei der Durchsuchung des Frachtschiffes „MS El Garen“ IBM-Systeme im Wert von mehreren Millionen Mark fanden. Die Rechner waren über Scheinfirmen von einem deutschen Kaufmann bestellt worden und sollten in die Sowjetunion geliefert werden. Sie hätten dort theoretisch als Feuerleitsysteme für Nuklearwaffen eingesetzt werden können. Auch über andere Formen der DV-Spionage versuchte die Sowjetunion sich IT-Know-how zu beschaffen. 1983 ging in Deutschland der Fall Bataschev durch die Presse. Gennadi A. Bataschev, Mitglied der sowjetischen Handelsvertretung in Köln, wurde im Juli 1983 vom Oberlandesgericht Düsseldorf wegen geheimdienstlicher Tätigkeit zu einer zweieinhalbjährigen Haftstrafe verurteilt. Bataschev hatte versucht, sich über einen leitenden Angestellten der Frankfurter Racal Milgo GmbH Schaltpläne für das Datenverschlüsselungsgerät "Datacryptor“, das bei Banken und Versicherungen, aber auch im militärischen Bereich zur Verschlüsselung des Datenverkehrs eingesetzt wird, zu beschaffen.

Auch die amerikanischen Bemühungen, den Technologieaustausch mit der Sowjetunion und ihren Verbündeten zu verhindern, wurden in zahlreichen Fällen unterlaufen. Die wassergekühlten Spiegel für die Laser der russischen Killer-Satelliten hatte die kalifornische Firma Spawr Optical Research Inc. an die Sowjetunion geliefert, die Kreiselkompasse in den SS-20-Mittelstreckenraketen, die für die genaue Zielansteuerung notwendig sind, arbeiten mit dem in Amerika patentierten Bryant Centalign-B-Kugellagersystem, und die Steuersysteme der SS-20 wurden mit Hilfe von IBM-Rechnern vom Typ 360 konstruiert, die wahrscheinlich über IBM Deutschland an Moskau geliefert worden waren. Intel erkannte seinen Chip auf einem Foto von einem sowjetischen Computer wieder und Texas Instruments identifizierte in einer russischen Sonarboje 1983 eine Kopie seines für die amerikanische Marine hergestellten Mikrochips „5400“. Gelegentlich verschwanden sogar die kompletten Konstruktionspläne von Computerchips, die wie der Intel „21.14“ oder der Zilog „Z 80“ für militärische Zwecke entworfen worden waren, einfach aus den Chipfabriken. Amerikanische Sicherheitsexperten gehen davon aus, daß damals zwei Drittel der fortschrittlichen sowjetischen Waffensysteme auf amerikanischer Technologie basierten.

Die Lieferung sensibler IT-Daten wurde von den östlichen Spionageorganisationen damals gut honoriert. 1968 wurde bei IBM Deutschland ein Buchhalter als Spion entlarvt, der dem Osten gegen Bezahlung diverse Organisationspläne, den Werksplan und das Haustelefonbuch der IBM geliefert hatte. 1975 verhaftete die Kriminalpolizei neun Personen wegen Spionageverdachts, darunter einen Wartungstechniker von IBM. Die Gruppe soll Unterlagen über IBM-Großrechnersysteme für mehrere hunderttausend Mark an einen östlichen Geheimdienst verkauft haben. 1976 wurden zwei Männer festgenommen, die bei Messerschmidt-Bölkow-Blohm (MBB) die Pläne des Mehrzweck-Kampfflugzeugs „Tornado“ für einen östlichen Geheimdienst besorgen wollten, der ihnen angeblich 20 Millionen Mark angeboten hatte. Die Pläne waren in einem Rechner des Herstellers MBB gespeichert. Als sich 1979 der Leiter der Technologiespionage des Ministeriums für Staatssicherheit (MfS) der DDR in den Westen absetzte, wurden nach der Analyse der umfangreichen mitgebrachten Materialien u.a. ein weiterer IBM-Angestellter sowie ein Abteilungsleiter bei MBB, die beide jahrelang geheime Unterlagen an das MfS geliefert hatten, festgenommen. Insgesamt soll die Spionagetätigkeit von rund tausend „Technologie-Agenten“ in der Bundesrepublik der Ostblock-Wirtschaft jährlich einen Gewinn von 300 Millionen Mark eingebracht haben. Das Nachrichtenmagazin „Newsweek“ schätzte 1985, daß der Ostblock durch Spionage und illegalen Handel mit IT-Produkten über 50 Milliarden Dollar an Forschungs- und Entwicklungskosten gespart hatte.

Erst mit der Ära Gorbatschow wurden die Exportbeschränkungen wesentlich gelockert und viele IT-Produktkategorien vollständig freigegeben. Dafür warnten westliche Geheimdienstexperten vor der nun wirtschaftlich orientierten Computerspionage der ehemaligen Ostblock-Länder. Zu dieser Zeit wurden in Deutschland zahlreiche LKWs beobachtet, die unter dem Zollschutz des Carnet TIR fuhren, aber keine Häfen, sondern Rechenzentren ansteuerten. Die Geheimdienstler vermuteten, daß die LKWs mit Spezialantennen ausgestattet waren, um die kompromittierende Abstrahlung von Rechnern und Endgeräten aufzufangen. Vorhandenes Spionagegerät und -personal sollte offenbar noch gewinnbringend genutzt werden. Aber nicht nur der Osten, sondern auch der Westen wußte nach dem Ende des Kalten Krieges nicht wohin mit seinen aufgeblähten nachrichtendienstlichen Apparaten und transformierte seine Nachrichtendienste in Wirtschaftsspionagezentren um. Nach amerikanischen Erkenntnissen sind insbesondere High-Tech-Zentren, wie Silicon Valley oder die Route 128 bei Boston, beliebte Spionageziele der ehemaligen Geheimdienste der Bündnispartner.

Aktuell verursacht Wirtschaftsspionage nach Schätzungen der deutschen Wirtschaft und des Bundesamtes für Verfassungsschutz in Deutschland jährlich einen Schaden von rund sechs bis acht Milliarden Mark. Die US-Wirtschaft glaubt sich sogar um hundert Milliarden Dollar jährlich geschädigt. Der amerikanische Auslandsnachrichtendienst CIA (Central Intelligence Agency) vermutet, daß beispielsweise 80 Prozent der von der japanischen Regierung veranlaßten Spionagetätigkeit auf amerikanische Unternehmen gerichtet ist. Das japanische MITI (Ministerium für Handel und Industrie) soll in seinem Institut für Industrieschutz sogar Wirtschaftsspione ausbilden. Der staatlichen französischen Luftfahrtgesellschaft Air France wird dagegen vorgeworfen, sie hätte u.a. Mikrophone in die Sitze der ersten Klasse eingebaut, um die vertraulichen Gespräche ausländischer Manager zu belauschen. Aber auch die Amerikaner selbst sind keine Unschuldsengel. Telefongespräche leitender Mitarbeiter europäischer Elektronikfirmen sollen per Abhörsatellit aufgezeichnet und deren Inhalt – von der National Security Agency (NSA) aufbereitet – an amerikanische Konkurrenten weitergeleitet worden sein. Die NSA betreibt weltweit über 2.000 Telefonabhöranlagen, mit denen gleichzeitig über 50.000 Telefongespräche überwacht werden können. Hatte der Direktor der CIA bereits vor Jahren erklärt, zukünftig verstärkt auf dem Gebiet der wirtschaftlichen Gegenaufklärung zu arbeiten, so hat US-Präsident Bill Clinton 1995 Wirtschaftsspionage sogar als eine der Hauptaufgaben der CIA definiert. Nach einem Bericht der „New York Times“ konnten auch schon erste Erfolge erzielt werden. So soll die CIA bei den Handelsgesprächen zwischen den USA und Japan über die Öffnung der nationalen Automärkte den amerikanischen Handelsbeauftragten Mickey Kantor bereits im Vorfeld über die japanische Verhandlungsposition informiert haben. Ein Agententeam soll Kantor jeden Morgen über die aktuelle Verhandlungstaktik der Japaner in Kenntnis gesetzt haben.

Der illegale Technologietransfer findet aber nicht nur zwischen einzelnen Staaten, sondern auch zwischen Unternehmen statt. Bereits Ende der sechziger Jahre versuchte ein Mitarbeiter der amerikanischen Computerfirma Texas Instruments eine Kopie eines mit Millionenaufwand entwickelten geophysikalischen Computerprogramms, das u.a. der Analyse von Erdölvorkommen dient, auf eigene Faust einer anderen Ölfirma anzubieten. Ebenso kopierten drei Angestellte das Vertriebs- und Buchungssystem der britischen Fluggesellschaft BOAC (Vorgänger von British Airways), dessen Entwicklung mehr als 40 Millionen Pfund gekostet hatte, und verkauften das Computerprogramm illegal.

1983 erregte ein amerikanisch-japanischer Industriespionage-Fall weltweites Aufsehen, bei dem ein Mitarbeiter der Firma IBM, Raymond Cadet, zehn Ordner voll mit Berechnungen für eine neue Computergeneration gestohlen hatte, um sie an die japanischen Computerfirmen Hitachi und Mitsubishi zu verkaufen. Der Coup scheiterte jedoch. Anstelle von Cadet bot ein amerikanischer FBI-Agent, Alan Garretson, der auf die Affäre angesetzt worden war, Hitachi zum Schein die gestohlenen IBM-Unterlagen an. Das Interesse des Herstellers IBM-kompatibler Großrechnersysteme an den Unterlagen war so groß, daß Hitachi in die Falle tappte und insgesamt 525.000 Dollar auf das Konto von Garretson überwies.

Die Anklage gegen den Assistenten des News Direktors einer Rundfunkanstalt in Florida verdeutlicht dagegen die Alltäglichkeit des Deliktes Computerspionage. Der Angeklagte soll 1989 aus dem Computernetz eines konkurrierenden TV-Senders regelmäßig wichtige Daten abgerufen haben. Zuvor war er selbst bei diesem Sender beschäftigt gewesen. Beim Arbeitsplatzwechsel hatte er sowohl seine Systemkenntnisse als auch ein Handbuch mitgenommen, um dann dieses Wissen für seine Datenausspähungen zu mißbrauchen.

Ein jüngstes Beispiel für Computerspionage bot die japanische Aum-Sekte, die für den Giftgasanschlag in Tokio am 20. März 1995 verantwortlich war, bei dem 12 Menschen ums Leben kamen. Die Ermittlungen, die durch diesen infamen Anschlag ausgelöst wurden, brachten erschreckende Erkenntnisse an die Öffentlichkeit. Danach soll u.a. ein Mitglied der Sekte am 28. Dezember 1994 mit Hilfe eines Notebooks geheime Informationen aus dem Forschungszentrum eines großen japanischen Rüstungsbetriebes abgerufen haben. Neben dem Sektenmitglied war auch ein Unteroffizier der japanischen Armee an dem Einbruch beteiligt. Die Täter wurden am 25. Mai 1995 gefaßt. Wozu die Sekte die geheimen Informationen aus dem Forschungszentrum verwendet hat oder hätte, ist nicht bekannt. Ein Plan der Sekte sah jedoch vor, 240 Kilogramm des Nervengases Sarin auf Tokio herabregnen zu lassen, um die politische Führung Japans auszulöschen und das ersehnte „Aum-Königreich“ zu errichten.

Software-Piraterie

Als Software-Piraterie wird die unbefugte Nutzung oder das unbefugte Kopieren fremder Computerprogramme bezeichnet. Programme für die Datenverarbeitung sind in Deutschland nach dem Urheberrecht, das in ein Welturheberrechtsabkommen eingebunden ist, geschützt. Die Verletzung dieses Rechtes ist ein Straftatbestand.

Trotz der eindeutigen Rechtslage schätzt die Softwareindustrie, daß aktuell schätzungsweise jedes zweite gewerblich eingesetzte Computerprogramm unrechtmäßig kopiert wird. Der weltweite Schaden wurde Anfang 1996 von der weltweiten Interessen- und Rechtsvertretung der Softwarehersteller, der in Washington ansässigen Vereinigung Business Software Alliance (BSA), auf mehr als 15 Milliarden Dollar beziffert; davon entfallen allein rund 1,5 Milliarden auf Deutschland. Für 1994 gingen die Vertreter von BSA sogar von einer Schadenshöhe von 15,8 Milliarden Dollar aus; 1993 betrug der geschätzte Schaden noch 12 Milliarden Dollar. Eine Studie der Software Publishers Association (SPA), ein Verband von 700 Softwareherstellern, schätzt den Schaden durch Raubkopien dagegen „nur“ auf acht Milliarden Dollar. Spitzenreiter bei den Raubkopierern ist China. Dort sollen rund 98 Prozent aller Programme illegal eingesetzt werden. Es folgen Rußland mit 95 Prozent und Thailand mit 92 Prozent. Der Grund für den hohen Anteil an Raubkopien in diesen Ländern liegt im fehlenden Urheberrecht. Der mangelnde Urheberrechtsschutz im süd-ostasiatischen Raum hätte im Februar 1995 auch beinahe einen Handelskrieg zwischen den USA und China ausgelöst. In China boomt seit dem Aufkommen der CD-ROM die Branche der Raubkopierer, da die Produktionskosten von CD-ROMs deutlich unter denen für herkömmliche Disketten liegen. Nach Angaben der US-Regierung werden in 29 chinesischen Fabriken jedes Jahr 75 Millionen raubkopierte CDs hergestellt. Das Produktionsvolumen entspricht der 25fachen Inlandsnachfrage. Allein der geschätzte Schaden für die amerikanische Softwareindustrie beträgt jährlich mindestens 400 Millionen Dollar, von der Musikindustrie ganz zu schweigen. In Westeuropa stehen Italien und Frankreich mit 68 bzw. 62 Prozent an der Spitze der illegalen Anwendergemeinschaft. Die vorbildlichen Deutschen liegen nach SPA-Schätzungen mit einem Anteil an illegalen Programmen von 31 Prozent eindeutig unterm westeuropäischen Durchschnitt von 45 Prozent. Die Statistik der BSA geht hingegen von einer Raubkopierate von 50 Prozent in Deutschland bei einem Europaschnitt von 52 Prozent aus.

Die massenhafte Produktion von Raubkopien ist mit moderner Technologie für professionelle Software-Piraten extrem einfach und günstig. Qualitätsverluste treten beim digitalen Kopiervorgang nicht mehr auf, zudem gilt der Einsatz von Raubkopien häufig als Kavaliersdelikt. Trotzdem müssen die genannten Milliardenschäden mit Vorbehalt betrachtet werden, da die Berechnungsmethoden stark umstritten sind. Basis der Berechnung bildet die Anzahl der verkauften Personalcomputer, die der Anzahl verkaufter Softwareprodukte gegenübergestellt wird. Ausgehend von einer theoretischen Durchschnittsausstattung an Software wird die Differenz zu den aktuellen Umsatzzahlen der Softwarebranche errechnet, die dann den entgangenen Umsatz darstellt. In diesen Hochrechnungen, bemängeln Kritiker, fehlen jedoch Shareware- oder Public-Domain-Programme; ein anderer Kritikpunkt betrifft den Wert der theoretisch je Rechner verkauften Software.

In der westlichen Hemisphäre werden die veröffentlichten Statistiken häufig durch die vielen illegalen Kopien von PC-Standardprogrammen auf den Rechnern der Heimanwender dominiert. Allein die Tatsache, daß in Europa vor einigen Jahren zu jedem eingesetzten Personalcomputer nicht einmal ein Originalprogramm verkauft wurde, deutet auf das Ausmaß und die Verbreitung der Urheberschutzverletzungen beim Heim-PC hin. Fälle von „Hobby-Raubkopierern“ sind wahrscheinlich jedem aus dem Bekanntenkreis bekannt. In zahllosen Kinderzimmern türmen sich Computerraubkopien im Wert von mehreren tausend Mark. Da stellt sich manchmal die Frage, inwieweit § 170 d StGB „Verletzung der Fürsorge- und Erziehungspflicht“ anwendbar ist.

Zweifelhafter Kopierschutz

Um der zunehmenden Verbreitung von Raubkopien Einhalt zu gebieten, sind die Softwarefirmen eine kurze Zeit lang auf die Idee gekommen, lizenzgeschützte Programme mit einem Kopierschutz zu versehen. Solche Kopierschutzmethoden beruhen darauf, daß beim Aufruf des Programmes bestimmte Eingaben verlangt werden oder das Vorhandensein eindeutiger Merkmale auf dem Originaldatenträger abgeprüft wird. Eine simple Methode - insbesondere bei kopiergefährdeten Computerspielen - verlangt vor Spielbeginn die Eingabe einer Ziffernkombination oder das Erkennen eines Musters, das dem Handbuch entnommen werden muß. Die benötigten Informationen sind dabei häufig farbig dargestellt und auf alle Seiten des Handbuchs verteilt, um das Kopieren zu erschweren. Meist sind jedoch innerhalb kürzester Zeit Kopiervorlagen dieser Muster oder Ziffernkombinationen im Umlauf oder gar Programmkopien, die diese Abfrage nicht mehr enthalten. Andere kopiergeschützte Programme prüfen anhand von bestimmten Merkmalen, ob eine Originaldiskette im Diskettenlaufwerk liegt. Die Originalprogrammdiskette ist zu diesem Zweck mit fehlerhaften Sektoradressen oder versteckten Kontrollsummen versehen, die von den gängigen Kopierprogrammen nicht kopiert werden können. Das Anwendungsprogramm prüft bei jedem Aufruf die Existenz dieses ungültigen Sektors oder versteckten Merkmals.

Die berühmtesten PC-Programme, die über eine solche Kopierschutzsicherung verfügten, waren die Tabellenkalkulation „Lotus 1-2-3“ und das Datenbanksystem „dBase“. Bei jedem Programmaufruf mußte der Anwender eine Originaldiskette ins Diskettenlaufwerk legen, die ihn als rechtmäßigen Benutzer auswies. Erst nach der Markteinführung der kopierschutzfreien Konkurrenzprodukte „PC Excel“ von Microsoft und „Quattro“ von Borland kündigte Lotus Ende 1987 an, in künftigen 1-2-3-Versionen auf den Kopierschutz zu verzichten.

Inzwischen haben fast alle Hersteller solche Sicherungsmaßnahmen wieder aus ihren Programmen herausgenommen, da Konkurrenzprodukte dem Anwender diese lästige Prozedur ersparen. Darüber hinaus konnten die meisten diskettenbasierten Kopierschutzmethoden geknackt werden. Um den Kopierschutz der populärsten PC-Programme zu überlisten, wurden sogar Hilfsprogramme angeboten, die den unerfahrenen Anwendern diese Arbeit abnahmen. Eines dieser Crack-Programme hieß „Copy II PC“ von der Firma Central Point Software Inc. Das dazugehörige Handbuch listete die Kopierschutzmethoden mit Namen wie „Superlok“, „Prolok“, „Everlok“ oder „Sierra On-Line“ auf, beschrieb deren Funktionsweise und nannte die bekanntesten Programme, die diese Methoden einsetzten. Die Spiele King's Quest (II) und Black Cauldron verwendeten beispielsweise die Methode Sierra On-Line, die auf versteckten Dateien basierte.

Anschließend wurde die Funktionsweise der Hilfsprogramme erläutert, die den Kopierschutz knacken konnten. Bis zum Inkrafttreten des neuen Urheberrechtsgesetzes vom 24. Juni 1993 konnten Softwarefirmen gegen solche Programme nicht einmal Rechtsmittel einlegen.

Für die rechtmäßigen Anwender barg das Arbeiten mit kopiergeschützten Programmen, von denen sie keine Sicherungskopie anfertigen konnten, aber auch ein beträchtliches Risiko. So erwarb der Autor Anfang der neunziger Jahre eine Lernsoftware für Spanisch der Firma HiTec Verlag für Computerwissen in Darmstadt, die – wie sich später herausstellte – das Vorhandensein der Originaldiskette im Laufwerk erforderte. Nach einiger Zeit trat bei der Abfrage nach dem Diskettenmerkmal ein Fehler auf und das Programm konnte nicht mehr gestartet werden. Die Firma war in der Zwischenzeit umgezogen und die neue Anschrift ließ sich über die Auskunft nicht herausfinden. Die Softwareinvestition war damit verloren. Bei PC-Standardsoftware ist ein solcher Kopierschutz heutzutage anachronistisch und sollte den Anwender vom Kauf abhalten.

Einige Hersteller von teuren, branchenspezifischen PC-Anwendungen schützen ihre Software dagegen immer noch durch einen Kopierschutzstecker, auch „Dongle“ genannt, der von außen auf die serielle oder parallele Schnittstelle des Computers gesetzt werden muß. Ohne diesen Stecker ist das Programm nicht ablauffähig, da die Software die Existenz des Dongles abprüft. In dem streichholzschachtelgroßen Gehäuse des Stecker befindet sich meist ein Mikrochip, der im Rahmen eines sogenannten „Challenge-Response-Systems“ die verschlüsselte Anfrage des Programmes auswertet, eine Antwort berechnet und diese verschlüsselt an das Programm zurückliefert.

Kundige Softwarecracker konnten diesen Hardwareschutz in der Vergangenheit aber einfach überwinden, indem sie die Abfrageroutine aus dem Programmcode wieder ausbauten. Um auch gegen solche Programmanipulationen gewappnet zu sein, enthalten moderne Dongles in einem Festspeicher Teile des Programmcodes der zu schützenden Software, ohne die das Programm nicht mehr ablauffähig ist.

Der aufwendige Softwareschutz per elektronischem Dongle gilt zwar als relativ sicher, hat aber auch seinen Preis, den der Anwender über die Softwarelizenzkosten mitträgt. Für einen Anwender, der abwechselnd mit mehreren derart geschützten Programmen arbeitet, ist das Wechseln der Schutzstecker darüber hinaus reichlich lästig. Außerdem trägt er für den Kopierschutzstecker das volle Verlustrisiko, denn ohne Dongle ist die Softwareinvestition in der Regel verloren. Die Hersteller von kopiergeschützter Software reagieren bei Verlust des Steckers häufig nicht sonderlich kulant. In jedem Fall muß der Anwender die Herstellkosten des aufwendigen Kopierschutzsteckers bezahlen; in einigen Fällen unterstellt der Hersteller dem Kunden aber auch den Versuch, in Besitz eines zweiten Dongles gelangen zu wollen, um das geschützte Programm illegal auf einem zweiten Rechner einzusetzen.

Da in einigen lateinamerikanischen Ländern scheinbar ganze Rechenzentren auf Basis nicht lizensierter Software arbeiten, setzen einige Hersteller auch im Großrechnerbereich auf kopiergeschützte Programme, die entweder die Seriennummer des Rechners abprüfen oder mit einem Geheimschlüssel chiffriert sind und nur von einem speziellen Mikroprozessor in diesem Rechner decodiert werden können.

Alle angesprochenen Kopierschutzmethoden dienen ausschließlich dem Hersteller der Software; der Kunde trägt jedoch das Risiko und die Kosten der Schutzmaßnahme. Daher kann jedem Anwender nur empfohlen werden - wenn möglich - immer auf ein nicht geschütztes Konkurrenzprodukt auszuweichen. Bei größeren Investitionen sollte sich der Anwender in jedem Fall vertraglich absichern, daß er jederzeit mit dem geschützten Programm weiterarbeiten kann, selbst wenn der Hersteller nicht mehr existiert und das Schutzsystem aus irgendwelchen Gründen nicht mehr funktioniert.

Kampf gegen Raubkopien

Um die illegalen Nutzer ihrer Programme zu identifizieren oder abzuschrecken, verfielen kleinere Softwarehersteller in der Vergangenheit auf teilweise recht unkonventionelle Ideen. So versprach die Firma Autodesk in einer Anzeigenserie 1989 jedem Leser, der Autodesk einen Anwender einer illegalen Version des Programmes „Autocad“ lieferte, eine Belohnung von 500 Mark. Die Softwarefirma Cadsoft aus Pleiskirchen in Oberbayern baute dagegen in die kostenlose Demoversion ihres neusten Programmes zum Entwerfen von Platinen-Layouts ein Trojanisches Pferd ein, um illegale Benutzer ihres CAD-Programmes „Eagle Layout-Software“ ausfindig zu machen. Ohne Wissen des Anwenders wurde beim Aufruf des Demoprogrammes die Festplatte des Rechners nach illegalen Kopien des 3.000 Mark teuren Originalprogrammes durchsucht. Das Suchprogramm fahndete nach Dateien mit der Endung „.OVR“ und überprüfte dann die Rechtmäßigkeit des Programmes. Cadsoft wußte, daß in den raubkopierten Programmversionen die Abfrageroutine nach dem Dongle verändert sein mußte, damit es ohne Schutzstecker ablauffähig war.

Fand das Suchprogramm eine manipulierte Kopie des Originalprogrammes, dann erschien folgende Meldung auf dem Bildschirm: „Achtung: Sie können das neue Handbuch zur Version 2.6 kostenlos anfordern! Drucken Sie dazu die Datei ORDER.TXT aus und schicken Sie uns den ausgefüllten Gutschein so schnell wie möglich zu (das Angebot ist begrenzt!).“ Von den Empfängern der 10.000 verteilten Exemplare des als Demoversion getarnten Schnüffelprogrammes schickten 400 der Softwarefirma ihre Gutscheine zurück. Anstelle eines Handbuches erhielten die Absender eine Zahlungsaufforderung des Rechtsanwaltes der Firma Cadsoft über den zweifachen Programmpreis plus Anwaltskosten in Höhe von insgesamt 6.661,53 Mark. Unter den Einsendern befanden sich Mitarbeiter der Firmen IBM, Philips und zahlreicher deutscher Behörden, wie Mitarbeiter des

Bundesinnenministeriums, des Bundesamtes für Verfassungsschutz und des Bundesamtes für Wehrtechnik und Beschaffung.

Die großen Softwarehersteller gehen dagegen mit eigenen Spezialabteilungen gegen Raubkopierer vor und streben inzwischen auch abschreckende Verurteilungen an. Die ersten Raubkopierer kamen dagegen noch mit einem blauen Auge davon. 1984 verurteilte das Strafgericht Hannover einen 19jährigen Raubkopierer, der im großen Umfang Kopien einer 100-Mark-Software für 20 Mark verkauft hatte, noch zu zwei Wochenenden Arrest und acht Tagen Hilfsdienst in sozialen Einrichtungen. Im Frühjahr 1989 wurde ein 30jähriger Metzger, in dessen Wohnung die Polizei über 100 Disketten mit kopierten Originalprogrammen fand, wegen Verkaufs illegaler Programmkopien zur Zahlung von milden 7.200 Mark verurteilt. Ein Verfahren gegen einen arbeitslosen Schweißer aus Nordrhein-Westfalen wurde sogar wegen Geringfügigkeit gegen Zahlung einer Geldbuße von 200 Mark eingestellt. Der Angeklagte hatte den Kopierschutz zahlreicher Computerprogramme geknackt und die Programmkopien an Bekannte verteilt. Lediglich 90 Tagessätze bekam ein arbeitsloser Bremer aufgebrummt, der mit dem Verkauf von Raubkopien innerhalb von acht Monaten immerhin 300.000 Mark Umsatz erwirtschaftet hatte.

Das Delikt Software-Piraterie hat sich in den letzten Jahren stark verändert. Annoncierten die Schwarzkopierer früher in Computerzeitschriften und verschickten Angebotslisten, ist dieser Handel auf Druck der Hersteller fast nicht mehr existent. Heutzutage werden die illegalen Imitate, die vom Laien kaum noch vom Original zu unterscheiden sind, von mafiaähnlichen Kreisen professionell vertrieben. Einziger Anhaltspunkt bleibt dann der niedrige Preis. Softwarefirmen und die amerikanische Interessenvereinigung Business Software Alliance (BSA) beschäftigen daher einen Stab von Rechtsanwälten und Detektiven, die publikumswirksam und mit äußerster Konsequenz gegen professionelle Raubkopierer vorgehen. Angesichts der Dimension moderner Software-Piraterie erscheint der Einsatz privater Software-Piratenjäger auch geboten. Schon 1990 konnte Microsoft durch den Einsatz seiner Detektive allein in Deutschland 10.000 illegale Kopien des Betriebssystems MS-DOS beschlagnahmen, die in einer spektakulären Aktion vernichtet wurden.

Im November 1992 entdeckte die kalifornische Polizei das bislang größte Lager mit illegalen Softwarekopien. 16 Container mit originalverpackter, aber illegal kopierter Software, darunter 150.000 Exemplare der damals neuen Version 5.0 des Betriebssystems MS-DOS, wurden von der Polizei beschlagnahmt.

Im Februar 1993 tauchten im deutschen Handel Fälschungen von Betriebssystemen der Firma Microsoft auf, die zu einer Hausdurchsuchung in einer Münchener Druckerei führten. Dabei fand die Kriminalpolizei illegale Kopien der Betriebssystemerweiterung Windows und des Betriebssystems MS-DOS im Wert von 20 Millionen Mark. Gegen zwei Raubkopierer erging im März 1994 Haftbefehl. Die Beschuldigten erwartet nach heutigem Recht eine mehrjährige Freiheitsstrafe und eine saftige Schadensersatzforderung der Firma Microsoft in Höhe von 4,5 Millionen Mark.

Am 24. April 1995 nahm das Kölner Zollfahndungsamt einen der führenden Köpfe der deutschen Software-Piratenszene in seiner Wohnung in Köln Porz fest. Der Beschuldigte soll Software aus illegalen Quellen in den USA im Wert von mehreren Millionen Dollar kopiert und vertrieben haben. An die Kopien der Software gelang der Software-Pirat u.a. durch seine Tätigkeit als EDV-Berater für das Parlakom-System des deutschen Bundestages. Mit einem Modem wählte er sich über die Telefonleitungen des Bundestages, die aus rechtlichen Gründen nicht überwacht werden dürfen, in amerikanische Mailboxen ein und kopierte sich die benötigten Programme. Diese illegalen Programmkopien bot der Berater als Betreiber mehrerer Mailboxen Interessenten gegen Entgelt an. Auf den ersten Blick handelte es sich bei den von ihm betriebenen Mailboxen um gewöhnliche, jedermann zugängliche Mailboxen. Nur wenn ein Interessent das Vertrauen des Verdächtigen gewonnen hatte, erhielt er Zugang zu einem besonderen Plattenbereich mit Kopien nahezu aller marktgängigen PC-Softwareprogramme. Dafür mußte der Interessent in der Regel eine monatliche Gebühr von hundert Mark zahlen. Allein die Liste des Programmangebotes soll 11 Megabyte oder ausgedruckt rund 13.000 Seiten umfaßt haben. Im Angebot waren Programme für die Betriebssysteme DOS/Windows, UNIX und Netware. Ein anonymer Brief brachte die Spezialfahnder der beiden großen Softwarefirmen Novell und Microsoft auf die Spur des deutschen Software-Piraten. Nach eigenen Recherchen informierten die Fahnder die zuständigen deutschen Behörden. Die Zollfahndung Köln durchsuchte darauf an jenem Montagmorgen im April die Wohnung des Computerspezialisten und beschlagnahmte ein komplettes PC-Netzwerk sowie zahlreiche Datenträger.

Die BSA hat darüber hinaus weltweit über 30 Hotlines eingerichtet, bei denen Denunzianten anrufen können, wenn sie Fälle von Software-Piraterie melden wollen oder Hilfe gegen organisierte Software-Fälscher benötigen. Hinweise auf Software-Fälscher sollen mit bis zu 4.000 Dollar entlohnt werden. In Deutschland, wo angeblich noch keine monetären Anreize geboten werden, gehen die meisten Anrufe von unzufriedenen (ehemaligen) Mitarbeitern ein (Telefonnummer: 089 - 3172473). Daneben versucht die BSA durch Aufklärung, Öffentlichkeitsarbeit und Werbekampagnen ein Unrechtsbewußtsein für das Delikt Software-Piraterie bei der Bevölkerung zu wecken.

Die mit Prozeßvollmacht ausgestattete BSA ist mit ihren Abschreckungsmethoden bisher recht erfolgreich gewesen. Im Oktober 1989 verklagte sie die französischen Unternehmen Bank Paribas und Telediffusion de France (TDF), weil bei Durchsuchungen illegale Programmkopien der Softwarefirmen Ashton-Tate, Lotus und Microsoft gefunden wurden. Auch die italienischen Unternehmen Enichem (ENI), der Automobilhersteller Fiat, der Chemiekonzern Montedison SpA, das Verlagshaus „La Stampa" und die Mailänder Messegesellschaft bekamen bereits Besuch von BSA-Vertretern. Im November 1991 stieß die Polizei bei der taiwanesischen Tochter des deutschen Chemiekonzerns Hoechst auf zahlreiche Raubkopien von PC-Programmen. Angeblich arbeiteten zwei Drittel der verwendeten Personalcomputer mit Raubkopien. Raubkopien entdeckten die Fahnder auch bei anderen renommierten Unternehmen, wie der Mirror Group Newspapers (MGN), einem Verlagshaus des englischen Presse-Zaren Robert Maxwell, bei dem 670 von 800 Programmen illegal eingesetzt wurden, der portugiesischen Niederlassung des Autoherstellers Mitsubishi Motors oder der japanischen Daiwa Bank. 1992 wurden in Europa insgesamt 50 Klagen gegen Firmen wegen Verletzung des Urheberrechtes erhoben. Dabei werden die meisten Fälle bereits im Vorfeld gegen Zahlung einer Pauschalsumme an die betroffenen Softwarehersteller stillschweigend beigelegt. Auch der Lüdenscheider Leuchtenhersteller Erco Leuchten GmbH gab nach einer polizeilichen Durchsuchung, bei der nur für neun von 58 eingesetzten Programmen Lizenzen vorgefunden wurden, die Verwendung von Raubkopien zu. Neben Zahlung einer Entschädigung an die BSA in Höhe von 60.000 Mark mußte Erco Leuchten die unrechtmäßigen Kopien löschen und für 78.000 Mark neue Lizenzen erwerben. Die drei amerikanischen Unternehmen Professional Service Industries Inc., Memotec Communications Corp. und Ceramem Corp. konnten 1995 eine Klage abwenden, indem sie der BSA einen Pauschalbetrag von 548.000 Dollar überwiesen. Die BSA wies den Firmen nach, daß sie unlizenzierte Programme von verschiedenen Softwarefirmen eingesetzt hatten. 1994 erhielt die BSA auf diese Weise insgesamt über vier Millionen Dollar an nachträglichen Lizenzeinnahmen.

Die Heimanwender bleiben von den Task-Forces der Hersteller meist verschont, denn obwohl die Firmen über entgangene Gewinne und fehlendes Geld für die Herstellung neuer sowie für die Verbesserung alter Programme klagen, profitieren sie auch von der illegalen Verbreitung ihrer Produkte. Jahrgänge von Studenten würden nicht die Textverarbeitung „Word" der Firma Microsoft für ihre Haus- und Diplomarbeiten verwenden, wenn sie den regulären Preis dafür bezahlen müßten; ebenso würde kein Heimanwender die Datenbank „Access" der Firma Microsoft für die Verwaltung seiner 50 Adressen verwenden und kein Familienvater würde seine Finanzen über die Tabellenkalkulation „Excel" der Firma Microsoft ordnen, wenn der Preis der Software den möglichen Nutzen um ein Vielfaches überstiege. Alle diese Anwender würden vielmehr einfachere und günstigere Programme oder gar Shareware oder Public-Domain-Programme für noch weniger Geld einsetzen. Allerdings würden diese Anwender dann auch im Berufsleben lieber ihre vertrauten Programme als die teuren und komplexen Microsoft-Produkte nutzen.

Darüber hinaus gilt die private illegale Nutzung von Raubkopien immer noch als Kavaliersdelikt. Die Softwarefirmen erleiden durch diese Straftat schließlich keinen direkten Schaden, sondern ihnen entgeht – wenn überhaupt – „lediglich" Gewinn. Angesichts der komplizierten Lizenzregelungen erscheint eine Überkriminalisierung dieser Straftat auch nicht wünschenswert. Fast jeder private Computerbesitzer hat wohl schon einmal bewußt oder unbewußt raubkopiert, weil er vielleicht zu viele Sicherungskopien angefertigt oder weil er Software auf einem stationären Rechner und auf einem portablen Rechner installiert hat. Häufig setzen Angestellte auch die im Büro verwendeten Programme auf dem heimischen Personalcomputer ein, obwohl dies nicht im Einklang mit den Lizenzbedingungen der meisten Computerprogramme steht. Trotzdem kann sich der Anwender relativ sicher vor staatlicher Verfolgung fühlen. Schwarzkopieren von Software ist ein Antragsdelikt und wird von der Polizei nur verfolgt, wenn der urheberrechtlich Geschädigte (und nicht der mißgünstige Nachbar) dies verlangt. Darüber hinaus kann der Geschädigte über die deutsche Zivilgerichtsbarkeit keinen Durchsuchungsbefehl oder das Recht zur Beschlagnahme erwirken, sondern muß immer die Strafverfolgungsbehörden einschalten.

Daher zieht die Softwareindustrie auch eine deutliche Trennungslinie zwischen Raubkopierern für den privaten Gebrauch und professionellen Fälschern sowie gewerbsmäßigen Anbietern von Raubkopien. Die meisten Softwarehersteller haben vielmehr mit einer entsprechenden Preis- und Vertriebspolitik auf die heimische Realität reagiert: Mit Kauf eines Personalcomputers erhalten Privatanwender bei vielen Anbietern zahlreiche Softwarepakete kostengünstig als Beigabe.

Vertriebsflop: Pay-CD

Im April 1994 fand auf der CEBIT in Hannover einer der größten Vertriebsflops in der Geschichte des Softwaremarketings seinen Anfang. Eine sogenannte „Pay-CD", auf der zahlreiche PC-Standardprogramme verschlüsselt gespeichert waren, wurde von einem Softwarehändler auf der größten deutschen Computermesse kostenlos an die Besucher verteilt. Auf diese Weise wollte die Firma Yellow Point aus Ratingen das Erscheinen der ersten deutschen CD-ROM dieser Art medienwirksam in Szene setzen. Die Erstauflage von 300.000 Stück enthielt verschlüsselte PC-Programme im Wert von rund 100.000 Mark. Die Idee der Pay-CD kommt aus den USA, wo die Firmen Apple, Ingram Micro und Multiple Zones International die ersten Pay-CDs herausbrachten. Der Anwender erhält mit der meist kostenlos verteilten CD-ROM Demoversionen von verschiedensten PC-Programmen und braucht bei Gefallen nur noch bei einer Vertriebs- oder Softwarefirma anzurufen, bei der er im Austausch gegen seine Kreditkartennummer einen Code zur Entschlüsselung der Vollversion erhält. Wenn die Idee auch bestechend sein mag; die Umsetzung der Firma Yellow Point war laienhaft, da das gewählte Verschlüsselungsverfahren nicht sicher war. Für jedes Programm soll es nur 256 mögliche Schlüsselkombinationen gegeben haben. Software-Piraten konnten mit einem einfachen selbstgeschriebenem Programm die Codes systematisch ausprobieren und erhielten damit unautorisierten Zugang zur wertvollen Originalsoftware. Wenige Wochen später veröffentlichte ein Hacker mit dem Pseudonym „Interceptor" die Zugangscodes und einige kleinere Programme zur Entschlüsselung der CD-ROM. Daraufhin sank die Zahl der zahlungswilligen Anrufer bei der Firma Yellow Point im gleichen Maße wie die Anrufe bei den Szene-Mailboxen anstiegen.

Aber auch Pay-CDs anderer Anbieter mit ausgefeilteren Verschlüsselungsmechanismen wurden geknackt. Nur kurze Zeit tönte der Chef der EDV-Vertriebsfirma Softline aus Oberkirch, daß seine Pay-CD nicht zu knacken sei. Wenige Wochen später waren bereits 23 Programme entschlüsselt. Die Solinger Firma Megasoft schickte dagegen eine Vorabversion ihrer zukünftigen Pay-CD direkt an den Hamburger Chaos Computer Club und bot der Vereinskasse hundert Mark an, wenn es den Chaos-Hackern gelänge, die Programme ohne Decodierschlüssel zu entschlüsseln. Wenige Tage später erhielt Megasoft die CD-ROM geknackt zurück, die hundert Mark wurden wie versprochen überwiesen. Auch die amerikanischen Vorreiter Apple, Ingram Micro und Multiple Zones International haben sich mittlerweile von diesem neuen Vertriebsweg distanziert.

Als eine der letzten Firmen ist der Computergigant IBM auf den Pay-CD-Zug aufgesprungen. Unbeeindruckt von den Mißerfolgen der Konkurrenz brachte IBM im Juni 1994 eine Pay-CD mit einer Startauflage von 300.000 Stück auf den deutschen Mark, die diverse PC-Programme, wie das Betriebssystem OS/2 2.1, das Office-Paket „IBM Works“ oder die Textverarbeitung „Wordperfect 5.2“, enthielt. Vollmundig behauptete IBM in zweiseitigen Anzeigen: „Die gefährlichsten Hacker sitzen bei der IBM und nicht im Knast.“ Hacker aus dem Umkreis des Hamburger Chaos Computer Clubs bewiesen IBM bald das Gegenteil. Die Computerfreaks knackten innerhalb kürzester Zeit den 20stelligen alphanumerischen Code der IBM-CD. Dabei nutzten die Hacker eine bekannte Schwachstelle aller Pay-CDs aus. Da alle Scheiben einer Auflage identisch sind, müssen sie auch denselben Code zum Freischalten der ausgewählten Programme verwenden. Immerhin errechnete das Verschlüsselungsprogramm der IBM-CD im Speicher des Rechners einen individuellen Code, der am Bildschirm ausgegeben wurde und den der Käufer dem Anbieter angeben mußte, um den passenden Schlüssel zu erhalten. Dieser Schlüssel war damit individuell und für andere Kunden wertlos. Das Verschlüsselungsprogramm errechnete aber aus diesem Schlüssel wieder den eigentlichen (auf allen CDs identischen) Code, mit dem das gewünschte PC-Programm dann entschlüsselt werden konnte. Diese Schwachstelle nutzten die Hacker aus, indem sie den Generalschlüssel mit Hilfe eines speziellen Schnüffelprogrammes erspähten.

Zeitdiebstahl

Ein – angesichts heutiger Rechnerpreise – seltsam antiquiert anmutendes Delikt ist der Zeitdiebstahl. Unter Zeitdiebstahl wird die unberechtigte Nutzung eines IT-Systems durch Mitarbeiter oder Externe für aufgabenfremde Zwecke angesehen. Der Tatbestand „Zeitdiebstahl“ wird insbesondere im Zusammenhang mit Großrechnern verwendet, bei denen pro Nutzungsstunde ein bestimmter Geldbetrag angesetzt werden kann. Zur strafrechtlichen Behandlung stützen sich die Strafverfolgungsbehörden beim „Zeitdiebstahl“ nicht auf § 242 StGB (Diebstahl), da keine fremde bewegliche Sache entwendet wird, sondern auf Untreue gemäß

§ 266 StGB, denn die mißbräuchliche Verwendung eines Rechnersystems stellt ein schädigendes Verhalten dar.

Fälle von klassischem Zeitdiebstahl ereigneten sich vor allem in der Anfangszeit der Datenverarbeitung. Im Juni 1977 wurden beispielsweise zwei Programmierer der Computerfirma Sperry-Univac wegen Aneignung von Rechenzeit auf einem Großcomputer ihres Arbeitgebers verurteilt. Die beiden jungen Männer hatten über einen Zeitraum von drei Jahren den Firmenrechner benutzt, um ein Programm zu entwickeln, das Musikstücke komponiert. Diese Musikstücke verkauften die beiden Programmierer dann über ihre eigene Firma Camps Inc. Auch die Buchhaltung für ihre Firma wickelten sie über den Rechner ihres Arbeitgebers ab. In Deutschland wurde damals einigen Professoren vorgeworfen, daß sie einen Universitätscomputer jahrelang für ihre Aufträge aus der Wirtschaft genutzt hätten. Bei einem angenommenen Maschinennutzungspreis von 150 Mark pro Stunde war der Universität ein Schaden von mehreren hunderttausend Mark entstanden. Die Professoren argumentierten dagegen, daß der Universität bestenfalls Gewinn entgangen sei, da die Anlage sowieso in Betrieb war und daher keine zusätzlichen Kosten verursacht wurden.

Vorherrschend sind mittlerweile aber andere Formen von Zeitdiebstahl, die angesichts sinkender Hardwarepreise nicht mehr über den Verbrauch an Rechenzeit, Platten- oder Leitungskapazität gemessen werden, die sich aber in sinkender Arbeitseffektivität ausdrücken. Experten vermuten, daß die meisten Mitarbeiter ihre Arbeitsplatzcomputer auch aufgabenfremd nutzen, um nebenbei zu spielen, Briefe zu schreiben, die Vereinsverwaltung zu erledigen oder kleine Anwendungen für private Zwecke zu programmieren. Dieser „Zeitdiebstahl“ wird im Gegensatz zu früher jedoch nicht mehr geahndet, obwohl dadurch zwar keine Maschinenzeit, aber teure Arbeitszeit vergeudet wird.

Rechtliche Behandlung der Computerkriminalität

„Nullum crimen sine lege“ (Keine Strafbarkeit ohne Gesetz)

Nach § 1 StGB (Strafgesetzbuch) kann eine Tat nur bestraft werden, wenn die Strafbarkeit gesetzlich bestimmt war, bevor die Tat begangen wurde. Als Oase für Computerkriminelle galt daher die ehemalige DDR. Software-Piraterie wurde dort als eine erlaubte Art der Vergesellschaftung von Computerprogrammen angesehen. Selbst die DDR-Betriebssysteme SVS bzw. Disk Control Program (DCP) von Robotron galten nur als Kopien des Originalquellcodes von MVS bzw. MS-DOS. Ein Urheberrecht an Software war praktisch nicht existent.

Die härteste Behandlung erfahren Computerkriminelle dagegen in China, wo beispielsweise ein Buchhalter einer chinesischen Bank in Schanghai, der mehrmals den Zentralrechner der Bank geknackt und Buchungen im Wert von umgerechnet rund 300.000 Mark zu seinem Vorteil auslöste, von einem Gericht zum Tode verurteilt und erschossen wurde.

In Deutschland existieren spezielle Gesetze zur Bekämpfung der Computerkriminalität erst seit dem 2. Gesetz zur Bekämpfung der Wirtschaftskriminalität (2. WIKG), das am 15. Mai 1986 im Bundesgesetzblatt verkündet wurde und am 1. August 1986 in Kraft trat. Bis dahin waren nur körperliche Gegenstände, wie Hardware oder Datenträger, nicht aber immaterielle Güter, wie Daten und Programme, gesetzlich geschützt. Mit dem 2. WIKG wurden mehrere Paragraphen zur Erfassung von Delikten im Zusammenhang mit der elektronischen Datenverarbeitung in das Strafgesetzbuch aufgenommen. Die Vorschriften erweiterten im wesentlichen den Anwendungsbereich der bestehenden Paragraphen des Betrugs, der Urkundenfälschung und der Sachbeschädigung auf dem Gebiet der EDV. Zusätzlich wurde aber auch der Mißbrauch von Scheck- und Kreditkarten unter Strafe gestellt.

Computerstraftatbestände des StGB

Die wichtigsten Computerstraftatbestände aus dem Strafgesetzbuch, die mit dem 2. WIKG eingeführt oder geändert wurden, sind:

- § 202 a (Ausspähung von Daten) analog zu § 202 (Verletzung des Briefgeheimnisses)
  § 202 a Ausspähen von Daten. (1) Wer unbefugt Daten, die nicht für ihn bestimmt und die gegen unberechtigten Zugang besonders gesichert sind, sich oder einem anderen verschafft, wird mit Freiheitsstrafe bis zu drei Jahren oder mit Geldstrafe bestraft.
  (2) Daten im Sinne des Absatzes 1 sind nur solche, die elektronisch, magnetisch oder sonst nicht unmittelbar wahrnehmbar gespeichert sind oder übermittelt werden.
- § 263 a (Computerbetrug) analog zu § 263 (Betrug)
  § 263 a Computerbetrug. (1) Wer in der Absicht, sich oder einem Dritten einen rechtswidrigen Vermögensvorteil zu verschaffen, das Vermögen eines anderen dadurch beschädigt, daß er das Ergebnis eines Datenverarbeitungsvorgangs durch unrichtige Gestaltung des Programms, durch Verwendung unrichtiger oder unvollständiger Daten, durch unbefugte Verwendung von Daten oder sonst durch unbefugte Einwirkung auf den Ablauf beeinflußt, wird mit Freiheitsstrafe bis zu fünf Jahren oder mit Geldstrafe bestraft.
- § 266 b (Mißbrauch von Scheck- und Kreditkarten)
  § 266 b Mißbrauch von Scheck- und Kreditkarten. (1) Wer die ihm durch die Überlassung einer Scheckkarte oder einer Kreditkarte eingeräumte Möglichkeit, den Aussteller zu einer Zahlung zu veranlassen,

mißbraucht und diesen dadurch schädigt, wird mit Freiheitsstrafe bis zu drei Jahren oder mit Geldstrafe bestraft.

- ❑ § 269 ff. (Fälschung, Täuschung) analog zu § 267 (Urkundenfälschung)
  § 269 Fälschung beweiserheblicher Daten. (1) Wer zur Täuschung im Rechtsverkehr beweiserhebliche Daten so speichert oder verändert, daß bei ihrer Wahrnehmung eine unechte oder verfälschte Urkunde vorliegen würde, oder derart gespeicherte oder veränderte Daten gebraucht, wird mit Freiheitsstrafe bis zu fünf Jahren oder mit Geldstrafe bestraft.
  (2) Der Versuch ist strafbar.
- ❑ § 303 a (Datenveränderung) und §303 b (Computersabotage) analog zu § 303 (Sachbeschädigung)
  § 303 a Datenveränderung. (1) Wer rechtswidrig Daten (§ 202 a Abs. 2) löscht, unterdrückt, unbrauchbar macht oder verändert, wird mit Freiheitsstrafe bis zu zwei Jahren oder mit Geldstrafe bestraft.
  (2) Der Versuch ist strafbar.
- ❑ § 303 b Computersabotage. (1) Wer eine Datenverarbeitung, die für einen fremden Betrieb, ein fremdes Unternehmen oder eine Behörde von wesentlicher Bedeutung ist, dadurch stört, daß er
  1. eine Tat nach § 303 a Abs. 1 begeht oder
  2. eine Datenverarbeitungsanlage oder einen Datenträger zerstört, beschädigt, unbrauchbar macht, beseitigt oder verändert,
  wird mit Freiheitsstrafe bis zu fünf Jahren oder mit Geldstrafe bestraft.
  (2) Der Versuch ist strafbar.

Neben dem Strafgesetzbuch kommen für den weiten Bereich der Computerkriminalität auch das Bürgerliche Gesetzbuch, das Urheberrecht, das Gesetz gegen den unlauteren Wettbewerb, das Bundesdatenschutzgesetz sowie das Halbleiterschutzgesetz in Betracht.

Das Bürgerliche Gesetzbuch (BGB) stellt mit Paragraphen wie § 433 (Grundpflichten des Verkäufers und Käufers), § 823 (Schadensersatzpflicht), § 826 (Sittenwidrige vorsätzliche Schädigung) oder § 832 (Haftung des Aufsichtspflichtigen) die Grundlage vieler Ansprüche auf dem Gebiet der modernen Datenverarbeitung dar.

Das Gesetz gegen den unlauteren Wettbewerb (UWG) enthält ebenfalls einige relevante Paragraphen für den Bereich der Computerkriminalität, wie § 17 UWG (Verrat von Geschäfts- und Betriebsgeheimnissen) und § 20 UWG (Verleiten und Erbieten zum Verrat).

Darüber hinaus wurde zum Schutz der Persönlichkeitsrechte bei der Verarbeitung personenbezogener Daten das bereits angesprochene Bundesdatenschutzgesetz (BDSG) erlassen. Besonders interessant sind die in Anlage zu § 9 Satz 1 aufgezählten Maßnahmen, auch die zehn Gebote des Datenschutzes genannt, zum Schutz personenbezogener Daten.

Durch die Urheberrechtsnovelle 1985 wurden auch „Programme für die Datenverarbeitung" in § 2 Abs. 1 UrhG (Geschützte Werke) aufgenommen. Aus dem Urheberrecht resultieren wiederum strafrechtliche Vorschriften, wie § 106 UrhG (Unerlaubte Verwertung urheberrechtlich geschützter Werke), der die Verbreitung von Raubkopien mit Freiheitsstrafe bis zu einem Jahr oder mit Geldstrafe bestraft.

Nach der Rechtsprechung deutscher Gerichte fielen allerdings Programme, die nur einen geringen Grad an Originalität und geistiger Individualität aufwiesen, in der Vergangenheit nicht unter den Schutz des Urheberrechtes. Erst mit der Transformation einer EG-Richtlinie zum Rechtsschutz von Computerprogrammen in deutsches Recht (Juni 1993) kann der unerlaubte Umgang mit urheberrechtlich geschützter Software zivilrechtlich und strafrechtlich besser verfolgt und untersagt werden.

Ohne lange Gerichtsverfahren kann die Softwareindustrie seitdem Unterlassungsverfügungen, Schadensersatzforderungen und Strafanträge durchsetzen. Die Schutzwürdigkeit wird allein durch die geistige Urheberschaft begründet, qualitative oder ästhetische Kriterien spielen keine Rolle. Gleichwohl wurde dem Anwender mit dem neuen Urheberrechtsgesetz aber auch das Recht zugesprochen, eine Sicherungskopie der Software zu erstellen, selbst wenn dies vertraglich verboten sein sollte.

Strafrechtliche Konsequenzen kann das neue Urheberrecht insbesondere für Unternehmen haben, die bei der Beschaffung von Software nicht immer mit der nötigen Sorgfalt auf die Rechtmäßigkeit des Erwerbs und die Anzahl der Lizensierungen geachtet haben. Nach neuester Rechtsprechung haftet der Käufer einer Software auch dafür, daß die softwarerechtlichen Bestimmungen eingehalten werden. Unternehmen und IT-Verantwortliche können also auch zur Rechenschaft gezogen werden, wenn sie es Raubkopierern zu einfach machen. Der Verband der deutschen Softwareindustrie empfiehlt daher, einen Passus in die Arbeitsverträge einzufügen, der es untersagt, firmeneigene Originalsoftware illegal zu vervielfältigen. Durch Rundschreiben und Aushänge sollte außerdem regelmäßig auf die Konsequenzen illegalen Kopierens hingewiesen werden. Damit sind die Unternehmen und ihre IT-Verantwortlichen rechtlich aus dem Schneider. Die volle Haftung tragen dann die illegalen Kopierer.

Aber nicht nur Software ist urheberrechtlich geschützt, auch mikroelektronische Halbleitererzeugnisse sind in Deutschland durch ein spezielles Gesetz, das Halbleiterschutzgesetz, das zum 1. November 1987 in Kraft trat, besonders geschützt. Dieses „Gesetz über den Schutz der Topographien von mikroelektronischen Halbleitererzeugnissen" setzte eine Richtlinie des Rates der Europäischen Gemeinschaft in nationales Recht um. Ziel des Gesetzes ist die Eindämmung des Produktdiebstahls in Bereich der integrierten elektronischen Schaltungen. Das Gesetz trägt der Komplexität der Chipentwicklung Rechnung, da Planung und Entwurf dieser Chips häufig Beträge in Milliardenhöhe verschlingen.

Trotz aller Gesetze ist der Wissensstand zur Computerkriminalität bei Justiz und Polizei immer noch gering. Die Suche nach Anhaltspunkten für einen untermauerten Anfangsverdacht, der für die Anklageerhebung durch die Staatsanwaltschaft nach § 152 Absatz 2 Strafprozeßordnung (StPO) erforderlich ist, wird häufig wenig professionell durchgeführt. Vermutungen allein reichen für eine Anklageerhebung nicht aus, für eine richterliche Verurteilung noch weniger, denn in Deutschland gilt: In dubio pro reo (Im Zweifel für den Angeklagten). Den Geschädigten bleibt dann nur das teurere zivilrechtliche Verfahren aufgrund vertraglicher oder deliktischer Schadensersatzansprüche nach den einschlägigen Vorschriften des BGB.

Um diesen Mißstand abzustellen, hat das Bundesland Bayern eine Spezialeinheit gegründet, die gegen Raubkopierer, Hacker, Saboteure und Datendiebe vorgeht. Auf Initiative des Innenministeriums wurde am 1. Februar 1995 eine Arbeitsgemeinschaft EDV gegründet. Diese neue Dienststelle der Kriminalpolizei ist personell und technisch besser ausgerüstet als das bisherige Kommissariat und soll – unabhängig vom Landeskriminalamt – „Fälle von Computerkriminalität in sämtlichen Spielarten" bearbeiten. Dazu gehören neben den hier behandelten klassischen Kriminalitätsformen auch extremistische Mailboxen, Hehlerei oder Pornosoftware-Vertrieb über Online-Dienste. Inzwischen nehmen auch andere Bundesländer die bislang auf Bayern beschränkte Arbeitsgemeinschaft EDV zum Vorbild und schicken ihre Polizisten zur Weiterbildung nach München. Die leidige Kostenfrage scheint Äußerungen des bayerischen Innenministers Beckstein zufolge dabei kein Thema zu sein: „Der Mißbrauch hat eine gesellschaftspolitische Dimension erreicht, die auch kostenintensive Maßnahmen rechtfertigt."

Abwehrmöglichkeiten

Die Vielzahl der kriminellen Mißbrauchsmöglichkeiten von IT-Systemen stellt ein enormes wirtschaftliches Risiko für die betroffenen Unternehmen dar. Um den zahlreichen Formen der digitalen Kriminalität vorzubeugen, müssen die Systembetreiber verschiedene Maßnahmen treffen, die von einfachen Sicherheitsmaßnahmen bis zu aufwendigen Risikoanalysen reichen. Was die Vertriebsbeauftragten der Computerhersteller jedoch nicht so gern erwähnen: Die notwendigen Sicherungsmaßnahmen erfordern einen hohen personellen und finanziellen Aufwand, der den durch den Einsatz der Informationstechnik angestrebten Rationalisierungseffekt deutlich reduziert. Andererseits kann eine Vernachlässigung der Sicherheitsaspekte beim Einsatz digitaler Technologien existenzbedrohend sein.

Einfache Sicherheitsmaßnahmen

Angesichts der zunehmenden Möglichkeiten der Computerkriminalität sollte heutzutage jeder Arbeitsplatzcomputer über einige wesentliche Grundsicherungen geschützt sein, da selbst auf nicht vernetzten Rechnern häufig sensible oder personenbezogene Daten gespeichert oder verarbeitet werden. Die niederschmetternden Ergebnisse von PC-Sicherheitsüberprüfungen belegen, daß in der Praxis Personalcomputer in den meisten Unternehmen eine große Sicherheitslücke darstellen.

Als die amerikanische Regierungsbehörde Defense Information System Agency (DISA) 1994 auftragsweise rund 8.000 Rechner des amerikanischen Verteidigungsministeriums attackierte, erhielten die Mitarbeiter in über 88 Prozent der Fälle Zugriff auf die Arbeitsplatzcomputer des Pentagons. Lediglich fünf Prozent der betroffenen Benutzer bemerkten das unbefugte Eindringen in ihren Rechner.

Um den Grundanforderungen an sichere IT-Systeme zu genügen, sollten bei Arbeitsplatzrechnern mindestens folgende Sicherheitsfunktionen realisiert sein:

Zugriffsschutz

Neben dem physischen Zugang zum Rechner sollte der logische Zugang auf ein Rechnersystem nur über die Verwendung einer eindeutigen Benutzerkennung mit dem dazugehörigen Benutzerkennwort (Paßwort) möglich sein, so daß das IT-System den Anwender authentifizieren, also identifizieren und autorisieren, kann. Bei der Paßwortgestaltung sollten zumindest die Paßwortregeln des Bundesbeauftragten für den Datenschutz beachtet werden.

Paßwortregeln des Bundesbeauftragten für den Datenschutz

Die Empfehlungen zur Paßwortgestaltung des Bundesbeauftragten für den Datenschutz wurden als Kopiervorlage veröffentlicht und können den Mitarbeitern zur Verfügung gestellt werden.

Grundsatz: „Für den Benutzer leicht zu merken, für einen Fremden schwer zu erraten."

1. Nirgends notieren! Niemandem mitteilen!
2. Nur dem Benutzer bekannt.
3. Mindestlänge: 6 Stellen.
4. Vor- und Familiennamen nie allein verwenden, sondern:
5. Stets alphanumerisch gestalten (Buchstaben und Zahlen/Zeichen).
6. Keine Trivialpaßwörter (z.B. 4711, 12345 oder andere nebeneinander liegende Tasten, gast usw.) verwenden; möglichst vom System automatisch abweisen lassen.

7. In angemessenen Zeitabständen (möglichst automatisch gesteuert) ändern; nicht zu oft!

8. Automatisch verhindern, daß (aus Bequemlichkeit) als neues wieder das alte Paßwort gewählt wird.

9. Für besonders wichtige Funktionen/sensible Daten: Zusatzpaßwort („Vier-Augen-Prinzip"). Oder: Zwei Personen kennen je das halbe Paßwort.

10. Paßwort des Systemverwalters – nur ihm bekannt – für Vertretungsfall versiegelt aufbewahren.

Damit jeder Mitarbeiter nur auf die Informationen zugreifen kann, die er für die Erfüllung seiner Aufgaben benötigt, sollten zusätzlich zum Zugangsschutz unterschiedliche Zugriffsebenen eingerichtet werden. Dazu muß im Vorfeld festgelegt werden, welcher Benutzer eine bestimmte Datei lesen, ändern oder löschen darf. Insbesondere bei PC-Netzwerken sollten Anwender keinen Zugriff auf Programm- oder Systemverzeichnisse besitzen und auch innerhalb von Datenverzeichnissen nur über abgestufte Rechte verfügen. Der Zugang von externen Benutzern sollte auf das absolut notwendige Minimum beschränkt werden, da externe Firmen sich häufig auch um Aufträge bei Konkurrenzunternehmen bemühen.

Organisatorische Maßnahmen

Neben einem angemessenen Zugangsschutz und ergänzenden organisatorischen Maßnahmen, wie sie schon in den Kapiteln über Hardware und Daten angesprochen wurden, sind individuelle aufbau- und ablauforganisatorische Sicherungsmaßnahmen durch Kollegen, Fachabteilungen oder Vorgesetzte Grundvoraussetzung für eine effektive IT-Grundsicherung. Grundlage jeder organisatorischen Sicherung ist die (gegenseitige) Kontrolle der Mitarbeiter.

Zu den organisatorischen Maßnahmen gehört aber auch eine verantwortliche und umsichtige Systemadministration, die den Empfehlungen des Bundesbeauftragten für den Datenschutz zum Sicherheitsmanagement entspricht.

Empfehlungen des Bundesbeauftragten für den Datenschutz zum Sicherheitsmanagement

Die Empfehlungen zum Sicherheitsmanagement des Bundesbeauftragten für den Datenschutz wurden ebenfalls als Kopiervorlage veröffentlicht.

1. Jede Person erhält eine eigene Benutzerkennung („User"). Benutzerken-

nungen werden grundsätzlich nur für Bedienstete der Stelle eingerichtet; für Fremde (Wartung usw.) nur zur kontrollierten Inanspruchnahme.

2. Benutzerkennungen werden nur für den Zeitraum eingerichtet, in dem sie tatsächlich benötigt werden.
3. Die Datei der Paßwörter und Benutzerkennungen ist besonders zu schützen, i.d.R. durch kryptographische Verschlüsselung.
4. Automatische Begrenzung der Anzahl der Anmeldungs-Fehlversuche (maximal drei, danach: Sperrung der Benutzerkennung)
5. Protokollierung der Fehlversuche und Information des Systemverwalters und/oder Benutzers.
6. Anzeige der letzten korrekten Anmeldung zur Kontrolle durch den Berechtigten (Tag, Uhrzeit, Terminal usw.)
7. Zeitliche Begrenzung der Zugangsberechtigung, z.B. auf die Bürozeit.
8. Verhindern, daß Anmeldung mit Funktionstaste möglich („auto-login").
9. Automatisches Sperren oder Abmelden des Terminals/APC nach längerer Nichtbenutzung, z.B. nach 5 Minuten.
10. Bei Verbindung des Systems mit dem öffentlichen Wählnetz: Zusätzliche Sicherungsmaßnahmen (Rückrufautomatik usw.).

Eine weitere organisatorische Sicherungsmaßnahme ist eine weitestgehende Funktionstrennung sensibler Aufgaben bei der Netzverwaltung. Funktionstrennung beruht auf der Annahme, daß die Anfälligkeit für Datenmanipulationen steigt, wenn nur wenige Mitarbeiter einen Datenverarbeitungsvorgang steuern. Wird der gesamte Datenverarbeitungsvorgang dagegen in mehrere Funktionsabschnitte aufgeteilt, die von verschiedenen Mitarbeitern ausgeführt werden, so wird der Manipulationsspielraum des einzelnen Mitarbeiters eingeengt.

Eine Steigerung der Funktionstrennung ist der Aufgabenwechsel („Jobrotation"), bei der ein unregelmäßiger Wechsel des Personals innerhalb der definierten Aufgabenbereiche vorgenommen wird. Dadurch kann der einzelne Mitarbeiter nicht abschätzen, inwieweit Daten risikolos manipuliert werden können, da bereits am nächsten Tag ein Kollege seine Funktion übernehmen und die Manipulation entdecken könnte.

Ein anderer wichtiger organisatorischer Punkt ist die geregelte Verfahrensweise beim Ausscheiden von Mitarbeitern, da viele Insiderfälle kurz vor einem Arbeitsplatzwechsel begangen werden. Insbesondere im IT-Bereich sollte der ausscheidende Mitarbeiter zwar einerseits noch Zeit genug bekommen, seinem Nachfolger das erworbene Know-how zu übertragen, andererseits sollten jedoch spätestens mit dem Ausscheiden sämtliche Zugriffs- und Zutrittsrechte gesperrt werden.

Daten- und Beweissicherung

Zusätzlich zu den geschilderten vorbeugenden Maßnahmen sollten insbesondere die möglichen Folgen durch Computersabotage durch schadensbegrenzende Maßnahmen wie die Daten- und Beweissicherung minimiert werden.

Die regelmäßige Sicherung von wichtigen Daten, die an einem sicheren Ort aufbewahrt werden, schützen den Anwender im Rahmen der Computersabotage auch vor den dargestellten Formen des „Bitnappings".

Beweissicherungs- oder Protokollierungseinrichtungen halten dagegen fest, wer wann Zugang zum System hatte, wann auf welche Datei zugegriffen wurde und welche sicherheitsrelevanten Transaktionen durchgeführt wurden. Mit Hilfe dieser Aufzeichnungen kann im Nachhinein die Schadensursache festgestellt werden, so daß zukünftig geeignete Gegenmaßnahmen ergriffen werden können.

Im Gegensatz zum Zugangsschutz über Paßwörter und Zugriffsebenen handelt es sich bei der Beweissicherung im wesentlichen um eine aufdeckende und nachträgliche Kontrolle. Daher werden vorhandene Protokollierungseinrichtungen häufig nicht verwendet oder die erstellten Aufzeichnungen nicht kontrolliert.

Allerdings können anhand der Protokolle in einigen Fällen zumindest Schäden durch Datenmanipulationen rückgängig gemacht oder durch die Analyse der Aufzeichnungen Verdachtsmomente frühzeitig erkannt werden.

Erweiterte Sicherheitsmaßnahmen

Neben den einfachen Maßnahmen zur Grundsicherung von IT-Systemen sind Personen und Stellen, die personenbezogene Daten verarbeiten, durch das Bundesdatenschutzgesetz (BDSG) zu erhöhten technischen und organisatorischen Sicherheitsmaßnahmen angehalten, die den Anforderungen der Anlage zu § 9 Satz 1 BDSG genügen müssen.

Der Aufwand für die Datenschutzmaßnahmen sollte allerdings in einem angemessenen Verhältnis zum angestrebten Schutz stehen. Unter Beachtung dieses Grundsatzes sind die zehn Gebote des BDSG aber nicht nur für die Verarbeitung personenbezogener Daten anwendbar, sondern für jegliche Verarbeitung sensibler Daten.

Die 10 Gebote der Anlage zu § 9 Satz 1 BDSG

1. Unbefugten ist der Zugang zu Datenverarbeitungsanlagen, mit denen personenbezogene Daten verarbeitet werden, zu verwehren (Zugangskontrolle).
2. Es ist zu verhindern, daß Datenträger unbefugt gelesen, kopiert, verändert oder entfernt werden können (Datenträgerkontrolle).
3. Die unbefugte Eingabe in den Speicher sowie die unbefugte Kenntnisnahme, Veränderung oder Löschung gespeicherter personenbezogener Daten ist zu verhindern (Speicherkontrolle).
4. Es ist zu verhindern, daß Datenverarbeitungssysteme mit Hilfe von Einrichtungen zur Datenübertragung von Unbefugten benutzt werden können (Benutzerkontrolle).
5. Es ist zu gewährleisten, daß die zur Benutzung eines Datenverarbeitungssystems Berechtigten ausschließlich auf die ihrer Zugriffsberechtigung unterliegenden Daten zugreifen können (Zugriffskontrolle).
6. Es ist zu gewährleisten, daß überprüft und festgestellt werden kann, an welche Stellen personenbezogene Daten durch Einrichtungen zur Datenübertragung übermittelt werden können (Übermittlungskontrolle).
7. Es ist zu gewährleisten, daß nachträglich überprüft und festgestellt werden kann, welche personenbezogenen Daten zu welcher Zeit von wem in Datenverarbeitungssysteme eingegeben worden sind (Eingabekontrolle).
8. Es ist zu gewährleisten, daß personenbezogene Daten, die im Auftrag verarbeitet werden, nur entsprechend den Weisungen des Auftraggebers verarbeitet werden können (Auftragskontrolle).
9. Es ist zu verhindern, daß bei der Übertragung personenbezogener Daten sowie beim Transport von Datenträgern die Daten unbefugt gelesen, kopiert, verändert oder gelöscht werden können (Transportkontrolle).
10. Die innerbetriebliche Organisation ist so zu gestalten, daß sie den besonderen Anforderungen des Datenschutzes gerecht wird (Organisationskontrolle).

Um die abstrakten Gebote des BDSG mit Leben zu füllen, sind in Tabelle 10 stichwortartig einige Beispiele für die Umsetzung der BDSG-Gebote in die Praxis angeführt.

Gebote des BDSG	Organisatorische und technische Umsetzung
Zugangskontrolle	„Closed-Shop-Betrieb“
Datenträgerkontrolle	Datenträger-Abgangskontrolle Datenverschlüsselung „diskless PC“
Speicherkontrolle	Vergabe von differenzierten Zugriffsrechten Verschlüsselung der Daten
Benutzerkontrolle	Zugangskontrolle für Datenfernübertragungs(DFÜ)-Einrichtungen Schnittstellenüberwachung
Zugriffskontrolle	Vergabe von differenzierten Zugriffsrechten
Übermittlungskontrolle	Protokollierung aller DFÜ-Aktivitäten Abweisen nicht erlaubter DFÜ-Programme Bildung einer geschlossenen Benutzergruppe
Eingabekontrolle	Protokollierung der Systemeingaben
Auftragskontrolle	entsprechende Vertragsgestaltung schriftliche Verfahrensfestlegung
Transportkontrolle	Verschlüsselung der Daten Datenträgerversand in versiegelten Behältern
Organisationskontrolle	Aufbau eines wirksamen internen Kontrollsystems (IKS) Vier-Augen-Prinzip

Tabelle 10: Zehn Gebote des BDSG

Risikoanalyse: Schwachstellen im Vorfeld erkennen

Die kriminellen Mißbrauchsmöglichkeiten können – wie bereits dargestellt – durch Zugangs- und Zugriffsschutzsysteme, Daten- und Beweissicherungsverfahren sowie geeignete arbeitsorganisatorische Abläufe schon erheblich reduziert werden. Allerdings erfordert die Konzeption und Einrichtung eines effektiven Zugriffsschutzsystems oder eines internen Kontrollsystems detaillierte Kenntnisse der schützenswerten IT-Ressourcen, Anwendungen und Daten, ihrer Bedrohungen und ihrer Schwachstellen. Um teure Sicherungsmaßnahmen nur gezielt an den Schwachpunkten mit hohem Bedrohungspotential einzusetzen, muß vorab in der Regel eine Risikoanalyse durchgeführt werden, die diese neuralgischen Punkte herausarbeitet und auf deren Ergebnisse dann ein maßgeschneidertes internes IT-Kontrollsystem aufgebaut werden kann.

Neben solchen aufwendigen Verfahren existiert ein von vielen Unternehmen praktizierter „baseline-security“-Ansatz, mit dem ohne eine differenzierte Betrachtung konkreter Bedrohungen ein pauschal-präventiver Basisschutz durch den Einsatz bewährter Sicherheitsmaßnahmen erreicht wird. Fachleute gehen davon aus, daß durch den Einsatz von Standardsicherheitsmaßnahmen ein Sicherheitsniveau von 80 Prozent erreicht werden kann. Das unbekannte Restrisiko von 20 Prozent läßt sich allerdings nur durch eine detaillierte Risikoanalyse untersuchen. Die zunehmend komplexer werdenden IT-Abläufe in heterogenen Systemumfeldern lassen allerdings Zweifel an dieser 80/20-Regel aufkommen. Sinnvoll erweist sich in solchen IT-Landschaften vielmehr eine Kombination von pauschalem IT-Grundschutz und detaillierter Risikoanalyse. Letztere wird dabei auf IT-Systeme mit hohem Schutzbedarf beschränkt.

Voraussetzung für jedes funktionierende Kontrollsystem ist eine von der Unternehmensleitung formulierte und durchgesetzte Sicherheitspolitik, die alle Unternehmensbereiche umfaßt. Da auch IT-Sicherheitsmaßnahmen auf den ersten Blick häufig unbequem erscheinen, muß das erarbeitete Sicherheitskonzept unbedingt vom Management mitgetragen werden, da die Autorität der Unternehmensleitung am schnellsten in der Lage ist, die anfänglichen Widerstände in der Betriebshierarchie zu überwinden. Darüber hinaus müssen die Kontrollmaßnahmen ständig den veränderten Verhältnissen angepaßt werden, da sich die Datenverarbeitung in einem Unternehmen dynamisch weiterentwickelt. Dieser Prozeß kann als eine Art Kreislauf mit den vier Phasen Diagnose, Planung und Entscheidung, Realisierung und Kontrolle angesehen werden.

1. Diagnosephase mit abschließender Risikoanalyse

In der Diagnosephase wird nach einer umfassenden Bestandsaufnahme eine Risikoanalyse durchgeführt. Dazu werden alle sicherheitsrelevanten Faktoren erfaßt, d.h. Schwachstellen identifiziert (Schwachstellenanalyse), die verarbeiteten Informationen bewertet (Informationswertanalyse), die IT-Bedrohungen ermittelt (Bedrohungsanalyse) sowie darauf aufbauend die Risiken beurteilt (Risikoanalyse).

Die klassische Risikoanalyse berücksichtigt insbesondere folgende Aspekte:

- Wie hoch ist der Aufwand für den unbefugten Zugriff auf bestimmte Daten/Programme ?
- Wie hoch ist der Nutzen aus einem unbefugten Zugriff ?
- Wie hoch ist der Schaden aus einem unbefugten Zugriff für das Unternehmen?

Als Wertmaßstab für das Risiko aus einer Bedrohung stehen quantitative und qualitative Verfahren zur Verfügung. Der quantitative Ansatz legt objektiv meßbare Wertmaßstäbe zugrunde, wie beispielsweise die Kosten in Geldeinheiten für eine Wiederherstellung von Daten oder die Umsatzausfälle bei einer Nichtverfügbarkeit des IT-Systems, und setzt diese Beträge mit einer errechneten Wahrscheinlichkeit des Schadenseintrittes in Beziehung. Der qualitative Ansatz bewertet dagegen das Risiko und die Eintrittswahrscheinlichkeit anhand einer qualitativen Werteskala, die eine Schadensskala wie existenzgefährdend, Vertrauensverlust beim Kunden, Verletzung der Privatsphäre, etc. sowie Wahrscheinlichkeitsbewertungen wie niedrig, mittel, hoch umfaßt.

MARION

Die Durchführung einer vollständigen Risikoanalyse ist enorm zeitaufwendig, erreicht schnell einen hohen Komplexitätsgrad und läßt häufig einen weiten Bewertungsspielraum zu. Daher wurden rechnergestützte Werkzeuge zur Erleichterung und Standardisierung von Risikoanalysen entwickelt. Ein Beispiel ist das französische System MARION (Méthodologie d'Analyse des Risques Informatiques et d'Optimisation par Niveau), das sowohl den quantitativen als auch den qualitativen Ansatz unterstützt. Die Methode unterscheidet für die Risikoanalyse 17 Schadensszenarien und läßt darüber hinaus die Entwicklung firmenspezifischer Risikoszenarien zu, die mit den Faktoren Wahrscheinlichkeit und Schadensausmaß gewichtet werden. Die 17 übergeordneten Schadensszenarien umfassen das gesamte Spektrum der IT-Bedrohungen:

1. Physische Unfälle
2. Physische Sabotage
3. Systemversagen
4. Verlust von Schlüsselpersonen
5. Verlust von Supportern
6. Kommunikationsunterbrechungen
7. Eingabefehler
8. Übertragungsfehler
9. Bedienungsfehler
10. Softwarekonzept- und Realisierungsfehler
11. Verborgene Systemfehler
12. Veruntreuung
13. Diebstahl
14. Unbefugtes Kopieren von Software
15. Diebstahl von Informationen
16. Logische Sabotage
17. Hacking

Neben der Bedrohungsanalyse kann mit MARION auch der aktuelle Stand der IT-Sicherheit der untersuchten Unternehmung bewertet werden. Die Bestandsaufnahme basiert auf 27 Sicherheitsfaktoren und wird mit 630 Fragen erfaßt. Die Sicherheitsfaktoren betreffen die Bereiche:

- Allgemeine Sicherheit (Allgemeine Organisation, permanente Managementkontrollen, Sicherheitsverfahren /Revision)
- Sozioökonomische Faktoren

- Generelle Sicherheitsaspekte (Umgebung der Rechenzentren, physische Zutrittskontrolle, Verunreinigungen, physische Sicherheitsvorschriften, Brandschutz, Wasserschutz, Zuverlässigkeit der Installation, Katastrophenvorsorgeplanung, Beziehung Benutzer – Informatiker, Personalpolitik in der Infor-matik, Informatik- und Sicherheitsstrategie)
- Sicherheit der Hardware und Systemsoftware (logischer Zugriffsschutz, Sicherheit der Telekommunikation, Sicherheit der Datenbestände)
- Sicherheit der Produktion (Datensicherung/Wiederherstellung, Datenerfassung/Datentransport, Datensicherheitskonzept, Betriebsüberwachung, Wartung)
- Sicherheit der Systementwicklung (Programmänderungsverfahren, Entwicklungsmethoden, programmierte Kontrollen, Sicherheit in der Anwendungssoftware)

2. Planungs- und Entscheidungsphase
In der Planungs- und Entscheidungsphase werden die Einzelmaßnahmen geplant und die notwendigen Einführungsentscheidungen getroffen. Ein umfassendes IT-Sicherheitskonzept besteht immer aus einer optimalen Kombination von organisatorischen, programmtechnischen, hardwaremäßigen und personellen Maßnahmen.

3. Realisierungsphase
Die in der Planungs- und Entscheidungsphase entwickelten und ausgewählten Sicherheitskonzepte und Kontrollmaßnahmen werden umgesetzt. Dabei bildet sich häufig hartnäckiger Widerstand gegen die Einführung der Sicherheitsmaßnahmen, da überkommene Traditionen gern als bewährt angesehen und Veränderungen daher abgelehnt werden. Ein gewisses Einfühlungsvermögen und die richtige Einschätzung der Mitarbeiter erleichtern die Einführung der neuen Maßnahmen.

4. Kontrollphase
Die Effizienz der eingeführten Sicherheitsmaßnahmen muß laufend kontrolliert werden. Festgestellte Mängel werden in einer erneuten Diagnosephase analysiert und nach der darauf folgenden Planungs- und Entscheidungsphase durch ein angepaßtes Sicherheitskonzept abgestellt.

Zur Beurteilung, ob im Gesamtablauf der IT-Anwendungen ausreichende und funktionstüchtige Kontrollen und Sicherheitsvorkehrungen enthalten sind, um die vollständige und richtige Verarbeitung der Daten zu gewährleisten, können auch System- oder Verfahrensprüfungen durchgeführt werden. Diese sollten – falls vorhanden – von der internen DV-Revision durchgeführt werden, da diese über das nötige Fachwissen verfügt und im ständigen Informationsaustausch mit den internen Stellen des Unternehmens steht. Externe DV-Revisoren (insbesondere Wirtschaftsprüfer) prüfen mangels Fachwissen und Zeit lediglich „um den Computer herum“, d. h. sie prüfen die allgemeinen organisatorischen Abläufe und kommen so nur zu allgemeinen Aussagen (wie z.B.: „Das Unternehmen verfügt über kein schriftliches Datensicherungskonzept."), die allen Beteiligten bereits vorher bekannt waren und niemandem nutzen. Die meisten Revisoren vermeiden dagegen solche aussagelosen Feststellungen und prüfen „durch den Computer hindurch", d. h. sie verwenden zusätzlich Techniken wie statische und dynamische Quellcode-Analysen, Testfallmethoden, Parallelprogramme, programmgenerierte Stichproben, Wiederholung von Programmläufen, etc. und erkennen auf diese Weise Schwachstellen im internen Kontrollsystem, Programmfehler oder Manipulationen. Durch die rechtzeitige Einbeziehung der internen Revision in die Programmentwicklung können interne Kontrollfunktionen und automatisierte Prüfungsverfahren sogar bereits bei der Programmrealisierung eingeplant werden.

Eine weitere Möglichkeit zur IT-Sicherheitsanalyse ist die Bildung eines sogenannten „Tiger-Teams". Als Tiger-Team wird eine Gruppe von Fachleuten bezeichnet, die Schwachstellen des IT-Systems aufdecken, um Mißbrauchsmöglichkeiten zu erkennen und abstellen zu können. Der Name rührt von einer Spezialeinheit der U.S. Army her, der es 1973 gelang, die Rechner des geheimen Pentagon-Nachrichtendienstes „Defence Intelligence Agency" (DIA) zu knacken. Die Anwender erfuhren von dem Einbruch durch die Bildschirmmeldung: „The Tiger Team was here". Der 1993 in Deutschland erschienene amerikanische Spielfilm „Sneakers - Die Lautlosen" mit Robert Redford und Sidney Poitier verdeutlicht eine mögliche Arbeitsweise eines solchen Tiger-Teams. Auch der Siemens-Konzern und die Datenverarbeitungsorganisation der Steuerberater, die Datev in Nürnberg, beschäftigen Mitarbeiter, die - in Absprache mit der Geschäftsleitung - versuchen, in ausgewählte Computersysteme einzudringen.

Kleines Wörterbuch der Computerkriminalität

Computerbetrug	Computerbetrug ist die mißbräuchliche Beeinflussung eines Datenverarbeitungsvorganges, um sich oder einem Dritten einen Vermögensvorteil zu verschaffen.
Computererpressung	Als Computererpressung oder „Bitnapping" wird der Diebstahl wichtiger Daten und Programme bezeichnet, für deren Herausgabe der Täter in der Regel Lösegeld verlangt.
Computerkriminalität	Unter Computerkriminalität werden alle Straftaten subsumiert, bei denen ein digitaler Rechner Tatobjekt oder Tatmittel ist. Im Rahmen dieses Buches werden in erster Linie die computerbezogenen Vermögensdelikte Computermanipulation/Computerbetrug, Computersabotage, Computerspionage und Software-Piraterie als Computerkriminalität behandelt. Auf Datenschutzver-

gehen und andere Verstöße wurde im Kapitel über digitale Daten eingegangen.

Computermanipulation — Unter Computermanipulation wird die vorsätzliche Veränderung von Daten, Programmen oder DV-Abläufen zum Zwecke der persönlichen Bereicherung verstanden. Dabei werden Eingabe-, Programm- und Ausgabemanipulationen unterschieden.

Computermißbrauch — Als Computermißbrauch werden übergeordnet alle ethisch verwerflichen oder unerlaubten Eingriffe in IT-Systeme bezeichnet.

Computersabotage — Computersabotage bezeichnet das vorsätzliche Stören von Komponenten eines IT-Systems.

Computerspionage — Computerspionage umfaßt die unbefugte Beschaffung und/oder Verwertung von fremden digital gespeicherten Daten.

Cracker — Person, die Kopiermechanismen geschützter Programme ausschaltet, um Raubkopien herzustellen bzw. deren Herstellung ermöglicht.

Insiderkriminelle — Personen, die fremde Rechner unter Ausnutzung von nicht allgemein zugänglichem Wissen oder bestehenden Zugangsberechtigungen manipulieren.

Outsiderkriminelle — Personen, die fremde Rechner manipulieren, zu denen sie keinen rechtmäßigen Zugang haben.

Raubkopie — Speichermedium mit unrechtmäßig kopierten Programmen.

Software-Piraterie — Illegale Vervielfältigung von urheberrechtlich geschützten Programmen.

Zeitdiebstahl — Unter Zeitdiebstahl werden Fälle von unberechtigtem Hardware- und/oder Softwaregebrauch zusammengefaßt. Meist werden bei dieser Erscheinungsform der Computerkriminalität firmeneigene IT-Systeme für private Zwecke genutzt.

6
Ausblick

„The assertion that all human knowledge is encodable in streams of zeros and ones – philosophically, that's very hard to swallow. In effect, the whole world is made to seem computable. This generates a kind of tunnel vision, where the only problems that seem legitimate are problems that can be put on a computer. There is a whole world of real problems, of human problems, which is essentially ignored."

(Joseph Weizenbaum, Professor für Informatik am Massachusetts Institute of Technology in Cambridge/USA, weltweit anerkannter Fachmann und Kritiker der Computer-Technologie)

Die rasante IT-Entwicklung wird in erster Linie von den Möglichkeiten der digitalen Technik und dem Vermarktungsgeschick der Computerbranche bestimmt. Über die Unternehmen und die Gesellschaft rollt jede neue „digitale Revolution" einer Flutwelle gleich hinweg. Führungskräfte in Industrie und Verwaltung werden ebenso wie Privatleute von der Geschwindigkeit der Entwicklung mitgerissen und folgen scheinbar willenlos den jeweils neuesten digitalen Trends. Auch Politiker sehen jeder neuen digitalen Entwicklung mehr oder minder tatenlos zu, ohne entscheidenen Einfluß auf deren Ausgestaltung zu nehmen.

Somit steigt die Abhängigkeit der modernen Industriegesellschaft von der einwandfreien Funktionsfähigkeit und der uneingeschränkten Verfügbarkeit der digitalen informationsverarbeitenden Systeme täglich weiter an, zumal immer mehr soziale Funktionen des Menschen auf Informations- und Kommunikationstechniken übertragen werden. Digitale Verkehrssteuerungs- oder Kommunikationssysteme nehmen bereits heute lebenswichtige Aufgaben wahr, deren Ausfall zu Engpässen bei der Versorgung der Bevölkerung mit Waren, Energie, Kommunikationsdienstleistungen, Fortbewegungs- und Zahlungsmitteln führen kann. Auch Fehler oder Manipulationen können die Erfüllung der dem IT-System übertragenen gesellschaftlichen Funktionen beeinträchtigen.

Ein vorteilhafter Einsatz von Informationstechnik setzt aber voraus, daß die potentiellen Auswirkungen von Schäden durch diese Technik beherrschbar und tolerabel bleiben. Als Maxime könnte gelten, daß durch das Versagen der digitalen Technik kein höherer materieller oder immaterieller Schaden entstehen darf, als ohne deren Einsatz je entstanden wäre.

Voraussetzung für eine systematische Einschätzung der potentiellen IT-Schäden und die folgerichtige Auswahl geeigneter Sicherheitsmaßnahmen ist eine umfassende Bedrohungs- und Risikoanalyse. Bei der Analyse der Bedrohungen und der anschließenden Bewertung der Risiken sind aber nicht nur Risiken aus Sicherheitsmängeln und deren monetäre und existentielle Auswirkungen zu berücksichtigen, sondern auch Risiken, die durch die gesellschaftlichen Bedingungen und Folgen der Nutzung der IT-Technik hervorgerufen werden. Häufig übersehen die IT-Strategen in den Unternehmungen, daß die Technisierung gesellschaftlicher Informationsverarbeitungs- und Kommunikationsprozesse unerwünschte, schleichende Veränderungen sozialer Verhältnisse oder individueller Möglichkeiten zur Folge haben kann. Als Beispiele seien die Aushöhlung von Grundrechten, die Qualifikationserosion, der Verlust menschlicher Kompetenz und Verantwortung sowie die zunehmende Abhängigkeit genannt. Allein im Bereich des Geldverkehrs reichen die sozialen und sicherheitsrelevanten Probleme der informationstechnischen Dienstleistungen – wie Zahlungsverkehrsnetze, Kreditkarten, POS-Systeme und Kundenselbstbedienung – schon heute vom Datenschutz über Haftungsfragen bis zum Ausschluß von Bevölkerungsgruppen.

Auch die häufig anzutreffende rein technikorientierte Betrachtungsweise der Computersicherheit hat den Nachteil, daß Risiken aus der Informationsverarbeitung allein durch weitere technische Maßnahmen abgesichert werden. Die zunehmende Durchdringung aller Lebensbereiche mit Informations- und Kommunikationstechnik erzeugt aber immer größere Schadenspotentiale, die ein immer höheres Sicherheitsniveau erfordern. Angesichts des Mißbrauchs- und Katastrophenpotentials von heutigen Informations- und Kommunikationssystemen kann mehr Sicherheit jedoch nicht nur dadurch erreicht werden, daß technische Maßnahmen die Wahrscheinlichkeit des Auftretens von Fehlern oder Mißbräuchen reduzieren. Als Alternative sollten vielmehr nichttechnische Problemlösungen in Betracht gezogen werden, da Schadenspotentiale auf diese Weise häufig viel wirksamer reduziert werden können. Eine Erhöhung der Datensicherheit ist beispielsweise auch durch simple Datenvermeidung zu erreichen. Auch zeigen die aufgeführten Beispiele, daß der Erfolg jeder noch so ausgefeilten Sicherungsstrategie zum großen Teil von der Zuverlässigkeit organisatorischer, menschlicher und sozialer Rahmenbedingungen abhängt, die nur zum Teil beeinflußbar sind.

Wie die zahlreichen Beispiele in diesem Buch gezeigt haben, ist eine IT-Absicherung nur gegen bekannte Gefahren möglich: Ein unbekanntes und gern verschwiegenes Restrisiko bleibt immer bestehen. Bei unkritischen Systemen kann dieses Restrisiko vielleicht noch auf eine der vielen Spezialversicherungen für den IT-Bereich übergewälzt werden; bei sicherheitskritischen Systemen, die das menschliche Wohlergehen absichern, kann dagegen nur eine vorbeugende Begrenzung der digitalen Abhängigkeit (und die damit einhergehende Reduzierung der Schadenspotentiale) das Restrisiko der Informationstechnik auf einem vertretbaren Niveau halten und einen sozialunverträglichen hohen Zwang zur Sicherung verhindern.

Darüber hinaus fordern Sicherheitsexperten bei der Einführung neuer Informations- und Kommunikationstechniken eine vorausschauende Technikfolgeabschätzung vorzunehmen, durch die Schadenspotentiale, Mißbrauchsmöglichkeiten und

-motive, Sicherungsmöglichkeiten und -notwendigkeiten sowie die Voraussetzungen und Folgen der Sicherungsmaßnahmen abgeschätzt werden können. Idealerweise findet vor dem Einsatz neuer Informations- und Kommunikationstechniken sogar eine vergleichende Technikbewertung statt, bei der alle verschiedenen Möglichkeiten, die entsprechende Funktion zu erfüllen, miteinander verglichen werden.

Hilfreich wäre in diesem Zusammenhang auch eine verstärkte öffentliche Diskussion, welche Aspekte der Informationsgesellschaft gefördert und welche Auswirkungen der Digitaltechnik verhindert werden sollten. Von einer solchen Diskussion ist Deutschland noch weit entfernt. Die meisten Politiker und Funktionsträger sind sich offensichtlich über das Ausmaß und die Richtung der digitalen Umwälzungen nicht im klaren. In Amerika haben Bill Clinton und sein Vize Al Gore wenigstens eine Vision und die Entwicklung eines Daten-Highways zum erklärten Ziel ihrer Politik gemacht. Dieser Information Super Highway soll zum „globalen Nervensystem der Menschheit“ werden. In diesem Zusammenhang wird auch gerne von weltweiter Arbeitsteilung, Nutzung von Lösungspotential und Chancen auf virtuellen Märkten gesprochen; seltener jedoch darüber, daß immer mehr Daten über den einzelnen erzeugt und unkontrolliert verarbeitet werden und daß die Fülle an Informationen droht, unüberschaubar und beliebig zu werden. Auch die entscheidende Frage, welche Probleme durch den Information Super Highway gelöst werden, wird in Amerika nur zaghaft gestellt. Die oberflächlichen Antworten der Visionäre erschöpfen sich meist in Schlagwörtern, wie Tele-Shopping, Multimedia-Datenbanken, Video-on-Demand oder Tele-Working. Aber gerade diese Schlagwörter müssen hinterfragt werden. Sind wir für solche Annehmlichkeiten bereit, die letzten Reste eines Gefühls von Gemeinschaftsleben zu zerstören, die Arbeitnehmer zu vereinzeln, soziale Kompetenzen verkümmern zu lassen und das Problem der täglichen Informationsüberflutung noch zu verschärfen, bis Information zur Bedeutungs- und Zusammenhangslosigkeit verkommt? Gerade das angepriesene interaktive Fernsehen droht die Atomisierung unserer Gesellschaft weiter zu verstärken. Große Fernsehereignisse werden immer seltener die Menschen bewegen, da bei Dutzenden von Fernsehsendern und Hunderten von Video-on-Demand-Angeboten die Wahrscheinlichkeit, daß zwei Personen die gleiche Sendung gesehen haben, äußerst gering sein wird.

Eine Diskussion über die gesellschaftlichen Auswirkungen der neuen digitalen Informations- und Kommunikationstechniken ist in Deutschland dringend notwendig, da nur durch eine entsprechende Technikauswahl und -gestaltung das Schadenspotential bereits bei der Einführung auf einem tragbaren Niveau gehalten werden kann. Dabei darf die Auseinandersetzung mit Technikfolgen nicht als Technikfeindlichkeit angesehen werden, sondern als Gestaltungschance für eine sozialverträgliche Technikgestaltung und eine humanorientierte Zukunft.

Die Sensibilisierung für die Risiken, die dem Einzelnen, den Unternehmen und der Gesellschaft aus dem Einsatz der Informationstechnik entstehen, und die Erschütterung des verbreiteten IT-Optimismus, ist auch ein Ziel dieses Buches und der erste Schritt in die Richtung eines verantwortungsvollen Umgangs mit der digitalen Technologie.

Anhang

Verwendete Literatur

Die aufgeführten Fallbeispiele sind größtenteils eigenen oder öffentlichen Zeitungsarchiven entnommen. In erster Linie wurden von mir folgende Zeitschriften und Zeitungen ausgewertet:

CHIP
Computer und Recht
Computerwoche
Datenschutz und Datensicherheit
Datenschutz-Berater
DER SPIEGEL
Die Welt
Financial Times
FOCUS
Frankfurter Allgemeine Zeitung
Frankfurter Rundschau
Handelsblatt
IS Audit & Control Journal
KES
manager magazin
PC Professionell
PC WELT
Spektrum der Wissenschaft
Süddeutsche Zeitung
TIME Magazine
Wirtschaftswoche

Daneben lieferten mir folgende Bücher weitere Hintergrundinformationen:

Ammann, Thomas; Lehnhardt Matthias; Meißner, Gerd; Stahl, Stefan: Hacker für Moskau, Deutsche Computer-Spione im Dienst des KGB, Reinbek 1989.

Aust, Stefan: Mauss – ein deutscher Agent, Hamburg 1988.

Bender, Wolfgang: Die PC-Sicherheitskonzeption der Dresdner Bank, in: Lippold, Heiko; Schmitz, Paul; Seibt, Dietrich (Hrsg.): Sicherheit in netzgestützten Informationssystemen, Proceedings des BIFOA-Kongresses SECUNET '93, Braunschweig/Wiesbaden 1993, Seite 245-255.

Brobeil, Hedwig: Software-Angriffe auf PCs und Netzwerke: Gefahren, Abwehrmaßnahmen und rechtliche Aspekte, München 1992.

Brunner, John: The Shockwave Rider. New York 1975.

Brunnstein, Klaus: Über den „Computer-GAU“; in: Gero von Randow (Hrsg.): Das kritische Computerbuch, Dortmund 1990.

Brunnstein, Klaus: Computer-Viren-Report, Planegg bei München 1991.

Sicherheitseigenschaften der Novell Netzwerksoftware SFT NetWare 2.1, Loseblattausgabe, BSI 9013, Bundesamt für Sicherheit in der Informationstechnik (Hrsg.), Bonn, Dezember 1991.

IT-Grundschutzhandbuch: Massnahmenempfehlungen für den mittleren Schutzbedarf (Schriftenreihe zur IT-Sicherheit; Bd. 3), Bundesamt für Sicherheit in der Informationstechnik (Hrsg.), Köln 1995.

Chaos Computer Club; Wieckmann, Jürgen (Hrsg.): Das Chaos Computer Buch: Hacking Made In Germany; Reinbek 1988.

Chip Special Anwenderpraxis: Computer-Viren '95, Würzburg, 1994.

Dörig, Adolf; Tomaschett, Herbert: Methodische Informatik-Sicherheitsanalyse und Massnahmenplanung mit MARION, in: Cyranek, Günther; Bauknecht, Kurt (Hrsg.): Sicherheitsrisiko Informationstechnik – Analysen, Empfehlungen, Maßnahmen in Staat und Wirtschaft, Planegg bei München 1994, S. 127-138.

Elgozy, Georges: Der Computer-Wahn, Gefahr und Nutzen der Informationsmaschine, Düsseldorf 1973.

Fausten, Jürgen; Rompel, Helmut: Aktenzeichen Computer: was passieren kann und wie man sich davor schützt; Möglichkeiten, Massnahmen und Gesetze, Vaterstetten bei München 1990.

Fischer, Thomas: Computer-Kriminalität: Gefahren und Abwehrmaßnahmen, Bern 1979.

Fuhrberg, K.: Sicherheit auf der Datenautobahn; in: Fachvorträge des 4. Deutschen IT-Sicherheitskongresses in Bonn/Bad Godesberg von 8. – 11.5.1995.

Gulbins, Jürgen: UNIX: e. Einf. in Begriffe u. Kommandos von UNIX - Version 7, bis System V.3, Berlin, Heidelberg 1988.

Hafner, Katie; Markoff, John: Cyperpunk: Outlaws and Hackers on the Computer Frontier, Great Britain 1993.

Heine, Werner: Die Hacker, Von der Lust, in fremden Netzen zu wildern, Reinbek 1985.

International Organization for Standardization: Open Systems Interconnection Reference Model, Part 2: Security Architecture, International Standard 7498-2.

Kersten, Heinrich: Einführung in die Computersicherheit, München 1991.

Kersten, Heinrich; Kreutz, Hartwig (Hrsg.): Sicherheit unter dem Betriebssystem Unix / Bundesamt für Sicherheit in der Informationstechnik, München 1991.

Kersten, Heinrich; Weinand, Michael: Sicherheitsaspekte bei der Vernetzung von Unix-Systemen, München 1991.

Kraus, Leonhardt I.; MacGahan, Aileen: Computer Fraud and Countermeasures, Englewood Cliffs 1979.

Martin, James: Security, accuracy, and privacy in computer systems, Englewood Cliffs, New Jersey 1973.

Möller, Erhard; Bernstein, Lutz: Gerät zur Verhinderung des Empfangs kompromittierender Emissionen von Personal Computern; in: Fachvorträge des 4. Deutschen IT-Sicherheitskongresses in Bonn/Bad Godesberg von 8. – 11.5.1995.

Neumann, Peter G.: Computer-Related Risks, New York 1995.

Noack, Claus; Henning, Dietmar: Systemsicherheit unter Unix, München 1990.

National Computer Security Center: Department of Defense Trusted Computer System Evaluation Criteria, DoD 5200.28-STD, 1985.

Oppliger, Rolf: Computersicherheit: eine Einführung, Braunschweig/Wiesbaden 1992.

Parker, Donn B.: Crime by Computer, New York 1976.

Pommerenning, Klaus: Datenschutz und Datensicherheit, Mannheim 1991.

Pohl, Hartmut; Weck, Gerhard (Hrsg.): Einführung in die Informationssicherheit, München 1993.

National Computer Security Center: Trusted Network Interpretation of the Trusted Computer System Evaluation Criteria, NCSG-TG-005, 1987.

Schultz, Hartmut C.: Computerkriminalität, München 1992.

Schmitz, Herbert; Schmitz Detlef: Computerkriminalität, Wiesbaden 1990.

Schweizer, Peter: Diebstahl bei Freunden. Wie die Geheimdienste der Japaner und Deutschen die US-Wirtschaft ausspionieren. Reinbek 1993.

Schuppenhauer, Rainer: Grundsätze für eine ordnungsmäßige Datenverarbeitung (GoDV), Handbuch der EDV-Revison, Düsseldorf 92.

Sienkiewicz, Bodo S.: Computer-Sicherheit: Praxis und Organisation, Bonn 1994.

Sieber, Ulrich: Computerkriminalität und Strafrecht, Köln 1980.

Soyka, Joachim: Computer-Kriminalität, München 1986.

Stoll, Clifford: The Cuckoo's Egg. Inside the World of Computer Espionage, New York 1989.

Wähner, Gerd: Datensicherheit und Datenschutz: Methoden und Instrumentarien für Computernutzer, Düsseldorf 1993.

Weizenbaum, Joseph: kurs auf den eisberg, Zürich 1984.

Wiener, Lauren Ruth: Digitales Verhängnis: Gefahren der Abhängigkeit von Computern, Bonn 1994.

Zimmerli, Erwin; Liebl, Karlhans: Computermissbrauch, Computersicherheit: Fälle – Abwehr – Aufdeckung, Ingelheim 1984.

Nützliche Adressen

Folgende Organisationen helfen Ihnen bei Fragen zur Computersicherheit weiter:

BSI

Bundesamt für Sicherheit in der Informationstechnik
Die Bundesbehörde hat vielfältige Aufgaben. Das BSI erstellt Richtlinien für Rechnersicherheit, prüft und zertifiziert informationstechnische Systeme und Komponenten und unterstützt den Bundesbeauftragten für Datenschutz, die Strafverfolgungsbehörden und den Verfassungsschutz.

Die Adresse lautet:
Bundesamt für Sicherheit in der Informationstechnik
Referat V2
Godesberger Allee 183
53175 Bonn
Tel.: 0228-9582-444
Fax: 0228-9582-400 oder 427
Internet-Adresse: cert@bsi.de

CARO

Computer Anti-Virus Research Organization
In dieser informellen Vereinigung sind internationale Computerviren-Forschungseinrichtungen und kommerzielle Hersteller organisiert. CARO verfügt über die größte Virensammlung der Welt, die sogenannte CARO Wildlist. CARO ist eine geschlossene Gemeinschaft, in die Mitglieder nur einstimmig aufgenommen werden. Zur Zeit umfaßt die Mitgliederliste rund 30 Namen, darunter V. Bontchev, Prof. Brunnstein, Dr. A. Solomon und F. Skulason. Um die Computerviren eindeutig zu identifizieren, einigen sich die CARO-Mitglieder auf einen eindeutigen Namen für jeden Computervirus, den sogenannten „CARO-Namen". Die Namensgebung unterliegt festen Regeln. So dürfen im Namen kein Bezüge auf Personen vorkommen, erlaubt sind dagegen Viruslänge und typisches Verhalten.

Internet-Adresse: vquery@rz.uni-karlsruhe.de.

CERT

Computer Emergency Response Team
Um die Datensicherheit im Internet zu gewährleisten wurde an der Carnegie-Mellon-Universität in Pittsburgh / Pennsylvania eine Sicherheitsinstitution namens CERT gegründet, die auch die Öffentlichkeit über Schwachstellen und Einbruchsversuche informiert.

Die Adresse lautet:
Computer Emergency Response Team / Coordination Center (CERT/CC),

Software Engineering Institute
Carnegie Mellon University
Pittsburgh, PA 15213-3890
Tel.: +1 412 268-7090

In Deutschland ist CERT unter folgender Adresse zu erreichen:
DFN-CERT
Universität Hamburg - Fachbereich Informatik
Vogt-Kölln-Str. 30
22527 Hamburg
Tel. 040-54715-262
Fax 040-54715-241

EICAR European Institute for Computer Anti-Virus Research

Das Institut mit Sitz in München ist ein Zusammenschluß kommerzieller Hersteller. Ein Auszug aus der etwa 50 Mitglieder umfassenden Mitgliederliste: Virus Test Center (VTC) der Hamburger Universität, Dr. Solomon's englische Firma S&S International Ltd., der Hamburger Fachverlag Percomp, die Handelskette Vobis und die Siemens Nixdorf AG. Bei Fragen im Zusammenhang mit Computerviren, insbesondere rechtlichen Problemen, können Sie sich an folgende Adresse wenden:

EICAR
Arbeitskreis 1: Antivirus-Technologie
Dr. Alan Solomon, S&S International Ltd.
Alton House, Gatehouse Way
Aylesbury, Buchks, HP14 3XU
Tel.: 0044-296-318700
Fax: 0044-296-318777
Arbeitskreis 2: Antivirus-Services
Michael Freiberg, Deutsche BP AG
Überseering 2
22297 Hamburg
Tel.: 040-6395-4321
Fax: 040-6395-4207
Arbeitskreis 3: Arbeitsgruppe Recht
Rechtsanwalt Robert Niedermeier
Widenmayerstr. 6
80538 München
Tel.: 089-2913736
Fax: 089-2904147

VTC Virus Test Center

Das VTC der Universität Hamburg berät in Virusfragen und testet Anti-Virus-Produkte.

Die Adresse lautet:

Virus Test Center
Universität Hamburg
Fachbereich Informatik
Vogt-Kölln-Str. 30
22527 Hamburg
Fax: 040-54715-226
Prof. Dr. Klaus Brunnstein
Tel.: 040-54715-405
Internet-Adresse: brunnstein@rz.informatik.uni-hamburg.d400.d
Vesselin Vladimirov Bontchev
Tel.: 040-54715-224
Internet-Adresse: bontchev@fbihh.informatik.uni-hamburg.de

Über den Autor

Markus Gaulke, 1968 in Willich bei Düsseldorf geboren, legte sich schon während seines betriebswirtschaftlichen Studiums an der Berufsakademie Mannheim auf die Fachrichtung Datenverarbeitung fest und arbeitete in den studienbegleitenden Praxisphasen bei der Firma Nixdorf, später Siemens Nixdorf Informationssysteme AG.

Nach Abschluß als Diplom-Betriebswirt war der Autor von 1992 bis 1994 in den Bereichen Financial Audit und Information Systems Audit für eine amerikanische Wirtschaftsprüfungs- und Steuerberatungsgesellschaft tätig. Seit 1994 konzentriert er sich als DV-Revisor einer großen deutschen Bank in Frankfurt ausschließlich auf die Prüfung und Risikoanalyse von IT-Systemen und DV-Verfahren.

Markus Gaulke ist Mitglied im internationalen EDV-Prüfungsverband „Information Systems Audit and Control Association“ (ISACA). 1995 wurde ihm der Titel „Certified Information Systems Auditor“ (CISA) verliehen. CISA ist die einzige weltweit anerkannte und akzeptierte Berufsqualifikation für Personen, die sich mit der Prüfung von IT-Systemen beschäftigen. Darüber hinaus arbeitet er seit 1994 an Prüfungsleitfäden im DV-Arbeitskreis des Institutes für Interne Revision (IIR) mit.

Stichwortverzeichnis